权威·前沿·原创

皮书系列为

“十二五”“十三五”“十四五”时期国家重点出版物出版专项规划项目

智库成果出版与传播平台

京津冀高质量发展报告（2022）

REPORT ON HIGH QUALITY DEVELOPMENT OF BEIJING-TIANJIN-HEBEI (2022)

数字经济与京津冀高质量发展

李　强　李子彪　王雅洁　张　超／著

社会科学文献出版社
SOCIAL SCIENCES ACADEMIC PRESS (CHINA)

图书在版编目(CIP)数据

京津冀高质量发展报告. 2022 / 李强等著. --北京：社会科学文献出版社，2022. 10
（京津冀蓝皮书）
ISBN 978-7-5228-0538-2

Ⅰ. ①京… Ⅱ. ①李… Ⅲ. ①区域经济发展-研究报告-华北地区-2022 Ⅳ. ①F127. 2

中国版本图书馆 CIP 数据核字（2022）第 143200 号

京津冀蓝皮书
京津冀高质量发展报告（2022）

著　　者 / 李　强　李子彪　王雅洁　张　超

出 版 人 / 王利民
组稿编辑 / 高　雁
责任编辑 / 颜林柯
责任印制 / 王京美

出　　版 / 社会科学文献出版社 · 经济与管理分社（010）59367226
　　　　　地址：北京市北三环中路甲 29 号院华龙大厦　邮编：100029
　　　　　网址：www. ssap. com. cn
发　　行 / 社会科学文献出版社（010）59367028
印　　装 / 天津千鹤文化传播有限公司

规　　格 / 开 本：787mm×1092mm　1/16
　　　　　印 张：22. 25　字 数：333 千字
版　　次 / 2022 年 10 月第 1 版　2022 年 10 月第 1 次印刷
书　　号 / ISBN 978-7-5228-0538-2
定　　价 / 158. 00 元

读者服务电话：4008918866

本书是河北省高等学校人文社会科学重点研究基地、河北省重点新型智库、河北省软科学基地“河北工业大学京津冀发展研究中心”的标志性成果，获得基地资助。

编　委　会

马　苓　河北工业大学经济管理学院副院长、教授
耿立校　河北工业大学经济管理学院副院长、副教授
王雅洁　河北工业大学经济管理学院副教授
张　超　河北工业大学经济管理学院副教授

主要编撰者简介

李　强　教授，博士生导师。曾先后担任燕山大学副校长，河北科技大学校长，河北工业大学校长、党委书记。第十三届全国人民代表大会代表，中国共产党河北省第九届委员会委员，美国密西根大学高级访问学者。兼任中国机械工业教育协会副理事长、河北省国际教育交流与合作协会理事长。长期从事高等教育、党建和思想政治等方面的管理工作。在专业技术方面，目前主要从事金属及其非晶纳米晶材料的制备与性能分析。主持国家“973”、自然科学基金项目，河北省重大、重点项目，天津市重点项目等20余项，获得教育部技术发明一等奖一项、河北省科技进步一等奖三项，授权国家发明专利12项。在*Applied Physics Letters*、*Materials Science and Engineering*、*Journal of Materials Science*、《中国科学》、《科学通报》、《机械工程学报》等期刊上发表学术论文120余篇。

李子彪　河北工业大学教授、工商管理学科博士生导师，京津冀发展研究中心副主任。荷兰马斯特里赫特大学公派访问学者，河北省首批青年拔尖人才，河北省宣传文化系统“四个一批”人才，河北省“三三三人才工程”第三层次人选，获河北省社会科学优秀青年专家提名奖。兼任全国投入产出与大数据研究会副会长、中国科学技术指标研究会常务理事等。主要从事技术创新与创业管理、科技政策设计、科技人力资源管理等方面研究，博士学位论文被评为河北省优秀博士学位论文，主持国家自然科学基金项目、河北省科技计划项目、大型企业委托项目等30余项。部分成果被科技部、河北省科技厅等部门采用。获得河北省社会科学优秀成果奖二等奖2项、三等奖1项。出版专著8部，发表各类论文30余篇。

王雅洁 河北工业大学经济管理学院副教授、硕士生导师，河北省投入产出协会常务理事。研究方向为产业与区域经济发展战略、人力资本管理与组织绩效。主持国家社会科学基金项目1项，参与国家社会科学基金重大项目1项，主持省部级课题6项。发表学术论文20余篇。获得河北省社会科学优秀成果奖二等奖3项。

张　超 河北工业大学经济管理学院副教授、硕士生导师。研究方向为城市与区域经济。主持国家自然科学基金项目1项，参与国家社会科学基金重大项目、国家自然科学基金重大项目各1项，参与河北省自然科学基金项目、河北省社会科学基金项目各1项。在《中国软科学》《科研管理》《科学学研究》《财经科学》《城市发展研究》等期刊上发表学术论文20余篇。

摘　要

"十四五"规划和2035年远景目标纲要把"坚持新发展理念"作为"十四五"时期经济社会发展必须遵循的一条原则。立足新发展阶段，构建新发展格局，推动高质量发展是全面建设社会主义现代化国家新征程的理论内涵和实践要求。进入高质量发展新阶段，高标准、高质量打造京津冀是京津冀协同发展的内在要求。数字经济作为引领未来的新经济形态，将为京津冀高质量发展注入新动能，在京津冀协同发展中发挥着不可替代的作用。本报告由总报告、分报告和专题报告三部分组成，共11篇研究报告。

总报告基于高质量发展的内涵，从区域发展水平、创新能力、居民生活水平、能源使用效率以及公共服务水平五大方面分析了京津冀地区高质量发展现状。随后构建了包含创新驱动、协调发展、绿色循环、开放包容、成果共享、经济韧性6个维度的高质量发展评价指标体系，分别从总体、分维度以及分区域和城市层面分析高质量发展特征，同时采用耦合协调模型分析京津冀地区高质量协同发展情况。总体来看，京津冀地区高质量发展水平呈稳步上升态势，且区域内部异质性显著。分维度来看，高质量发展水平的逐步上升主要得益于"创新驱动"和"成果共享"两大维度。京津冀13个城市的高质量发展之间具有明显的相互促进关系，其中"成果共享"和"创新驱动"两方面表现较好，"开放包容"和"绿色循环"两方面表现较差。报告证实了数字经济对京津冀高质量发展的直接推动效应以及通过生产效率和产业结构高级化推动高质量发展的中介效应。并且，数字经济对京津冀高质量发展具有较强的异质性影响，数字经济更能促进创新驱动、协调发展、成

果共享以及经济韧性的提升，对绿色循环的促进作用不显著，而对开放包容起到一定的负面作用。

分报告分别从区域、产业、金融、县域等方面对京津冀高质量发展进行评价。从京津冀协同创新发展来看，与长三角、珠三角、长江中游和成渝4个城市群（经济圈）相比，京津冀内部的协同创新质量差异最为明显，发展断层严重，导致协同创新高质量发展水平不高。在制造业方面，河北省制造业高质量发展水平逐步提高，且数字化转型成效显著，三地间的协调优化和绿色发展差距均有所缩小。但是三地在创新驱动、开放合作以及共享经济等方面呈现较大发展差距，尚需进一步构建产业协同发展平台，提高产业联动配套能力。在金融方面，京津冀地区金融高质量发展不存在 σ 收敛，存在绝对 β 收敛；金融效率和金融结构是制约京津冀金融高质量发展的主要因素。在产业转型升级方面，数字经济发展能够促进产业结构高级化和加快产业转型速度，对产业转型升级具有正向影响。在县域高质量发展方面，各县域高质量发展水平总体呈现较大差异。从现状来看，京津冀县域高质量发展指数在空间分布上呈现以“京津发展轴”和“环渤海发展带”为核心，以河北省内陆尤其是冀中南县域为外围的“核心-外围”结构。从变动情况来看，京津冀县域高质量发展指数变动在空间上呈现“京津冀中部县域隆起，南北县域下沉”、“重点城市都市圈内县域上升，环渤海县域下降”及“资源型县域下降，交通节点型县域上升”三大特征。

专题报告结合数字经济发展的大环境，研究了京津冀地区的数字经济空间演进、数字经济背景下的人力资源韧性和高校大学生创新创业培养模式、数字经济对区域创新能力的影响以及数字金融空间演进等问题，为京津冀率先实现高质量发展建言献策。主要观点有如下五点。第一，京津冀数字技术的应用程度具有较大提升空间，应用领域具有较大拓展空间，但受制于三地发展阶段差异和城市功能群网络不完善，技术创新能力的“木桶效应”明显，数字技术研发合作与融合应用水平亟须提升，提升产业数字化深度和数字产业化水平、优化数字经济发展环境，对京津冀高质量协同发展具有重要意义。第二，人力资源是数字经济发展的核心要素，从整体人力资源韧性来看，韧性均值排名是北京、河北、天津，京津冀整体及北京呈上升趋势，而河北保持相对稳定，天津呈下降趋势。北京、河北和天津适用的治理策略分别是：整体性治理、协同治理、网络化治理。第三，数字经济发展对京津冀区域的创新绩效有显著正向影响，应通过人力资本、研发资本的正向中介效应提升京津冀区域的创新绩效，在京津冀数字经济发展中重点进行数字化基础设施、数字化产业融合和数字化政府治理三个方面的建设，构建降低创新成本的整合式企业创新发展模式、重视融合创新的协同式产业创新发展模式、实现资源共享的开放式创新生态发展模式。第四，数字经济背景下京津冀高校大学生创新创业培养中存在大学生创新创业真实参与度低、创新创业教育体系不完善、三地创新创业基础不平衡、缺少必要的政策支持和社会支持等问题，应加强创新创业的宏观规划，完善高校创新创业教育体系，利用多方合力发展高校创新创业教育。第五，数字金融的空间分布存在异质性，京津的发展水平始终处于高值区域，河北省内石家庄发展较快，其余城市数字金融发展相对滞后。数字金融发展可以有效促进城市自身经济绿色发展，但会对邻近城市产生不利影响。数字金融对经济高质量发展的效用存在维度异质性，数字金融覆盖广度和普惠金融数字化程度对经济高质量发展的间接效应绝对值更大，数字金融使用深度对经济高质量发展的直接效应更大。

关键词： 京津冀 高质量发展 数字经济

目 录

Ⅰ 总报告

Ⅱ 分报告

Ⅲ 专题报告

皮书数据库阅读**使用指南**

总 报 告

General Report

B.1 数字经济：京津冀高质量发展的新动能*

李子彪　李　强　李元杰　鲁　雪**

摘　要： 高质量发展不仅是我国未来一段时期经济发展的主基调，而且是实现京津冀协同发展的必由之路。本报告基于高质量发展的丰富内涵，从现实发展和实证评价两方面分析了2011～2020年京津冀地区高质量发展状况，揭示了京津冀13个城市的高质量发展态势、特征及其协同状况。数字经济作为一种新的经济范式，深刻改变着当前的经济发展模式，成为推动区域高质量发展的新动能。本报告从直接和间接两个层面分析了数字经济推动高质量发展的动力机制，并以京津冀地区为例进行了验证，结果证实

* 项目资助：河北省社会科学基金重大项目"新时代河北省区域创新驱动发展机制建设研究"（HB19ZD03）。

** 李子彪，博士、教授、博士生导师，河北工业大学京津冀发展研究中心副主任，河北工业大学人力资源处处长，研究方向为技术创新与创业管理；李强，博士、教授、博士生导师，河北工业大学京津冀发展研究中心主任；李元杰，河北工业大学经济管理学院博士后，研究方向为区域经济、绿色经济；鲁雪，河北工业大学经济管理学院博士研究生，研究方向为技术创新管理。

了数字经济对京津冀地区高质量发展的直接推动效应以及通过生产效率和产业结构高级化推动高质量发展的中介效应。报告提出，应充分依托重要平台和载体，以推进产业数字化和数字产业化“两化融合”为主要抓手，大力发展数字贸易，完善数字经济发展生态系统，培育壮大数字经济，推动京津冀高质量发展。

关键词： 数字经济 高质量发展 新动能

一 京津冀高质量发展概况

自2014年京津冀协同发展战略实施以来，京津冀三地深入贯彻落实习近平总书记对京津冀协同发展工作的重要指示精神，紧密围绕《京津冀协同发展规划纲要》和各阶段重点任务，坚持优势互补、互利共赢，持续增强协同联动，非首都功能疏解取得阶段性成效，产业、交通、生态环境及公共服务等重点领域率先实现突破，区域发展水平稳步提升，高质量发展稳步推进。

（一）区域发展水平迈上新台阶

经济发展水平稳步提升，产业结构优化逐步推进。在“十二五”和“十三五”期间京津冀地区经济发展水平稳步提升，GDP总量分别提高1.5万亿元和1.9万亿元，年均增长率分别为7.4%和6.6%；产业结构逐步优化，第一产业和第二产业占比逐步下降，第三产业占比稳步上升，产业结构由2011年的6.4%：37.7%：55.9%变为2020年的4.9%：27.9%：67.2%（见图1）。

对比区域内部13个城市在“十二五”和“十三五”两个时期的综合情况，各城市GDP总量和第三产业占比均保持着不同幅度的上升态势，但城市异质性十分显著（见图2）。在“十二五”和“十三五”期间，京津冀城

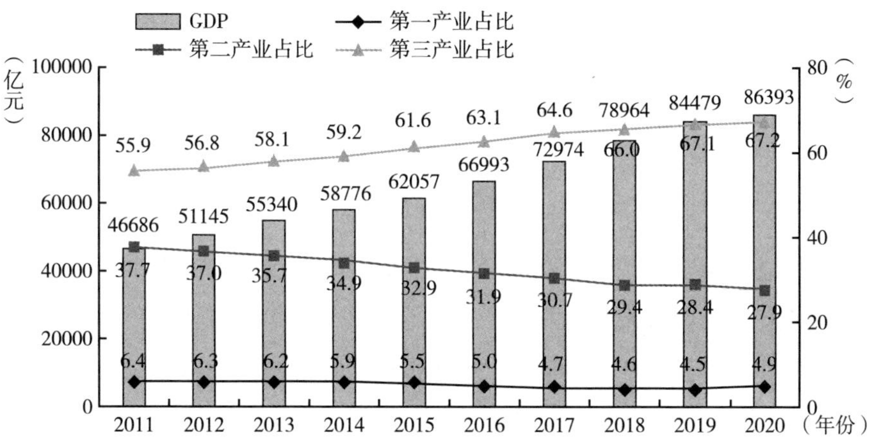

图 1　2011~2020 年京津冀地区 GDP 及产业结构

资料来源：2012~2021 年《北京统计年鉴》《天津统计年鉴》，2012~2019 年《河北经济年鉴》，2020~2021 年《河北统计年鉴》。

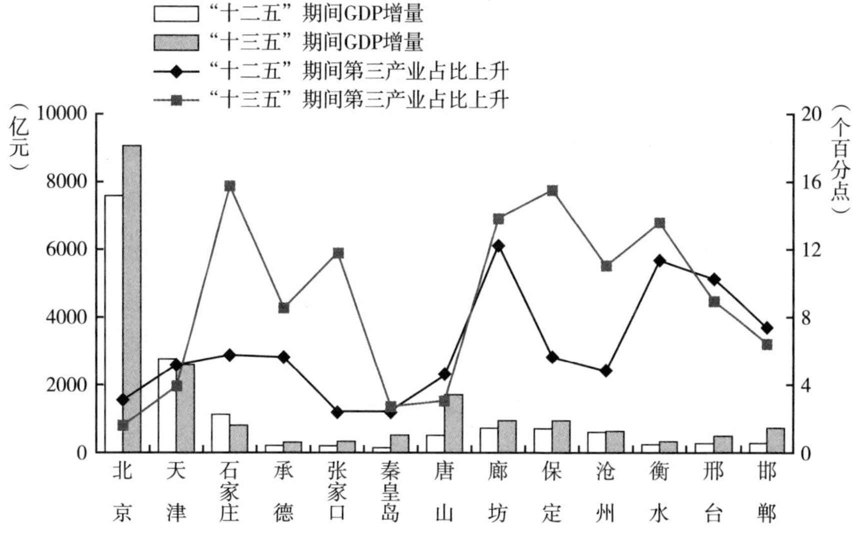

图 2　2011~2020 年京津冀内部各地市经济增长与产业结构变动情况

资料来源：2012~2021 年《北京统计年鉴》《天津统计年鉴》，2012~2019 年《河北经济年鉴》，2020~2021 年《河北统计年鉴》。

市 GDP 平均增量分别为 1182 亿元和 1492 亿元，其中北京和天津的 GDP 增量领跑整个区域，这与其较大的经济体量密不可分。河北省各城市 GDP 增量大多数低于京津冀城市平均水平（唐山市“十三五”期间 GDP 增量高于平均水平），其中表现突出的是石家庄、唐山、廊坊、保定和沧州，其在“十二五”和“十三五”期间的 GDP 增量均在 500 亿元以上。在“十二五”和“十三五”期间，京津冀城市第三产业占比平均分别上升 6.2 个和 9.0 个百分点。出于产业发展水平的原因，北京和天津第三产业占比上升幅度小于其他城市，“十二五”期间第三产业占比上升幅度在平均水平以上的城市为廊坊、衡水、邢台和邯郸，“十三五”期间第三产业占比上升幅度在平均水平以上的城市为石家庄、张家口、廊坊、保定、沧州和衡水。

（二）创新能力稳步提升

创新能力是高质量发展的重要驱动力。本报告从专利授权量和技术市场成交额两方面分析 2011～2020 年京津冀地区创新能力发展情况。2011～2020 年，京津冀地区专利授权量和技术市场成交额总体均呈上升态势，分别由 2011 年的 65989 项和 2085.9 亿元上升到 2020 年的 334540 项和 7960.68 亿元（见图 3），说明京津冀地区的创新能力显著提升。

从区域内部 13 个城市在“十二五”和“十三五”两个时期的综合情况来看，各城市在“十三五”期间的专利授权量增量大于“十二五”期间的专利授权量增量（见图 4）。“十二五”和“十三五”期间，城市平均专利授权量增量分别为 7347 项和 12178 项。其中，北京和天津远高于平均水平，河北省各城市则基本低于平均水平。石家庄、唐山、廊坊等在两个时期的专利授权量增长率在河北省各城市中排名靠前，是河北省创新能力提升显著、创新潜力较大的城市。“十二五”期间专利授权量增长率高于“十三五”期间，城市平均专利授权量增长率分别为 193.8% 和 179.2%，出于专利授权总量基数大的原因，北京和天津的专利授权量增长率远低于平均水平，高于平均水平的城市为张家口、邢台和邯郸。

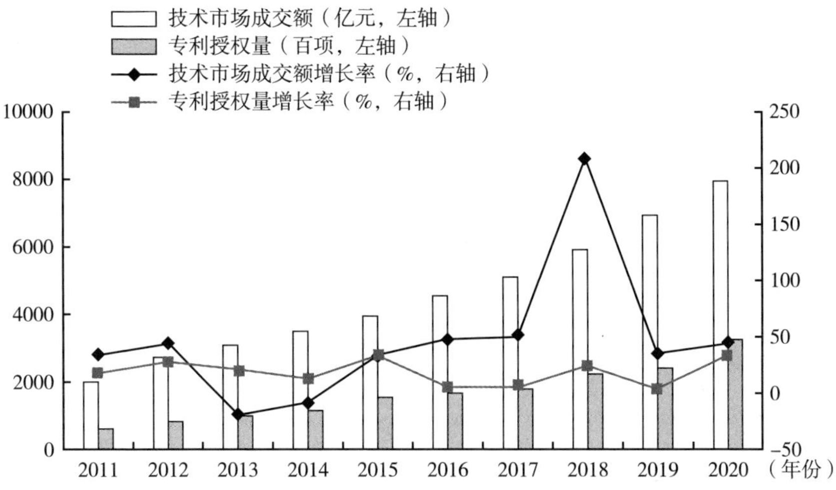

图 3　2011~2020 年京津冀地区科技成果增长情况

资料来源：2012~2021 年《北京统计年鉴》《天津统计年鉴》，2012~2019 年《河北经济年鉴》，2020~2021 年《河北统计年鉴》。

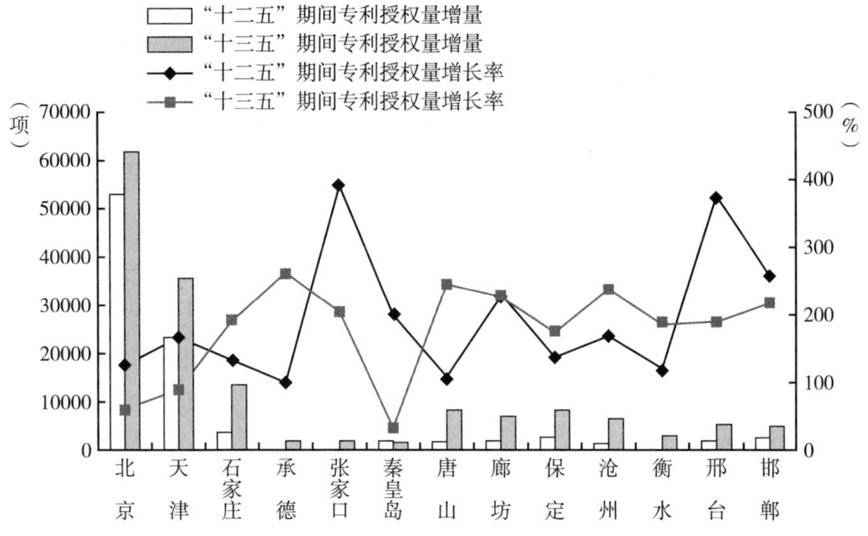

图 4　2011~2020 年京津冀各地市专利授权量增长情况

资料来源：2012~2021 年《北京统计年鉴》《天津统计年鉴》，2012~2019 年《河北经济年鉴》，2020~2021 年《河北统计年鉴》。

（三）居民生活水平提高，地区差距有所缩小

2011~2020 年，京津冀地区人均可支配收入和人均消费支出总体呈稳步上升趋势（见图 5），分别由 2011 年的 17314 元和 12807 元上升到 2020 年的 37623 元和 23484 元，年均增长率分别为 9%和 7%。需要指出的是，人均可支配收入和人均消费支出的增长率整体下降，尤其是 2020 年的人均消费支出增长率为-5%，意味着 2020 年人均消费支出低于 2019 年。

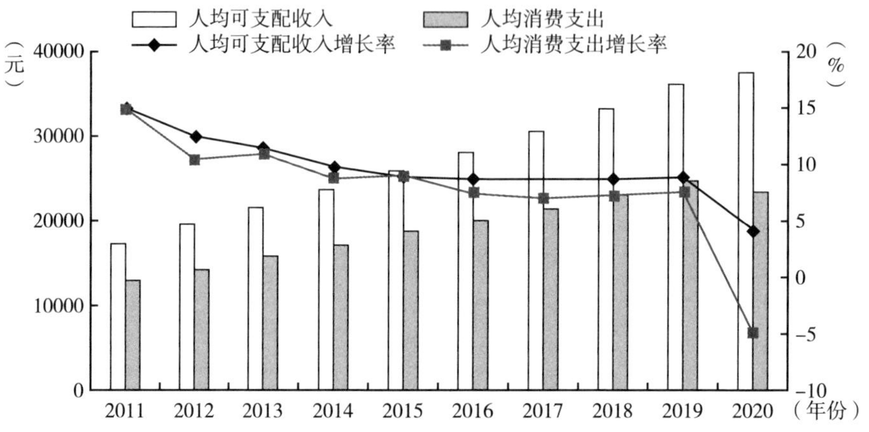

图 5　2011~2020 年京津冀地区人均可支配收入与人均消费支出变动情况

资料来源：2012~2021 年《北京统计年鉴》《天津统计年鉴》，2012~2019 年《河北经济年鉴》，2020~2021 年《河北统计年鉴》。

“十二五”和“十三五”期间京津冀地区各地市人均可支配收入与人均消费支出增长情况如图 6 所示。在“十二五”和“十三五”两个时期内，京津冀区域内部 13 个城市的人均可支配收入增量分别为 6799 元和 8739 元，平均增长率分别为 47.6%和 39.0%。其中北京、天津、唐山和廊坊是在两个时期人均可支配收入增量超过平均水平的城市，衡水是在两个时期人均可支配收入增量最小的城市。“十二五”和“十三五”期间 13 个城市的人均消费支出增量分别为 4690 元和 4646 元，平均增长率为 47.5%和 33.9%。在河北省内，秦皇岛和唐山是在两个时期人均消费支出高于平均水平的城市，

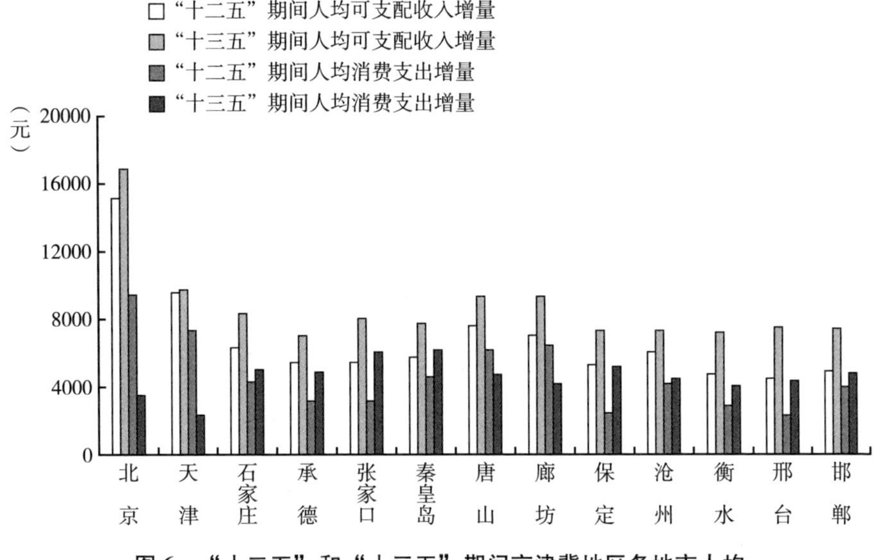

图 6 "十二五"和"十三五"期间京津冀地区各地市人均可支配收入与人均消费支出增长情况

资料来源：2012~2021 年《北京统计年鉴》《天津统计年鉴》，2012~2019 年《河北经济年鉴》，2020~2021 年《河北统计年鉴》。

沧州、衡水和邢台则是低于平均水平的城市，其他城市则分别在两个时期呈现不同特点。需要指出的是，北京和天津在"十二五"期间的人均消费支出增量处于较高水平，远高于地区平均水平，但是"十三五"期间两地的人均消费支出增量是最小的。

（四）能源使用效率提升，环境质量明显改善

2011~2020 年，京津冀地区能源改革和环境改善效果显著（见图 7）。万元 GDP 能耗持续下降，由 2011 年的 0.9011 吨标煤下降到 2020 年的 0.5497 吨标煤。工业污染物排放量逐步下降，二氧化硫和烟（粉）尘排放量由 2011 年的 160.0 万吨和 131.8 万吨下降到 2020 年的 13.4 万吨和 18.3 万吨。

综合分析"十二五"和"十三五"两个时期京津冀区域内部 13 个城市的能源使用效率发现，总体上各城市平均能源使用效率逐步提升，但增速有

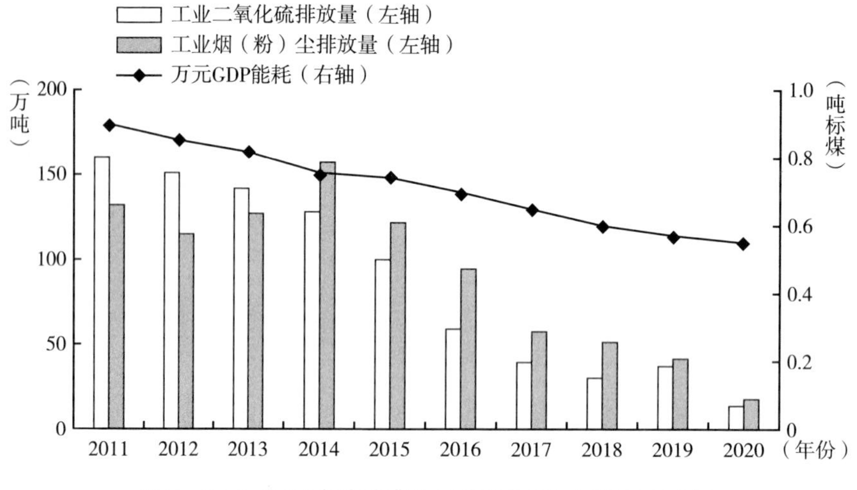

图 7　2011~2020 年京津冀地区能源消耗与污染排放情况

资料来源：2012~2021 年《北京统计年鉴》《天津统计年鉴》，2012~2019 年《河北经济年鉴》，2020~2021 年《河北统计年鉴》。

所下降。"十二五" 和 "十三五" 期间各城市平均万元 GDP 能耗下降幅度分别为 0.42 吨标煤和 0.16 吨标煤，其中石家庄、唐山、邯郸和张家口的万元 GDP 能耗下降幅度在两个时期均超过平均水平。工业污染物排放量下降显著，"十二五" 期间各城市平均工业二氧化硫和烟（粉）尘的下降幅度分别为 4.6 万吨和 0.78 万吨，"十三五" 期间则分别为 3.5 万吨和 5.9 万吨。其中，唐山和邯郸在两个时期的工业污染物排放下降幅度均超过平均水平。除此以外，"十二五" 期间工业污染物排放下降幅度较大的还有石家庄、秦皇岛、张家口和沧州，"十三五" 期间工业污染物排放下降幅度较大的还有邢台。

（五）公共服务水平逐步提升

2011~2020 年，京津冀地区医疗和社会保障水平逐步提升（见图 8）。每万人床位数和每万人医生数分别由 2011 年的 35.68 张和 21.18 人上升到 2020 年的 47.97 张和 36.96 人。社会保障水平明显提高，基本养老保险参保率和失业保险参保率分别由 2011 年的 23.5%和 15.4%上升到 2020 年的 37.1%和 21.3%。

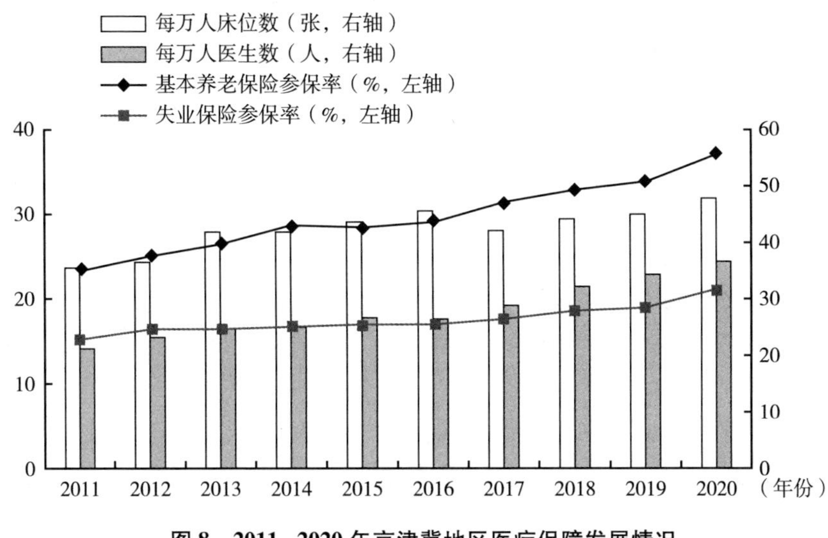

图 8　2011~2020 年京津冀地区医疗保障发展情况

资料来源：2012~2021 年《北京统计年鉴》《天津统计年鉴》，2012~2019 年《河北经济年鉴》，2020~2021 年《河北统计年鉴》。

对比“十二五”和“十三五”时期，京津冀区域内部 13 个城市的社会保障水平加速提升。具体来说，“十二五”期间，城市平均基本养老保险和失业保险参保率分别增长 4. 1 个和 0. 5 个百分点，“十三五”期间则分别增长 6. 9 个和 3. 1 个百分点。其中，北京和天津基本养老保险和失业保险参保率的增长在两个时期均超过了平均水平。此外，“十二五”期间，唐山、秦皇岛、廊坊在基本养老保险和失业保险参保率提升方面表现突出；“十三五”期间，秦皇岛、张家口、承德在基本养老保险参保率提升方面表现突出，唐山、秦皇岛、承德在失业保险参保率提升方面表现突出。医疗服务水平提升明显，“十二五”期间城市平均每万人床位数和每万人医生数分别增加 8. 8 张和 4. 9 人，“十三五”期间则分别增加 1. 0 张和 10. 1 人。其中，邢台和保定的每万人床位数和每万人医生数的增长幅度在两个时期均等于或超过了平均水平。“十二五”和“十三五”期间京津冀各城市绿色与社会服务主要指标变动情况分别如表 1 和表 2 所示。

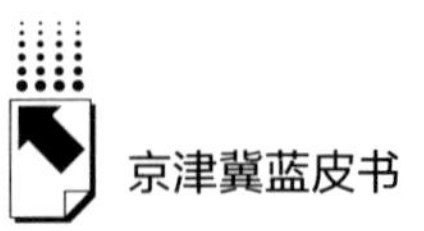

表 1　“十二五”期间京津冀各城市绿色与社会服务主要指标变动情况

城　市	工业二氧化硫排放量（万吨）	工业烟(粉)尘排放量（万吨）	万元 GDP 能耗（吨标煤）	基本养老保险参保率（个百分点）	失业保险参保率（个百分点）	每万人床位数（张）	每万人医生数（人）
北　京	-3.923	-1.642	-0.080	11.2	5.9	4.5	9.6
天　津	-6.729	0.846	-0.177	5.1	1.2	10.1	2.7
石家庄	-8.311	-0.900	-0.480	3.8	-0.2	6.9	6.3
唐　山	-11.714	-3.959	-0.710	5.2	0.3	6.1	2.3
秦皇岛	-2.887	-1.589	-0.208	5.3	0.5	10.5	5.3
邯　郸	-11.013	-2.956	-0.570	1.9	0.1	9.8	4.6
邢　台	-3.049	0.761	-0.587	1.6	0.0	8.8	6.0
保　定	-2.658	-0.601	-0.435	1.7	-0.1	11.1	6.3
张家口	-3.367	-1.085	-0.534	3.0	-0.1	10.6	2.6
承　德	-3.197	0.341	-0.248	3.9	-1.2	10.2	3.2
沧　州	-1.090	-0.793	-0.497	2.2	0.1	10.7	6.6
廊　坊	-1.042	2.059	-0.459	6.0	0.5	5.6	2.6
衡　水	-0.441	-0.606	-0.486	2.1	0.0	9.5	5.4

资料来源：2012 年和 2016 年《中国城市统计年鉴》。

表 2　“十三五”期间京津冀各城市绿色与社会服务主要指标变动情况

城　市	工业二氧化硫排放量（万吨）	工业烟(粉)尘排放量（万吨）	万元 GDP 能耗（吨标煤）	基本养老保险参保率（个百分点）	失业保险参保率（个百分点）	每万人床位数（张）	每万人医生数（人）
北　京	-0.927	-0.350	-0.052	14.8	9.3	4.4	13.4
天　津	-4.478	-4.723	-0.150	8.4	4.2	1.6	9.3
石家庄	-7.565	-2.800	-0.198	3.7	3.1	3.6	9.3
唐　山	-8.358	-38.639	-0.165	4.3	3.6	1.4	8.3
秦皇岛	-1.852	-4.032	-0.163	6.6	3.6	-2.0	11.7
邯　郸	-5.334	-9.617	-0.276	3.8	0.2	-3.7	7.6
邢　台	-5.747	-7.770	-0.190	5.3	2.4	1.4	10.1
保　定	-2.027	-0.842	-0.125	5.7	2.8	6.5	10.2
张家口	-1.142	-2.647	-0.191	16.6	0.3	2.3	8.7
承　德	-3.360	-1.763	-0.183	9.1	3.7	1.3	10.7
沧　州	-1.526	-0.725	-0.105	5.5	1.9	1.1	6.4
廊　坊	-1.916	-2.114	-0.155	0.6	2.4	-2.3	10.3
衡　水	-0.790	-0.585	-0.115	4.6	2.4	-2.0	14.7

资料来源：2017 年和 2021 年《中国城市统计年鉴》。

二　京津冀地区高质量发展评价体系构建及实证分析

（一）引言

“十四五”时期是京津冀协同发展战略承上启下的关键阶段，不仅要巩固前期来之不易的成果，又要力争为圆满完成 2030 年规划目标打下坚实的基础。科学评价“十二五”和“十三五”期间京津冀地区的高质量发展情况，总结发展中的优势与短板，对于进一步推动京津冀协同发展和促进高质量发展具有重要意义。

自“高质量发展”概念提出以来，学界开始对“高质量发展”的内涵、制约因素以及指标体系构建与测度等方面展开研究。经济高质量发展是针对当前中国经济发展所处阶段做出的重大研判（林兆木，2018），其内涵具有多维性和动态性，体现在经济、社会、政治、文化等多个领域（金碚，2018）。王喜成（2018）认为高质量发展是为了适应我国社会主要矛盾由“总量性矛盾”转变为“结构性矛盾”所做出的正确选择，其核心内涵是建立高质量、高效率和高稳定性的供给体系。胡鞍钢等（2019）指出经济规律决定了经济发展必定经历由数量扩张到质量提升的转变，这种转变符合质量互变的唯物辩证逻辑和质量并重的古典经济学逻辑以及先量后质的后发国的追赶逻辑。辜胜阻等（2018）指出制约经济高质量发展的重要因素是创新驱动后劲不足，究其原因在于科技成果产权激励机制不完善、支持创新的财税体系不完善、对基础研究领域投入不足、财税政策对技术创新作用不强等。余泳泽等（2018）则从产业、创新、对外开放和人民生活 4 个维度总结了中国经济高质量发展所面临的困境。

高质量发展特征应体现时代发展和国内外环境变化，不少学者从各自视角基于不同方法对高质量发展的评价工作做出了诸多尝试。根据测度思路的不同，关于高质量发展的测度研究主要可以分为三类。

第一类是使用单一代表性指标来测度经济高质量发展，如人均实际

GDP（廖祖君、王理，2019）、全要素生产率（刘思明等，2019）、绿色全要素生产率（余泳泽等，2019；蔺鹏、孟娜娜，2020）、劳动生产率（陈诗一、陈登科，2018）、碳排放强度（肖周燕，2019）等。单一指标的测度方法无法全面概括经济高质量发展的内涵，可能会使评价结果产生较大的偏差（郑玉歆，2007）。例如，全要素生产率指标更侧重于体现技术进步对经济发展的贡献，却忽略了经济发展过程中的民生事业发展、协调均衡发展、资源环境改善等情况。

第二类是以“创新、协调、绿色、开放、共享”五大发展理念为指导，构建更为全面的反映我国经济发展提质增效新要求的指标体系，研究区域涉及全国层面（史丹、李鹏，2019）、省级层面（詹新宇、崔培培，2016；孙培蕾、郭泽华，2021；刘瑞、郭涛，2020）以及城市层面（师博、张冰瑶，2019；欧进锋等，2020）。

第三类是基于对经济高质量发展内涵和特征的不同理解来构建指标体系。一方面，利用主成分分析法、熵值法等方法对中国及各省经济高质量发展水平及变动趋势进行分析，评价指标体系涉及经济增长和社会成果（聂长飞、简新华，2020），经济结构优化和资源配置高效（魏敏、李书昊，2018），创新发展、生态文明和民生发展（郑耀群、葛星，2020），基础设施完善、市场机制完善和区域协调发展（魏敏、李书昊，2018），动能转换和风险防控（苏永伟、陈池波，2019）等维度。另一方面，对城市及城市群的高质量发展进行分析，既包含以单一指标分析城市群高质量发展的时空演变规律和区域差距的研究（汪侠、徐晓红，2020），也有基于绿色生态、经济效率、开放创新等多维视角构建评价体系分析重点城市群或地级城市高质量发展的研究（黄顺春、邓文德，2020；肖德、于凡，2021；张震、覃成林，2021）。

通过文献梳理可以发现，出于对经济高质量发展的内涵与外延的理解不同，不同学者选择的评价指标也不同。虽然目前学界对于高质量发展的评价尚未形成一套统一的评价体系，但相比于过去的经济评价，高质量发展的指标体系更关注民生福利、协调发展、开放包容和生态环境保护等相关指标，这也充分说明了高质量发展内涵的丰富性。已有的高质量发展评价对于科学理解高质量发展内涵以及指导国家和各地区的科学发展起到了重要作用。不过，现有的评价体系也存在一些不足，主要表现如下。第一，评价内容的时代性体现不足。现有研究主要围绕高质量发展的动能转换和发展成果等方面展开，对近期国内外出现的各种突发状况考虑不多，导致评价结果具有片面性。第二，过于重视过程指标而忽略结果指标。例如，有的指标体系里会同时加入科研投入、教育投入和环境污染治理投入等指标，而高投入不一定会带来高产出。第三，评价指标过多。一些相关文献中的评价指标甚至超过 40 个，过多的评价指标不仅增加了计算工作量，提高了出错率，更会降低核心指标的重要性，致使最终结果无法科学衡量高质量发展的状况。

（二）京津冀高质量发展评价指标体系构建

本报告在参考已有研究的基础上，以五大发展理念为基础，同时将经济韧性作为应对宏观环境风险的指标纳入指标体系，最终构建了由 6 个一级指标、24 个二级指标构成的京津冀高质量发展评价指标体系，其体系构建框架见图 9，评价指标体系见表 3。

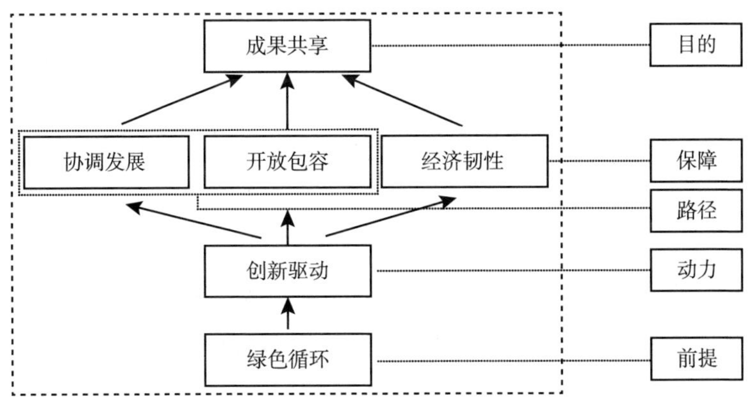

图 9　京津冀高质量发展评价指标体系构建框架

表 3　京津冀高质量发展评价指标体系

一级指标	序号	二级指标	数据来源	指标性质
创新驱动	1	R&D 经费投入强度	城市统计年鉴	+
	2	科学技术财政支出强度	城市统计年鉴	+
	3	每万人专利申请量	城市统计年鉴	+
协调发展	4	人口产业匹配	城市统计年鉴	-
	5	城乡收入比	城市统计年鉴	-
	6	城乡消费比	城市统计年鉴	-
	7	城镇化率	京津冀三地统计年鉴	+
绿色循环	8	建成区绿化覆盖率	城市统计年鉴	+
	9	一般工业固体废物综合利用率	城市统计年鉴	+
	10	单位 GDP 废气排放	城市统计年鉴	-
	11	单位 GDP 能耗	京津冀三地统计年鉴	-
开放包容	12	外资利用强度	城市统计年鉴	+
	13	公路货运量	京津冀三地统计年鉴	+
	14	公路客运量	京津冀三地统计年鉴	+
成果共享	15	城镇登记失业率	城市统计年鉴	-
	16	财政教育支出强度	城市统计年鉴	+
	17	每万人普通高校在校大学生人数	城市统计年鉴	+
	18	每万人医生数	城市统计年鉴	+
	19	人均公共图书馆藏书量	城市统计年鉴	+
	20	城镇医疗养老保险参保人数	城市统计年鉴	+
经济韧性	21	外贸依存度	城市统计年鉴	-
	22	政府债务余额与 GDP 之比	城市统计年鉴	-
	23	人均固定资产投资	城市统计年鉴	+
	24	社会消费品总额占 GDP 比重	城市统计年鉴	+

1. 创新驱动

随着“投资红利”和“人口红利”逐渐消失，资源要素驱动型经济增长模式难以持续。因此，必须不断增加经济建设过程中的创新元素，扩展现代科技成果在生产中的应用，提高创新要素利用水平，积极推进创新动能转换，充分发挥创新带动经济增长的能力。本报告从研发投入与产出两个维度选取具体指标来衡量创新水平。

2. 协调发展

城市经济发展差异和城乡收入差距不断扩大、区域一体化发展水平较低等直接加剧了京津冀发展不平衡不充分的态势，为实现高质量发展，未来应更加注重对这一问题的解决。为此，本报告从人口产业协调、城乡差距和城镇化三方面选取具体指标，来衡量高质量发展过程中协调发展水平的高低。

3. 绿色循环

2018 年习近平在全国生态环境保护大会上强调，“绿色发展是构建高质量现代化经济体系的必然要求”。为实现高质量发展，必须重视生态文明建设，倡导绿色、低碳、可持续发展，这不仅反映了城市经济活动中投入产出对环境的影响程度，而且代表了城市自身绿化建设水平和环境保护状况。本报告重点从现有绿化水平和经济产出对能源利用与环境的影响程度两个方面来选取指标，以合理反映绿色循环发展状况。

4. 开放包容

开放包容是实现高质量发展的重要途径，通过实行高水平对外开放，拓宽区域高质量发展渠道。本报告最终选择从国内流动和国际进出口两方面选取指标，来衡量开放包容发展水平。

5. 成果共享

经济高质量发展的最终目的是实现人的发展，提高人民的生活质量和幸福感（金碚，2018；陈川、许伟，2020）。高质量发展必须以人为本，强调人的主体地位，推进经济发展成果由人民享受，将实现人的全面发展与人的现代化作为经济高质量发展的重要内容，不断提升城市就业、医疗、教育和公共服务水平，逐步缩小区域差距。因而，本报告重点从就业、教育、文化和医疗卫生四个方面选取具体指标，以期合理展示经济发展共享程度。

6. 经济韧性

经济韧性反映了经济系统对抗冲击的能力，强韧性意味着经济发展具有强稳定性和持续性，是实现高质量发展的重要保障（管昌玲、张继彤，2022）。现有文献普遍认为产业结构是影响区域经济韧性的主要因素（谭俊涛等，2020），从产业多样性、产业相关多样性和无关多样性等角度分析了不同产业结构对经济韧性的影响（郭将、许泽庆，2019）。冯苑等（2020）将经济韧性定义为抵抗能力和重构能力，从宏观经济发展、产业结构特征、资源禀赋、基础设施、消费市场等多个层面评价经济系统的韧性。本报告从对外依存度、政府债务情况以及本地区经济自主发展能力三个方面选取指标来衡量经济韧性。

（三）研究方法及数据来源

1. 高质量发展评价

经济高质量发展评价的主要步骤为数据收集整理、部分具体指标的计算、无量纲化处理、权重计算、经济高质量发展指数计算、经济高质量发展水平结果划分、各地区经济高质量发展空间差异分析。分析方法主要为熵值法。熵值法是一种客观赋权法，依据各指标相对变化幅度对整体系统的影响程度确定权重。本报告使用熵值法来测度相关指标体系，具体步骤如下。

（1）原始指标数据说明。假设有 k 个年度 m 个城市的 n 个指标，则 $X_{\alpha ij}$ 为第 α 年第 i 个城市的第 j 个指标值。

（2）各项指标的标准化处理。由于各项指标的计量单位不统一，且正负向指标的数值含义也不同（正向指标取值越高越好，负向指标取值越低越好），因此在使用前要先进行标准化处理，方法如下：

$$X'_{\alpha ij}=\begin{cases}\dfrac{X_{\alpha ij^+}-\min(X_{\alpha ij^+})}{\max(X_{\alpha ij^+})-\min(X_{\alpha ij^+})}\\[2ex]\dfrac{\max(X_{\alpha ij^-})-X_{\alpha ij^-}}{\max(X_{\alpha ij^-})-\min(X_{\alpha ij^-})}\end{cases}\tag{1}$$

其中，j^+ 为正向指标，j^- 为负向指标。

（3）计算第 j 项指标中第 i 个城市所占的比重。

$$P_{\alpha ij}=\frac{X'_{\alpha ij}}{\sum_{\alpha=1}^{k}\sum_{i=1}^{m}X'_{\alpha ij}}\tag{2}$$

（4）计算第 j 项指标的信息熵。

$$E_j = -q\sum_{\alpha=1}^{k}\sum_{i=1}^{m}[P_{\alpha ij}\ln(P_{\alpha ij})] \tag{3}$$

其中，$q=1/\ln(km)$。

（5）计算第 j 项指标的差异系数。

$$G_j = 1 - E_j \tag{4}$$

（6）计算第 j 项指标的权重。

$$W_j = \frac{G_j}{\sum_{j=1}^{n} G_j} \tag{5}$$

（7）计算不同年度各城市的综合得分。

$$H_{\alpha j} = \sum_{j=1}^{n}(W_j X'_{\alpha ij}) \tag{6}$$

2. 高质量发展协同分析

随着京津冀协同发展战略的逐步推进，高质量发展的协同分析显得十分必要。本报告在京津冀高质量发展评价的基础上，采用廖重斌（1999）提出的耦合协调模型，对 2011~2020 年京津冀 13 个城市之间的高质量协同发展水平进行评价，具体模型为：

$$C = \left\{\frac{f(x_1)\times f(x_2)\times\cdots\times f(x_n)}{\left[\frac{f(x_1)+f(x_2)+\cdots+f(x_n)}{n}\right]}\right\}^{k} \tag{7}$$

$$T = \alpha_1 f(x_1) + \alpha_2 f(x_2) + \cdots + \alpha_n f(x_n) \tag{8}$$

$$D = \sqrt{C \times T} \tag{9}$$

上式中，C 为系统耦合系数，其大小介于 0 与 1 之间，耦合度越大，表明各子系统间的互动作用越强。$f(x_n)$ 为第 n 个城市高质量评价指数，α_n 为权重系数且相加等于 1。

3. 数据来源

本报告以京津冀地区为研究目标，包括北京、天津和河北省的11个地级市，时间范围为2011~2020年，所需数据来源于《中国城市统计年鉴》《北京统计年鉴》《天津统计年鉴》《河北统计年鉴》《河北经济年鉴》等。

（四）高质量发展测度结果

1. 京津冀地区高质量发展总体水平分析

由计算结果可知，2011~2020年京津冀地区高质量发展水平处于稳步上升态势，平均高质量发展指数由2011年的0.1754上升到2020年的0.2385，年均增长率为3.5%（见表4）。如图10所示，区域内部四大板块的高质量发展水平整体呈上升态势，其中：京津核心区的高质量发展水平最高，远高于地区总体平均水平，高质量发展指数由2011年的0.3271上升到2020年的0.4094，年均增长率为2.5%；其次为中部地区，高质量发展指数由2011年的0.1382上升到2020年的0.1918，年均增长率为3.7%；北部和南部地区的高质量发展水平较低，高质量发展指数分别由2011年的0.0927和0.0932上升到2020年的0.1475和0.1484，年均增长率均为5.3%。

表4　2011~2020年京津冀地区各城市高质量发展指数计算结果

地　区	2011	2012	2013	2014	2015	2016	2017	2018	2019	2020
京津核心区	0.3271	0.3549	0.3602	0.3635	0.3577	0.3694	0.3802	0.3931	0.4114	0.4094
北京	0.6249	0.6573	0.6733	0.7050	0.6862	0.6908	0.7164	0.7453	0.7784	0.7354
天津	0.3850	0.4188	0.4282	0.4231	0.4191	0.4437	0.3981	0.4031	0.4201	0.4580
唐山	0.1585	0.1935	0.1940	0.1729	0.1649	0.1693	0.2092	0.2253	0.2356	0.2387
廊坊	0.1398	0.1500	0.1453	0.1530	0.1606	0.1739	0.1970	0.1986	0.2117	0.2054
北部地区	0.0927	0.1159	0.1146	0.1255	0.1344	0.1292	0.1496	0.1456	0.1389	0.1475
秦皇岛	0.1306	0.1644	0.1788	0.1947	0.2248	0.2071	0.2370	0.2243	0.2036	0.1947
张家口	0.0656	0.0833	0.0716	0.0826	0.0950	0.0891	0.1167	0.1119	0.1062	0.1260
承德	0.0819	0.1002	0.0934	0.0993	0.0834	0.0914	0.0950	0.1006	0.1068	0.1217
中部地区	0.1382	0.1573	0.1660	0.1585	0.1533	0.1685	0.1906	0.1969	0.2064	0.1918
保定	0.1243	0.1396	0.1502	0.1413	0.1298	0.1426	0.1617	0.1545	0.1668	0.1448

续表

地　区	2011	2012	2013	2014	2015	2016	2017	2018	2019	2020
沧州	0.0932	0.1110	0.1206	0.1241	0.1124	0.1291	0.1582	0.1627	0.1659	0.1579
石家庄	0.1970	0.2212	0.2271	0.2100	0.2177	0.2337	0.2520	0.2736	0.2865	0.2728
南部地区	0.0932	0.1104	0.1222	0.1163	0.1127	0.1085	0.1518	0.1339	0.1433	0.1484
衡水	0.0685	0.0754	0.0842	0.0793	0.0884	0.0855	0.1207	0.1179	0.1305	0.1383
邢台	0.0835	0.0971	0.1077	0.1070	0.1081	0.1189	0.1692	0.1379	0.1476	0.1531
邯郸	0.1277	0.1587	0.1748	0.1625	0.1416	0.1212	0.1654	0.1458	0.1519	0.1539
总体平均	0.1754	0.1977	0.2038	0.2042	0.2025	0.2074	0.2305	0.2309	0.2393	0.2385

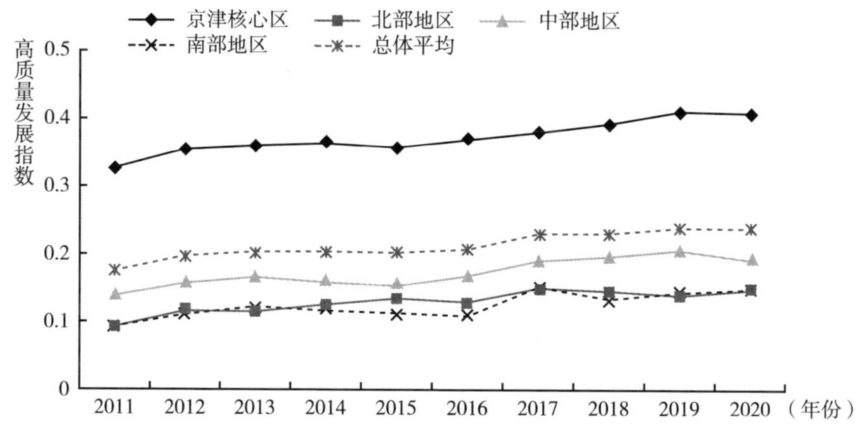

图 10　2011~2020 年京津冀内部地区高质量发展情况

城市层面高质量发展的差异性更加显著。根据 2011~2020 年各城市的平均高质量发展指数考察各城市的高质量发展差异状况，北京市（0.7013）的高质量发展指数远高于其他城市，其次为天津（0.4197）。河北省各地市高质量发展指数相对较低，其中中部地区的石家庄（0.2392）相对较高，其次为京津核心区的唐山（0.1962）和北部地区的秦皇岛（0.1960），其他城市的平均高质量发展指数明显偏低，尤其是北部地区的张家口（0.0948）、承德（0.0974）和南部地区的衡水（0.0989），其高质量发展指数低于 0.1（见图 11）。从高质量发展水平的提升速度来看，河北省绝大多数地市的高质量发展速度超过了北京（1.8%）和天津（1.9%），说明在“十二五”和“十三五”期间河北省的一系列发展规划和政策措施促进了经济的高质量快速发展，各地市的高质量发展水平正在逐步追赶北京和天津。

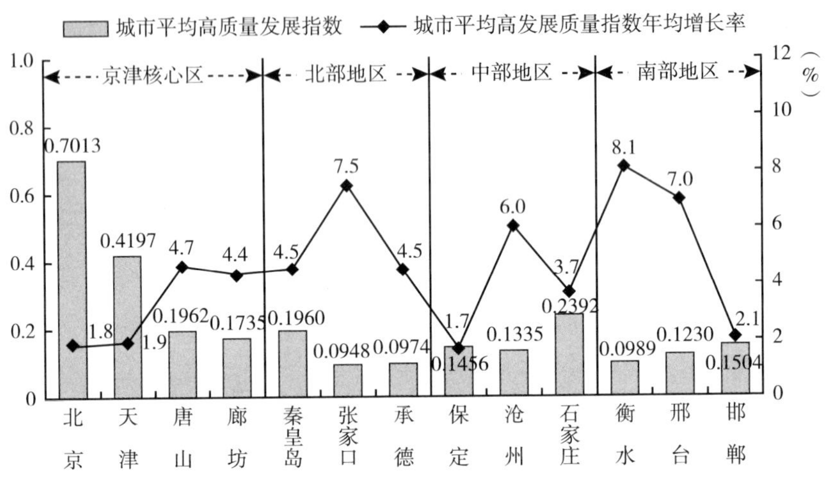

图 11　2011～2020 年京津冀地区各城市平均高质量发展指数

2. 京津冀地区高质量发展的维度差异分析

正如前文分析，京津冀地区高质量发展水平逐步提高，区域内部 13 个城市的平均高质量发展指数由 2011 年的 0.1754 上升到 2020 年的 0.2385。进一步考察高质量发展六大维度的情况，可以明确高质量发展的重要驱动力。在六大维度的高质量发展指数中，“绿色循环”和“开放包容”指数整体呈下降态势，其余四大维度指数则整体向好，但是存在结构性差异（见图 12）。其中，“创新驱动”指数对高质量发展指数的贡献率提升得最快，从 2011 年的 20.1%上升至 2020 年的 28.2%；其次为“成果共享”指数，对高质量发展指数的贡献率由 2011 年的 34.4%上升达到 2020 年的 38.8%；“协调发展”和“经济韧性”指数的贡献率均不足 10%，上升幅度也较小。世界经济的疲软态势以及国际政治环境的变化，使对外开放的广度与深度受到较大影响，由此导致“开放包容”指数对高质量发展指数的贡献率下降明显，从 2011 年的 28.7%下降到 2020 年的 13.1%。“绿色循环”指数对高质量发展指数的贡献率最低，且呈微弱下降态势，由 2011 年的 3.8%下降为 2020 年的 3.0%。

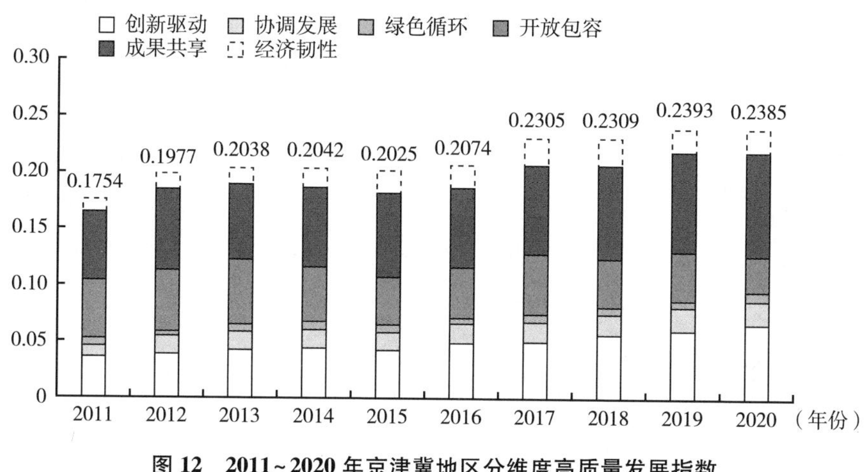

图 12　2011~2020 年京津冀地区分维度高质量发展指数

从区域内部四个不同板块来看，六大维度指数对高质量发展指数的贡献也具有显著差异。京津核心地区高质量发展水平最高，具有明显的“创新驱动”和“成果共享”特征，二者对高质量发展指数的贡献率之和超过 50%，且呈上升态势，分别由 2011 年的 26.4%和 33.4%上升到 2020 年的 34.5%和 40.7%。“开放包容”是高质量发展的第三动力，但其贡献率呈下降态势，由 2011 年的 27.8%下降到 2020 年的 11.1%。其余三大维度指数对高质量发展指数的贡献率相对稳定，且贡献率均不足 10%。中部地区的高质量发展水平仅次于京津核心地区，其动力来源主要是“成果共享”和“开放包容”，二者的贡献率之和超过 50%，其中“成果共享”的贡献率在提高，由 2011 年的 34.6%上升到 2020 年的 37.8%，而“开放包容”的贡献率则呈下降趋势，由 2011 年的 33.7%下降到 2020 年的 19.0%。“创新驱动”是中部地区高质量发展的第三动力，贡献率逐年提升，由 2011 年的 12.8%上升到 2020 年的 20.8%。其他三个维度指数对高质量发展指数的贡献相对较小，且变动幅度不大。北部地区和南部地区的高质量发展水平整体上相差无几，但内部结构差异明显。北部地区的高质量发展指数中“成果共享”指数一家独大，其 2011~2020 年的贡献率均在 40%以上，而其余维度中贡献相对较大的“创新驱动”、“开放包容”及“经济韧性”的贡献率平均在 15%左右，其余两个维度指数的贡献更小。南部地区“创新驱动”、“开放包容”和“成果共享”三大维度指数的贡献率之和超过 70%，其中：“创新驱动”的贡献率提升迅速，由 2011 年的 9.8%上升到 2020 年的 24.6%；“开放包容”的贡献率则下降明显，由 2011 年的 34.9%下降到 2020 年的 15.5%；“成果共享”的贡献率在 30%左右，2011~2020 年呈轻微的先下降后上升的“U”形态势。其他三个维度指数对高质量发展指数的贡献相对较小，其中“协调发展”和“经济韧性”的贡献率小幅提升，而“绿色循环”的贡献率略有下降。2011~2020 年京津冀内部四大板块不同维度高质量发展指数如图 13 所示。

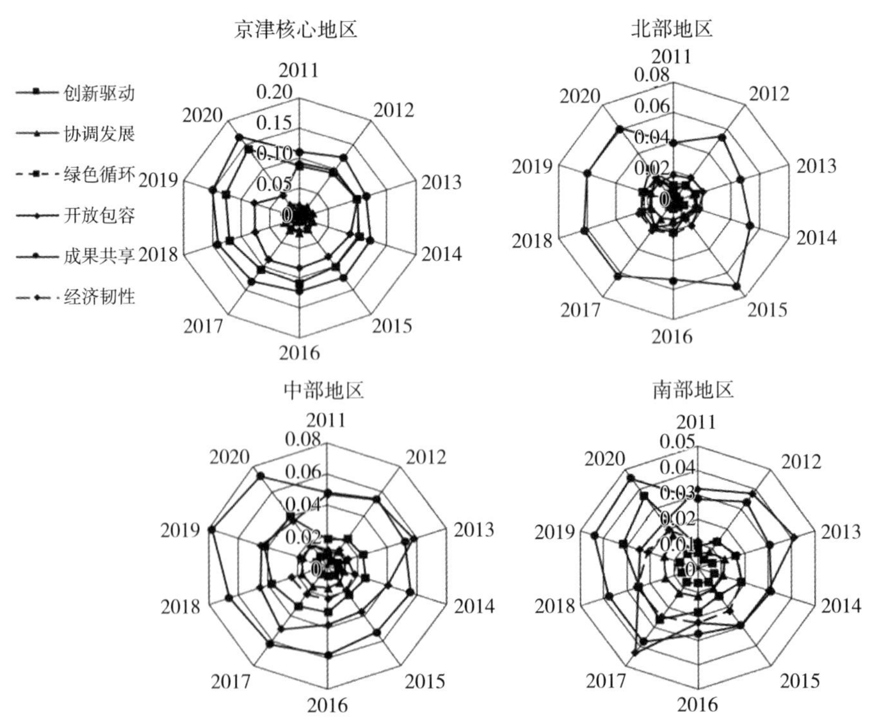

图 13　2011~2020 年京津冀内部四大板块不同维度高质量发展指数

高质量发展指数中的六大维度指数具有明显的城市异质性，其中“创新驱动”和“成果共享”两大维度指数的城市差异较显著，其次为“开放包容”和“协调发展”指数，而“绿色循环”与“经济韧性”指数的城市差异较小。具体而言，北京和天津高质量发展指数中的六大维度指数在13个城市中排名均位于前6，且二者高质量发展指数中“绿色循环”指数的占比最小，说明进一步推动绿色环保项目是促进京津两地高质量发展的重要途径。2011~2020年京津冀地区各城市分维度的平均高质量发展指数如表5所示。

表5　2011~2020年京津冀地区各城市分维度的平均高质量发展指数

地　区	创新驱动	协调发展	绿色循环	开放包容	成果共享	经济韧性
京津核心区	0.1087	0.0245	0.0070	0.0823	0.1306	0.0196
北京	0.2278	0.0306	0.0088	0.1535	0.2619	0.0188
天津	0.1364	0.0319	0.0069	0.0978	0.1212	0.0255
唐山	0.0385	0.0189	0.0046	0.0568	0.0598	0.0176
廊坊	0.0321	0.0165	0.0077	0.0213	0.0796	0.0164
北部地区	0.0182	0.0138	0.0053	0.0174	0.0564	0.0182
秦皇岛	0.0325	0.0160	0.0076	0.0243	0.0884	0.0271
张家口	0.0082	0.0129	0.0045	0.0194	0.0359	0.0140
承德	0.0140	0.0125	0.0039	0.0083	0.0450	0.0136
中部地区	0.0294	0.0137	0.0069	0.0450	0.0599	0.0178
保定	0.0271	0.0113	0.0070	0.0391	0.0431	0.0180
沧州	0.0170	0.0114	0.0062	0.0398	0.0450	0.0141
石家庄	0.0440	0.0185	0.0074	0.0562	0.0916	0.0214
南部地区	0.0209	0.0116	0.0066	0.0309	0.0345	0.0195
衡水	0.0197	0.0112	0.0068	0.0103	0.0283	0.0227
邢台	0.0159	0.0105	0.0062	0.0318	0.0374	0.0212
邯郸	0.0271	0.0130	0.0069	0.0507	0.0379	0.0146
均值	0.0493	0.0166	0.0065	0.0469	0.0750	0.0188

河北各城市高质量发展指数中的六大维度指数具有显著的城市异质性。其中，石家庄高质量发展指数中六大维度指数在13个城市中的排名均位于

前6，“成果共享”指数对高质量发展指数的贡献最大，其次是“开放包容”和“创新驱动”指数，“绿色循环”指数的贡献最小。唐山、廊坊和秦皇岛作为高质量发展水平较高的城市，它们的“创新驱动”、“协调发展”以及“成果共享”指数在13个城市中排名前6，也是各自高质量发展的主要来源，这些城市中对高质量发展指数贡献最小的是“绿色循环”指数。这些城市的“创新驱动”、“协调发展”及“成果共享”指数与北京和天津存在巨大差距，仍需要加大科技投入，提升相关管理水平，进而提升其创新能力。除此以外，保定的“绿色循环”指数、沧州和邯郸的“开放包容”指数以及衡水和邢台的“经济韧性”指数在13个城市中排名前6。

3. 京津冀高质量协同发展分析

本报告基于各城市的GDP计算高质量协同发展指数，记为D，取值范围为0~1，按照D的取值一般划分为3类：失调衰退类（$0 \leqslant D < 0.40$）、过渡发展类（$0.40 \leqslant D < 0.50$）和协同发展类（$0.50 \leqslant D < 1.00$）。

计算结果显示，2011~2020年京津冀高质量协同发展指数介于0.51至0.64之间，均值为0.58（见图14），表明京津冀地区处于良好的协同发展状态，京津冀协同发展战略得到很好的贯彻落实。以京津冀协同发展战略为代表的政策有效推动了京津冀经济的一体化发展，尤其是2016~2019年，京津冀区域内部各地市高质量协同发展速度最快，是京津冀协同发展战略提出后真正发力的时期。2020年，各地市的经济发展受到新冠肺炎疫情不同程度的影响，高质量协同发展指数有所下降。

分维度来看，“十三五”期间，京津冀地区在“成果共享”和“创新驱动”两方面的协同发展态势表现较好，协同发展指数呈逐年上升趋势，说明这两个维度不仅是驱动高质量发展水平逐步提升的主要因素，更是带动地市间高质量协同发展的主要动力。各地市都将创新驱动作为重中之重，同时随着发展水平的不断提升，各地市在教育、医疗以及文化等公共服务方面的协同发展取得了显著成绩。复杂多变的国际贸易环境给京津冀各地区的进出口贸易带来了较大的负面影响，导致“开放包容”协同发展指数整体呈下降趋势。受到自身发展基础等因素的影响，各地市的“绿色循环”协同发

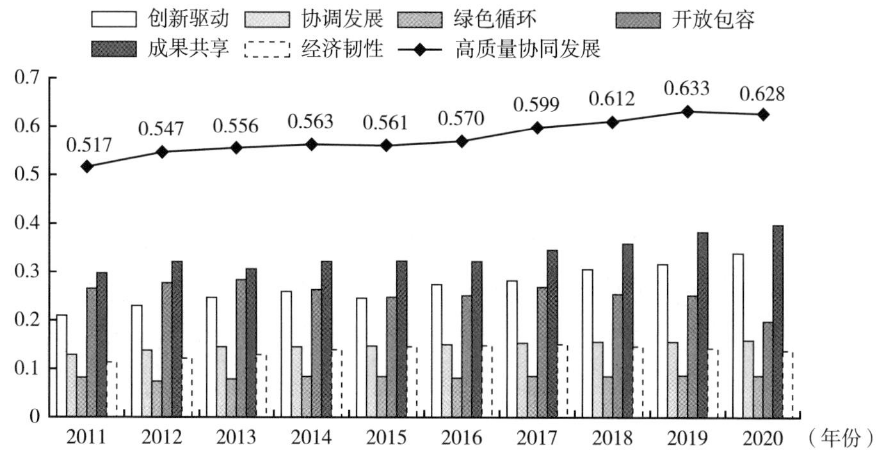

图 14　2011~2020 年京津冀地区高质量协同发展指数

展水平相对较低。因此，为进一步促进京津冀高质量协同发展，各地区需要在生态环保、贸易流动等方面开展更广泛的合作，通过采取一系列有效措施，进一步提升京津冀耦合协调度，使其尽早迈上优质协调阶段。

（五）结论与启示

高质量发展是新时代中国经济发展的基本要求和重要目标，构建科学合理的指标体系准确测度中国高质量发展水平，对推动京津冀地区高质量发展具有重要的理论和现实意义。在界定高质量发展内涵和外延的基础上，本报告以京津冀地区 13 个城市为研究对象，构建了包含 6 个维度的高质量发展评价指标体系，运用熵值法进行测算，分别从总体、分维度以及分区域和城市层面分析高质量发展特征，同时采用耦合协调模型分析了京津冀地区高质量协同发展情况。

从总体来看，京津冀地区高质量发展水平处于稳步上升态势，且区域内部异质性显著。京津冀地区平均高质量发展指数由 2011 年的 0. 1754 上升到 2020 年的 0. 2385。其中，区域内部四大板块中以京津核心区的高质量发展水平最高，其次为中部地区，北部和南部地区的高质量发展水平较低。城市

差异性表现为，北京和天津的高质量发展水平远高于河北各城市，在河北各城市中，石家庄的高质量发展水平最高，唐山、廊坊和秦皇岛的高质量发展水平相对较高，而张家口、承德和衡水的高质量发展水平较低。

分维度来看，高质量发展指数的上升主要得益于“创新驱动”和“成果共享”两大维度，两者贡献率之和超过50%，且二者的贡献率呈上升态势；“协调发展”和“经济韧性”的贡献率相对较低，但呈上升态势；“开放包容”和“绿色循环”的贡献率呈下降态势。同时，六大维度指数对高质量发展指数的贡献在内部四大板块和13个城市之间表现出明显异质性。主要体现为：在经济水平高的地区，“创新驱动”和“成果共享”对高质量发展的贡献更加突出；在经济相对落后的地区，“经济韧性”和“协调发展”的贡献相对较大。

2011~2020年京津冀13个城市的高质量发展之间具有明显的相互促进关系，高质量协同发展指数为0.58，说明京津冀地区处于良好稳定的协同发展状态，其中在“成果共享”和“创新驱动”两方面的表现较好，在“开放包容”和“绿色循环”两方面表现较差。

上述研究结论具有重要的启示意义。

第一，高质量发展不同子系统并非孤立存在，而是相互影响、相互作用，促进内部各子系统之间协调水平的提升是实现京津冀地区高质量发展的必然途径。2011~2020年，京津冀地区高质量发展水平虽然有了较大的提升，但提升速度还不够快，同时存在城乡差距、地区差距较大，传统能源消费较多等制约高质量发展的问题。因此，在未来发展过程中，应遵循创新、协调、绿色、开放、共享的新发展理念，制定全方位的经济高质量发展政策，以追求不同子系统的全面提升和协调发展为主要目标，聚焦制约高质量发展的问题，加快高质量发展水平的提升。

第二，完善地方政府的政绩考核体系，构建地方政府“为发展质量而竞争”的新格局。不同区域的发展思路和定位不一样，需要对地方政府的政绩实行差异化评价，同类型城市进行对标竞争，形成相互竞争、相互学习的良好机制。加强城市之间的交流，通过生产要素的自由流动，提高资源配置效率，带动区域经济协同发展。

第三，大力改善发展条件，稳步提高京津冀高质量发展的协调与共享水平。推进创新驱动核心战略，针对创新驱动领域面临的短板，形成以市场为导向，以微观企业为主体的产学研深度融合的创新体系，提高科学技术、专利的经济应用效率，并加大政府财政资金对科学研究创新的扶持力度，激发市场主体的创新积极性。增加教育、医疗和环境保护领域的公共投入，提升相应公共产品的匹配水平和利用效率，实现人和自然和谐相处，助力高质量发展。

三　数字经济推动京津冀高质量发展的动力机制分析

2020 年，我国数字经济总量已达 39.2 万亿元，占 GDP 的 38.6%①，数字经济对 GDP 增长的贡献率达 67.7%②。可见，数字经济已经成为我国高质量发展的新引擎和新动能。同时，数字经济对高质量发展的影响分析也受到众多学者的青睐，根据研究视角可以分为两大类。一是直接考察数字经济对区域高质量发展的影响。有的学者认为数字经济可促进消费转型升级、激发投资活力、改变世界贸易格局（李强，2019）。还有的学者认为数字经济能够提高经济体的创新能力，有利于实现协调发展，促进生态文明建设（宋洋，2020）。二是聚焦数字经济推动经济高质量发展的机制分析。祝合良、王春娟（2020）通过数字经济的成本节约效应、规模经济效应、精准配置效应、效率提升效应和创新赋能效应，探讨了数字经济对经济高质量发展的内在影响机制。张蕴萍等（2021）指出数字经济推动经济高质量发展的作用机制主要表现在三个方面：①充分发挥数据要素对其他生产要素的作用，提升全要素生产率，促进经济高质量发展；②数字经济通过提升人力资本水平推动经济高质量发展；③数字经济通过促进产业结构升级推动经济高质量发展。由此可见，数字经济对区域高质量发展具有推动作用在学术界已

① 中国信息通信研究院：《中国数字经济发展白皮书（2021）》。
② 国家互联网信息办公室：《数字中国建设发展进程报告（2019 年）》。

经成为共识，对数字经济发展战略的执行和高质量发展具有重要的指导意义。

不过，现有研究很少综合考量数字经济对区域高质量发展的直接和间接推动作用，从而掩盖了数字经济的具体作用机制。已有研究主要利用单一指标，大大降低了结论的科学性。为此，本报告从直接和间接两个层面综合考察数字经济推动高质量发展的作用机制，对于直接作用，从高质量发展的内涵入手，多角度分析数字经济对高质量发展的推动作用；对于间接作用，分别考察生产效率、产业结构合理化和高级化的中介效应。

数字经济具有技术创新、产业融合、绿色发展、信息共享等特征，与高质量发展的内涵相符。在“创新驱动”方面，数字经济可以营造新型创新环境，实现传统产业改革创新和社会技术变革，通过数字技术带动传统产业改造升级，形成新的发展技术和模式，为高质量发展提供动力。在“协调发展”方面，数字经济可以通过数字化、信息化突破地理距离的制约，为偏远和落后地区供给产品和服务，进而有助于缩小收入差距，实现区域和城乡协调发展。在“绿色循环”方面，数字经济有助于构建绿色消费平台，有效提高公众参与绿色消费的意识，传播绿色环保理念，提升全民参与绿色经济的自觉性。在“开放包容”方面，数字技术和大数据的普及降低了地区以及国家间的贸易成本，从而降低了贸易门槛，互联网平台的发展帮助企业有效应对国内和国际市场的需求变化，显著提高了交易效率，进而推动了跨区域贸易和人员的流动。在“成果共享”方面，随着数字技术与网络设备的发展，生活信息的传播效率大大提升，信息获取成本逐步下降，从而有效解决了生产和消费之间的信息不对称问题，让发展真正做到以人的需求为准则，让成果切实惠及广大民众。在“经济韧性”方面，数字经济的发展会激发企业密集使用信息通信技术，提升自身的信息搜索能力和对外部冲击的感知能力，事先调整生产流程，从而具备更强的转型能力。数字经济的发展还将大幅增加产品数量和种类以满足消费者的个性化需求，提供新的就业机会以确保经济转型时期劳动力市场的稳定和较强的经济韧性，从而推动区域的高质量发展。因此，本报告提出研究假设 H1。

H1：数字经济对高质量发展有显著正向促进作用。

随着数字技术全面渗透制造业的生产、研发、营销、服务等环节，轻工、纺织、机械、建材等传统行业的全要素生产率整体提升。据工信部初步统计，在305个智能制造示范项目中，数字化转型使生产效率平均提升37.6%，能源利用率平均提升16.1%，运营成本平均降低21.2%[①]。具体而言，数字经济有利于企业、产业层面经济主体的高效运行，优化生产要素配置和提高生产率。一方面，数字经济打破了产销界限，促进了各经济主体的协同发展，增加了投入要素的数量并提升了其质量，运用数字技术将生产资料精准分配到各部门，可为经济持续发展投入充足的生产要素。数字经济突破了时空限制，在市场调节下使人力、技术、物质等要素实现了跨界自由配置，保障了资源要素的充分利用（马中东、宁朝山，2020）。同时，将数字技术嵌入制造业生产环节，促进了企业的敏捷制造、柔性制造和精益生产（邓峰、任转转，2020），从而显著提高了企业的生产效率。另一方面，数据作为新型生产要素，可反复利用并共享，技术进步、商业模式创新等属于提高全要素生产率的表现方式，智能化、信息化的数字技术能够提高生产效率、促进经济增长，商业模式创新助推经济高质量发展。为此，本报告提出研究假设H2。

H2：数字经济通过提升生产效率推动高质量发展。

数字经济的发展将加快产业结构升级，推动高质量发展。余江等（2020）表示，要真正推动经济高质量发展，就必须实现“数字产业化”和“产业数字化”双轮驱动。数字经济通过互联网、大数据等新技术应用，实现农业、工业和服务业相互渗透与融合，而新技术与传统经济模式的融合催生了一系列新产业、新业态、新模式，并通过产业关联等传导机制促进产业结构优化升级（张于喆，2018）。产业结构的优化升级带来技术革新，使产业与区域间协调发展，能耗和污染物排放量降低，对外开放度和信息共享水

---

① 《数字经济推动高质量发展》，https：//baijiahao.baidu.com/s？id=1635583978164676458&wfr=spider&for=pc。

平提高，不仅符合高质量发展的内涵，而且进一步提高了资源配置效率，推动高质量发展。产业结构升级包含产业结构合理化和产业结构高级化两个方面（干春晖等，2011），数字经济的发展将会推动增长动力的转换，使产业结构合理化和高级化程度提高，对高质量发展发挥促进作用（任晓燕、杨水利，2020）。具体来看，关于产业结构高级化作用于数字经济与高质量发展，学界有以下观点。数据要素投入可以增加行业内部的产品与技术交流，这可以丰富要素与产品之间的转换维度、挖掘要素再生产潜能、细化生产分工流程，从而促使产业实现价值链攀升。张于喆（2018）认为通过推动数字技术在研发、生产、推广、物流等全产业链各环节的充分应用，将大大提升价值增值，从而驱动产业结构向价值链中高端攀升，有利于开拓产业发展新空间和催生产业发展新领域，成为经济平稳增长的引擎和驱动力。赵西三（2017）则指出数字经济会助推中国制造以平台化、生态化、共享化来实现“换道超车”，加快迈向全球价值链中高端，从而实现经济可持续发展。关于产业结构合理化作用于数字经济与高质量发展，学界有以下观点。吴勇毅（2018）认为数字经济能广泛普及和建设数字化基础设施，带动提升数字技术水平，加快数据、信息要素流通，优化要素资源配置，提高资源利用率，从而促进产业升级和经济发展。林宇豪、陈英葵（2020）基于261家地级市数据的实证研究发现，数字经济通过增加要素流动节点和管道，促进要素资源间良性互通互动，能优化产业结构，进而提升经济水平，促进高质量发展。由此，本报告提出研究假设H3和H4。

H3：数字经济能够通过产业结构高级化促进高质量发展。

H4：数字经济能够通过产业结构合理化促进高质量发展。

四　数字经济推动京津冀高质量发展的实证分析

本部分主要是通过构建中介效应模型，基于2011~2020年京津冀地区13个城市的数据来证明前文推导的数字经济推动高质量发展的作用机制，主要包括模型构建、变量选取、数据来源以及实证结果等内容。

（一）模型构建

为检验数字经济对高质量发展的影响，构建如下模型：

$$GZL_{it} = \alpha_{it} + cDIE_{it} + \beta_{it}SC_{it} + \eta_{it}SS_{it} + \gamma_{it}ZF_{it} + \mu_{it} \tag{10}$$

$$M_{it} = \alpha_{it} + aDIE_{it} + \beta_{it}SC_{it} + \eta_{it}SS_{it} + \gamma_{it}ZF_{it} + \mu_{it} \tag{11}$$

$$GZL_{it} = \alpha_{it} + c^{'}DIE_{it} + bM_{it} + \beta_{it}SC_{it} + \eta_{it}SS_{it} + \gamma_{it}ZF_{it} + \mu_{it} \tag{12}$$

上述三个模型依次为基准回归模型、中介变量模型、中介效应模型。其中，GZL_{it}表示 i 城市第 t 年高质量发展水平，DIE_{it}表示 i 城市第 t 年数字经济发展水平，SC_{it}、SS_{it}、ZF_{it}为控制变量，分别表示 i 城市第 t 年市场化水平、基础设施水平和政府支持力度，α_{it}、β_{it}、η_{it}、γ_{it}分别为常数项和各控制变量的回归系数，μ_{it}为随机扰动项。M_{it}为中介变量（城市全要素生产率、产业结构高级化和产业结构合理化），a 是自变量 DIE_{it}对 M_{it}的影响效应，b 是 M_{it}对因变量 GZL_{it}的影响效应；参数 c 是自变量 DIE_{it}对因变量 GZL_{it}的总体效应，参数 $c^{'}$是控制了中介变量对因变量的影响后自变量 DIE_{it}对因变量 GZL_{it}的直接效应，中介效应的大小为 ab，将其记作间接效应，间接效应与总效应的关系为：$c=c^{'}+ab$。

参考温忠麟、叶宝娟（2014）的做法，对中介效应进行检验，首先要对模型（10）进行回归，若系数 c 显著，可以进行下一步，否则不存在中介效应。然后对模型（11）和模型（12）进行计算，若系数 a 和 b 显著，则中介效应通过；至少一个影响系数不显著，需要进行 Bootstrap 检验，检验通过才证明存在中介效应，否则不存在中介效应。

（二）变量选取与数据来源

1. 被解释变量

本报告采用上节所计算的 2011~2020 年京津冀各城市高质量发展指数作为被解释变量。

2. 核心解释变量

本报告的核心解释变量如表 6 所示。

表 6　数字经济发展评价指标体系

一级指标	序号	二级指标	数据来源	指标性质
数字产业化	1	互联网宽带接入用户数(万户)	城市统计年鉴	+
	2	移动电话年末用户数(万户)	城市统计年鉴	+
	3	信息传输、计算机服务和软件业从业人数(人)	城市统计年鉴	+
	4	电信业务收入(万元)	城市统计年鉴、京津冀三地统计年鉴	+
产业数字化	5	数字金融覆盖广度指数	北京大学数字金融研究中心	+
	6	数字普惠使用深度指数	北京大学数字金融研究中心	+
	7	普惠金融数字化程度指数	北京大学数字金融研究中心	+

数字经济不仅改造了传统的经济社会发展模式，更对现代化程度更高的城市发展产生深刻影响，通过数字产业化和产业数字化两方面来完善数字产业体系，进而促进城市高质量发展（师博，2020）。为此，本报告从数字产业化和产业数字化两方面入手构建数字经济发展指数，具体指标如下，其指标无量纲处理以及计算方法与高质量发展指数相同。

（1）数字产业化。参考赵涛等（2020）和张蕴萍等（2021）的方法，从互联网使用情况以及相关产业发展两方面选取 4 个指标测度数字产业化发展情况。

（2）产业数字化。数字金融是指金融机构与互联网平台通过数字技术开展支付、结算、融资与投资等金融业务的模式（黄益平、黄卓，2018）。数字金融能够充分借助数字化技术有效降低企业成本，通过新形式的匹配路径与价格机制满足多样化产品需求，拓展市场边界，大大推动产业的发展（成学真、龚沁宜，2020）。数字金融水平的高低也在一定程度上反映了一个地区产业发展中对数字技术的依赖程度，即产业数字化水平。为此，本报告采用北京大学数字金融研究中心所编制的 3 个指数作为产业数字化的衡量指标。

3. 中介变量

本报告中的中介变量包含 3 个，分别是生产效率、产业结构高级化和产业结构合理化，其计算方法如下。

（1）生产效率，采用城市全要素生产率衡量生产效率。具体来讲，以劳动从业人数和地区资本存量为投入变量，以地区生产总值为产出变量，通过 DEA-Malmquist 全要素生产率指数来测度各地区的生产效率。其中，对资本存量的测算借鉴单豪杰（2008）的方法，折旧率设为 10.96%。

（2）产业结构高级化。产业结构向高级化方向发展是由第一产业转向第二产业进而向第三产业演进的过程，本报告采用范爱军、李菲菲（2011）的做法，通过产业结构高级化指数来表征产业结构高级化水平。

$$OIS = \sum_{i=1}^{3} i \times S_i$$

其中，OIS 表示产业结构高级化指数，取值范围为 1～3，取值越大，表示产业结构高级化水平越高；i 为各产业对应的权重；S_i 表示各产业增加值占 GDP 的比重。

（3）产业结构合理化，即产业间的聚合质量，它可以反映产业间协调程度和资源有效利用程度两方面的情况。本报告借鉴傅元海等（2014）、干春晖等（2011）的做法，采用泰尔指数反映产业结构合理化水平，计算公式为：

$$RIS = \sum_{i=1}^{n}\left(\frac{Y_i}{Y}\right)\ln\left(\frac{Y_i}{L_i}\Big/\frac{Y}{L}\right) = \sum_{i=1}^{n}\left(\frac{Y_i}{Y}\right)\ln\left(\frac{Y_i}{Y}\Big/\frac{L_i}{L}\right)$$

其中，RIS 表示泰尔指数，i 表示第 i 产业，n 为产业部门数，Y、L 分别表示产值和就业人数，因此，Y/L 表示生产率水平。基于古典经济学理论，当经济处于最终均衡状态时，各部门间的生产率水平相同，有 $Y_i/L_i = Y/L$，进而有 $RIS=0$；反之，如果产业结构偏离了均衡状态，此时泰尔指数不为 0，表示产业结构不合理。也就是，该指数越小，表示合理化程度越高。同时，RIS 也可以用于反映产出结构和就业结构之间的耦合性。限于数据的可得性，本报告采用各个城市第一、二、三产业的数据来计算 *RIS* 指标。

4. 控制变量

（1）市场化水平：参考刘鑫鑫、惠宁（2021）和闵路路、许正中（2022）的做法，用每万人中私营企业和个体户从业人员数表示市场化水平。

（2）基础设施水平：完善的基础设施可以降低地区间企业的交易成本和生产要素的流动成本（黄庆华等，2020），有利于提升制造业企业的竞争力，形成规模经济效益，从而提升高质量发展水平，参考周清香、李仙娥（2022）的做法，采用每万人拥有公共车辆数表示基础设施水平。

（3）政府支持力度：地方政府的财政支出对地方市场往往起到强烈的干预作用，可以弥补市场自发调节的滞后性，进而对地方的高质量发展产生积极影响，因此，本研究参考葛和平、吴福象（2021）的做法，使用地方财政支出占地方生产总值的比重衡量各地区政府的支持力度。

5. 数据来源

本报告所用数据主要来自 2012~2021 年《中国城市统计年鉴》，同时结合 2012~2021 年《北京统计年鉴》和《天津统计年鉴》、2012~2019 年《河北经济年鉴》及 2020~2021 年《河北统计年鉴》中的相关数据，对数据进行校对和修正。

（三）实证结果

1. 变量描述性统计

表 7 为本报告所用变量的描述性统计结果。其中，高质量发展水平（*GZL*）的均值为 0.213、最大值为 0.778、最小值为 0.066，较大的差距说明京津冀城市间高质量发展水平存在较大差异。数字经济发展水平（*DIE*）的均值为 0.355、最大值达到 0.997、最小值为 0.024，说明京津冀城市间的数字经济发展水平不均衡，数字产业化（*SZC*）和产业数字化（*CSZ*）两个维度指标在城市间也存在明显差距。在中介变量方面，生产效率（*TFP*）的均值为 1.025，最小值和最大值分别为 0.642 和 1.836；产业结构高级化

（*OIS*）和产业结构合理化（*RIS*）的均值分别为 2. 379 和 0. 299，最小值分别为 1. 815 和 0，最大值分别为 2. 979 和 1. 284。由此可见，京津冀城市之间在生产效率、产业结构高级化和产业结构合理化方面具有明显差距。从控制变量来看，京津冀地区各城市在基础设施水平、市场化水平以及政府支持力度等方面均存在显著差距。

表 7　变量的描述性统计结果

变量	*N*	均值	标准差	最小值	最大值
GZL	130	0. 213	0. 166	0. 066	0. 778
DIE	130	0. 355	0. 188	0. 024	0. 997
SZC	130	0. 067	0. 074	0. 000	0. 446
CSZ	130	0. 288	0. 136	0. 023	0. 551
TFP	130	1. 025	0. 236	0. 642	1. 836
OIS	130	2. 379	0. 188	1. 815	2. 979
RIS	130	0. 299	0. 211	0. 000	1. 284
SS	130	3719. 462	3853. 171	678. 000	17510. 000
SC	130	1051. 246	710. 415	108. 000	4385. 000
ZF	130	0. 189	0. 062	0. 081	0. 402

2. 模型的基准回归结果

利用 Stata 软件在控制变量不变的情况下，在模型中分别加入数字经济发展水平、数字产业化和产业数字化指标，以此验证数字经济对高质量发展的影响。基准回归结果显示，三个数字经济衡量指标均通过了显著性检验，即三者对高质量发展均存在显著影响（见表 8）。其中，数字经济发展水平的回归系数为 0. 1449，即在控制其他变量不变的情况下，数字经济发展水平每提高 1 个单位，高质量发展提高 0. 1449 个单位，可看出数字经济对高质量发展具有较强的直接推动作用。从数字经济的两个维度来看，数字产业化和产业数字化的回归系数分别为 0. 2839 和 0. 1656，且分别通过了 5%和 1%的显著性检验，说明数字产业化与产业数字化对高质量发展均具有显著的推动作用，但二者的作用具有明显差异，在制定相关政策时不能将二者混为一谈。至此，研究假设 H1 得到证实。

表 8　数字经济对高质量发展的影响

	基准回归 1	基准回归 2	基准回归 3
数字经济发展水平	0.1449*** (8.78)		
数字产业化		0.2839** (4.85)	
产业数字化			0.1656*** (8.03)
市场化水平	3.16E-06 (0.78)	6.62E-06 (1.60)	4.85E-06 (1.34)
基础设施水平	-6.90E-06** (-2.21)	-1.98E-06*** (-0.53)	-2.85E-06 (-0.94)
政府支持力度	-0.0722 (-1.29)	0.1637*** (2.98)	-0.0846 (-1.41)
常数项	0.1976*** (16.60)	0.1636*** (12.78)	0.1868*** (15.89)
个体效应	控制	控制	控制
R^2	0.6265	0.4798	0.5998

注：括号内为 z 统计值，*、**、*** 分别表示 10%、5%和 1%的显著性。

接下来简要分析控制变量对高质量发展的影响，市场化水平的回归系数并不显著，说明当前京津冀地区市场化水平偏低，不足以促进区域高质量发展。基础设施水平的结果为负值，这可能表明数字经济的发展会对传统基础设施建设造成一定冲击。

为准确识别数字经济对京津冀高质量发展的作用机制，分别将高质量发展中的创新驱动、协调发展、绿色循环、开放包容、成果共享、经济韧性作为被解释变量进行回归估计，探究数字经济对高质量发展综合指标中各组成要素的具体影响。结果显示，创新驱动、协调发展、成果共享和经济韧性的回归系数都通过了 1%的显著性检验（见表 9）。具体来讲，数字经济显著促进了创新驱动，数字技术是科技革命创造的成果，又带来了新一轮的技术革新，并以数字化方式实现了各方面的创新。数字经济的跨时空传播、信息智能共享等优势能够降低交易成本，发挥规模经济效应和网络效应，为创新主体创造良好的环境和条件，提升创新效率和绩效，促进经济提质增效。数字经济有利于高质量发展的成果共享，数字经济通过提高资源配置效率和全要素生产率来提升经济发展质量，通过提供优质的公共服务和创造就业机会提高居民收入，并实现社会福利最大化。绿色循环的回归系数未通过显著性检验，表明京津冀地区尤其是河北各地市的数字经济发展水平有限，数字化、智能化技术赋能传统产业，促使环境改善和节能减排的作用还不明显。开放包容的回归系数显著为负，这主要是因为目前的数字经济发展主要专注于国内和地区层面，对于提升地区生产效率与消费需求满意度具有重要作用，而由技术和制度带来的数字壁垒导致数字贸易尤其是国际数字贸易发展缓慢，最终导致数字经济发展对开放包容产生一定的负面影响。

表 9　数字经济对高质量发展不同维度的影响结果

	创新驱动	协调发展	绿色循环	开放包容	成果共享	经济韧性
数字经济发展水平	0.0726*** (9.45)	0.0093*** (4.33)	-0.0001 (-0.11)	-0.0262** (-2.20)	0.0761*** (7.34)	0.0240*** (5.46)
市场化水平	5.55E-07 (0.34)	8.12E-07* (1.76)	5.58E-08 (0.19)	2.10E-06 (0.83)	-2.78E-08 (-0.01)	-3.26E-06*** (-3.48)
基础设施水平	2.27E-06 (1.56)	-4.54E-07 (-1.11)	1.01E-07 (0.40)	-1.00E-05*** (-4.47)	-1.56E-07 (-0.08)	-1.24E-06 (-1.49)
政府支持力度	-0.1173*** (-4.49)	0.0239*** (3.26)	0.0116** (2.55)	0.0948** (2.35)	-0.0931*** (-2.64)	0.0073 (0.49)
常数项	0.0364*** (6.56)	0.0096*** (6.14)	0.0039*** (4.07)	0.0731*** (8.53)	0.0662*** (8.85)	0.0169*** (5.35)
个体效应	控制	控制	控制	控制	控制	控制
R^2	0.7575	0.5787	0.1303	0.3465	0.5265	0.3855

注：括号内为 z 统计值，*、**、*** 分别表示 10%、5%和 1%的显著性。

3. 中介效应分析

为了验证数字经济对高质量发展的作用机制，本报告通过逐步回归法和 Bootstrap 检验分别验证生产效率和产业结构升级中介效应的存在。首先基于逐步回归依次检验系数 c 的显著性。如果系数 c 显著，将进行下一步检验；如果不显著，则说明中介效应不存在。当 c 显著时，若系数 a 和 b 同时显著，说明中介效应成立，此时将报告中介效应的比重；如果系数 a 和 b 中至少有一个不显著，将进行 Bootstrap 检验，报告直接效应和间接效应的置信区间，考察置信区间是否包含 0，以此为标准判断中介效应是否存在。

回归结果发现，无论是在数字经济发展水平的整体层面，还是在数字产业化和产业数字化的分维度层面，生产效率的中介作用均得到了证实，且中介变量模型与中介效应模型回归中的系数均显著，无须再进行 Bootstrap 检验（见表 10）。至此，研究假设 H2 得到证实。

表 10　以生产效率为中介的计量模型结果

	中介变量	中介效应	中介变量	中介效应	中介变量	中介效应
数字经济发展水平	0.8721*** (11.53)	0.1054*** (4.41)				
数字产业化			1.7381*** (5.93)	0.1201* (2.02)		
产业数字化					0.9918*** (10.20)	0.1072*** (3.89)
生产效率		0.0453** (2.25)		0.0942*** (5.66)		0.0481*** (3.05)
市场化水平	-2.55E-05 (-1.58)	4.32E-06 (1.23)	-5.22E-06 (-0.25)	7.11E-06* (1.94)	-1.52E-05 (-0.89)	5.74E-06 (1.64)
基础设施水平	-2.69E-05* (-1.88)	-5.68E-06* (-1.83)	1.69E-06 (0.09)	-2.13E-06 (-0.64)	-2.14E-06 (-0.15)	-2.72E-06 (-0.93)
政府支持力度	-1.7933*** (-6.98)	0.0091 (0.14)	-0.3783 (-1.38)	0.1993*** (4.06)	-1.8593*** (-6.56)	0.0248 (0.36)
常数项	1.1813*** (21.65)	0.1441*** (5.43)	0.9800*** (15.30)	0.0712*** (3.58)	1.1146*** (20.11)	0.1213*** (4.99)
个体效应	控制	控制	控制	控制	控制	控制
R^2	0.6200	0.6426	0.3689	0.5955	0.5693	0.6305

注：括号内为 z 统计值，*、**、*** 分别表示 10%、5%和 1%的显著性。

将产业结构高级化作为中介变量时，中介变量模型和中介效应模型中数字经济发展水平的回归系数显著，但产业结构高级化的系数不显著（见表 11），需进一步进行 Bootstrap 检验。检验结果表明，无论是在数字经济发展水平的整体层面，还是在数字产业化和产业数字化的分维度层面，产业结构高级化 Bootstrap 检验的中介效应的 95%置信区间均未包含 0，说明中介效应存在（见表12），且数字经济发展水平和产业数字化发挥着完全中介效应，数字产业化发挥了部分中介效应，其中介效应占总效应的比例为29%。至此，研究假设H3得到证实。

表11　以产业结构高级化为中介的计量模型结果

	中介变量	中介效应	中介变量	中介效应	中介变量	中介效应
数字经济发展水平	0.2068** (2.30)	0.1500*** (8.93)				
数字产业化			0.2739 (1.00)	0.2843*** (4.81)		
产业数字化					0.2575** (2.38)	0.1718*** (8.16)
产业结构高级化		-0.0249 (-1.45)		-0.0014 (-0.07)		-0.0242 (-1.36)
市场化水平	-2.04E-06 (-0.11)	3.11E-06 (0.89)	5.19E-06 (0.27)	6.63E-06 (1.60)	-4.86E-07 (-0.03)	4.84E-06 (1.35)
基础设施水平	-9.25E-06 (-0.55)	-7.13E-05** (-2.29)	2.78E-06 (0.16)	-1.97E-06 (-0.52)	-4.96E-06 (-0.31)	-2.97E-06 (-0.99)
政府支持力度	0.9563*** (3.14)	-0.0483 (-0.83)	1.3155*** (5.10)	0.1655*** (2.70)	0.9007*** (2.86)	-0.0628 (-1.01)
常数项	2.1613*** (33.37)	0.2515*** (6.44)	2.0963*** (34.89)	0.1665*** (3.78)	2.1535*** (34.90)	0.2389*** (5.94)
个体效应	控制	控制	控制	控制	控制	控制
R^2	0.3615	0.6334	0.3373	0.4798	0.3634	0.6062

注：括号内为z统计值，*、**、***分别表示10%、5%和1%的显著性。

表12　产业结构高级化Bootstrap检验的中介效应的95%置信区间

数字经济指标	效应系数		区间下限	区间上限
数字经济发展水平	中介效应	0.07526	0.022147	0.163260
	直接效应	-0.01191	-0.1190721	0.100113
数字产业化	中介效应	0.19031	0.073878	0.385719
	直接效应	0.46549	0.055035	0.796755
产业数字化	中介效应	0.08385	0.012345	0.196604
	直接效应	-0.08978	-0.201101	0.046143

将产业结构合理化作为中介变量，中介变量模型和中介效应模型中数字经济发展水平的回归系数并非全都显著（见表13），需进一步进行Bootstrap检验。检验结果表明，无论是在数字经济发展水平的整体层面，还是在数字产业化和产业数字化的分维度层面，产业结构合理化Bootstrap检验的中介效应的95%置信区间均包含0，说明该中介效应不存在（见表14）。本报告采用泰尔指数反映产业结构合理化水平，反映产业间协调程度和资源有效利用程度两方面的情况，产业结构合理化的中介效应不存在，说明现阶段京津冀地区的产业间协调程度较低，尤其是数字经济与传统经济的融合程度不高，数字经济还不能通过提升传统产业的数字化水平来促进高质量发展。因此，研究假设H4未得到证实。

表13　以产业结构合理化为中介的计量模型结果

	中介变量	中介效应	中介变量	中介效应	中介变量	中介效应
数字经济发展水平	-0.0516 (-0.37)	0.1462*** (9.03)				
数字产业化			0.1612 (0.39)	0.2808*** (4.82)		
产业数字化					-1.1012 (-0.60)	0.1683*** (8.32)
产业结构合理化		0.0254** (2.32)		0.0196* (1.50)		0.0272** (2.41)
市场化水平	2.4E-05 (0.81)	2.55E-06 (0.74)	1.81E-05 (0.61)	6.26E-06 (1.52)	2.51E-06 (0.85)	4.17E-06 (1.17)
基础设施水平	2.35E-06 (0.09)	-6.96E-05** (-2.27)	-9.38E-06 (-0.35)	-1.79E-06*** (-0.48)	3.88E-05 (0.16)	-2.95E-06*** (-1.00)
政府支持力度	-0.2618 (-0.55)	-0.0656 (-1.19)	-0.3905 (-0.99)	0.1714*** (3.12)	-0.1818 (-0.37)	-0.0796 (-1.35)
常数项	0.3330*** (3.32)	0.1892*** (15.46)	0.3779 (0.23)	0.1561*** (11.43)	0.3218*** (3.36)	0.1780*** (14.74)
个体效应	控制	控制	控制	控制	控制	控制
R^2	0.0134	0.6436	0.0135	0.4900	0.0154	0.6195

注：括号内为z统计值，*、**、***分别表示10%、5%和1%的显著性。

表 14　产业结构合理化 Bootstrap 检验的中介效应的 95%置信区间

数字经济指标	效应系数		区间下限	区间上限
数字经济发展水平	中介效应	0.01272	-0.003288	0.037893
	直接效应	0.05062	-0.061006	0.157078
数字产业化	中介效应	0.02286	-0.006493	0.075044
	直接效应	0.63294	0.218361	0.937891
产业数字化	中介效应	0.01672	-0.004697	0.048574
	直接效应	-0.02265	-0.165887	0.101184

4. 稳定性检验

本报告采用两种手段进行稳健性检验：一是改变被解释变量的衡量方式，参考冯学良、聂强（2017）和肖远飞、周萍萍（2021）的做法，将人均 GDP 作为高质量发展的衡量指标进行数字经济对高质量发展的影响分析；二是进行分时段回归，借鉴张蕴萍等（2021）的做法，具体操作为将计量样本按照 2011~2015 年和 2016~2020 年分为两个子样本，再分别进行基准回归和中介效应分析，具体结果见附表。

结果发现，在替换被解释变量和分时段回归的情况下，数字经济（包括数字产业化和产业数字化两个维度）对高质量发展的影响依然显著，说明从前文中得出的数字经济对高质量发展具有促进作用的结果是稳健的。从中介效应的回归结果来看，在替换被解释变量和分时段回归的情况下，生产效率和产业结构高级化对数字经济推动高质量发展依旧发挥了中介效应，产业结构合理化对数字经济推动高质量发展的中介效应不成立，与前文得出的中介效应结果完全一致。由此说明，数字经济除了对高质量发展具有直接的显著推动作用之外，还通过生产效率和产业结构高级化发挥显著的间接作用。因此，本报告的实证结果具有稳健性。

（四）结论与启示

本报告分析了数字经济推动高质量发展的理论逻辑以及作用机制，并构建了数字经济发展评价指标体系，采用熵值法测算了 2011~2020 年京津冀数字经济发展水平指数，在此基础上，从直接和间接两个方面对数字经济影响高质量发展进行了实证检验，得出以下结论。

第一，总体来看，数字经济明显地促进了高质量发展。一方面，以互联网、大数据、人工智能为特征的数字经济，使得传统的经济生产方式及商业模式焕然一新，其体现的创新、高效、开放等特征与高质量发展的内涵相一致。另一方面，数字经济带来数字变革，将新技术、新产业模式注入高质量发展中，促进我国经济发展提质增效。

第二，数字经济对高质量发展具有较强的异质性影响。数字经济能促进创新驱动、协调发展、成果共享以及提升经济韧性，对绿色循环的促进作用不显著，而对开放包容起到一定的负面作用，这表明京津冀地区需要进一步提升数字技术在节能减排和环保方面的应用，同时需要打破数字壁垒，大力发展数字贸易。

第三，数字经济能够通过生产效率提升和产业结构高级化促进高质量发展。数字经济使新技术与传统经济模式互相融合，不仅催生了许多新产业、新业态、新模式，而且对传统产业的渗透也较为明显，通过一系列传导机制带动产业结构优化升级。产业结构升级转变了能耗方式，提高了社会生产率和资源利用率，从而推动高质量发展。

为此，本报告认为京津冀各城市应因地制宜，积极制定数字经济发展战略，完善数字基础设施，深入推动数字产业化和产业数字化，实现实体经济和数字经济的深度融合，以数字经济带动制造业、农业和服务业的效率提升，实现规模经济和范围经济，充分释放数字潜能，促进高质量发展。

五　数字经济助力京津冀高质量发展的对策建议

发展数字经济是把握新一轮科技革命和产业变革机遇、建立我国参与国际合作和竞争新优势的战略选择，也是推动高质量发展的重要抓手。当前，应该顺应数字经济发展大趋势，立足京津冀协同发展，充分依托雄安国家数字经济创新发展试验区和京津冀大数据综合试验区这两个核心平台和载体，以推进产业数字化和数字产业化“两化融合”为主要抓手，培育壮大数字经济，推动高质量发展。

（一）依托重要平台和载体，着力加快数字产业化

数字产业化是释放数字对经济发展倍增作用的基石，已成为我国抓住数字智能时代发展新机遇，提高经济发展国际竞争力的支撑。应紧紧抓住京津冀协同发展重大机遇，充分发挥现有平台载体的引领带动作用，加快推动数字产业化发展。

加快数字产业化，要围绕雄安国家数字经济创新发展试验区建设，在智能城市建设、数字要素流通、体制机制构建等方面先行先试，打造全国数字经济创新发展的领军城市；按照规划要求加快发展区块链、量子通信等新一代信息技术产业，培育一批数字经济龙头企业；充分发挥雄安国家数字经济创新发展试验区的辐射、示范、带动作用，以点带面提升河北省数字经济整体发展水平。依托京津冀大数据综合试验区建设，不断深化京津冀数字经济领域的合作，建设集大数据生产、科研、应用于一体的京津冀大数据产业基地，推进大数据、云计算、超高清视频等在工业、政务、健康、教育、旅游、交通等领域的创新应用。以举办中国国际数字经济博览会为契机，充分发挥京津冀大数据存储优势，实现由大数据储存到大数据采集、加工、分析、交易的全链条延伸，形成数字产业链和产业集群。

（二）推进数字经济与实体经济深度融合，着力加快产业数字化

产业数字化就是利用互联网新技术、新应用对传统产业进行全方位、全角度、全链条改造，提高全要素生产率，释放数字对经济发展的放大、叠加、倍增作用。无论是数字产业化，还是产业数字化，归根结底都是要落实在实体经济大发展上，体现在实体经济做大做强上，通过提升生产和组织效率、交易和资源配置效率、产业融合和创新效率等促使实体经济“脱胎换骨”。因此，要持续推进数字技术赋能实体经济，通过深挖数字经济潜力，加快培育数据要素市场，释放数据的价值，加快实体经济数字化转型，不断

拓展数字经济应用场景。

具体来讲，京津冀地区的产业数字化可以从以下几方面着手。一是在钢铁、建材、石化、机械等传统行业和典型企业中开展大数据应用试点示范，推进大数据在研发设计、生产制造、售后服务等全供应链、全生命周期的应用。重点围绕智能化制造、网络化协同、个性化定制、服务化转型等制造业大数据应用场景，推动大数据与自动控制、感知硬件、核心软件、工业互联网、工业云和智能服务平台多方面融合发展。二是加快数字技术与交通、物流、港口及设计咨询等服务业深度融合，推动服务业智慧化、多元化发展，构建高端化、智能化、网络化发展新格局，争取智慧物流、智慧交通、电子商务等发展水平步入全国先进行列。三是依托智慧农业云平台，推动河北省农村资源管理和乡村治理等管理服务数字化，促进农资供应、农机作业、农产品销售、农产品加工等农业生产性服务信息化、数字化，实现农业数字化转型。

（三）积极推行数字治理理念和标准，大力发展数字贸易

数字贸易通过数字技术的创新应用，催生大量贸易新业态、新模式，现已成为全球经济增长的重要驱动力。为进一步提升京津冀地区数字贸易发展水平，拓宽高质量发展渠道，建议从以下几方面入手。

1. 加强数据跨境流动管理和数字营商环境改革

以数字贸易试验区和北京自贸区为载体，探索数据跨境流动安全管理试点。加强区块链技术在跨境贸易、数据资产运营、法律合规、快捷通关等领域的应用推广，形成具有本地特色的监管体系。加快推进市属公共数据开放，释放数据资源红利，对京津冀地区公共属性数据资源制定开放计划，通过授权许可等方式，推动公共数据资源供需对接。进一步将数字营商环境纳入全市“放管服”改革体系，并作为重点任务加以推进。针对数字领域新兴业态制定出台专门的监管指引。发挥北京的引领作用，加强对“数字税”规则的前瞻性研究。从企业层面平衡贸易发展和个人隐私保护，强化企业非法获取、使用和泄露个人隐私数据的法律责任，加大其违规成本。

2. 搭建“一带一路”数字贸易平台，实现抱团出海

积极与“一带一路”共建国家开展双边数字贸易规则洽谈，建立“一带一路”共建国家产业地图资源平台，为企业的海外布局和数字贸易提供有效信息和政府引导。鼓励头部数字企业参与国际数字贸易规则制定。搭建“一带一路”数字贸易平台，提供有关数字版权确权、评估和交易流程以及面向数字贸易企业的海外法律、财务、人才等问题的咨询服务。

3. 建立京津冀地区间数字贸易协调发展联动机制，助力区域数字企业和数字贸易发展

积极发挥北京和天津等城市对周边区域的辐射与带动作用，加快构建京津冀区域一体化的数据要素市场，构建资源共享与产业分工协同网络。推进政府数字化治理，以及区域政务服务信息互联互通和开放共享。推进标准互认，探索建立区域一体化标准体系，深化京津冀大数据综合试验区建设，助力区域数字企业和数字贸易发展。

4. 完善数字贸易服务评价体系

在持续跟踪国际数字贸易测度方式的基础上，借鉴 WTO、OECD、IMF 等国际组织的研究体系，合理、客观、有效地利用相关数据，构建和完善适合京津冀实际发展状况的数字贸易综合评价体系，科学分析和评价数字贸易的驱动因素和发展路径，评估其所带来的经济增长效应，衡量数字化知识和信息的出现对于贸易活动的促进作用，为政府部门的宏观调控和企业的市场调整提供数据支撑。

（四）完善数字经济发展生态系统，夯实高质量发展的基础

数字经济的发展离不开数字基础设施建设，为此，必须加快公共服务的数字化转型，为数字经济发展提供完善的支持体系和良好的生态系统。

1. 加快工业互联网平台支持体系建设

从供给侧和需求侧两端发力，加快工业互联网平台的建设推广，形成多层次、系统化的平台发展体系，促进工业全要素连接和资源优化配置。开展面向不同行业和场景的应用创新，提升大型企业的工业互联网创新和应用水

平，加快中小企业的工业互联网应用普及，构建数字经济发展的平台支持体系。

2. 加快完善数字经济发展的政策支持体系

探索构建包容创新的监管制度。坚持包容审慎的治理理念，创新治理方式，完善数据治理规则，简化现有涉及数字经济的行政审批事项，降低数字经济新业态企业的设立门槛，消除阻碍新业态发展的行业性、地区性、经营性壁垒，营造规范有序、开放包容、公平竞争的数字经济发展环境。加强数字平台建设，实现数据开放共享。以政府公共数据开放共享为重点，完善数据交换、共享、利用长效机制，打造统一安全的政务大数据库、电子政务云平台、政府数据统一开放平台和信息资源共享平台，引导社会组织、科研机构、企业等主动开放数据，打破数据壁垒，消除信息孤岛，破解政务数据碎片化困境，构建信息资源共享体系。加快完善数字经济发展的制度支持体系。制定数据资源确权、流通、交易相关制度，健全市场发展机制，引导数据有序流通。加快完善数据保障制度，构建京津冀区域信息资源共享制度，形成覆盖全区域、统筹利用的数据共享大平台。完善数字经济发展的法律法规，通过法律规范数字知识产权申请、授权等行为。

3. 强化数字前沿技术研究及人才培育

实现多渠道资金投入，支撑数字化前沿理论与技术研究，突破数字领域的技术瓶颈，补足数字技术短板，实现关键核心技术的自主可控，进而为高质量发展赋能添力。强化数字技术与制造、能源、材料等领域的融合创新，提升区块链、工业互联网、人工智能等创新能力，加强先进计算、未来网络等前沿技术布局。瞄准京津冀各地区数字经济重点领域和发展方向，依托“海河英才”“名校英才入冀”“外专百人计划”等重大人才工程，大力引进一批高水平的专家人才和创新团队，坚持“人才共享”理念，探索“不求所在、但求所为，不求所有、但求所用”的引才引智模式，完善柔性引才引智机制，打造没有围墙的大数据实验室和科研院所，提高区域人才资源配置效率。建设数字化人才培养公共服务平台，完善数字化人才培养机制，构建数字技术的分层分类培训体系。鼓励高校、职业院校依据数字经济发展以及人才市场需求状况，优化专业设置，增设大数据、人工智能、物联网、智能制造、电子商务、智慧旅游等专业和相关课程。创新培养模式，探索跨界人才联合培养制度，建设“学科+行业+企业”的实践基地，实现产、学、研、创良性互动发展，培育更多面向市场需求的应用型、技能型人才。

参考文献

［1］陈川、许伟，2020，《以人民为中心的高质量发展理论内涵》，《宏观经济管理》第 3 期。

［2］陈诗一、陈登科，2018，《雾霾污染、政府治理与经济高质量发展》，《经济研究》第 2 期。

［3］成学真、龚沁宜，2020，《数字普惠金融如何影响实体经济的发展——基于系统 GMM 模型和中介效应检验的分析》，《湖南大学学报（社会科学版）》第 3 期。

［4］单豪杰，2008，《中国资本存量 K 的再估算：1952~2006 年》，《数量经济技术经济研究》第 10 期。

［5］邓峰、任转转，2020，《互联网对制造业高质量发展的影响研究》，《首都经济贸易大学学报》第 3 期。

［6］范爱军、李菲菲，2011，《产品内贸易和一般贸易的差异性研究——基于对我国产业结构升级影响的视角》，《国际经贸探索》第 4 期。

［7］冯学良、聂强，2017，《产业结构变迁促进了经济增长吗？——基于中国省际数据的空间计量分析》，《西北农林科技大学学报（社会科学版）》第 5 期。

［8］冯苑、聂长飞、张东，2020，《中国城市群经济韧性的测度与分析——基于经济韧性的 shift-share 分解》，《上海经济研究》第 5 期。

［9］傅元海、叶祥松、王展祥，2014，《制造业结构优化的技术进步路径选择——基于动态面板的经验分析》，《中国工业经济》第 9 期。

［10］干春晖、郑若谷、余典范，2011，《中国产业结构变迁对经济增长和波动的影响》，《经济研究》第 5 期。

［11］葛和平、吴福象，2021，《数字经济赋能经济高质量发展：理论机制与经验证据》，《南京社会科学》第 1 期。

［12］辜胜阻、吴华君、吴沁沁、余贤文，2018，《创新驱动与核心技术突破是高质量发展的基石》，《中国软科学》第 10 期。

[13] 管昌玲、张继彤，2022，《经济韧性与经济高质量发展的关系研究——以长三角地区 26 个地级市为例》，《资源开发与市场》第 2 期。
[14] 郭将、许泽庆，2019，《产业相关多样性对区域经济韧性的影响——地区创新水平的门槛效应》，《科技进步与对策》第 13 期。
[15] 胡鞍钢、谢宜泽、任皓，2019，《高质量发展：历史、逻辑与战略布局》，《行政管理改革》第 1 期。
[16] 黄庆华、时培豪、胡江峰，2020，《产业集聚与经济高质量发展：长江经济带 107 个地级市例证》，《改革》第 1 期。
[17] 黄顺春、邓文德，2020，《高质量发展评价指标体系研究述评》，《统计与决策》第 13 期。
[18] 黄益平、黄卓，2018，《中国的数字金融发展：现在与未来》，《经济学（季刊）》第 4 期。
[19] 金碚，2018，《关于“高质量发展”的经济学研究》，《中国工业经济》第 4 期。
[20] 李金昌、史龙梅、徐蔼婷，2019，《高质量发展评价指标体系探讨》，《统计研究》第 1 期。
[21] 李强，2019，《数字经济驱动广西高质量发展的困境及策略研究》，《经济与社会发展》第 2 期。
[22] 廖重斌，1999，《环境与经济协调发展的定量评判及其分类体系——以珠江三角洲城市群为例》，《热带地理》第 2 期。
[23] 廖祖君、王理，2019，《城市蔓延与区域经济高质量发展——基于 DMSP/OLS 夜间灯光数据的研究》，《财经科学》第 6 期。
[24] 林宇豪、陈英葵，2020，《数字经济与产业结构升级——基于要素流动视角下的空间计量检验》，《商业经济研究》第 9 期。
[25] 林兆木，2018，《关于我国经济高质量发展的几点认识》，《人民周刊》第 2 期。
[26] 蔺鹏、孟娜娜，2020，《环境约束下京津冀区域经济发展质量测度与动力解构——基于绿色全要素生产率视角》，《经济地理》第 9 期。
[27] 刘瑞、郭涛，2020，《高质量发展指数的构建及应用——兼评东北经济高质量发展》，《东北大学学报（社会科学版）》第 1 期。
[28] 刘尚希，2019，《人力资本、公共服务与高质量发展》，《消费经济》第 5 期。
[29] 刘思明、张世瑾、朱惠东，2019，《国家创新驱动力测度及其经济高质量发展效应研究》，《数量经济技术经济研究》第 4 期。
[30] 刘鑫鑫、惠宁，2021，《数字经济对中国制造业高质量发展的影响研究》，《经济体制改革》第 5 期。
[31] 马中东、宁朝山，2020，《数字经济、要素配置与制造业质量升级》，《经济体

制改革》第 3 期。

[32] 闵路路、许正中，2022，《数字经济、创新绩效与经济高质量发展——基于中国城市的经验证据》，《统计与决策》第 3 期。

[33] 聂长飞、简新华，2020，《中国高质量发展的测度及省际现状的分析比较》，《数量经济技术经济研究》第 2 期。

[34] 欧进锋、许抄军、刘雨骐，2020，《基于"五大发展理念"的经济高质量发展水平测度——广东省 21 个地级市的实证分析》，《经济地理》第 6 期。

[35] 任晓燕、杨水利，2020，《技术创新、产业结构升级与经济高质量发展——基于独立效应和协同效应的测度分析》，《华东经济管理》第 11 期。

[36] 师博、张冰瑶，2019，《全国地级以上城市经济高质量发展测度与分析》，《社会科学研究》第 3 期。

[37] 师博，2020，《数字经济促进城市经济高质量发展的机制与路径》，《西安财经大学学报》第 2 期。

[38] 史丹、李鹏，2019，《我国经济高质量发展测度与国际比较》，《东南学术》第 5 期。

[39] 宋洋，2019，《经济发展质量理论视角下的数字经济与高质量发展》，《贵州社会科学》第 11 期。

[40] 苏永伟、陈池波，2019，《经济高质量发展评价指标体系构建与实证》，《统计与决策》第 24 期。

[41] 孙培蕾、郭泽华，2021，《中国省域经济高质量发展时空格局及驱动因素》，《兰州财经大学学报》第 4 期。

[42] 谭俊涛、赵宏波、刘文新、张平宇、仇方道，2020，《中国区域经济韧性特征与影响因素分析》，《地理科学》第 2 期。

[43] 汪侠、徐晓红，2020，《长江经济带经济高质量发展的时空演变与区域差距》，《经济地理》第 3 期。

[44] 王喜成，2018，《试论推动高质量发展的路径和着力点》，《河南社会科学》第 9 期。

[45] 魏敏、李书昊，2018，《新时代中国经济高质量发展水平的测度研究》，《数量经济技术经济研究》第 11 期。

[46] 温忠麟、叶宝娟，2014，《中介效应分析：方法和模型发展》，《心理科学进展》第 5 期。

[47] 吴勇毅，2018，《抢占数字经济发展高地大数据产业集群崛起》，《上海信息化》第 8 期。

[48] 肖德、于凡，2021，《中国城市群经济高质量发展测算及差异比较分析》，《宏观质量研究》第 3 期。

[49] 肖远飞、周萍萍，2021，《数字经济、产业升级与高质量发展——基于中介效

应和面板门槛效应实证研究》，《重庆理工大学学报》（社会科学版）第3期。

［50］肖周燕，2019，《中国高质量发展的动因分析——基于经济和社会发展视角》，《软科学》第4期。

［51］余江、陈凤、王腾，2020，《数字创新引领产业高质量发展的机制研究》，《创新科技》第1期。

［52］余泳泽、胡山，2018，《中国经济高质量发展的现实困境与基本路径：文献综述》，《宏观质量研究》第4期。

［53］余泳泽、杨晓章、张少辉，2019，《中国经济由高速增长向高质量发展的时空转换特征研究》，《数量经济技术经济研究》第6期。

［54］宇超逸、王雪标、孙光林，2020，《数字金融与中国经济增长质量：内在机制与经验证据》，《经济问题探索》第7期。

［55］詹新宇、崔培培，2016，《中国省际经济增长质量的测度与评价——基于"五大发展理念"的实证分析》，《财政研究》第8期。

［56］张于喆，2018，《数字经济驱动产业结构向中高端迈进的发展思路与主要任务》，《经济纵横》第9期。

［57］张蕴萍、董超、栾菁，2021，《数字经济推动经济高质量发展的作用机制研究——基于省级面板数据的证据》，《济南大学学报（社会科学版）》第5期。

［58］张震、覃成林，2021，《新时期京津冀城市群经济高质量发展分析》，《城市问题》第9期。

［59］赵涛、张智、梁上坤，2020，《数字经济、创业活跃度与高质量发展——来自中国城市的经验证据》，《管理世界》第10期。

［60］赵西三，2017，《数字经济驱动中国制造转型升级研究》，《中州学刊》第12期。

［61］郑耀群、葛星，2020，《中国经济高质量发展水平的测度及其空间非均衡分析》，《统计与决策》第24期。

［62］郑玉歆，2007，《全要素生产率的再认识——用TFP分析经济增长质量存在的若干局限》，《数量经济技术经济研究》第9期。

［63］周清香、李仙娥，2022，《数字经济与黄河流域高质量发展：内在机理及实证检验》，《统计与决策》第4期。

［64］祝合良、王春娟，2020，《数字经济引领产业高质量发展：理论、机理与路径》，《财经理论与实践》第5期。

附表 1　基准回归结果的稳健性检验

	替换因变量			分时段回归					
	人均 GDP	人均 GDP	人均 GDP	2011～2015 年	2016～2020 年	2011～2015 年	2016～2020 年	2011～2015 年	2016～2020 年
数字经济发展水平	6. 5937 *** (11. 71)			0. 1481 *** (4. 38)	0. 1310 *** (3. 44)				
数字产业化		17. 8135 *** (9. 46)				1. 1184 * (1. 74)	0. 1492 ** (2. 28)		
产业数字化			6. 7451 *** (8. 56)					0. 1522 *** (4. 37)	0. 3161 *** (4. 21)
市场化水平	-6. 74E-04 (0. 56)	4. 51E-06 (0. 03)	4. 15E-04 (0. 3)	4. 43E-06 (0. 89)	6. 84E-07 (0. 13)	5. 93E-07 (0. 07)	4. 36E-06 (0. 81)	5. 92E-06 *** (1. 22)	-1. 51E-06 (0. 30)
基础设施水平	-5. 64E-04 (-0. 53)	-9. 46E-04 (-0. 78)	0. 0003 ** (2. 57)	-1. 82E-06 (-0. 39)	5. 78E-06 (0. 91)	-1. 62E-06 (-0. 23)	9. 78E-06 (1. 46)	-8. 59E-07 (-0. 19)	5. 80E-06 (0. 99)
政府支持力度	-12. 1490 *** (-6. 35)	-2. 2453 *** (-1. 27)	-11. 2989 *** (-4. 92)	-0. 2662 * (-1. 83)	-0. 0276 (-0. 36)	0. 0436 * (0. 3)	0. 0233 (0. 28)	-0. 2582 * (-1. 79)	-0. 1059 (-1. 33)
常数项	4. 8791 *** (12. 01)	3. 9420 *** (9. 59)	4. 1078 *** (0. 14)	0. 6692 *** (12. 79)	0. 5741 ** (10. 88)	0. 4716 *** (9)	0. 5710 *** (9. 91)	0. 6796 *** (12. 6)	0. 5451 ** (11. 22)
个体效应	控制	控制	控制	控制	控制	控制	控制	控制	控制
R^2	0. 7109	0. 643	0. 6118	0. 4639	0. 4117	0. 2945	0. 3384	0. 4637	0. 4648

注：括号内为 z 统计值，*、**、*** 分别表示 10%、5%和 1%的显著性。

附表 2　生产效率的中介效应稳健性检验

附表 2.1　生产效率的中介效应稳健性检验——替换因变量

	中介变量	中介效应	中介变量	中介效应	中介变量	中介效应
数字经济发展水平	0.8721 *** (11.53)	2.7500 *** (4.09)				
数字产业化			1.7381 *** (5.93)	9.4270 *** (6.6)		
产业数字化					0.9918 *** (10.2)	1.3125 (1.62)
生产效率		4.4072 *** (7.77)		4.8252 *** (12.06)		5.4777 *** (9.71)
市场化水平	-2.55E-04 (-1.58)	4.51E-04 (0.46)	-5.22E-06 (-0.25)	0.0003 (0.34)	-1.52E-04 (-0.89)	0.0001 (1.22)
基础设施水平	-2.69E-04 * (-1.88)	0.0002 ** (2)	1.69E-06 (0.09)	0.0009 (1.08)	-2.14E-06 (-0.15)	0.0003 *** (3.61)
政府支持力度	-1.7933 *** (-6.98)	-4.2454 ** (-2.29)	-0.3783 (-1.38)	-0.42 (-0.36)	-1.8593 *** (-6.56)	-1.1141 (-0.56)
常数项	1.1812 *** (21.65)	-0.327 (-0.44)	0.9780 *** (15.3)	-0.7865 (-1.65)	1.1146 *** 20.11	-1.9976 *** (-2.81)
个体效应	控制	控制	控制	控制	控制	控制
R^2	0.62	0.8122	0.3689	0.8446	0.5693	0.7891

注：括号内为 z 统计值，*、**、*** 分别表示 10%、5%和 1%的显著性。

附表 2.2　替换因变量后生产效率中介效应的 95%置信区间情况

数字经济指标	效应系数		区间下限	区间上限
产业数字化	中介效应	2.5841	1.274913	4.409502
	直接效应	3.2141	0.809594	5.566271

附表 2.3　生产效率中介效应结果——分时段

	2011~2015 年		2016~2020 年		2011~2015 年		2016~2020 年		2011~2015 年		2016~2020 年	
	中介变量	中介效应	中介变量	中介效应	中介变量	中介效应	中介变量	中介效应	中介变量	中介效应	中介变量	中介效应
数字经济发展水平	0.3083*** (2.99)	0.1279*** (3.65)	0.6284*** (4.61)	0.1016** (2.23)								
数字产业化					2.9887* (1.65)	0.7132 (1.16)	0.9947*** (4.46)	0.0754 (0.99)				
产业数字化									0.3143*** (2.53)	0.1248*** (3.39)	1.0634*** (3.53)	0.2690** (3.21)
生产效率		−0.0013 (−0.02)		0.0469 (1.17)		0.1356*** (2.83)		0.7423* (1.79)		0.0872* (1.9)		0.04431 (1.25)
市场化水平	−1.99E−06 (−0.13)	1.33E−04** (2.43)	3.97E−04** (2.1)	−1.18E−06 (−0.21)	−1.75E−04 (−0.69)	2.96E−06 (0.35)	4.49E−05*** (2.7)	6.95E−06 (0.12)	1.22E−06 (0.08)	5.81E−06 (1.23)	4.37E−04** (2.12)	−3.45E−06 (−0.65)
基础设施水平	4.31E−04*** (3.02)	5.60E−06 (0.86)	−3.14E−04 (−1.37)	7.26E−06 (1.12)	3.83E−04* (1.94)	−6.81E−06 (−1.00)	−2.73E−04 (−1.20)	1.18E−04* (1.78)	4.53E−04*** (3.23)	−4.81E−06 (−0.98)	−1.41E−04 (−0.60)	6.42E−06 (1.1)
政府支持力度	0.0416 (0.09)	−0.0742 (−0.40)	−2.0461*** (−7.24)	0.0682 (0.6)	0.5971 (1.47)	−0.0374 (−0.27)	−1.7848*** (−6.32)	0.1558 (1.42)	0.0656 (0.15)	−0.2639* (−1.88)	−2.2450*** (−7.03)	−0.0062 (−0.05)
常数项	0.5624*** (3.52)	0.5449*** (8.47)	1.7942*** (9.49)	0.4901*** (5.5)	0.124 (0.84)	0.4548*** (9.23)	1.8680*** (9.5)	0.4323 (4.52)	0.5814*** (3.53)	0.6288*** (10.66)	1.6238*** (8.32)	0.4732*** (6.27)
个体效应	控制	控制	控制	控制	控制	控制	控制	控制	控制	控制	控制	控制
R^2	0.5896	0.6813	0.6068	0.4283	0.5395	0.3975	0.5988	0.3808	0.5883	0.5018	0.5498	0.4817

注：括号内为 z 统计值，*、**、*** 分别表示 10%、5%和 1%的显著性。

附表 2.4　分时段生产效率中介效应的 95%置信区间

数字经济指标	时段	效应系数		区间下限	区间上限
数字经济发展水平	2011~2015 年	中介效应	0.0750	0.030621	0.143191
		直接效应	-0.0116	-0.132716	0.083928
	2016~2020 年	中介效应	1.9875	0.879349	3.292653
		直接效应	3.9319	2.060926	5.964127
数字产业化	2011~2015 年	中介效应	0.1263	0.012794	0.306934
		直接效应	0.5295	0.181776	0.909065
	2016~2020 年	中介效应	0.1263	0.008863	0.300197
		直接效应	0.5295	0.187968	0.866463
产业数字化	2011~2015 年	中介效应	0.0999	0.045029	0.179801
		直接效应	-0.1059	-0.232126	0.013528
	2016~2020 年	中介效应	0.0999	0.046700	0.182599
		直接效应	-0.1059	-0.257658	0.001980

附表 3　产业结构高级化的中介效应稳健性检验

附表 3.1　产业结构高级化中介效应的稳健性检验——替换因变量

	中介变量	中介效应	中介变量	中介效应	中介变量	中介效应
数字经济发展水平	0.2068** (2.30)	6.8257*** (11.99)				
数字产业化			0.2739 (1.00)	17.8705*** (9.42)		
产业数字化					0.2575** (2.38)	6.9860*** (8.69)
产业结构高级化		-1.1220 (-1.92)		-0.2079 (-0.32)		-0.9351 (-1.37)
市场化水平	-2.04E-06 (-0.11)	-6.97E-04 (-0.59)	5.19E-06 (0.27)	5.59E-06 (0.04)	-4.86E-07 (-0.03)	4.11E-04 (0.30)

续表

	中介变量	中介效应	中介变量	中介效应	中介变量	中介效应
基础设施水平	-9.25E-06	4.61E-04	2.78E-06	9.52E-04	-4.96E-06	0.0003**
	(-0.55)	(0.44)	(0.16)	(0.79)	(-0.31)	(2.54)
政府支持力度	0.9563***	-11.0760***	1.3155***	-1.9718	0.9007***	-10.4567***
	(3.14)	(-5.62)	(5.10)	(-1.00)	(2.86)	(-4.42)
常数项	2.1613***	7.3041***	2.0963***	4.3778***	2.1535***	6.1215***
	(33.37)	(5.52)	(34.89)	(3.09)	(34.90)	(3.99)
个体效应	控制	控制	控制	控制	控制	控制
R^2	0.3615	0.7202	0.3373	0.6433	0.3634	0.6182

注：括号内为 z 统计值，*、**、*** 分别表示 10%、5%和 1%的显著性。

附表 3.2　替换因变量后产业结构高级化中介效应的 95%置信区间

数字经济指标	效应系数		区间下限	区间上限
数字经济发展水平	中介效应	0.9932	0.233608	2.283175
	直接效应	4.9262	2.790163	7.183646
数字产业化	中介效应	2.8437	0.905289	6.431298
	直接效应	17.9692	9.51218	24.25312
产业数字化	中介效应	1.1939	0.154320	2.984995
	直接效应	4.6044	2.355574	7.324859

附表 3.3　产业结构高级化中介效应的稳健性检验——分时段

	2011~2015 年		2016~2020 年		2011~2015 年		2016~2020 年		2011~2015 年		2016~2020 年	
	中介变量	中介效应	中介变量	中介效应	中介变量	中介效应	中介变量	中介效应	中介变量	中介效应	中介变量	中介效应
数字经济发展水平	0.1146 (0.37)	0.1503*** (4.45)	0.3183** (4.8)	0.0796* (1.77)								
数字产业化					0.2552 (0.05)	1.1221* (1.74)	0.3210*** (2.63)	0.0816** (1.26)				
产业数字化									0.1204 (0.38)	0.1544*** (4.44)	0.8354*** (7.27)	0.2384** (2.19)
产业结构高级化		-0.0181 (-1.15)		0.1615** (2.01)		-0.0146 (-0.80)		0.2106*** (2.93)		-0.0182 (-1.15)		0.093 (0.99)
市场化水平	6.20E-06 (0.14)	4.55E-06 (0.91)	-3.47E-06 (-0.38)	1.24E-06 (0.24)	1.01E-04 (0.14)	7.41E-07 (0.08)	6.66E-06 (0.66)	2.96E-06 (0.59)	7.24E-06 (0.16)	6.05E-06 (1.25)	-1.10E-04 (-1.40)	-4.92E-07 (-0.09)
基础设施水平	-3.80E-04 (-0.91)	-2.52E-06 (-0.54)	1.81E-04 (1.62)	8.70E-06 (1.37)	-3.37E-04 (-0.61)	-2.11E-06 (-0.30)	-6.12E-06 (-0.49)	1.11E-04* (1.78)	-3.81E-04 (-0.92)	-1.55E-06 (-0.34)	-2.1E-04** (-2.30)	7.71E-06 (1.25)
政府支持力度	3.6566*** (2.76)	-0.2 (-1.28)	0.7070*** (5.14)	-0.1417 (-1.49)	3.9783*** (3.47)	0.1015 (0.63)	0.8278*** (5.35)	-0.1511 (-1.55)	3.6549*** (2.78)	-0.1917 (-1.24)	0.4910*** (4.02)	-0.1515 (-1.64)
常数项	2.3049*** (4.84)	0.7109*** (11.17)	2.6070*** (28.41)	0.1527 (0.71)	2.1774*** (5.23)	0.5034*** (7.64)	2.5890*** (24.05)	0.0257 (0.13)	2.3158*** (4.72)	0.7217*** (11.09)	2.5441*** (34.18)	0.3086 (1.26)
个体效应	控制	控制	控制	控制	控制	控制	控制	控制	控制	控制	控制	控制
R^2	0.3086	0.4785	0.6697	0.4582	0.3066	0.3039	0.5725	0.4408	0.3087	0.4784	0.7674	0.4756

注：括号内为 z 统计值，*、**、*** 分别表示 10%、5%和 1%的显著性。

附表 3.4　分时段产业结构高级化中介效应的 95%置信区间

数字经济指标	时段	效应系数		区间下限	区间上限
数字经济发展水平	2011~2015 年	中介效应	0.0753	0.022112	0.1660754
		直接效应	-0.0119	-0.127700	0.0919311
	2016~2020 年	中介效应	0.0753	0.0217995	0.1594803
		直接效应	-0.0119	-0.1103084	0.1114303
数字产业化	2011~2015 年	中介效应	0.1903	0.0777504	0.4087768
		直接效应	0.4655	0.1088394	0.780338
	2016~2020 年	中介效应	0.1903	0.074545	0.4105352
		直接效应	0.4655	0.114318	0.847309
产业数字化	2011~2015 年	中介效应	0.0839	0.016067	0.192903
		直接效应	-0.0898	-0.202282	0.036676
	2016~2019 年	中介效应	0.0839	0.015875	0.188368
		直接效应	-0.0898	-0.204276	0.031855

附表 4　产业结构合理化中介效应的稳健性检验

附表 4.1　产业结构合理化中介效应的稳健性检验——替换因变量

	中介变量	中介效应	中介变量	中介效应	中介变量	中介效应
数字经济发展水平	-0.0516 (-0.37)	6.5935 *** (11.65)				
数字产业化			0.1612 (0.39)	17.8625 *** (9.46)		
产业数字化					-0.1012 (-0.60)	6.7508 *** (8.52)
产业结构合理化		-0.0028 (-0.01)		-0.3036 (-0.72)		0.0558 (0.13)
市场化水平	2.4E-04 (0.81)	-6.73E-04 (-0.56)	1.81E-04 (0.61)	1.0E-04 (0.08)	2.51E-04 (0.85)	4.01E-04 (0.29)

续表

	中介变量	中介效应	中介变量	中介效应	中介变量	中介效应
基础设施水平	2. 35E-06 (0. 09)	5. 64E-04 (0. 53)	-9. 38E-06 (-0. 35)	9. 17E-04 (0. 76)	3. 88E-06 (0. 16)	0. 0003 ** (2. 56)
政府支持力度	-0. 2618 (-0. 55)	-12. 1598 *** (-6. 31)	-0. 3905 (-0. 99)	-2. 3639 (-1. 33)	-0. 1818 (-0. 37)	-11. 2887 *** (-4. 89)
常数项	0. 3330 *** (3. 32)	4. 8800 *** (11. 42)	0. 3780 *** (4. 13)	4. 0568 *** (9. 18)	0. 3218 *** (3. 36)	4. 0899 *** (8. 64)
个体效应	控制	控制	控制	控制	控制	控制
R^2	0. 0134	0. 7109	0. 0135	0. 6446	0. 0154	0. 6119

注：括号内为 z 统计值，*、**、*** 分别表示 10%、5%和 1%的显著性。

附表 4. 2　替换因变量后产业结构合理化中介效应的 95%置信区间

数字经济指标	效应系数		区间下限	区间上限
数字经济发展水平	中介效应	0. 6153	-0. 243616	1. 378947
	直接效应	5. 3041	3. 209701	7. 437074
数字产业化	中介效应	1. 2389	-0. 546266	3. 160344
	直接效应	19. 5740	11. 69941	24. 92065
产业数字化	中介效应	0. 7748	-0. 390201	1. 885844
	直接效应	5. 0235	2. 98304	7. 340832

附表 4.3 产业结构合理化中介效应的稳健性检验——分时段

	2011~2015 年		2016~2020 年		2011~2015 年		2016~2020 年		2011~2015 年		2016~2019 年	
	中介变量	中介效应	中介变量	中介效应	中介变量	中介效应	中介变量	中介效应	中介变量	中介效应	中介变量	中介效应
数字经济发展水平	-0.0683 (-0.16)	0.1496*** (4.53)	0.0714 (0.42)	0.1304*** (3.38)								
数字产业化					1.2377 (0.18)	1.0943* (1.72)	0.1005 (0.36)	0.1481** (2.24)				
产业数字化									-0.0772 (-0.18)	0.1539*** (4.53)	0.1415 (0.4)	0.3149*** (4.15)
产业结构合理化		0.0212* (-1.87)		0.0092 (-0.28)		0.0194 (-1.47)		0.0118 (0.34)		0.0214* (1.88)		0.0084 (0.27)
市场化水平	7.86E-07 (0.01)	4.42E-06 (0.91)	1.56E-06 (0.07)	6.70E-07 (0.13)	-1.73E-04 (-0.18)	9.30E-07 (0.1)	3.01E-06 (0.13)	4.33E-06 (0.8)	4.42E-07 (0.01)	5.91E-06 (1.25)	1.34E-06 (0.06)	-1.52E-06 (-0.29)
基础设施水平	5.30E-04 (0.92)	-2.95E-06 (-0.64)	-5.82E-06 (-0.20)	5.84E-06 (0.9)	3.90E-04 (0.52)	-2.38E-06 (-0.34)	-4.68E-06 (-0.17)	9.83E-06 (1.46)	5.29E-04 (0.93)	-1.99E-06 (-0.44)	-4.65E-06 (-0.17)	5.83E-06 (0.99)
政府支持力度	47955*** (-2.66)	-0.1643 (-1.08)	0.0808 (0.23)	-0.0284 (-0.36)	-5.1742*** (-3.32)	0.1443 (0.91)	0.1097 (0.31)	0.022 (0.26)	47783*** (-2.67)	-0.156 (-1.03)	0.0498 (0.13)	-0.1063 (-1.32)
常数项	0.5568 (0.86)	0.6573*** (12.79)	-0.0174 (-0.07)	0.5743*** (10.78)	0.5752 (1.02)	0.4605*** (0.05)	-0.013 (9.82)	0.5711*** (0.82)	0.5446 (12.62)	0.6679*** (0.15)	-0.0353 (11.11)	0.5454*** (11.11)
个体效应	控制	控制	控制	控制	控制	控制	控制	控制	控制	控制	控制	控制
R^2	0.2633	0.501	0.0097	0.4127	0.2639	0.3256	0.0088	0.3401	0.2639	0.5012	0.0094	0.4656

注：括号内为 z 统计值，*、**、*** 分别表示 10%、5%和 1%的显著性。

附表 4.4　分时段产业结构合理化中介效应的 95%置信区间

数字经济指标	时段	效应值		区间下限	区间上限
数字经济发展水平	2011~2015 年	中介效应	0.0127	-0.001904	0.035469
		直接效应	0.0506	-0.066457	0.154291
	2016~2020 年	中介效应	0.0127	-0.001764	0.032525
		直接效应	0.0506	-0.068434	0.165916
数字产业化	2011~2015 年	中介效应	0.0229	-0.007160	0.075205
		直接效应	0.6329	0.286652	0.976747
	2016~2020 年	中介效应	0.0229	-0.005143	0.072054
		直接效应	0.6329	0.248597	0.968639
产业数字化	2011~2015 年	中介效应	0.0167	-0.003431	0.052181
		直接效应	-0.0226	-0.165108	0.104115
	2016~2020 年	中介效应	0.7748	-0.414267	1.807993
		直接效应	5.0235	3.064534	7.339486

分报告

Sub-reports

B.2
京津冀协同创新高质量发展评价研究*

王雅洁　张嘉颖　杨寅钊**

摘　要： 本报告从主体参与度、创新保障度、网络关联度、环境支持度4个方面构建城市群协同创新评价体系，利用全局熵值法和改进的TOPSIS动态评价法对2009～2020年京津冀协同创新水平进行测度，并与长三角等4个城市群进行比较。结果表明，在城市群内部，京津冀差异最明显，长三角差异较稳定，成渝和长江中游差异较小。在城市群之间，京津冀发展断层严重，导致协同创新水平不高；长三角内部协调性高，协同创新能力较强；珠三角的发展势头远超其他城市群；成渝经历明显波动；长江中游基础最

* 本报告是国家社会科学基金一般项目“基于知识溢出的区域协同创新路径与机制研究”（17BGL206）、河北省科技计划项目“促进河北省数字经济高质量发展的科技创新体系构建研究”（22557636D）、河北省社会科学发展研究重点课题“数字经济促进河北省传统产业转型升级研究”（20200201004）的研究成果。

** 王雅洁，博士，河北工业大学经济管理学院副教授、硕士生导师，研究方向为区域经济学；张嘉颖，河北工业大学经济管理学院硕士研究生，研究方向为区域经济学；杨寅钊，河北工业大学经济管理学院硕士研究生，研究方向为区域经济学。

弱，但后发增长动力较强。对此，本报告从形成主体联动的协同创新网络、结合地方特色引导创新资源合理流动、从根本上解决资源过度集中三方面提出京津冀协同创新高质量发展的合理建议。

关键词： 城市群　协同创新　全局熵值法　改进的 TOPSIS 动态评价法

一　引言

随着全球经济增长动力由要素驱动向创新驱动转变，创新成为引领发展的第一动力，成为关系国家发展全局的核心，与此同时，创新模式也由传统线性和链式的技术创新模式向多元创新主体合作的协同创新模式转变[1]。协同创新对创新资源进行了跨主体、跨边界的优化配置，是建设创新型国家的重要途径，而区域协同创新更是国家创新体系建设不可或缺的重要组成部分，是推动区域经济发展的动力源泉[2]，区域协同创新日益受到学术界与政策制定者的重点关注。而不可忽视的是，一定区域范围内参与协同创新的主体往往是多元化的，个体创新能力及主体间的创新联动关系都对区域创新产生深远影响，创新主体间形成高水平合作关系是推动区域协同发展不可忽视的重要环节。

要实现经济一体化的高质量发展，城市群作为区域协同发展的主战场，应充分发挥创新的作用，着力打造协同创新共同体。京津冀城市群作为国家重点发展的城市群之一，具备雄厚的科研实力和人才禀赋，2019 年京津冀地区科研机构的成果产出数量占全国的 37.37%[3]，充分显示了该城市群整体创新能力的强大。京津冀协同发展上升为国家战略已有 8 年之久，随着顶层设计方案的不断落实，京津冀地区已成为全国经济增长的重要贡献者之一，政策效果初显，但存在区域内部发展不均衡、协同治理发展机制不健全等问题。因此，测度京津冀和其他城市群的协同创新水平，基于横向和纵向维度分析京津冀城市群内部的差异，以及与其他城市群间协同创新发展的趋势差异，有利于更好地理解和把握京津冀协同创新发展的实际情况，对推进京津冀协同创新高质量发展具有重要的理论和现实意义。

二　文献综述

区域协同创新已经成为国家重大战略，城市群作为协同发展的核心区域，其协同创新能力与水平的提升成为高质量一体化发展的根本动力[4]，城市群是研究区域协同发展的重要载体。Yang 等基于城市经济联系的视角，认为城市间经济的吸引性、联系性、平衡性是在更大范围内优化资源配置、实现互利合作与一体化发展的重要途径，引导资源在城市间有序流动，能促进区域协同发展[5]。针对中国城市群的发展现状，周麟等对区域创新结构进行研究，发现中国南北创新分异日趋严重，重点城市群的协同创新模式迥异，以城市群为主体，制定发展规划、构建协同创新型都市圈，更能提升区域创新能效[6]。对城市群协同创新水平进行合理评价是形成准确认知、制定区域战略发展规划的首要步骤，为此相关学者进行了大量研究。Zhao 等从主体视角出发，利用层次分析法和聚类分析法，对政府、大学、研究机构、企业 4 个主体参与创新活动的水平进行评价分析[7]。孙瑜康等基于跨地区、跨主体创新协作视角对京津冀协同创新水平进行研究，从区域综合创新水平与协同创新水平两个维度构建协同创新指数[8]。丁显有等从生态环境与创新的关系出发，对长三角城市群的绿色创新协同耦合度进行测算[9]。周灵玥等从创新投入产出、创新环境方面对五大城市群的创新发展水平进行测量[10]。

协同创新评价已成为近年研究的热点，学界在评价指标体系构建与方法选择方面进行了有益探索。在评价指标体系构建上，一类研究从创新成果绩效指标出发，聚焦协同创新的投入与产出硬实力，并随着研究深入逐步与创新环境或辅助条件等软实力相结合构建评价体系。Duan 关注到创

新投入能力与产出能力，结合管理能力与创新环境要素构建评价指标体系[11]；李美娟等以协同创新投入、协同创新产出、协同创新辅助条件及协同创新合作4个指标构建评价指标体系[12]；Jon等选择从大学、政府、创新型企业和生产性创新环境入手，但各维度指标的选取仍与创新投入与产出相关联[13]。另一类研究注重对创新过程中的协同性特征进行评价。李林等从协同创新能力、创新协同度、协同创新效益角度进行研究[14]；岑晓腾等将城市科技协同创新系统评价指标体系分为支持和发展两个子系统，发展子系统包括创新投入与协同能力，支持子系统包含创新环境与创新效果[15]。

在评价方法选择上，常用变异系数、相关性检验、因子分析等方法进行指标筛选，采用熵值法[17]或层次分析法[7,18]进行权重确定。在评价模型方面，以岑晓腾等为代表的学者采用复合系统耦合协同度模型进行评价[15]，袁旭梅等提出一种多准则决策评价方法[16]，而胡晓瑾等基于指标的模糊性特征采用多级模糊综合评价模型进行评价[18]。随着研究的深入，动态评价方法逐渐增加[12,19]，弥补了传统静态评价法在纵向时间对比方面的不足。

综合现有研究，城市群已成为经济活动主要的空间载体，行政边界的模糊化有利于形成协同创新共同体，推动区域一体化进程，但研究对象集中于某一代表性城市群，多个城市群协同创新水平的对比研究较为少见。虽然对城市群协同创新评价的研究视角不同，但重点关注创新主体协同关系的研究较少，在评价指标体系方面，重点关注了协同创新结果中的效率指标，对于创新过程的协同性，或使用市场集中度、跨区域合作政策法规等代理指标测度广义上的区域协同，或以问卷形式单向收集主体的协同数据代表狭义上的主体间协同，对协同创新主体间的双向互动关系，尤其是协同创新模式中主体互动关系的评价仍有不足。技术创新活动具有复杂性、持续性特征，为降低研发风险，要求创新主体保持稳定的协同关系，静态评价法对主体间长期持续性协同关系的评价还有不足，采用动态评价法会更为合理有效。因此，基于国内宏观形势与现实所需，本报告以中国

5个典型城市群①为研究对象构建协同创新评价体系，对动态时序数据采用全局熵值法客观赋权并对指标值直接测算综合评价得分，进一步使用改进的TOPSIS动态评价法测算与理想解的相对贴近度，对城市群协同创新发展趋势、区域内差异以及区域间差异进行分析，探寻发展规律，发现存在的问题，为京津冀地区加强联合协作、提升整体协作创新水平提供借鉴。

三　城市群协同创新评价指标体系构建

本报告在评价指标的选定方面遵循目的性、科学性、客观性、系统性和可操作性原则，根据中国创新指数指标体系（国家统计局社科文司编制）、京津冀协同创新指数（北京大学首都发展研究院编制）、现有研究构建的区域协同创新评价指标体系[12,15]以及创新主体的构成与协同互动关系实际情况，将协同创新评价指标体系分为主体参与度、创新保障度、网络关联度和环境支持度4个维度。

（1）主体参与度

主体参与是区域创新的前提与基础，主体参与度是对主体积极性与创新活力的测度[20]。结合国内科技创新活动现状，本报告将创新主体范围界定为政府、企业、高校以及研发机构。其中高校与研发机构具有丰富的人才、知识与科技资源，充当知识源负责知识创造；企业直面市场，能获取大量需求信息，其还具有市场渠道优势，有利于技术创新与成果转化；政府为间接参与主体，是重要的引导力量，充当协同创新的维护者与协调者。该一级指标下设5个二级指标，从主体研发资金投入和市场化程度两个方面衡量参与度。

（2）创新保障度

创新保障度是对一个地区创新资源要素禀赋及基础创新能力的测度，是

① 本报告中5个典型城市群指京津冀城市群、长三角城市群、珠三角城市群、成渝城市群和长江中游城市群，其中成渝城市群于2020年改称“成渝地区双城经济圈”，相关结论不受影响。

协同创新的必要源泉。一方面，创新资源要素禀赋主要包含资金、人力、知识等，它们是创新能力分化的初始原因，既是协同创新的基础与支撑，也决定了创新的发展潜力；另一方面，基础创新能力是以往科研创新中所获取的经验与培养的创新惯性，本报告用新产品销售收入占主营业务收入比重来衡量企业创新能力，用专利申请数代表知识积累水平以衡量城市创新能力。该一级指标下共设 4 个二级指标。

（3）网络关联度

形成多主体互动网络是协同创新成功的关键，通过资源持续性交互融合，可以促进非线性组合效用产生，实现跨越式发展[21]。为此，本报告设置网络关联度来衡量创新主体的协同与关联能力。

（4）环境支持度

创新是系统性活动，除了各类主体要素，还需要社会支撑系统、外部资源环境等非主体要素系统性参与[22]，两者共同作用于创新生态系统，促进创新物质、能量、信息的流动。创新环境是与主体创新行为直接或间接相关且影响最终创新绩效的外部因素总和[23]，对协同创新起辅助与支持作用，是考察协同创新发展水平不可或缺的维度。现有研究涵盖了基础设施、产业政策、经济支撑、社会文化等方面，本报告从政府、经济、社会、科技 4 个领域入手衡量创新环境支持水平，该一级指标下设 5 个二级指标。

综上所述，本报告所构建的城市群协同创新评价指标体系如表 1 所示，由 4 个一级指标、20 个二级指标构成。

表 1　城市群协同创新评价指标体系

一级指标	二级指标	二级指标说明	指标权重	排序
主体参与度 0.3055	政府科技支出	政府参与度	0.0451	9
	规模以上工业企业 R&D 投入	企业参与度	0.0449	10
	高校 R&D 投入	高校参与度	0.0353	12
	研发机构 R&D 投入	机构参与度	0.0846	6
	技术市场成交额	市场化程度	0.0955	2

续表

一级指标	二级指标	二级指标说明	指标权重	排序
创新保障度 0.1229	R&D 投入强度	资金保障	0.0108	18
	R&D 人员全时当量	人才保障	0.0378	11
	新产品销售收入占主营业务收入比重	企业创新能力	0.0166	15
	专利申请数	城市创新能力	0.0577	8
网络关联度 0.4744	规模以上工业企业购买国内技术费用	企业关联	0.0925	4
	政府对规模以上工业企业的 R&D 经费支出	政府对企业	0.0323	13
	高校 R&D 经费对国内企业的支出	高校对企业	0.0861	5
	研发机构 R&D 经费对国内企业的支出	研发机构对企业	0.1495	1
	规模以上工业企业对境内高校的 R&D 经费支出	企业对高校	0.0213	14
	规模以上工业企业对研发机构的 R&D 经费支出	企业对研发机构	0.0927	3
环境支持度 0.0972	人均地区生产总值	经济实力	0.0115	17
	外商投资企业投资总额	经济开放程度	0.0629	7
	固定资产投资总额占比 GDP 比重	社会投资率	0.0064	19
	研开发机构数量	科技研发环境	0.0159	16
	地方科教支出占财政支出比重	政策支持	0.0005	20

四　城市群协同创新动态评价方法

随着创新成为复杂性、系统性工程，创新活动的时间跨度日益增大，基于二维数据表的传统静态分析方法不再适用，本报告采用全局熵值法与改进的 TOPSIS 动态评价法进行综合研究。

（一）全局熵值法

传统熵值法通过指标数据传递的信息量所占比例进行赋权，但研究局限在横向评价某时刻不同评价对象或纵向评价某对象不同评价时刻的情况，对于多个对象的动态数据无法进行有效评估。本报告采用时序立体数据，包含评价对象、评价指标和评价时间三维数据，参考孙玉涛等提出的全局熵值法[24]，从纵向、横向全面分析评价指标并进行综合赋权，计算方法如下。

（1）构造原始指标矩阵。在考察期 T 年中，每年形成一个 $m\times n$ 的截面数据表，其中 m 为区域个数，n 为指标数，将数据表按时间顺序排列，构成评价矩阵 X：

$$X = (X^1,X^2,X^3,X^4,\cdots,X^T)'_{mT\times n}\ X^T = x_{ij}(t_k)$$
$$i = 1,2,\cdots,m;\ j = 1,2,\cdots,n;\ k = 1,2,\cdots,T \tag{1}$$

其中$x_{ij}(t_k)$为t_k年 i 区域的 j 指标数值，再进行规范化处理：

$$x'_{ij}(t_k) = 99 \times \frac{x_{ij}(t_k) - \min\limits_{1\leq i\leq m}\ \min\limits_{1\leq k\leq T} x_{ij}(t_k)}{\max\limits_{1\leq i\leq m}\ \max\limits_{1\leq k\leq T} x_{ij}(t_k) - \min\limits_{1\leq i\leq m}\ \min\limits_{1\leq k\leq T} x_{ij}(t_k)} + 1 \tag{2}$$

$\max\limits_{1\leq i\leq m}\ \max\limits_{1\leq k\leq T} x_{ij}(t_k)$ 和 $\min\limits_{1\leq i\leq m}\ \min\limits_{1\leq k\leq T} x_{ij}(t_k)$ 分别表示被评价对象在整个时段内关于指标 j 的最小值和最大值。

（2）计算指标比重。$x'_{ij}(t_k)$ 为 i 区域的 j 指标在t_k年的规范化数值，则指标值权重为：

$$b_{ij}(t_k) = \frac{x'_{ij}(t_k)}{\sum\limits_{k=1}^{T}\sum\limits_{i=1}^{m} x'_{ij}(t_k)} \tag{3}$$

（3）计算各项指标的熵值e_j。令下式中 $h=1/\ln mT$，则易知$e_j\geqslant 0$。

$$e_j = -h\sum_{k=1}^{T}\sum_{i=1}^{m} b_{ij}(t_k)\ln b_{ij}(t_k) \tag{4}$$

（4）计算信息熵冗余度g_j：

$$g_j = 1 - e_j \tag{5}$$

（5）计算第 j 项指标的权重：

$$w_j = \frac{g_j}{\sum\limits_{j=1}^{n} g_j} \tag{6}$$

（6）计算综合评价得分：

$$FI_i(t_k) = \sum_{j=1}^{n} w_j x'_{ij}(t_k) \tag{7}$$

（二）改进的 TOPSIS 动态评价法

本报告用改进的 TOPSIS 动态评价法对协同创新综合贴近度进行排序，进一步分析协同创新动态发展水平。TOPSIS 法即逼近理想解的排序方法，基本原理为：找出指标的正负理想解，计算各评价单元与理想解的贴近度并进行排序，贴近度取值范围为［0，1］，评价目标越接近 1 代表发展水平越高。本报告参考李美娟等提出的基于理想解法的动态评价法[25]，同时考虑指标值差异程度与指标值增长程度，得到各时刻各评价对象的综合贴近度，对协同创新发展现状及趋势进行分析。

对于指标值差异贴近度，计算步骤如下。

（1）确定加权标准化矩阵 S。将权重w_j与标准化矩阵$X'=x'_{ij}$（t_k）相乘。

$$S = [s_{ij}(t_k)] = [w_j x'_{ij}(t_k)], i = 1,2,\cdots,m;\ j = 1,2,\cdots,n;\ k = 1,2,\cdots,T \tag{8}$$

（2）确定指标的正负理想解。本报告中的指标均为正向指标，各指标的正理想解s_j^+与负理想解s_j^-分别为其最大值与最小值，共同构成正、负理想解向量S^+和S^-。

$$S^+ = \{\min_{1\leqslant i\leqslant m}\min_{1\leqslant k\leqslant T} s_{ij}(t_k) \mid j = 1,2,\cdots,n\} = \{s_1^+, s_2^+, \cdots, s_j^+\} \tag{9}$$

$$S^- = \{\min_{1\leqslant i\leqslant m}\min_{1\leqslant k\leqslant T} s_{ij}(t_k) \mid j = 1,2,\cdots,n\} = \{s_1^-, s_2^-, \cdots, s_j^-\} \tag{10}$$

（3）计算评价对象与理想解的距离。正理想解距离为 D_j^+（t_k），负理想解距离为 D_j^-（t_k）。

$$D_j^+(t_k) = \sqrt{\sum_{j=1}^{n} [s_{ij}(t_k) - s_j^+]^2}, j = 1,2,\cdots,n \tag{11}$$

$$D_j^-(t_k) = \sqrt{\sum_{j=1}^{n} [s_{ij}(t_k) - s_j^-]^2}, j = 1,2,\cdots,n \tag{12}$$

（4）计算评价对象与最优方案的相对贴近度C_j（t_k）：

$$C_j(t_k) = \frac{D_j^-(t_k)}{D_j^+(t_k) + D_j^-(t_k)}, j = 1,2,\cdots,n \tag{13}$$

对于指标值增长贴近度，计算步骤如下。

（1）基于标准化矩阵$X'=x'_{ij}$（t_k）计算增长系数矩阵$\Delta X'=\Delta x'_{ij}$（t_k）：

$$\Delta x'_{ij}(t_k) = x'_{ij}(t_k) - x'_{ij}(t_{k-1}), i = 1,2,\cdots,m;\ j = 1,2,\cdots,n;\ k = 1,2,\cdots,T \tag{14}$$

（2）计算加权增长系数矩阵ΔS：

$$\Delta S = \Delta s_{ij}(t_k) = w_j \Delta x'_{ij}(t_k) \tag{15}$$

（3）确定增长系数矩阵的正负理想解：

$$\Delta S^+ = \{\min_{1\leqslant i\leqslant m}\min_{1\leqslant k\leqslant T}\Delta s_{ij}(t_k) \mid j = 1,2,\cdots,n\} = \{\Delta s_1^+,\Delta s_2^+,\cdots,\Delta s_j^+\} \tag{16}$$

$$\Delta S^- = \{\min_{1\leqslant i\leqslant m}\min_{1\leqslant k\leqslant T}\Delta s_{ij}(t_k) \mid j = 1,2,\cdots,n\} = \{\Delta s_1^-,\Delta s_2^-,\cdots,\Delta s_j^-\} \tag{17}$$

（4）计算到正负理想解的距离：

$$\Delta D_j^+(t_k) = \sqrt{\sum_{j=1}^{n}[\Delta s_{ij}(t_k) - \Delta s_j^+]^2} \tag{18}$$

$$\Delta D_j^-(t_k) = \sqrt{\sum_{j=1}^{m}[\Delta s_{ij}(t_k) - \Delta s_j^-]^2} \tag{19}$$

（5）计算各评价对象增长程度的相对贴近度：

$$\Delta C_j(t_k) = \frac{\Delta D_j^-(t_k)}{\Delta D_j^+(t_k) + \Delta D_j^-(t_k)} \tag{20}$$

（6）计算各评价对象在t_k时刻的综合贴近度F_i（t_k）。α、β分别表示指标值差异程度和增长程度的相对重要情况。

$$F_i(t_k) = \alpha C_j(t_k) + \beta\Delta C_j(t_k), 0 \leqslant \alpha, \beta \leqslant 1,\ \alpha + \beta = 1 \tag{21}$$

五　评价结果比较分析

（一）数据来源

本报告指标数据来源于《中国统计年鉴》和《中国科技统计年鉴》。由于2009年国家开展全国R&D资源清查，科技统计指标体系随之进行修订，统计指标分类与口径均发生变化，考虑指标一致性和数据可靠性，最终选取2009~2020年为考察年限，对于个别省市统计年鉴缺失值采取移动平均法进行估计。

（二）协同创新指标影响度分析

通过全局熵值法得到2009~2020年城市群协同创新评价体系各指标权重，结果见表1。权重反映了各指标在具有竞争意义的评价体系中的相对重要程度，指标权重越大，意味着该指标对城市群协同创新测度结果的贡献和影响力越大，对提升城市群协同创新水平的作用就越大。

（1）网络关联度的权重最大，达到0.4744，说明主体间关系协调度与关联度对城市群协同创新影响最大。研发机构R&D经费对国内企业的支出、规模以上工业企业对研发机构的R&D经费支出的权重分别为0.1495、0.0927，在所有指标中排第一和第三位，提升研发机构与企业的双向网络关联互动能力是提升协同创新能力的重要举措。高校R&D经费对国内企业的支出的权重为0.0861，排名第五，说明高校参与企业研发也是提升城市群协同创新能力的重要途径。规模以上工业企业购买国内技术费用的权重为0.0925，排名第四，说明技术市场中企业与其余主体的关联程度对城市群协同创新发展也非常重要。

（2）主体参与度的权重达0.3055，其中技术市场成交额和研发机构R&D投入二者的权重分别为0.0955、0.0846，列所有指标的第二、第六位。技术市场成交额反映了主体参与技术转移和科技成果转化的总体规模，权重较大说明创新主体参与技术市场的活动范围较大，对城市群协同创新的影响较大。研发机构 R&D 投入对城市群协同创新的影响力同样不可忽视。规模以上工业企业 R&D 投入的权重为 0.0449，在所有指标中排名第十，说明城市群协同创新水平受规模以上工业企业 R&D 投入的影响。

（3）创新保障度衡量了区域内部资源要素存量水平及基础创新能力，权重为 0.1229。其中，R&D 投入强度、R&D 人员全时当量和新产品销售收入占主营业务收入比重的权重低、排名靠后，说明城市内资金、人才要素投入与创新收入对城市群协同创新发展的影响较小，而专利申请数的权重为 0.0577，在所有指标中排名第八，说明城市创新能力的影响较大。

（4）环境支持度和创新保障度对城市群协同创新的影响力较接近。环境支持度衡量了外部宏观因素的影响，权重为 0.0972，其中外商投资企业投资总额排名第七，权重为 0.0629，为环境支持度的权重做出主要贡献，表明适度的经济开放可以提升城市群的协同创新活力。

（三）城市群协同创新综合评价分析

全局熵值法权重的确定为衡量城市群协同创新水平奠定了基础，本报告进一步从分省市、城市群内、城市群间三个层面进行综合评价分析。

1. 分省市综合评价分析

一方面，就 13 个省市整体而言，综合评价呈上升趋势但差距不断拉大，发展不平衡现象日益显著。具体来看，分布具有梯度差异性。第一梯度由北京、上海、江苏、广东、浙江组成，综合评价增长趋势较为明显，基础创新优势进一步放大；天津、河北等其余省市则归为第二梯度，综合评价在波动中小幅上涨。表 2 是 2009~2020 年 13 个省市区域协同创新综合评价平均得分与排名，第一梯度省市综合评价得分为 17~40，第二梯度则为 7~14，梯度差异性明显且第二梯度得分较为接近。另一方面，就京津冀地区而言，北京市的协同创新水平居于首位，稳占第一梯队的“领头羊”位置。天津市和河北省在起始位置与北京市的协同创新水平存在一定差距，随着经济的快速发展和创新环境的不断改善，后期协同创新水平虽然缓慢爬升，但是与北京市的差距进一步拉大，始终停留在第二梯队，发展乏力、后劲不足，两地的协同创新水平仍需要大力提升。

表 2　2009 年～2020 年 13 个省市区域协同创新综合评价平均得分及排名

区域	省市	平均得分	排名
京津冀	北京	39.940	1
	天津	10.705	10
	河北	8.002	12
长三角	上海	20.727	4
	江苏	27.532	3
	浙江	17.180	5
	安徽	10.827	9
珠三角	广东	32.476	2
成渝	重庆	7.512	13
	四川	13.453	7
长江中游	江西	8.095	11
	湖北	13.465	6
	湖南	11.943	8

2. 城市群内综合评价分析

城市群在发展建设中日益形成关联型区域，高质量发展成为其共同目标，考察协同创新水平不仅要考察成员自身水平，更要考察整个城市群协同创新情况，为此本报告对城市群内部协同创新综合评价差异性展开分析。在差异性分析方法中，极差只展示部分地区的差异情况，标准差对均值不同的指标的衡量存在不足，变异系数虽然考虑了均值的不同，但对经济意义的解释具有不足，为此，本报告选择泰尔指数进行分析，计算公式如式（22）。其中，T_i为 i 区域泰尔指数总体差异，Y_i表示 i 区域评价指标值，Y_{ij}表示 i 区域中 j 省市的评价指标，P_i 表示 i 区域总人口数，P_{ij} 表示 i 区域 j 省市人口数。

$$T_i = \sum_{j=1}^{h_i} \frac{Y_{ij}}{Y_i} \ln \frac{Y_{ij}/Y_i}{P_{ij}/P_i} \tag{22}$$

由于珠三角不涉及跨省协同创新，故不进行内部差异分析，各城市群协同创新综合评价结果见图1。

图1　2009~2020年城市群内协同创新综合评价动态演变

京津冀的泰尔指数总体呈波动变化态势。长三角整体呈先下降后上升再下降趋势，但差异变动幅度较小，说明在发展过程中注重成员间协调发展。2015年前，成渝的泰尔指数整体呈下降趋势，之后有小幅上升，2019年后呈下降趋势。长江中游的泰尔指数基本呈倒U形，2016年前基本呈上升趋势，之后呈下降趋势。

京津冀的泰尔指数远高于长三角，更远超成渝和长江中游，城市群内成员差异过大，原因可能是现阶段京津冀城市群的空间布局以“双中心、两端化”为主，不同于长三角等城市群的“扁平化”布局，跨区域流动受到限制，地区内部差异明显。此外，中心城市对周围地区的辐射带动力略显微弱，导致京津冀内部的资源配置不合理，地区协同创新水平仍有很大的提升空间，在发展过程中既要提升京津冀地区的整体创新能力，也要注重控制地区间差异，推动创新协调发展。长三角的泰尔指数略高于成渝和长江中游，参照国内外区域发展的成功经验，适度差距对其发展具有一定的促进作用，如何进一步提升城市群协同创新水平成为其关注重点。成渝和长江中游的泰尔指数相对较小，且较为接近，区域内部协同创新一体化程度较高。

3. 城市群间综合评价分析

协同创新以科技成果惠及人民为最终目的，因此本报告根据人口结构对各城市群的综合评价得分进行加权汇总，结果如图2所示。整体上，京津冀的协同创新水平处于这些城市群的中等水平。珠三角和长三角城市群的协同创新水平增速较快，尤其是珠三角，从2015年开始呈现跳跃式增长趋势，遥遥领先于京津冀等城市群，极化效应明显增强。在京津冀协同发展战略实施的初始阶段，地区内部的协同创新水平相较于之前增速有所提升，但在上升过程中协同创新的内生动力明显不足，城市群内部的创新活力得不到较好的释放，协同创新水平同长三角的差异从2009年的2.844扩大到2020年的8.035。除此之外，京津冀与成渝和长江中游的协同创新增速差距较小，存在被二者赶超的趋势。珠三角的综合得分从2014年的20.655分上升到2020年的63.868分，年均增长幅度居首位，与京津冀等城市群拉开较大差距。长三角在发展过程中，前期增长速度明显更快，2014年后增长速度放缓，但在2018年增长率再次重回两位数，达10.26%。成渝的协同创新发展水平落后于长三角、珠三角和京津冀，略高于长江中游。长江中游的协同创新基础较弱，随着2015年国家对长江中游城市群发展规则的正式批复，相关省市一体化发展进程加快，创新主体的积极性进一步调动，与京津冀的发展差距逐渐缩小。

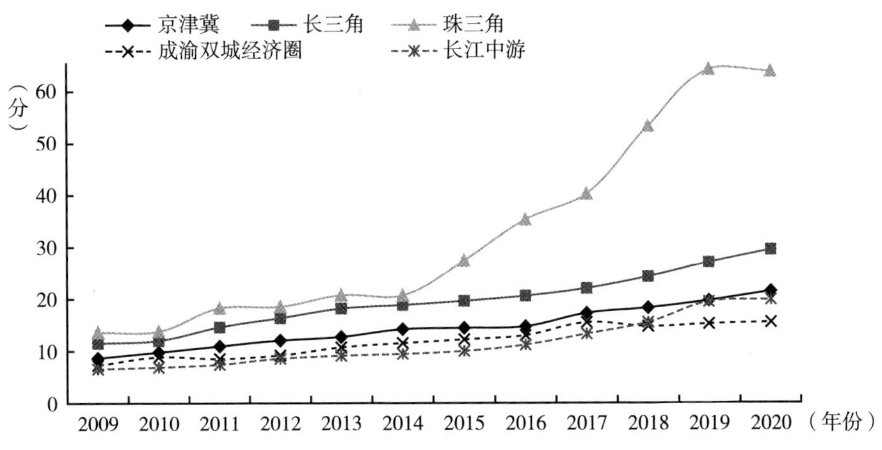

图2　2009~2020年城市群间协同创新综合评价动态演变

（四）城市群协同创新综合贴近度分析

综合评价分析以各指标值为基础，通过全局熵值法将权重直接"合成"为综合评价得分，该方法侧重于测度被评价区域自身指标发展水平。考虑到在将多地区纳入评价体系后会有一个整体最优方案，该方案将各区域特定优势与最佳表现整合在同一框架内，通过测度各区域表现与最优方案的接近程度可得到相对贴近度。为此，本节使用改进的 TOPSIS 动态评价法测算指标值差异程度和增长程度与各自理想解的贴近度，经过二次加权得到综合贴近度。上节与本节所使用的权重均是从动态角度通过客观测算得到，不同之处在于，综合评价得分关注区域自身指标值的绝对水平，而贴近度资料来源于各区域指标与整体唯一且最优的理想解的相对差距，从而对城市群协同创新水平形成更全面的评价。

1. 指标值差异程度比较分析

指标值差异贴近度动态发展趋势较为明显且波动较小，受篇幅限制，表 3 仅展示了 2009 年、2012 年、2015 年、2018 年和 2020 年五年的结果。首先，北京、上海、江苏、广东、浙江始终处于前 5 名，安徽、四川、河北、湖北的位次较为稳定，江西、湖南的位次明显上升。从各省市指标值差异贴近度总体分布来看，各省市均在小幅波动中上升但地区间差异较大。

表 3　13 个省市协同创新指标值差异贴近度及排名

地区		2009 年		2012 年		2015 年		2018 年		2020 年	
		贴近度	排名	贴近度	排名	贴近度	排名	贴近度	排名	贴近度	排名
京津冀	北京	0. 294	1	0. 397	1	0. 438	1	0. 523	2	0. 538	2
	天津	0. 040	10	0. 068	9	0. 115	8	0. 126	11	0. 134	11
	河北	0. 025	13	0. 050	12	0. 057	11	0. 068	13	0. 108	12
长三角	上海	0. 118	4	0. 168	4	0. 218	4	0. 301	4	0. 325	4
	江苏	0. 154	2	0. 254	2	0. 306	3	0. 377	3	0. 452	3
	浙江	0. 092	5	0. 142	5	0. 180	5	0. 242	5	0. 304	5
	安徽	0. 044	8	0. 068	10	0. 095	9	0. 128	10	0. 161	9
珠三角	广东	0. 134	3	0. 207	3	0. 311	2	0. 527	1	0. 567	1

续表

地区		2009 年		2012 年		2015 年		2018 年		2020 年	
		贴近度	排名	贴近度	排名	贴近度	排名	贴近度	排名	贴近度	排名
成渝	重庆	0.029	12	0.034	13	0.049	12	0.069	12	0.085	13
	四川	0.060	6	0.093	6	0.150	6	0.175	7	0.229	8
长江中游	江西	0.032	11	0.081	7	0.046	13	0.141	9	0.148	10
	湖北	0.052	7	0.081	8	0.116	7	0.223	6	0.263	7
	湖南	0.040	9	0.063	11	0.079	10	0.174	8	0.293	6

其次，对城市群内部指标值差异贴近度进行分析，仍选用泰尔指数进行分析，结果见图 3。协同创新内部差异由大到小依次为京津冀、长三角、成渝和长江中游。从各城市群贴近度年度波动情况来看，京津冀内部差异整体呈先下降、后上升再下降的趋势；长三角区域内部差异可分为三个阶段，2009~2013 年呈下降趋势，2014~2018 年呈稳步上升趋势，从 2019 年起呈下降趋势；成渝呈先下降后上升趋势；长江中游则始终在低位小幅波动。可以看出，无论是从综合评价分析的角度还是差异贴近度角度来看，京津冀地区内部的协同创新水平都是存在较大差距的，充分证明了在协同发展中缩小区域内部差距是实现高质量发展的关键。

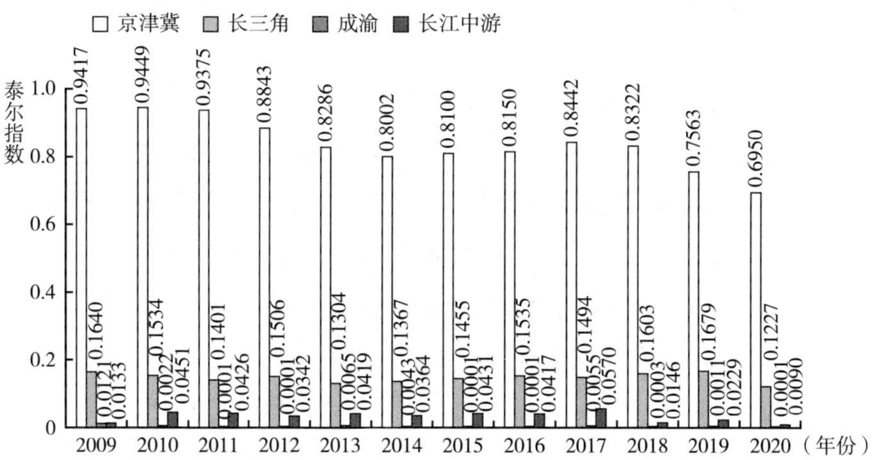

图 3　2009~2020 年城市群内指标值差异贴近度动态演变

最后，对城市群间指标值差异贴近度进行分析，结果如图 4 所示。其中，协同发展现状最为突出的是珠三角，未跨越省级行政边界使其占据优势；长三角次之，城市群内各地区分布梯度合理、协同水平相近，协同创新发展的推进更为容易；京津冀的发展居中，与珠三角、长三角相比有一定差距，原因可能在于区域内部差异性过大；成渝、长江中游居于后两位，但与京津冀的差距并不大。从 2018 年起，京津冀存在被成渝和长江中游赶超的趋势。

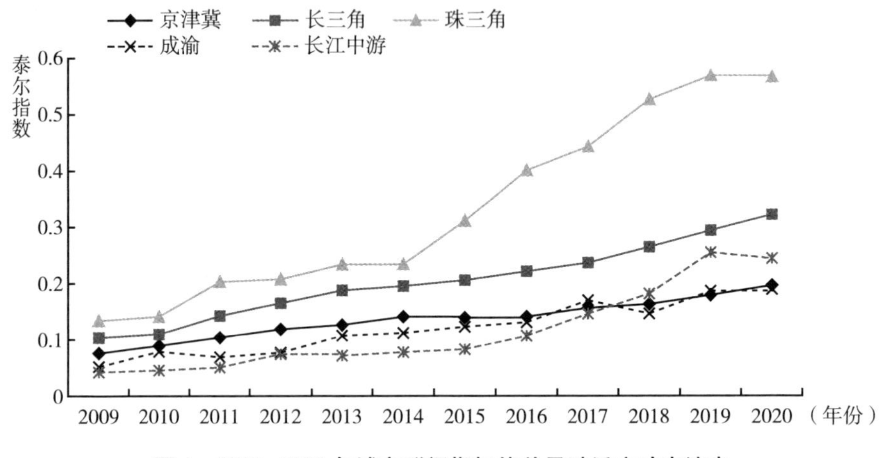

图 4　2009~2020 年城市群间指标值差异贴近度动态演变

2. 指标值增长程度比较分析

指标值差异程度反映发展现状，指标值增长程度则反映发展趋势及潜力，2009 年为本报告测算的初始期，自该年份起统计年鉴的指标分类与口径均发生变动，2008 年与 2009 年数据并不具备可比性，故无法获取 2009 年增长情况，本小节指标值增长贴近度测算年度为 2010~2020 年，具体结果见表 4。首先，从整体均值来看，北京、广东、江苏位居前列，表明协同创新发展潜力强劲，天津、安徽、河北、重庆位于后列，表明协同创新发展潜力较弱。

其次，对城市群内部指标值增长贴近度进行分析，结果见图 5。各城率

表 4　13 个省市协同创新指标值增长贴近度

省市	2010 年	2011 年	2012 年	2013 年	2014 年	2015 年	2016 年	2017 年	2018 年	2019 年	2020 年
北京	0.386	0.336	0.351	0.311	0.469	0.290	0.313	0.623	0.360	0.299	0.351
天津	0.325	0.322	0.327	0.319	0.336	0.337	0.303	0.329	0.345	0.297	0.323
河北	0.320	0.328	0.320	0.324	0.322	0.317	0.316	0.322	0.312	0.341	0.319
上海	0.329	0.319	0.369	0.309	0.348	0.311	0.356	0.340	0.355	0.355	0.285
江苏	0.314	0.374	0.330	0.353	0.328	0.318	0.327	0.356	0.324	0.359	0.337
浙江	0.320	0.332	0.332	0.325	0.316	0.328	0.311	0.325	0.346	0.348	0.326
安徽	0.324	0.323	0.322	0.328	0.327	0.316	0.321	0.325	0.319	0.321	0.328
广东	0.312	0.367	0.323	0.340	0.310	0.392	0.402	0.362	0.467	0.488	0.267
重庆	0.315	0.323	0.323	0.319	0.314	0.324	0.331	0.314	0.320	0.320	0.323
四川	0.370	0.296	0.316	0.347	0.335	0.322	0.331	0.415	0.261	0.406	0.298
江西	0.317	0.326	0.367	0.279	0.325	0.319	0.307	0.327	0.417	0.311	0.320
湖北	0.336	0.315	0.329	0.333	0.311	0.329	0.328	0.329	0.443	0.330	0.347
湖南	0.317	0.325	0.329	0.331	0.321	0.322	0.387	0.405	0.282	0.541	0.283

市群内指标值增长贴近度波动均较大，这一方面表明各城市群每年增长不具有规律性，另一方面表明内部成员间的增长差异性较大，对城市群协同创新的长远发展提出更多挑战。其中，京津冀指标值增长贴近度波动幅度最大，这与其内部发展差距较大有关。在城市群协同创新发展过程中，成员间发展速度一致性高有利于城市群协同创新发展，相反，成员间发展速度一致性低不利于城市群协同创新发展。

最后，对城市群间指标值增长贴近度进行分析，五大城市群指标值增长贴近度如图 6 所示。京津冀城市群的指标值增长贴近度呈波动起伏状态，受内部成员增长差异过大的影响，近年来指标值增长贴近度下降明显，对整体增长趋势产生了不利影响。珠三角协同创新发展潜力较为突出，总体超过其他城市群。长三角内部差异较小，协同创新发展趋势较为稳定。长江中游的指标值增长贴近度从 2016 年起高于长三角，协同创新呈现良好发展势头。五大城市群从 2019 年起呈下降趋势，其中，珠三角、长江中游及成渝下降最为明显。

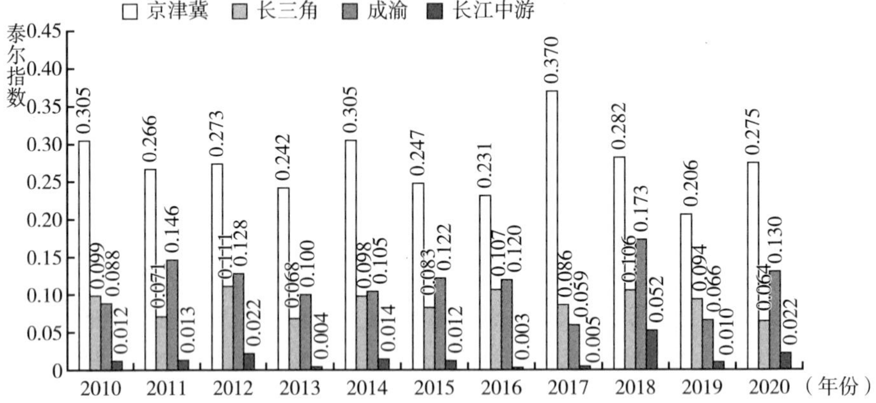

图 5　2010~2020 年各城市群内指标值增长贴近度动态演变

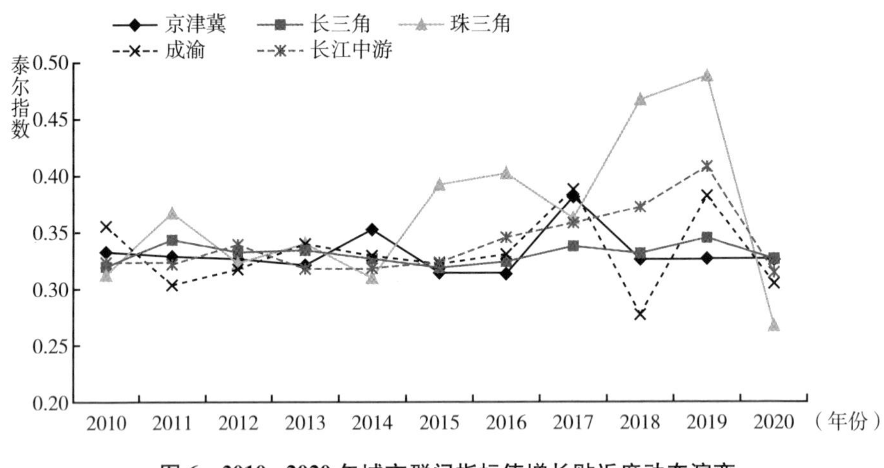

图 6　2010~2020 年城市群间指标值增长贴近度动态演变

3. 综合评价分析

为充分考虑指标值差异程度和增长程度两方面的作用，对式（21）取 $\alpha=\beta=0.5$，代表两者同等重要，表 5 是 13 个省市协同创新综合贴近度及排名。从表 5 中可以看出，各省市的协同创新综合贴近度整体呈上升趋势，北京、广东、上海、江苏是协同创新快速推进的核心区域，天津、河北在个别年份出现波动，但波动幅度并不大，意味着城市群成员协同创新发展水平并不稳定，但从长远发展趋势来看，在相关政策、社会环境等推动下协同创新水平处于提升态势。

表 5　2010~2020 年 13 个省市协同创新综合贴近度评价结果及排名

省市	2010 年	2011 年	2012 年	2013 年	2014 年	2015 年	2016 年	2017 年	2018 年	2019 年	2020 年
北京	0.367 1	0.349 1	0.374 1	0.357 1	0.453 1	0.364 1	0.379 2	0.566 1	0.442 2	0.413 3	0.445 1
天津	0.186 9	0.189 9	0.198 9	0.199 10	0.214 7	0.226 7	0.206 10	0.218 10	0.236 8	0.210 12	0.228 11
河北	0.173 12	0.184 11	0.185 12	0.190 11	0.193 11	0.187 11	0.187 12	0.194 11	0.190 13	0.216 11	0.213 12
上海	0.225 5	0.226 4	0.269 3	0.244 4	0.273 3	0.264 4	0.302 4	0.299 6	0.328 5	0.346 5	0.305 5
江苏	0.237 2	0.300 2	0.292 2	0.322 2	0.312 2	0.312 3	0.324 3	0.352 3	0.351 3	0.389 4	0.394 3
浙江	0.207 6	0.226 5	0.237 5	0.242 5	0.238 5	0.254 5	0.252 6	0.263 7	0.294 6	0.312 7	0.315 4
安徽	0.188 8	0.190 7	0.195 11	0.204 8	0.209 8	0.205 9	0.215 9	0.221 9	0.223 10	0.228 9	0.245 9
广东	0.227 4	0.285 3	0.265 4	0.287 3	0.272 4	0.352 2	0.402 1	0.403 2	0.497 1	0.529 1	0.417 2
重庆	0.172 13	0.177 13	0.179 13	0.178 12	0.177 13	0.186 12	0.194 11	0.188 13	0.195 12	0.198 13	0.204 13
四川	0.233 3	0.190 8	0.204 8	0.240 6	0.237 6	0.236 6	0.245 7	0.313 4	0.218 11	0.317 6	0.264 8
江西	0.174 11	0.178 12	0.224 6	0.158 13	0.186 12	0.183 13	0.176 13	0.191 12	0.279 7	0.223 10	0.234 10
湖北	0.201 7	0.194 6	0.205 7	0.215 7	0.209 9	0.222 8	0.229 8	0.237 8	0.333 4	0.285 8	0.305 6
湖南	0.177 10	0.185 10	0.196 10	0.202 9	0.197 10	0.200 10	0.258 5	0.307 5	0.228 9	0.445 2	0.288 7

使用泰尔指数测度城市群内部综合贴近度差异，结果如图 7 所示。其中，京津冀的综合贴近度差异处于高位，远高于其他城市群，缘于三个省市发展差距过大，创新资源未能实现均衡辐射，或者说部分地区的配套基础设施跟不上，对创新要素的吸引力低，导致区域协调发展水平不高；长三角的综合贴近度差异比较稳定；成渝与长三角的综合贴近度整体较为接近，总体较长三角略低一些；长江中游的综合贴近度差异性最低，整体协调性最好。从城市群综合贴近度波动情况来看，京津冀波动最大，长三角波动最小，成渝出现多次先升后降，长江中游则并未呈现较为稳定的态势。

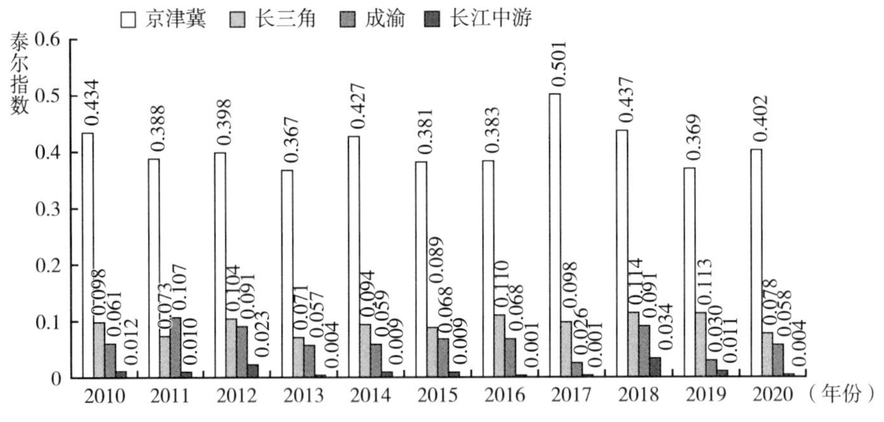

图 7　2010~2020 年城市群内综合贴近度差异性分析

城市群间协同创新综合贴近度的动态演变如图 8 所示。京津冀地区内部差异过大形成“断裂带”，导致综合贴近度波动较大，意味着缩小京津冀地区内部的发展差异有利于整体协同创新水平的提升。而珠三角从 2015 年开始协同创新综合贴近度大幅提升，并与其他几个城市群拉开距离，不断接近理想解，它是协同创新发展最好的地区，京津冀地区应加以借鉴，吸收成功经验，实现地区内部的资源优化配置。长三角比较稳定，呈现稳中有升的态势。

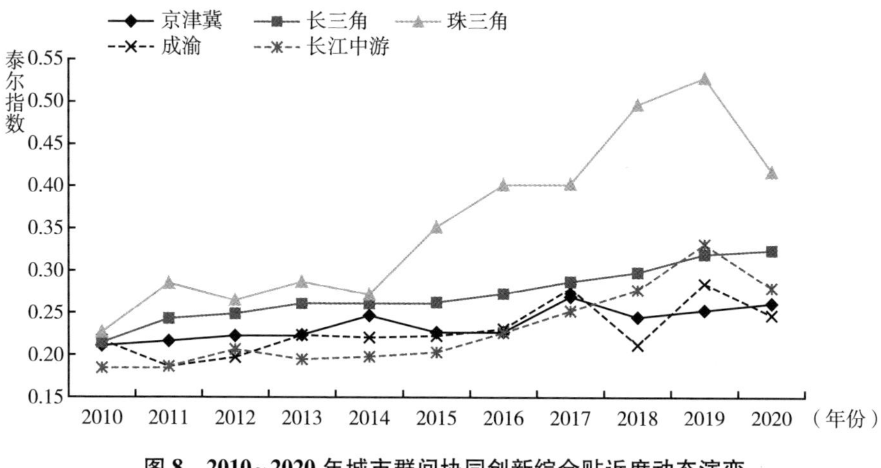

图 8　2010～2020 年城市群间协同创新综合贴近度动态演变

六　结论与建议

本报告基于 2009～2020 年的面板数据，以京津冀城市群为主要研究对象，同时以长三角、珠三角、长江中游、成渝 4 个典型城市群为参照对象，首先从主体参与度、创新保障度、网络关联度、环境支持度 4 个方面构建城市群协同创新评价指标体系，然后采用全局熵值法测度指标体系各维度的影响程度，以及各省市、城市群内、城市群间的综合协同创新水平。在此基础上，采用改进的 TOPSIS 动态评价法测度各省市、城市群内、城市群间协同创新水平与理想解的贴近度。前者通过加权“合成”整体性评价，后者则寻找整体性最优方案，根据各区域的发展现状、发展趋势对其与最优方案的贴近程度进行评价。协同创新评价指标体系各维度的影响力大小依次为网络关联度、主体参与度、环境支持度和创新保障度。全局熵值法和改进的 TOPSIS 动态评价法的结果基本一致，各省市的不平衡性越发突出，北京、上海、江苏、广东、浙江的协同创新水平较高，处于前列。从城市群内来看，京津冀内部差异最大，长三角内部较为稳定，成渝和长江中游内部整体差异较小。从城市群间来看，京津冀发展断层严重，导致城市群整体协同创新水平不高；长三角既有优势核心成员带动，又有较强内部协调性，显示出较强的协调创新能力；珠三角近年来协同创新发展势头强劲，远远超过其他4个城市群；成渝的综合贴近度同时期经历多轮先升后降；长江中游的基础最弱，综合评价指数与综合贴近度初始值最低，但后发增长动力较强。

综合以上研究结论，本报告为京津冀协同创新高质量发展提出以下建议。

第一，激发主体协同创新积极性，形成主体联动的协同创新网络。发挥企业在技术创新中的主力军作用，在电子机械、生物医药等京津冀的优势产业实现联合共建，加强产业链上中下游的合作，打造具有核心竞争力和影响力的高新技术产业园区。深入推动科研机构跨区域的产学研合作，加大京津冀地区创新成果的交流与扩散，形成知识外溢效应，实现创新资源共享。以市场化为导向，健全科技成果市场化、产业化的利益分配机制，调动各群体的积极性，实现合作共赢。政府间要加强统筹规划、协作互通，建立统一的法规政策，为协同创新提供良好的制度环境。总之，强化协同创新主体关系网络的稳定性，形成以企业为技术创新主体、高校与研发机构为知识源、政府为宏观支持维护者、外部投资为补充的协同创新网络，有助于提高京津冀协同创新水平。

第二，协同创新应立足于建设以北京为核心的世界级城市群的总目标，结合京津冀各地区的自身优势及实际特征，做好协同创新总体规划，同时结合差异化发展策略，结合地方特色引导创新资源合理流动，弥补地区短板，缩小内部差异，提升整体的协作创新水平。借鉴珠三角等城市群的成功经验，强化北京的辐射带动功能；天津应积极组建科技成果转化联盟，精准聚焦市场需求，形成高水平的成果转化和研发示范基地，在某种程度上缓解科研成果浪费严重的状况；河北要加强基础设施建设，健全人才引进机制和人才保障机制。既要综合施策，又要精准发力，在谋求区域协调发展的过程中，释放地区协同创新的红利，全面提升城市群内协同创新水平。

第三，实现创新要素的再分配，从根本上解决资源过度集中的问题。鼓励企业牵头，提高产学研一体化和跨地区创新合作水平，推动产业链深度融合。加大对河北省创新要素的金融保障力度，引导市场资金合理流动，提升地区的成果承接能力，打造京津冀协同创新示范区。

参考文献

[1] 范斐、连欢、王雪利、王嵩：《区域协同创新对创新绩效的影响机制研究》，《地理科学》2020年第2期。

[2] 刘和东、陈雷：《区域协同创新效率测度及其关键影响要素——基于静态与动态空间面板的实证分析》，《科技管理研究》2020年第12期。

[3] 刘智：《京津冀科技协同与创新发展对策建议——基于三地创新产出的实证分析》，《科学管理研究》2021年第6期。

[4] 胡艳、潘婷、张桅：《一体化国家战略下长三角城市群协同创新的经济增长效应研究》，《华东师范大学学报》（哲学社会科学版）2019年第5期。

[5] Yang, W., Mei, G., Yu, J., Li, K., Yang, X., "Measurement of Urban Economic Gravity of China's Three Major Agglomerations and Its Implications for the Coordinated Development of the Beijing-Tianjin-Hebei Region", *Contemporary Social Sciences*, 2019 (6): 53-67.

[6] 周麟、古恒宇、何泓浩：《2006~2018年中国区域创新结构演变》，《经济地理》2021年第5期。

[7] Zhao, S. L., Song, W., Zhu, D. Y., Peng, X. B., Cai, W. J., "Evaluating China's Regional Collaboration Innovation Capability from the Innovation Actors Perspective—An AHP and Cluster Analytical Approach", *Technology in Society*, 2013, 35 (3): 182-190.

[8] 孙瑜康、李国平：《京津冀协同创新水平评价及提升对策研究》，《地理科学进展》2017年第1期。

[9] 丁显有、肖雯、田泽：《长三角城市群工业绿色创新发展效率及其协同效应研究》，《工业技术经济》2019年第7期。

[10] 周灵玥、彭华涛：《中心城市对城市群协同创新效应影响的比较》，《统计与决策》2019年第11期。

[11] Duan, S., "Research of the Construction of Regional Innovation Capability Evaluation System: Based on Indicator Analysis of Hangzhou and Ningbo", *Procedia Engineering*, 2017, 174: 1244-1251.

[12] 李美娟、魏寅坤、徐林明：《基于灰靶理论的区域协同创新能力动态评价与分析》，《科学学与科学技术管理》2017 年第 8 期。

[13] Jon, M. Z., Fernando, J., Elena, C., Antonio, G., "What Indicators Do (or Do Not) Tell Us about Regional Innovation Systems", *Scientometrics*, 2007, 70 (1): 85-106.

[14] 李林、刘志华、王雨婧：《区域科技协同创新绩效评价》，《系统管理学报》2015 年第 4 期。

[15] 岑晓腾、苏竣、黄萃：《基于耦合协调模型的区域科技协同创新评价研究——以沪嘉杭 G60 科技创新走廊为例》，《浙江社会科学》2019 年第 8 期。

[16] 袁旭梅、张旭、王亚娜：《中国高新技术产业区域协同创新能力评价与分类》，《中国科技论坛》2018 年第 9 期。

[17] 李林、杨泽寰：《区域创新协同度评价指标体系及应用——以湖南省 14 地市州为例》，《科技进步与对策》2013 年第 19 期。

[18] 胡晓瑾、解学梅：《基于协同理念的区域技术创新能力评价指标体系研究》，《科技进步与对策》2019 年第 2 期。

[19] 徐林明、孙秋碧、李美娟、欧忠辉：《区域协同创新能力的动态组合评价》，《统计与决策》2017 年第 9 期。

[20] 陈锡强、赵丹晓、练星硕：《粤港澳大湾区科技协同创新发展研究：基于要素协同的视角》，《科技管理研究》2020 年第 20 期。

[21] 崔志新、陈耀：《区域技术创新协同的影响因素研究——基于京津冀和长三角区域面板数据的实证分析》，《经济与管理》2019 年第 3 期。

[22] Tödtling, F., "Technological Change at the Regional Level: The Role of Location, Firm Structure, and Strategy", *Environment and Planning A*, 1992, 24 (11): 1565-1584.

[23] 梁彤缨、陈波、冯莉：《区域、产业与企业创新环境及其层次关系研究》，《区域经济评论》2014 年第 3 期。

[24] 孙玉涛、刘凤朝、李滨：《基于专利的中欧国家创新能力与发展模式比较》，《科学学研究》2019 年第 3 期。

[25] 李美娟、陈国宏、林志炳、徐林明：《基于理想解法的动态评价方法研究》，《中国管理科学》2015 年第 10 期。

B.3

数字经济背景下京津冀制造业高质量发展评价研究*

邢　会　陈园园　贾胤婕　李明星　高华兴**

摘　要： 区域协同发展战略引领下的京津冀制造业高质量发展，是新时期我国应对经济增长压力的重要载体和手段，然而，如何科学衡量并有效评价其高质量发展水平尚待进一步研究。本报告在数字经济背景和新发展理念下，从数智制造、经济效益、创新驱动、协调优化、绿色发展、开放合作、共享经济7个维度构建了制造业高质量发展评价体系，采用熵权分析法，以2009~2020年数据为样本，对京津冀制造业高质量发展进行实证测度与对比分析。结果表明：随着京津冀三地功能定位的日益明确，河北省制造业高质量发展水平逐步提高，且数字化转型成效显著，三地间的协调优化和绿色发展差距均有所缩小，但是三地在创新驱动、开放合作以及共享经济等方面呈现较大发展差距，尚需进一步构建产业协同发展平台，提高产业联动配套能力，助力制造业高质量发展和京津冀协同发展。

关键词： 京津冀制造业　高质量发展　数字经济　熵权法

* 本报告是国家社会科学基金项目“开放式创新驱动制造业转型升级机理研究”（18BJY027）的研究成果。

** 邢会，博士，河北工业大学经济管理学院教授、硕士生导师，研究方向为产业政策与区域经济发展；陈园园，河北工业大学经济管理学院硕士研究生；贾胤婕，河北工业大学经济管理学院硕士研究生；李明星，河北工业大学经济管理学院硕士研究生；高华兴，河北工业大学经济管理学院硕士研究生。

一　引言

改革开放以来，经过40多年的高速增长，我国成为全球唯一拥有全部工业门类的制造业大国，体系健全，但也存在“大而不强”“大而不优”的局面。与此同时，人口红利、投资红利逐渐消退，以美国为首的西方国家实行贸易保护主义，我国制造业面临国内生产要素成本上升和资源环境约束趋紧、国际逆全球化、新冠肺炎疫情、核心技术“卡脖子”等多重挑战。习近平总书记在党的十九大报告中做出我国经济已由高速增长阶段转向高质量发展阶段的重大论断，制造业高质量发展是经济高质量发展的重要内容[1]，是经济高质量发展目标实现的重要载体和战略支撑[2]，其成败事关经济高质量发展全局。

为推动制造业高质量发展，《中共中央关于制定国民经济和社会发展第十四个五年规划和二〇三五年远景目标的建议》明确提出，要快速推进数字化发展，推进数字产业化和产业数字化，推动数字经济和实体经济深度融合。数字经济与实体经济的融合为我国制造业高质量发展提供了新动能，注入了新活力[3]。数字经济背景下的制造业高质量发展，内涵更加丰富，层次更加多样。高质量发展是发展观念的转变，也是增长模式的转型，更是对民生的关注，是充分、均衡的发展，是包含发展方式、发展结果等多个维度的改善和提升[4]。高质量发展不仅关注经济效益，更加关注发展质量、发展动能、发展效率、发展可持续性等多方面[5~7]。

制造业作为国民经济的重要组成部分，其高质量发展是活力、效益和质量的结合，是产品品质、竞争力与生态环境、生产效益的有机统一[8]，引擎是创新，目标是高级[9]。制造业高质量发展体现在制造业的生产、制造、销售等全过程之中，在生产过程中要实现低要素投入、高配置效率；通过制造过程提升品质，关注生态环境，在产品销售过程中体现经济社会效益[10]。总之，制造业高质量发展的内涵丰富，涵盖范围广泛，兼顾“量”的提高与“质”的改善，强调在提高经济效益的同时，注重生态环境保护，提倡协调发展。

制造业高质量发展离不开区域层面的支撑，长三角、珠三角和京津冀作为我国三大城市群是带动全国制造业高质量发展的重要引擎[11]，“十四五”规划再次强调实现区域高质量发展的战略地位，同时也对京津冀协同发展提出了新的目标与要求。尽管随着京津冀协同发展上升为国家战略，京津冀制造业发展取得巨大成效，发展差距逐渐缩小，协同发展趋势日渐加强[12]，但由于三地产业的发展重点、发展环境、政策导向等存在差异，制造业发展水平存在较大差别。

为了深入推动京津冀制造业高质量发展，对制造业高质量发展水平进行精准测度与科学评价显得尤为重要与紧迫，必须构建科学、合理的制造业高质量发展评价体系，因为只有这样，才能精准施策、分域作为，才有可能实现京津冀协同发展。基于此，本报告将在京津冀制造业发展现状分析的基础上，构建京津冀制造业高质量发展评价体系，并基于 2009～2020 年北京、天津、河北三地的制造业数据，对京津冀制造业高质量发展水平进行科学测度与对比分析，以期为进一步推动京津冀制造业高质量发展和区域协同发展提供意见参考与政策建议。

二　京津冀制造业发展现状分析

京津冀制造业在京津唐工业基地的规划基础上发展起来[13]，在京津冀协同一体化的战略支持下迅速成长，在持续深化产业协同、产业合作和奋力打造世界级先进制造业集群的过程中已取得初步的成果，但同时面临一些亟待解决的发展难题。

（一）产业规模逐步扩大，区域发展差距明显

产业规模反映了产业整体发展情况，涵盖了生产、销售和企业数量等多个角度。本报告在借鉴现有文献指标的基础上[14～16]，采用产业增加值、主营业务收入、利润总额、规模以上工业企业数量来衡量京津冀制造业规模，具体如表 1 所示。

表 1 京津冀制造业规模相关指标

年份	产业增加值（亿元）	主营业务收入（亿元）	利润总额（亿元）	规模以上工业企业数量（家）
2009	10998.8	49535.9	4878.5	22387
2010	12939.9	63755.7	5098.0	21115
2011	15223.7	77410.1	4942.4	22432
2012	16330.4	84566.7	5797.9	22307
2013	16998.8	91836.1	6470.1	23307
2014	17551.5	95769.8	6180.5	24368
2015	17300.4	92873.8	6388.5	23979
2016	18164.4	93420.6	6276.5	23120
2017	18844.1	79275.0	5928.0	21394
2018	19347.1	77733.3	5702.2	20329
2019	19926.0	80158.7	4721.9	28758
2020	19950.5	79911.4	4878.48	28312

资料来源：2010~2021 年《北京统计年鉴》和《天津统计年鉴》、2010~2019 年《河北经济年鉴》及 2020~2021 年《河北统计年鉴》。

由图 1 可知，京津冀制造业规模整体不断扩大，2009~2014 年产业增加值逐年增加，2015 年短暂回落，2016~2020 年恢复上升，总体呈上升态势。分地区来看，受北京非首都功能疏解和京津冀协同战略深入推进的影响，河北省 2020 年制造业产业增加值占京津冀制造业产业增加值的 57.87%，占五成以上；2009~2015 年天津市制造业产业增加值高于北京市，2015 年后增长速度放缓，与北京市逐渐持平，2020 年天津市制造业产业增加值为 4188.1 亿元，略低于北京市的 4216.5 亿元。

2020 年京津冀地区制造业产业增加值累计达 19950.5 亿元，其中北京市、天津市、河北省制造业产业增加值分别为 4216.5 亿元、4188.1 亿元和 11545.9 亿元，占全国制造业产业增加值的 6.38%。同年，珠三角地区制造业产业增加值占全国的 12.43%，长三角地区的占比则高达 26.12%，显然京津冀制造业产业增加值与珠三角、长三角地区相比还存在较大差距。

主营业务收入和利润总额可以在一定程度上反映京津冀地区的制造业

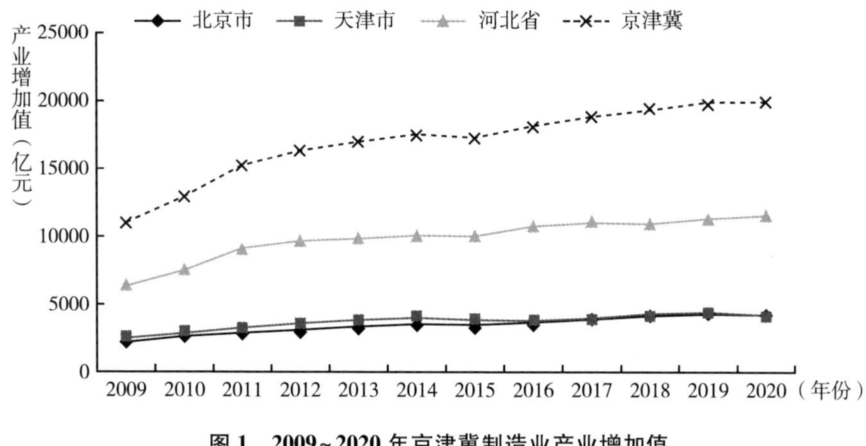

图 1　2009~2020 年京津冀制造业产业增加值

经营状况，考虑到河北省的制造业同北京市、天津市相比体量较大，总量指标可比性较差，本报告将三地制造业主营业务收入、利润总额与规模以上工业企业数量相除得到单位企业主营业务收入和单位企业利润，再进行分析。

根据图 2 和图 3，2009~2014 年京津冀地区制造业单位企业主营业务收入呈上升趋势，后趋于稳定，但单位企业利润波动较大。北京市拥有首都的区位优势，汇聚资本、人才、文化等产业资源，近年来高精尖制造业发展加快，制造业单位企业主营业务收入增长趋势明显，与津冀两地的差距逐渐拉大，单位企业利润整体增长较快。天津市基本完成产业转型，智能技术制造业发展较快。2009~2014 年，天津市制造业单位企业利润不断增加，此后进入结构转型的关键时期，传统产业不景气与新兴产业比重尚低使产业结构调整面临困难，制造业单位企业利润于 2014 年达到一个峰值后开始回落。与此同时，出于对土地资源和生态环境等问题的考虑，天津转型升级较为困难的传统制造业多向河北省转移，整体的转移方向和资源的中心化存在矛盾，导致地区之间产业发展差距增大。河北省制造业对京津冀整体制造业影响较大，制造业单位企业主营业务收入和单位企业利润基本与京津冀总体趋势平行，但经营情况相较于天津、北京市仍然较差。

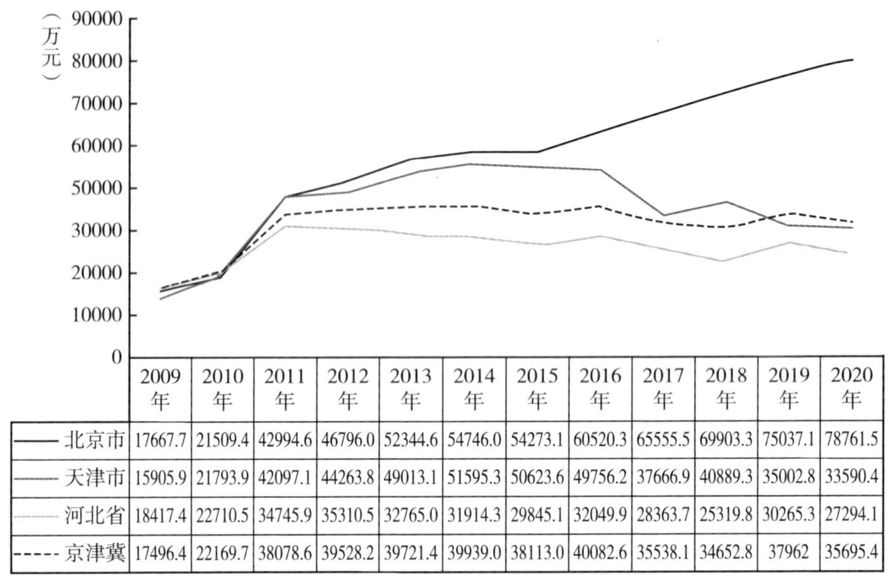

	2009年	2010年	2011年	2012年	2013年	2014年	2015年	2016年	2017年	2018年	2019年	2020年
—— 北京市	17667.7	21509.4	42994.6	46796.0	52344.6	54746.0	54273.1	60520.3	65555.5	69903.3	75037.1	78761.5
—— 天津市	15905.9	21793.9	42097.1	44263.8	49013.1	51595.3	50623.6	49756.2	37666.9	40889.3	35002.8	33590.4
—— 河北省	18417.4	22710.5	34745.9	35310.5	32765.0	31914.3	29845.1	32049.9	28363.7	25319.8	30265.3	27294.1
----- 京津冀	17496.4	22169.7	38078.6	39528.2	39721.4	39939.0	38113.0	40082.6	35538.1	34652.8	37962	35695.4

图2　2009~2020年京津冀制造业单位企业主营业务收入

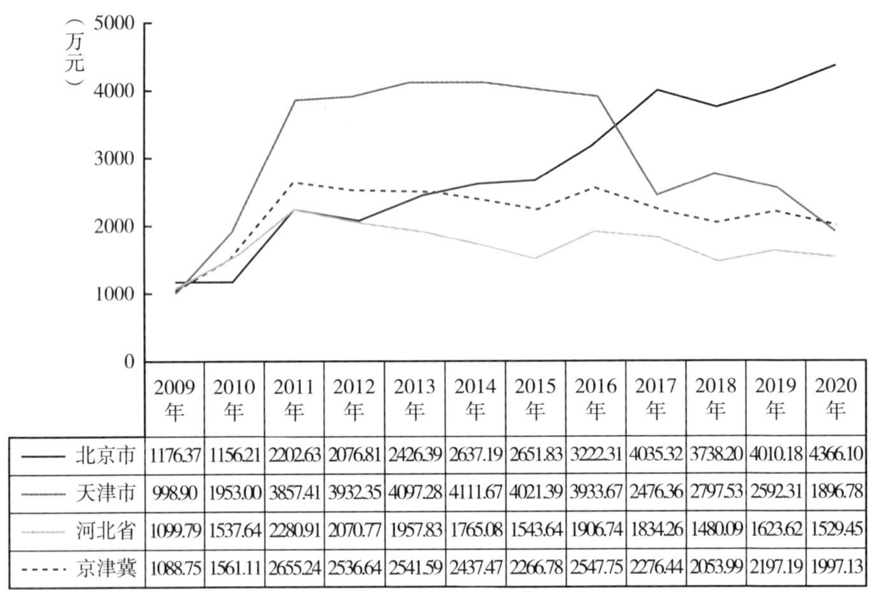

	2009年	2010年	2011年	2012年	2013年	2014年	2015年	2016年	2017年	2018年	2019年	2020年
—— 北京市	1176.37	1156.21	2202.63	2076.81	2426.39	2637.19	2651.83	3222.31	4035.32	3738.20	4010.18	4366.10
—— 天津市	998.90	1953.00	3857.41	3932.35	4097.28	4111.67	4021.39	3933.67	2476.36	2797.53	2592.31	1896.78
—— 河北省	1099.79	1537.64	2280.91	2070.77	1957.83	1765.08	1543.64	1906.74	1834.26	1480.09	1623.62	1529.45
----- 京津冀	1088.75	1561.11	2655.24	2536.64	2541.59	2437.47	2266.78	2547.75	2276.44	2053.99	2197.19	1997.13

图3　2009~2020年京津冀制造业单位企业利润

2020年，京津冀地区制造业主营业务收入总计达到79911.4亿元，占全国制造业主营业务收入的7.37%；利润总额为4878.48亿元，占全国制造业利润总额的7.13%。同年珠三角地区制造业利润总额占全国的13.98%，长三角占27.39%，京津冀与之相比仍存在较大差距。

（二）地区优势显著增强，产业协同水平有待提升

京津冀地区制造业行业结构不断变化，2020年京津冀地区分行业制造业企业数量如表2所示。

表2　京津冀分行业制造业企业数量

单位：家

行　　业	京津冀	北京	天津	河北
农副食品加工业	958	107	131	720
食品制造业	522	112	124	286
酒、饮料和精制茶制造业	191	37	32	122
烟草制品业	4	1	—	3
纺织业	638	11	44	583
纺织服装、服饰业	273	70	37	166
皮革、毛皮、羽毛及其制品和制鞋业	399	5	21	373
木材加工和木、竹、藤、棕、草制品业	225	9	33	183
家具制造业	242	34	46	162
造纸和纸制品业	370	28	122	220
印刷和记录媒介复制业	330	90	75	165
文教、工美、体育和娱乐用品制造业	371	22	72	277
石油加工、炼焦和核燃料加工业	180	13	39	128
化学原料和化学制品制造业	1294	143	297	854
医药制造业	632	241	114	277
化学纤维制造业	46	1	3	42
橡胶和塑料制品业	1112	62	294	756
非金属矿物制品业	1924	177	355	1392
黑色金属冶炼和压延加工业	684	7	309	368
有色金属冶炼和压延加工业	327	22	111	194

续表

行　业	京津冀	北京	天津	河北
金属制品业	2191	153	544	1494
通用设备制造业	1431	205	418	808
专用设备制造业	1425	323	314	788
汽车制造业	1119	203	349	567
铁路、船舶、航空航天和其他运输设备制造业	499	82	258	159
电气机械和器材制造业	1265	211	319	735
计算机、通信和其他电子设备制造业	731	280	252	199
仪器仪表制造业	371	175	90	106
其他制造业	74	10	30	34
废弃资源综合利用业	150	5	42	103
金属制品、机械和设备修理业	65	19	21	25

资料来源：2021 年《北京统计年鉴》《天津统计年鉴》《河北统计年鉴》。

京津冀三地具备各自的比较优势，但金属制品业、汽车制造业等行业的同质化现象依然严重，制造业基础设施建设和相关平台搭建的竞争激烈，区域产业协调性有待提升。北京市具有科技创新、信息技术等优势，在计算机、通信和其他电子设备制造业企业比天津、河北两地多，重点发展新一代信息技术、集成电路、医药健康、高端装备制造、节能环保、新能源智能汽车、新材料、人工智能、软件和信息服务以及科技服务业十大高精尖产业；天津市支持智能制造，在传统重工业发展基础上，发展新一代人工智能、生物医药、新能源、新材料等新兴产业，构建以人工智能为引领的战略性新兴产业体系；河北省在具备重化工业优势的同时，应积极推动产业转型，培育高端装备、生物、新能源、新材料等制造业竞争优势。

图 4 为 2020 年京津冀地区与全国分行业制造业企业数量对比情况。在 31 个制造业行业中，京津冀地区占比较大的行业分别是金属制品业（10. 93%）、非金属矿物制品业（9. 60%）、通用设备制造业（7. 14%）、专用设备制造业（7. 11%）、化学原料和化学制品制造业（6. 46%）、电气机械和器材制造业（6. 31%）、汽车制造业（5. 58%）。全国分行业制造业企

业数量占比在金属制品业（7.20%）、化学原料和化学制品制造业（5.89%）、专用设备制造业（5.65%）等重工业低于京津冀地区，而在农副食品加工业（5.86%）、纺织业（4.96%）等轻工业和计算机、通信和其他电子设备制造业（5.59%）等高精尖制造业高于京津冀地区。

因此，京津冀的产业结构仍以资本密集型工业为主，是中国重化工业、装备制造业产业基地，但在高端制造业方面与我国整体水平还存在一定差距。

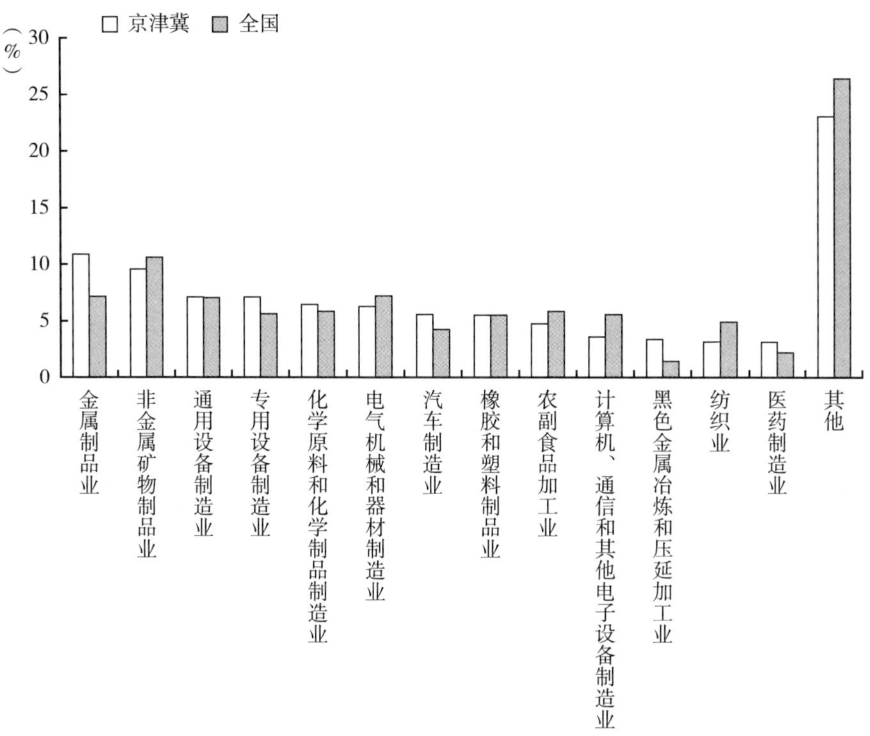

图4　2020年京津冀与全国分行业制造业企业数量占比

（三）数字经济持续赋能，研发创新较为集中

京津冀制造业其他相关指标如表3所示。近年来京津冀高科技产业发展迅速，计算机、通信和其他电子设备制造业企业数量基本稳定，2020年占

表 3　京津冀制造业其他相关指标

年份	计算机、通信和其他电子设备制造业企业数量（家）	专利申请数（件）	规模以上工业企业 R&D 支出（亿元）	能源消费总量（万吨标煤）	工业废气中二氧化硫排放量（万吨）	一般工业固体废弃物产生量（万吨）	进出口总额（万美元）	外商直接投资（美元）
2009	1077	7248	296. 47	24396. 86	133. 93	24733. 92	14679996. 92	1337173. 00
2010	1016	8994	371. 43	26464. 41	128. 62	34819. 50	19398970. 20	1536442. 00
2011	718	12912	454. 56	30266. 46	160. 93	48006. 32	23377456. 20	1837000. 00
2012	775	17003	548. 57	30953. 48	152. 25	48499. 88	24067645. 80	2168497. 00
2013	792	18065	633. 74	30399. 07	144. 19	45925. 01	25795335. 60	2434465. 00
2014	802	19468	696. 50	29886. 08	129. 69	44682. 97	27312128. 98	2608098. 33
2015	800	19349	740. 59	31298. 18	103. 74	37627. 68	23095834. 93	2790591. 00
2016	749	19914	752. 55	28571. 08	50. 72	36842. 00	21371106. 62	1809239. 00
2017	715	19697	677. 93	28729. 69	37. 83	36284. 65	22865448. 35	1949053. 00
2018	679	20644	726. 62	30370. 06	28. 81	34668. 00	24902872. 46	1496081. 64
2019	701	23804	828. 30	30494. 06	24. 95	35310. 36	23887203. 06	1491637. 72
2020	731	25592	787. 43	30422. 92	26. 06	36234. 93	24914851. 28	1602955. 00

资料来源：2010~2021 年《北京统计年鉴》和《天津统计年鉴》、2010~2019 年《河北经济年鉴》及 2020~2021 年《河北统计年鉴》。

全国的3.38%。专利申请数整体呈上升趋势，2020年为25592件，占全国规模以上工业企业专利申请数的2.1%。规模以上工业企业R&D支出2020年达787.43亿元，占全国规模以上工业企业R&D支出总额的5.16%，逐步形成以北京市为中心的京津冀创新网络。

2020年，北京市、天津市和河北省计算机、通信和其他电子设备制造业企业利润总额分别为226.9797亿元、99.7857亿元和28.1亿元，其中北京市是京津冀制造业数字化的引领者和主导者，拥有大量高等院校和科研机构，技术人员密度高，科技力量雄厚，数智制造企业占京津冀整体的38.30%，2020年专利申请数为11989件，占京津冀整体的46.85%，经营情况也显著优于津冀两地。

天津市作为京津冀制造业数字化的桥梁和纽带，对接和转化北京市和河北省的数据资源，推进数智制造企业的合作交流，共建数字化制造产业园区。2020年天津市数智制造企业资产总计1705.6658亿元，比上年增长2.39%，专利申请数为6060件，但仍需积极承接北京市优质科研资源，打造京津冀制造业协同创新共同体。从数智制造企业和专利申请数来看，河北省与京津的差距较为明显，京津冀协同发展的战略规划和雄安新区的建设为河北省承接数字化、智能化资源和产业转移提供了良好发展机遇，河北省的制造业数字转型和高质量创新发展具备较强的后发优势。

（四）清洁生产有效推进，绿色制造迫在眉睫

受传统的重化矿冶工业影响，京津冀地区重化工制造业所占比重大，能源消费量居高不下，2020年为30422.92万吨标煤，占全国能源消费总量的6.11%。尽管得益于近年来国家和地方政府对环境的重视程度不断提升，资源浪费和环境污染问题得到了较好的治理，但制造业绿色化程度仍然相对较低。

河北省以高耗能、高污染制造业为主，占京津冀地区能源消费总量的79.11%，京津冀地区95.70%的工业废气中二氧化硫排放量和94.06%的一般工业固体废弃物产生量都来源于河北省，在资源节约型和环境友好型社会

建设背景下，地区制造业发展与水资源短缺和环境保护的矛盾仍然突出，制造业绿色转型迫在眉睫。

（五）基础设施日益完善，创新集群亟待加速

随着京津冀协同发展战略的实施和推进，国家战略性产业布局需求显现，地区交通一体化进程加速，2009～2020 年，京津冀公路里程由 187206.22 千米增至 243412.54 千米。从制造业企业的区域空间分布和经营情况来看，京津冀地区内部制造业集群优势基本形成，金属制品业与黑色金属冶炼和压延加工业集群主要在河北省，但集群优势随传统产业的转型逐渐弱化，而食品制造业和汽车制造业集群主要在北京市和天津市。与此同时，京津冀生物技术、集成电路、新能源等产业的涌现和发展，使医药制造业的集群优势逐渐显现，计算机、通信和其他电子设备制造业及其他高新技术制造业存在较大集群潜力。

京津冀制造业集群优势凸显，竞争力逐渐提升，但整体结构尚不均衡，产业链和创新链的配套和关联程度相对较低。北京市研发创新和信息技术资源丰富，不断向周边城市辐射；天津市工业门类众多，传统制造业逐步转型，能够较好地承接和转化北京市的科研资源和成果，当前京津两地的产业集群以资本、技术密集型为主；河北省作为承接产业转移的主体，对京津冀制造业增加值的贡献占一半以上，但多为传统的资源和劳动密集型产业，与京津两地的匹配度有待提升，要实现先进产业集群建设目标仍有很长的路要走。

（六）对外开放度提升，国际竞争力较弱

京津冀制造业以国资主导型企业为主，国有控股企业数量占总量的 10%，相较于非国有企业，其产值增长多依靠行政力量和内需拉动，缺乏对外开放的经济活力。随着京津冀产业结构调整，民资和外资活跃，进出口总额稳定，对外开放呈现加快势头，形成了重要的工业密集区和大型城市群，但外向化程度与珠三角（2020 年外商投资企业进出口总额为 4030.1 亿美

元）和长三角（2020 年外商投资企业进出口总额为 7872.6 亿美元）相比仍差距明显，长三角和珠三角地区民企聚集，协作灵活，且市场化制度实行较早，对外开放程度较高，已基本形成成熟的外向型制造业格局。

天津市和河北省虽拥有天津港、京唐港、曹妃甸港等港口，但制造业总体国际竞争力较弱，区域联系与协作受到区域行政壁垒限制，尚未形成协同发展的高水平对外开放平台。

三　京津冀制造业高质量发展评价体系构建

解决当前京津冀制造业发展困境，需结合国内整体发展状况和其他地区先进制造业发展经验，基于制造业高质量发展所蕴含的丰富内涵和现有研究成果，构建综合性评价体系，以全方位、多层次、科学地测度京津冀地区制造业高质量发展水平。

（一）构建原则

1. 客观性原则

在设立综合性评价体系时要遵循客观性原则，选择相对成熟的、认可度较高的指标，尽量剔除主观因素对结果的影响，增强结果的准确性。

2. 系统性原则

在构建高质量发展评价体系时需要明确，一个完整的评价体系是由相互独立而又相互联系的指标构成，因此在选取和挖掘各个指标时，要考虑到其相对独立性和相互联系性。

3. 科学性原则

在对京津冀制造业高质量发展评价体系进行构建时，一方面要借鉴和参考现有的评价体系，另一方面要结合京津冀制造业发展现状，反映其发展的内涵特征，并以此为基础构建评价体系，增强指标构建的可信度。

4. 可操作性原则

在指标构建过程中，还需考虑数据的可得性和真实性。考虑到制造业高质量发展内涵丰富，范围广泛，因此可能存在个别数据无法获取的问题，为此，可选取易获取、认可度高的数据，增强结果的可操作性。

5. 综合性原则

制造业高质量发展涵盖了发展动力、发展成效、环境保护、成果共享等多方面含义，相应地，需构建较为全面、系统的综合性指标体系。

（二）体系设计

高质量发展是在追求传统经济效益的基础上，兼顾发展质量、发展动能、发展效率、发展可持续性的全方面发展，这与我国创新、协调、绿色、开放、共享的新发展理念不谋而合。在已有制造业高质量发展研究中，对于如何测度其发展水平尚未形成统一结论，大体来说可以分为单一指标和综合指标体系两类方法。

在单一指标中，部分学者采用附加值率、全要素生产率以及绿色全要素生产率来表征制造业高质量发展水平。附加值率用于反映在生产过程中创造出来的新增价值，可以用于对制造业高质量发展的研究，例如，胡亚男、余东华[17]以附加值率为高质量发展代理指标，对全球价值链嵌入、技术路径选择与制造业高质量发展之间的关系进行研究。全要素生产率反映了生产技术水平的高低，同时也代表了生产效率高低，是在附加值率基础上考虑了技术进步等因素的一种衡量方式。杨汝岱[18]从行业角度，对我国制造业全要素生产率进行测算，以此评价中国制造业发展水平。绿色全要素生产率则是在全要素生产率计算的基础上进一步考虑能源投入和污染产出，引入了环境污染等影响因素。王贤彬、陈春秀[19]研究经济增长目标压力与制造业发展质量时以制造业绿色全要素生产率为衡量指标，丰富了高质量发展内涵。

随着我国制造业高质量发展不断推进，制造业高质量发展水平评价指标逐渐从单一化向复合化、综合化转变，新发展理念也逐渐融入我国制造业高质量发展内涵，学者们开始更多地从新发展理念出发构建指标对制造业高质量发展水平进行测度。江小国等[20]从经济效益、技术创新、绿色发展、质量品牌、两化融合和高端发展等多个维度，对制造业高质量发展水平进行测度和评价。宋晓娜、张峰[21]以创新、协调、绿色、开放、共享的新发展理念为核心构建了工业发展质量体系。与之类似，刘国新[9]等从经济、创新、高级、开放、生态5个发展维度对高质量发展进行评价。

京津冀制造业作为国民经济的重要载体，其发展质量是我国经济实现高质量发展的关键，“十四五”规划中指出，要推进制造业高质量发展，实现数字产业化和产业数字化，数智制造成为制造业高质量发展的题中应有之义。

基于以上考虑，本报告以数智制造、经济效益、创新驱动、协调优化、绿色发展、开放合作、共享经济七大理念为核心，构建了京津冀制造业高质量发展评价体系，如表4所示。

表4 京津冀制造业高质量发展评价体系

一级指标	二级指标	三级指标	测度方式
数智制造	行业就业	数字化人员投入	电子、计算机及通信设备制造业从业人员数/制造业从业人员数
	企业份额	数字化企业数量占比	电子、计算机及通信设备制造业企业数量/制造业企业数量
	数字化产出	行业销售产值	电子、计算机及通信设备制造业工业销售产值/工业增加值
经济效益	产出效率	劳动生产率	工业增加值/制造业从业人员数
	经营绩效	收入水平	规模以上工业企业主营业务收入/主营业务成本
	赢利能力	销售利润率	规模以上工业企业利润总额/主营业务收入
	经济贡献	工业增加值比重	工业增加值/GDP
创新驱动	创新投入	资本投入	规模以上工业企业 R&D 经费支出/主营业务收入
		劳动力投入	规模以上工业企业 R&D 人员数/制造业从业人员数
	创新产出	知识产出	规模以上工业企业发明专利申请数/制造业从业人员数
		经济产出	规模以上工业企业新产品销售收入/主营业务收入

续表

一级指标	二级指标	三级指标	测度方式
协调优化	高端化	产业结构	第二产业增加值/第三产业增加值
	服务化	生产性服务业产值占比	生产性服务业增加值/第三产业增加值
		生产性服务业企业数量占比	生产性服务业企业数量/第三产业企业数量
绿色发展	能源消耗	能源使用强度	制造业能源消费总量/工业增加值
	环境污染	工业污染物排放	工业废气、固体废弃物排放量/工业增加值
	绿色治理	污染治理投资强度	相应省市工业污染治理投资额/全国工业污染治理投资额
开放合作	外资吸引力	外商投资水平	规模以上工业企业外商投资额/工业增加值
	外贸依存度	贸易依存度	工业企业进出口额/工业增加值
共享经济	健康保障	医疗支出占比	医疗支出/财政总支出
	人才培养	教育支出占比	教育支出/财政总支出
	公路建设	公路里程占比	相应省市公路里程/全国公路里程

（三）指标说明

加快制造业高质量发展要求做到聚力补齐短板、做强增量、调优存量。其中调优存量要求制造业与新兴技术深度融合，促进传统制造业向数字化、智能化转变。因此，本报告将数智制造作为重要指标，从行业就业、企业份额、数字化产出三方面进行衡量，并分别选取数字化人员投入、数字化企业数量占比、行业销售产值进行测度。

经济效益作为京津冀制造业高质量发展的题中应有之义，也是制造业高质量发展的基本要求，因此对其进行测度必不可少。本报告通过产出效率、经营绩效、赢利能力、经济贡献表示经济效益，分别选择劳动生产率、收入水平、销售利润率、工业增加值比重加以衡量。

创新能力是制造业发展与升级的核心驱动力量，只有不断增强创新能力，才能实现制造业高质量发展，因此，本报告将创新驱动作为京津冀制造业高质量发展的指标之一，并分别选用资本投入、劳动力投入、知识产出、经济产出来表示创新投入和产出。

结构优化调整是建设制造强国的关键环节，同时，高端化与服务化也是建设制造强国的总体导向，因此，本报告将协调优化作为京津冀制造业高质量发展的指标之一，并以产业结构来表示高端化，以生产性服务业产值占比、生产性服务业企业数量占比来表示服务化。

制造业绿色低碳的发展模式不仅是制造业发展的新主题，而且是制造业转型的关键，因此，本报告将绿色发展作为京津冀制造业高质量发展的指标之一，并分别选用能源使用强度、工业污染物排放来表示能源消耗与环境污染，此外，采用污染治理投资强度来表示绿色治理。

扩大对外开放，引入外资缓解制造业资源配置效率低下和竞争力提升缓慢问题，打破传统的对内对外封闭格局，对于推动京津冀制造业一体化具有重要意义。因此，本报告将开放合作作为制造业高质量发展水平的重要指标，并选取规模以上工业企业外商投资额与工业增加值的比值测度外商投资水平，用以衡量京津冀地区对外资的吸引力，选取工业企业进出口额与工业增加值的比值测度贸易依存度，用以衡量京津冀地区的外贸依存度。

本报告选取医疗支出占财政总支出的比重衡量健康保障，选取教育支出占财政总支出的比重衡量人才培养，选取相应省市公路里程占全国公路里程的比重衡量公路建设，构建京津冀制造业高质量发展水平的共享经济指标。

四　京津冀制造业高质量发展水平实证分析

（一）数据遴选与方法选择

根据评价体系构建需要，本报告所用数据主要来源于《中国统计年鉴》、《中国工业统计年鉴》、《中国高技术产业统计年鉴》、《北京统计年鉴》、《天津统计年鉴》、《天津统计年鉴》、《河北经济年鉴》、《中国环境年鉴》、中经网数据库以及国家统计局相关数据。此外，借鉴以往研究，将交通运输、仓储和邮政，信息传输、软件和信息技术服务，批发和零售，金融服务，租赁和商务服务以及科学研究和技术服务六大服务部门纳入制造业投入服务化涉及的生产性服务要素范围。

在评价体系实证分析中，评价方法选择尤为重要，其中权重系数是各评价体系的关键，根据权重选择差异，总体上可将各类评价方法分为主观赋权法和客观赋权法。其中，主观赋权法主要依据专家学者的经验判断赋予统计指标不同权重系数，代表方法为层次分析法和德尔菲法；客观赋权法则仅依照数据本身进行指标赋权，在很大程度上避免了人为因素的干预。因此，本报告以客观赋权法中的熵权法为制造业高质量发展评价方法。

熵权法是通过测算指标离散度来反映指标对综合评价的影响程度，熵值越小，不确定性越小，信息量越大，权重越大，在指标综合评价中发挥的作用越大，反之，指标的影响权重越小。

由于数据指标之间单位、数量存在较大差异，具有不可比性，因此需要对数据进行无量纲化处理，使异质指标同质化，根据指标性质差异，分别做出如下转换。

正向指标：

$$Q_{ij} = \frac{X_{ij} - \min(X_{ij})}{\max(X_{ij}) - \min(X_{ij})}$$

负向指标：

$$Q_{ij} = \frac{\max(X_{ij}) - X_{ij}}{\max(X_{ij}) - \min(X_{ij})}$$

为保证信息熵结果的有效性，在对指标进行无量纲化处理的基础上对各个数值加 0.00001，得到处理后的 Q_{ij}，随后确定各项指标所占比重 P_{ij}：

$$P_{ij} = \frac{Q_{ij}}{\sum_{i=1}^{n} Q_{ij}}$$

信息熵用来表示样本数据的无序性，计算信息熵值 E_j：

$$E_j = -\frac{1}{\ln n}\sum_{i=1}^{n}(P_{ij}\ln P_{ij})$$

某项指标的熵值冗余度取决于该指标信息熵 E_{ij} 与 1 之间的差值，它的值直接影响权重大小。熵值冗余度越大，对评价的重要性就越大，权重也就越大，据此计算指标 j 的熵值冗余度 G_j：

$$G_j = 1 - E_j$$

计算第 j 项指标的权重 W_j：

$$W_j = G_j / \sum_{j=1}^{n} G_j$$

加权求得指标综合评价值 H_i：

$$H_i = \sum_{i=1}^{n} W_j P_{ij}$$

（二）综合结果分析

根据熵权法测算原理得到 2009～2020 年京津冀三地多维度的制造业高质量发展单项得分及综合评价结果，如表 5 所示。

表 5　2009～2020 年京津冀制造业高质量发展评价结果

单位：分

年份	地区	数智制造	经济效益	创新驱动	协调优化	绿色发展	开放合作	共享经济	综合得分
2009	北京	0.0388	0.0155	0.0047	0.0158	0.0443	0.0008	0.0146	0.1346
	天津	0.0091	0.0082	0.0055	0.0141	0.0396	0.0101	0.0077	0.0943
	河北	0.0007	0.0285	0.0026	0.0088	0.0200	0.0088	0.0062	0.0755
2010	北京	0.0274	0.0165	0.0090	0.0159	0.0269	0.0017	0.0136	0.1110
	天津	0.0107	0.0167	0.0038	0.0129	0.0463	0.0052	0.0117	0.1073
	河北	0.0025	0.0197	0.0011	0.0108	0.0207	0.0038	0.0039	0.0625

续表

年份	地区	数智制造	经济效益	创新驱动	协调优化	绿色发展	开放合作	共享经济	综合得分
2011	北京	0.0245	0.0128	0.0059	0.0136	0.0221	0.0022	0.0128	0.0939
	天津	0.0114	0.0189	0.0023	0.0141	0.0302	0.0019	0.0116	0.0904
	河北	0.0028	0.0138	0.0027	0.0117	0.0286	0.0035	0.0044	0.0675
2012	北京	0.0215	0.0103	0.0072	0.0129	0.0212	0.0036	0.0141	0.0907
	天津	0.0160	0.0180	0.0061	0.0144	0.0221	0.0037	0.0122	0.0925
	河北	0.0043	0.0089	0.0070	0.0118	0.0238	0.0081	0.0139	0.0778
2013	北京	0.0179	0.0120	0.0093	0.0172	0.0140	0.0044	0.0103	0.0851
	天津	0.0188	0.0145	0.0103	0.0144	0.0088	0.0017	0.0135	0.0821
	河北	0.0061	0.0075	0.0116	0.0121	0.0224	0.0059	0.0104	0.0760
2014	北京	0.0170	0.0116	0.0118	0.0150	0.0136	0.0060	0.0132	0.0883
	天津	0.0156	0.0137	0.0142	0.0129	0.0123	0.0024	0.0166	0.0877
	河北	0.0072	0.0087	0.0142	0.0113	0.0250	0.0049	0.0105	0.0817
2015	北京	0.0094	0.0083	0.0080	0.0125	0.0153	0.0081	0.0059	0.0676
	天津	0.0118	0.0134	0.0186	0.0121	0.0124	0.0055	0.0153	0.0890
	河北	0.0095	0.0070	0.0158	0.0093	0.0194	0.0088	0.0104	0.0803
2016	北京	0.0047	0.0127	0.0128	0.0114	0.0119	0.0077	0.0020	0.0631
	天津	0.0022	0.0137	0.0224	0.0099	0.0053	0.0109	0.0077	0.0720
	河北	0.0098	0.0139	0.0188	0.0085	0.0029	0.0107	0.0103	0.0749
2017	北京	0.0032	0.0159	0.0129	0.0101	0.0190	0.0089	0.0028	0.0728
	天津	0.0067	0.0146	0.0236	0.0086	0.0014	0.0080	0.0067	0.0696
	河北	0.0110	0.0256	0.0288	0.0079	0.0060	0.0085	0.0122	0.0999
2018	北京	0.0076	0.0138	0.0120	0.0077	0.0105	0.0060	0.0036	0.0611
	天津	0.0036	0.0192	0.0174	0.0066	0.0055	0.0115	0.0125	0.0762
	河北	0.0103	0.0181	0.0409	0.0060	0.0092	0.0064	0.0067	0.0976
2019	北京	0.0033	0.0138	0.0161	0.0053	0.0011	0.0086	0.0100	0.0581
	天津	0.0021	0.0182	0.0135	0.0044	0.0087	0.0161	0.0051	0.0681
	河北	0.0104	0.0147	0.0647	0.0040	0.0082	0.0035	0.0066	0.1121
2020	北京	0.0039	0.0229	0.0145	0.0061	0.0000	0.0078	0.0185	0.0737
	天津	0.0023	0.0169	0.0226	0.0045	0.0036	0.0145	0.0064	0.0708
	河北	0.0101	0.0143	0.0590	0.0043	0.0013	0.0003	0.0049	0.0942

如图 5 所示，从京津冀制造业高质量发展综合水平的变化趋势来看，2009~2020 年北京和天津制造业高质量发展水平整体呈下降趋势，其中北京下降幅度大于天津，河北则整体呈攀升态势。

从京津冀制造业高质量发展绝对水平来看，京津冀制造业高质量发展的重心出现了较大变化，2014 年以前，北京制造业高质量发展水平整体位列第一，综合得分最高曾达到 0.1346，天津次之，与之相比，河北制造业高质量发展较为落后。

2014 年，习近平召开京津冀协同发展座谈会，强调要明确京津冀三地的功能定位，优化区域分工和产业布局，实现京津冀优势互补。此后，随着京津冀协同发展战略的深入实施，制造业发展重心逐渐转移，北京放弃发展“大而全”的经济体系，为打造“高精尖”的经济结构，使经济发展更好地服务于城市的战略定位，将部分低端产业疏解出去。在调整、疏解北京城市功能的过程中，带动了河北的产业发展，因此在 2014 年之后河北制造业高质量发展水平超越北京，2015 年略低于天津，之后在京津冀三地逆转为首位。

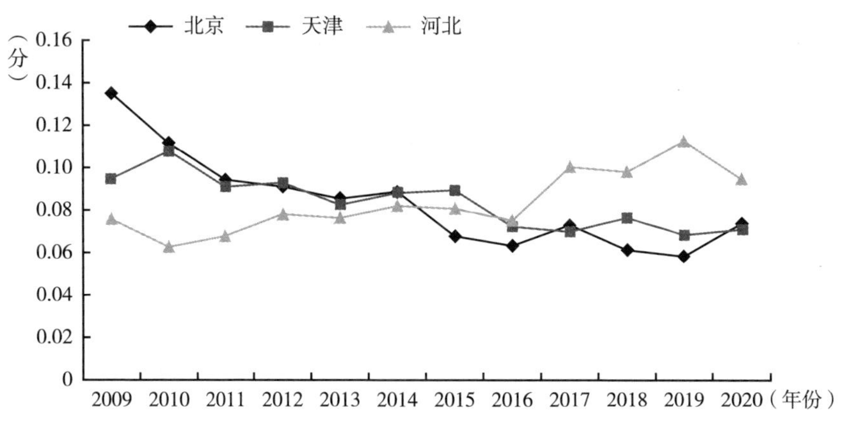

图 5　2009~2020 年京津冀制造业高质量发展综合得分

（三）分维度结果分析

从京津冀制造业数智制造指标来看（见图 6），北京数智制造水平总体呈下降趋势，河北呈上升态势，天津则存在较大波动性。具体来看，北京数智制造得分在2013年之前一直领先于天津和河北，但下降态势显著。河北则一直处于平稳上升态势，2015年之后，河北数智制造得分领先于北京和天津。天津的数智制造水平虽然在2009~2015年高于河北，但其后发生了变化。从2016年开始，河北数智制造得分开始超出京津两地。京津冀三地在2015年之前数智制造水平差距较大，以2015年为分水岭，之后差距相较之前有所缩小。京津冀的数智制造发展情况体现出河北省制造业较大的发展潜力。

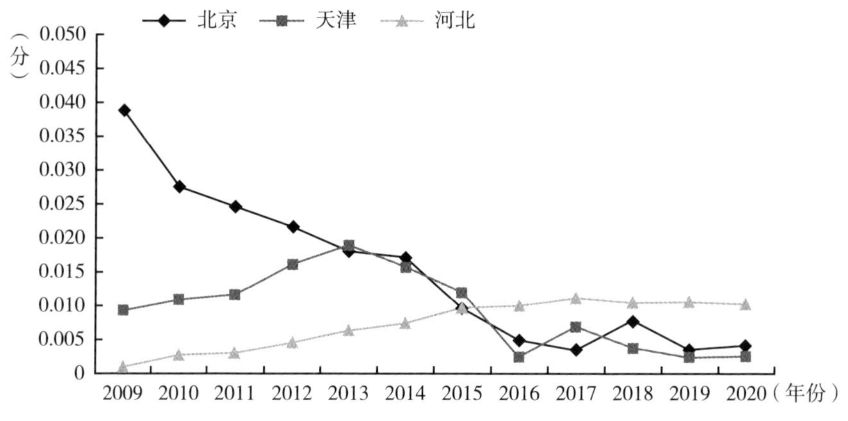

图6　2009~2020年京津冀制造业高质量数智制造指标得分

从京津冀制造业经济效益指标来看（见图7），北京和天津的经济效益整体趋势较为平稳，河北与之相比则波动较大。2018年后，三地经济效益发展程度相近，有协同发展之势。2009~2010年，河北的经济效益居于领先地位，但2010~2015年整体呈下降趋势，之后经济效益有所提高，且在2017年一度超过北京市和天津市，但2017年之后经济效益得分又出现回落。天津和北京的经济效益得分差距较小。其中，北京在2020年达到最高值0.0229分，显著高于天津市和河北省。

从京津冀制造业创新驱动指标来看（见图8），2009~2014年京津冀三地制造业创新驱动情况差异不大，但整体来看，创新驱动力均有所欠缺，创

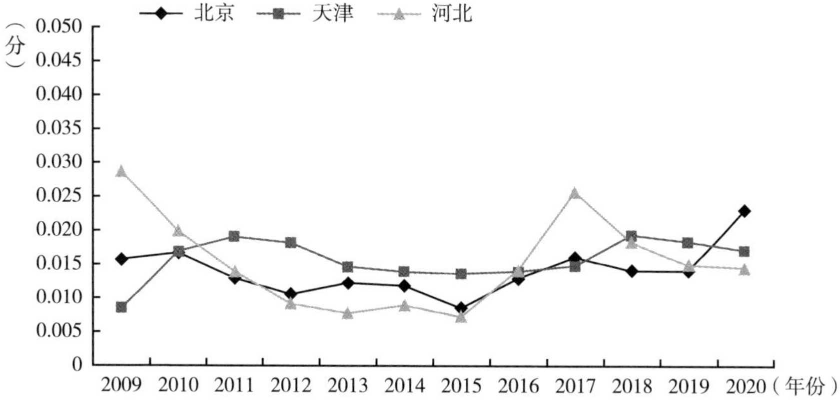

图 7　2009~2020 年京津冀制造业高质量经济效益指标得分

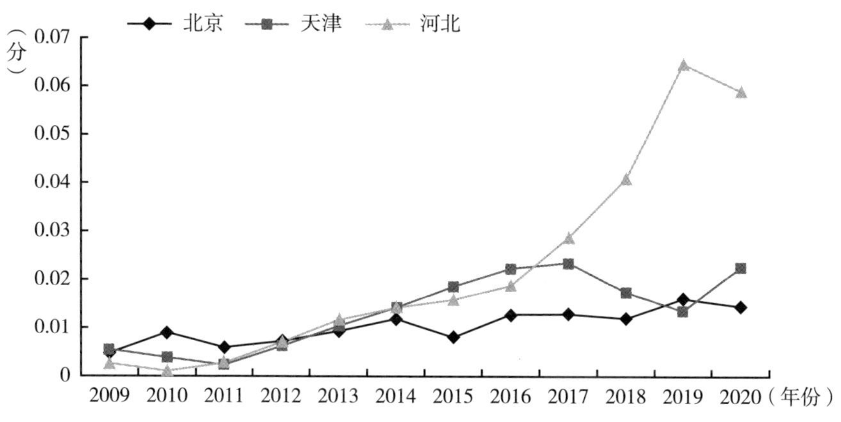

图 8　2009~2020 年京津冀制造业高质量发展创新驱动指标得分

新驱动指标得分不足 0.02 分。其后，北京、天津以及河北制造业的创新发展呈现截然不同的走势。2014~2020 年，河北省制造业创新发展动能强劲，产业创新水平整体呈现高速增长趋势，2019 年河北省制造业创新驱动指标高达 0.0647 分，远高于北京的 0.0161 分和天津的 0.0135 分。相比之下，北京市 2009~2020 年制造业创新驱动得分保持小幅波动，但整体水平保持稳定。同北京市相比，天津市 2018 年以来制造业创新驱动力有所减弱，但制造业创新发展水平整体仍高于北京市。

从京津冀制造业协调优化指标来看（见图9），整体上北京处于领先地位，天津次之，河北最后。京津冀三地的协调优化指标得分总体呈下降趋势，2017~2019年三地差距逐渐缩小。从协调优化指标得分来看，2009~2013年，北京呈波动性增长态势，并在2013年达到峰值0.0172分，天津在此期间保持相对稳定，河北在此期间则呈缓慢增长的变化趋势。2013~2019年，京津冀三地协调优化指标得分明显下降，且天津在2020年达到最低值，北京与河北虽然在2020年有所上升，但得分仍然偏低，故京津冀三地还需进一步提升制造业协调优化水平。

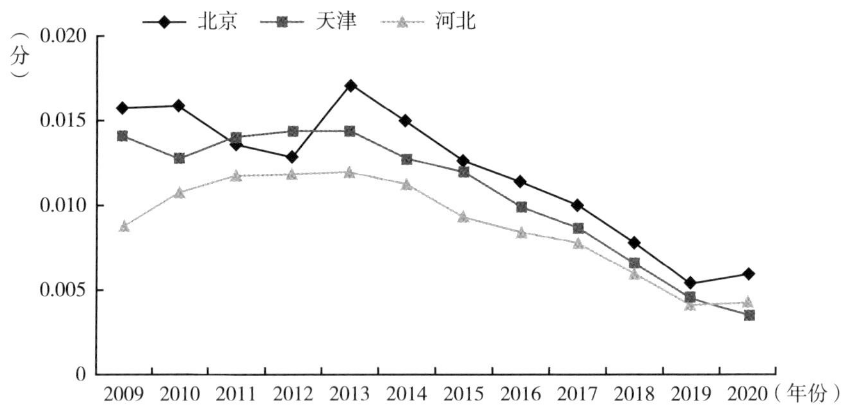

图9　2009~2020年京津冀制造业高质量发展协调优化指标得分

从京津冀制造业绿色发展指标来看（见图10），京津冀三地绿色发展水平总体呈下降趋势。从指标得分来看，北京市在2020年得分降为0；天津在2010年达到峰值0.0463分，高于北京的0.0269分和河北的0.0207分；河北在2009~2015年绿色发展得分保持小幅波动，但整体较为稳定，此后呈波动性降低的变化趋势，在2020年达到最低值0.0013分。总体来看，京津冀三地尚需进一步提高制造业绿色发展水平。

从京津冀制造业开放合作指标来看（见图11），北京市得分整体呈增长态势；相较之下，天津市和河北省得分波动明显。天津市凭借地理位置和相

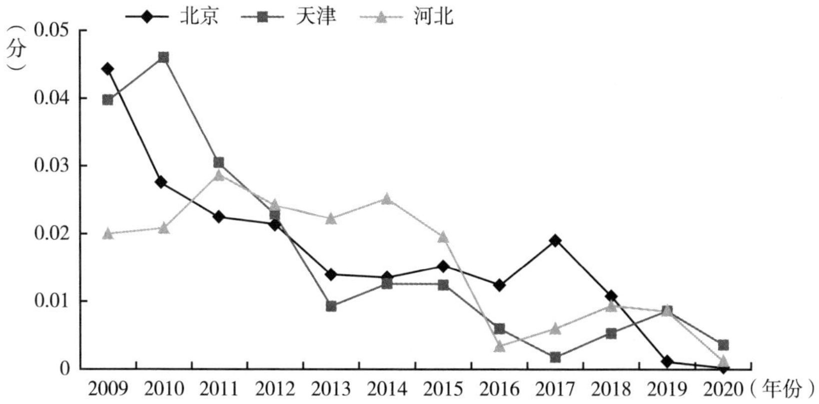

图 10　2009~2020 年京津冀制造业高质量发展绿色发展指标得分

关产业发展优势，2014~2016 年开放合作水平提升显著，2018~2020 年与京冀两地开放发展差距较大。进一步来看，河北省开放合作指标得分于 2016 年达到峰值后逐年下滑，2020 年达到最低值，远落后于京津两地，亟须提高制造业开放合作水平。

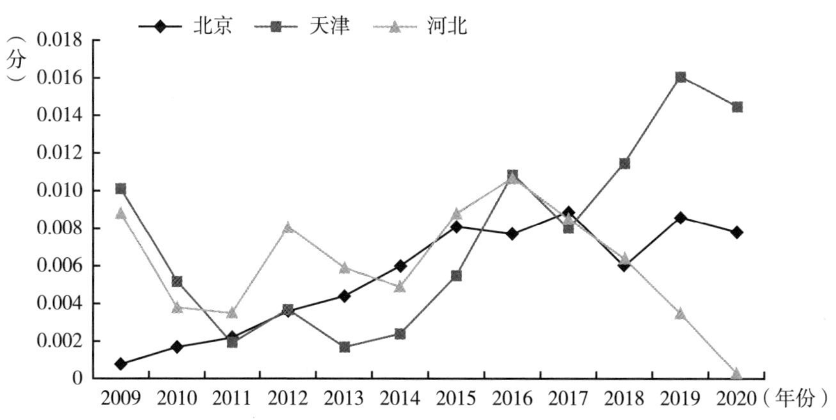

图 11　2009~2020 年京津冀制造业开放合作指标得分

从京津冀制造业共享经济指标来看（见图 12），北京市得分在 2009~2016 年呈下降趋势，2016~2020 年在京津冀制造业协同发展战略逐步推进过程中迅速上升，2020 年达到 0.0185 分；天津市与河北省共享经济指标得分呈波动性降低趋势并逐渐趋同，但从总体上看河北省得分低于天津市得分，两地的共享经济水平都有待提升。

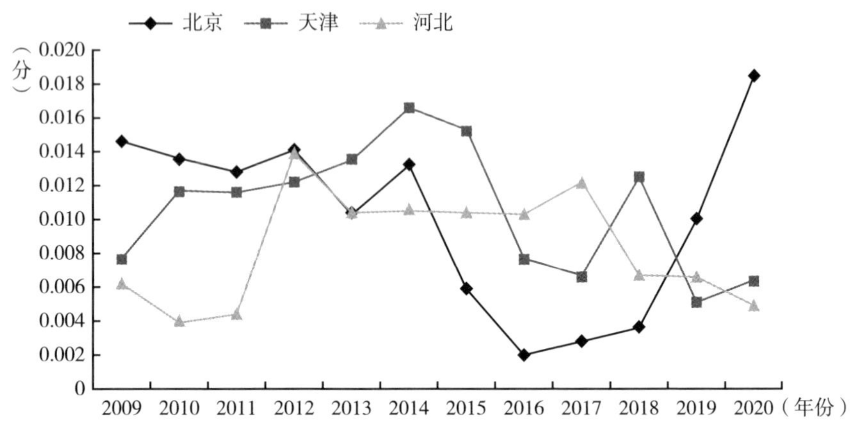

图 12　2009~2020 年京津冀制造业共享经济指标得分

五　政策启示

（一）发挥京津冀各地比较优势，推进制造业数智化转型

智能制造是引领中国制造业高质量发展的主攻方向，是制造业由数量型发展向质量型发展转变的主战场。目前，河北地区数智制造水平较高，在京津冀协同发展中，河北要继续发挥本地优势，做大做强制造业，积极促进制造业向数字化、智能化转型。通过与数字技术相融合改进生产技术，降低制造业生产成本，提高生产效率，进而促进经济效益的提高。

北京和天津制造业要在保持现有经济效益的前提下，优先发展数字化经济，提高创新能力，以创新驱动实现制造业核心技术的自主化、产业技术的高级化、产业链的现代化。着重发展“高精尖”产业，充分利用先进的数字技术，在京津冀协同发展中发挥引领作用。

（二）打造京津冀产业协同创新共同体，推动创新成果规模化发展

立足于北京、天津、河北的区域协同定位和产业发展优势，明确当前京津冀产业协同和创新发展中面临的堵点、难点与塞点，通过创新合作实现京津冀协同发展。北京产业整体偏“软”，软件、互联网、数字技术的发展处于全国领先地位，然而，“硬产业”的发展欠缺，加之空间资源限制，很多科研成果难以落地，制约了产业创新链的规模化扩张。

河北和天津可凭借其工业基地优势，助力产业创新成果的落地与规模化扩张，推动京津冀三地产业链、创新链的分工合作与融合发展，构建优势互补的协同创新平台，弥补产业创新缺陷，实现京津冀制造业的高质量转型。此外，应通过联动工作机制，打破当前北京市信息技术聚集、天津市研发创新缓慢、河北省科技人才短缺的京津冀创新不协同困境。

（三）提高产业联动配套能力，加快京津冀绿色产业集群建设

在京津冀“2+4+N”产业合作格局中，两个集中承载地建设加快，四大战略合作功能区的重点项目相继落地，N 个专业化、特色化承接平台建设持续推进，未来，京津冀需要在此基础上进一步聚焦，强化各自特色与优势，尽快形成产业深度融合的承载平台与示范区，从而辐射带动区域产业，实现整体转型升级。河北的产业配套能力较弱，需要促进第二产业与第三产业的联动发展，加强生产性服务业配套，有针对性地提升产业配套能力，从而缩小与北京、天津的服务水平差距，形成优势互补的产业协同发展格局。

北京在绿色技术、绿色产业发展方面具有显著优势，且聚集了新能源、节能能源等领域的龙头企业，而天津、河北的传统产业仍占有较大比重，其绿色转型的任务十分艰巨。因此，要强化津、冀两地绿色技术的创新突破，进一步加强北京的辐射带动作用，推动京津冀三地绿色产业集群建设。天津可借助滨海新区与京津冀协同发展所带来的优势，控制高能耗、高污染产业发展，实现产业绿色发展转型。

（四）深化京津冀开放合作与资源共享，助力协同发展成果共创

开放合作是实现京津冀制造业高质量发展和区域协同发展的基本前提。因此，京津冀三地要认识到开放合作对制造业高质量发展的重要意义，明确各地制造业的发展方向和任务，遏制垄断行为和恶意竞争，促进合理分工和良性互动，为产业发展营造良好环境。同时，要统一制定阶段性合作规划，打造协同联动、开放合作的制造业产业链，在疏解北京市非首都功能战略目标的带动下，助力津冀制造业发展。

天津市应在自身开放合作程度较高的基础上，发挥历史文化和地理位置优势，拓展产业发展空间；河北省应在承接京津制造业产业转移的同时，积极推进与两地在管理方式、先进技术、人才培养及其他方面的合作交流，提升区域内和区域间的开放水平，携手打造现代化高端材料、机械装备、生物医疗产业链。此外，三地应共享基本公共服务，共建基础设施。抓好政策落实，缩小京津冀三地在教育、就业、医疗卫生、社会保障等方面的差距，提升公共服务的质量和利用效率，加快三地间的高速公路建设，稳步推进京津冀交通一体化，使产业间的交流协作更加便捷，实现京津冀资源共享和高质量发展成果共创。

参考文献

［1］邢会、张金慧、谷江宁：《增值税改革对制造业企业服务化的影响研究——基于“营改增”政策的准自然实验》，《产业经济评论》2022 年第 1 期。

［2］刘怡君、方子扬：《长江经济带城市群制造业高质量发展评析》，《生态经济》2021 年第 2 期。

［3］邹玉坤、谢卫红、郭海珍等：《数字化创新视角下中国制造业高质量发展机遇与对策研究》，《兰州学刊》2022 年第 1 期。

［4］赵剑波、史丹、邓洲：《高质量发展的内涵研究》，《经济与管理研究》2019 年第 11 期。

［5］郭朝先：《产业融合创新与制造业高质量发展》，《北京工业大学学报》（社会

科学版）2019 年第 4 期。
[6] 叶圣、查笑梅、唐志强：《安徽省制造业高质量发展水平测度与提升路径》，《现代管理科学》2021 年第 6 期。
[7] 周文、李思思：《全面理解和把握好高质量发展：内涵特征与关键问题》，《天府新论》2021 年第 4 期。
[8] 黄鑫：《加快推进制造业高质量发展——落实中央经济工作会议精神系列述评之二》，《经济日报》2019 年 1 月 1 日。
[9] 刘国新、王静、江露薇：《我国制造业高质量发展的理论机制及评价分析》，《管理现代化》2020 年第 3 期。
[10] 余东华：《制造业高质量发展的内涵、路径与动力机制》，《产业经济评论》2020 年第 1 期。
[11] 黄顺春、邓文德：《粤港澳、长三角及京津冀高质量发展比较研究》，《技术与创新管理》2021 年第 1 期。
[12] 孙久文、卢怡贤、易淑昶：《高质量发展理念下的京津冀产业协同研究》，《北京行政学院学报》2020 年第 6 期。
[13] 崔丹、吴昊、吴殿廷：《京津冀协同治理的回顾与前瞻》，《地理科学进展》2019 年第 1 期。
[14] 胡迟：《以创新驱动打造我国制造业高质量成长——基于 70 年制造业发展回顾与现状的考察》，《经济纵横》2019 年第 10 期。
[15] 窦子欣、孙延明：《区域城市先进制造业现状分析与发展策略研究——基于粤港澳大湾区珠三角 9 市》，《科技管理研究》2020 年第 17 期。
[16] 王层层、施炎、李晓梅等：《辽宁装备制造业发展现状分析与产业转化升级研究》，《辽宁工业大学学报》（社会科学版）2020 年第 3 期。
[17] 胡亚男、余东华：《全球价值链嵌入、技术路径选择与制造业高质量发展》，《科技进步与对策》2021 年第 21 期。
[18] 杨汝岱：《中国制造业企业全要素生产率研究》，《经济研究》2015 年第 2 期。
[19] 王贤彬、陈春秀：《经济增长目标压力与制造业发展质量——基于绿色全要素生产率的测算与计量分析》，《宏观质量研究》2021 年第 3 期。
[20] 江小国、何建波、方蕾：《制造业高质量发展水平测度、区域差异与提升路径》，《上海经济研究》2019 年第 7 期。
[21] 宋晓娜、张峰：《高质量发展下工业发展质量测度及趋势研究》，《软科学》2019 年第 12 期。

B.4
京津冀金融高质量发展报告*

李媛媛　吴小艳**

摘　要： 本报告从金融高质量发展的内涵出发，从金融生态和金融服务实体经济两个维度构建金融高质量发展评价指标体系，运用熵权法、核密度法、收敛机制检验模型和障碍因子诊断模型探究了京津冀地区金融高质量发展的水平和时空差异，并对其制约因素进行分析，结果发现以下两点。第一，2011～2020年京津冀地区金融高质量发展不存在σ收敛，存在绝对β收敛。在产业结构、社会福利和人力资本等条件不同的情况下，实现条件β收敛。第二，通过障碍因子诊断模型发现，金融结构和金融效率是制约京津冀金融高质量发展的主要因素。基于研究结果，本报告提出以下建议：发挥各自优势，实现错位发展；补足区域短板，提高发展质量；加强区域合作，统筹协同发展。

关键词： 京津冀　金融高质量发展　收敛分析　障碍度

一　引言

十九届六中全会审议通过的《中共中央关于党的百年奋斗重大成就和

---

* 本报告是国家社会科学基金青年项目“我国老年人决策行为异质性与金融欺诈风险预警及防控研究（20CRK010）”、河北省科技计划项目“基于多重网络效应的科技金融政策创新绩效研究”（21557685D）和河北省科技计划项目“基于区域创新能力提升的河北省金融生态系统优化研究”（18455301D）的阶段性成果之一。

** 李媛媛，博士，河北工业大学经济管理学院副教授、博士生导师，研究方向为金融；吴小艳，河北工业大学经济管理学院硕士研究生。

历史经验的决议》明确提出坚持金融为实体经济服务，防范化解金融风险。新形势下中国对金融高质量发展的需求更为迫切，金融作为现代经济的核心，亟须转变发展方式，优化结构，助力经济高质量发展。重构金融高质量发展评价指标体系，科学分析京津冀金融高质量发展的水平和时空差异及制约因素，可为促进京津冀地区和国内其他区域金融高质量发展提供决策依据。

目前关于金融高质量发展的研究主要集中在以下三个方面。一是金融高质量发展内涵的界定。现有学者大多基于"创新、协调、绿色、开放、共享"五大发展理念[1]和金融的创新性、赢利性、结构性和安全性等特征[2]对金融高质量发展的内涵进行具体阐述。二是金融高质量发展评价指标体系的构建及金融高质量发展水平的测度。现有学者大多从效率、公平、可持续三个维度[3]和五大发展理念[1]构建金融高质量发展评价指标体系，分析中国金融高质量发展的时空分异特征。李海央等从"量的扩张"和"质的扩张"两方面构建农村金融高质量发展评价指标体系并进行测度分析[4]。三是金融高质量发展对经济发展的影响。现有学者大多研究民间金融[5]、金融集聚[6]和新金融业态[7]对经济的影响，汪红驹、李原从国际视角探讨金融业增加值与金融高质量发展的关系[8]。

综合现有研究成果来看，有关金融高质量发展内涵和评价的研究比较丰富，而对金融高质量发展收敛性和障碍方面的关注较少，并且现有研究主要停留在国家层面，对于区域层面金融高质量发展的探讨相对不足。本报告主要做了以下工作：一是基于国家政策走向从金融生态和金融服务实体经济两个方面分析了金融高质量发展的内涵并构建了评价指标体系；二是采用熵权法、核密度法、收敛机制检验模型和障碍因子诊断模型深入探讨了京津冀地区金融高质量发展的水平和时空差异及制约因素，并提出了相应的建议。京津冀地区是中国重要的战略区域，科学分析其发展差距和制约因素，有利于认清京津冀地区当前的金融发展状况，为相关政策的出台提供参考。

二　金融高质量发展的内涵和评价指标体系构建

（一）京津冀金融高质量发展的内涵

金融高质量发展的内涵主要体现为以金融生态主体为核心，以金融生态环境为支撑，秉承“创新、协调、绿色、开放、共享”的新发展理念，带动实体经济，进而实现金融高质量发展。金融服务实体经济，要求金融支持科技创新，推动金融与科技有效融合，实现全面创新驱动；金融支持经济协调，促进金融资源合理配置，优化经济结构；金融支持社会共享，加速金融融入生活，满足人民需要；金融支持绿色发展，助力企业绿色转型，实现经济可持续发展；金融支持国家开放，提升投资便利化和自由度，打造金融对外开放高地（见图1）。

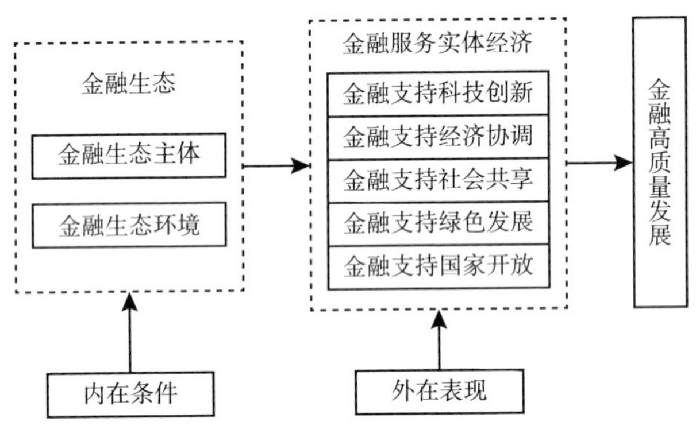

图1　金融高质量发展的内涵

金融生态是金融高质量发展的基础，反映了金融生态主体和金融生态环境之间的协调配合状况，彰显了金融交易主体之间、主体与环境之间的互动关系。良好的金融生态主体可以提高自身可持续发展能力，促进规模效应的实现；良好的金融生态环境可以有效降低金融风险，保证金融业持续健康发展。

衡量金融是否高质量发展要看其是否有效推动了实体经济发展。金融服务实体经济主要表现在以下 5 个方面，分别是：金融支持科技创新、金融支持经济协调、金融支持社会共享、金融支持绿色发展、金融支持国家开放。金融支持科技创新是指向科技企业提供资金和相关金融产品，谋求金融与科技深度融合发展；金融支持经济协调要求平衡地方、企业之间的关系，补足经济短板，使经济朝着稳定、全面、平衡的方向演进；金融支持社会共享能够提高经济循环效率，推动社会财富流动，促进资源有效配置；金融支持绿色发展的根本是要坚持可持续发展，要求经济、社会与自然生态和谐发展，推动金融绿色转型，从而形成经济、社会新形态；开放是金融高质量发展的必由之路，金融支持国家开放有助于各国优势互补，能够促进中国金融与经济健康发展。

（二）金融高质量发展评价指标体系的构建

基于金融高质量发展的内涵，从金融生态和金融服务实体经济两个维度构建金融高质量发展指标体系。其中，金融生态包括金融生态主体、金融生态环境两个层面，金融服务实体经济包括金融支持科技创新、金融支持经济协调、金融支持社会共享、金融支持绿色发展、金融支持国家开放五个层面。

对于金融生态主体，可通过金融规模、金融结构、金融效率、金融风险 4 个准则层共 12 项具体指标加以度量。在金融规模方面，本报告采用金融业增加值占 GDP 比重、金融相关比率、金融业从业人员比重来反映金融总体规模；在金融结构方面，本报告采用非金融机构融资额占 GDP 比重、股票筹资额占 GDP 比重和大型商业银行资产占比来反映融资途径的多元化程度和融资方式的灵活程度；在金融效率方面，本报告采用保险赔款给付支出占保费收入比重、股票筹资额占股票总市值比重和存贷比来反映金融生态主体的效率；在金融风险方面，本报告采用不良贷款率、风险资产率和信贷膨胀率来反映金融活动的风险程度。

对于金融生态环境，通过经济发展、政府治理和文化信用 3 个准则层共 9 项具体指标来度量。在经济发展方面，本报告采用 GDP 增长率、第三产业比重和人均社会消费品零售总额来反映金融生态主体发展的经济基础；在政府治理方面，本报告采用政府财政支出占 GDP 比重、城镇职工参加养老保险人数和劳动力就业状况（地区失业人口数占地区劳动总人口比重）来反映政府的影响力度；在文化信用方面，本报告采用公共图书馆藏书量、人均受教育年限和公共财政教育支出占比来反映文化的传播和普及程度。

科技创新是金融高质量发展的主要驱动力，是提高金融效率、降低金融风险的重要途径。对于金融支持科技创新，本报告通过创新资源和创新绩效 2 个准则层共 3 项具体指标加以度量。创新资源是一个地区金融支持科技创新水平的重要体现，本报告采用金融机构贷款额占 R&D 经费支出比重来反映金融支持科技创新的资金投入强度。创新绩效是衡量创新效率和效果的重要指标，是对创新能力的综合评价，本报告采用技术市场成交额占 R&D 经费支出比重和技术市场成交额占 GDP 比重来反映创新产出。

协调发展是新发展理念中的重要一环，也是金融高质量发展的内在要求。对于金融支持协调发展，本报告通过中小微企业、城乡协调 2 个准则层共 3 项具体指标加以度量。中小微企业是金融发展的重要对象，作为一个地区金融持续快速高效发展的重要基础，更应该关注其协调程度，本报告采用小额贷款企业贷款余额占全部贷款余额比重来反映金融对中小微企业的支持力度。城乡协调发展是协调发展的方向之一，也是金融支持协调发展的重要目标。本报告采用涉农贷款占金融机构贷款余额比重和新型农村金融机构资产总额占金融机构总资产比重来反映城乡协调发展程度。

社会共享是未来金融业的发展趋势和方向，能够帮助有效配置资源，使人民群众都能公平、高效、便捷地享受金融资源。对于金融支持社会共享，本报告通过可得性、效用性 2 个准则层共 4 项具体指标来加以度量。可得性是分析人民享受金融资源的重要层面，本报告采用每万人拥有的银行业金融机构营业网点数和每万平方千米拥有的银行业金融机构营业网点数来反映金融资源的可得性。效用性是衡量人民享有金融服务、快速获得金融产品的重要指标，本报告采用人均银行业金融机构本外币各项存款余额和人均银行业金融机构本外币各项贷款余额来反映金融资源的效用性。

发展绿色金融，是实现绿色发展的重要措施。对于金融支持绿色发展，本报告通过绿色信贷、绿色投资、绿色证券3个准则层共4项具体指标来加以度量。绿色信贷是在金融信贷领域设置环境准入门槛，实现资金的绿色优化配置，本报告采用环保企业负债额占金融机构贷款余额比重来度量绿色信贷。绿色投资是实现绿色发展的重要举措，是金融与生态的紧密结合，本报告采用节能环保财政支出占财政支出总额比重和治理环境污染投资额占GDP比重来度量绿色投资。绿色证券是将社会资源和资本配置到可持续发展行业的重要举措，对于引导资本流向、监督上市公司环境风险管理具有重要意义，本报告采用环保企业总市值占A股总市值比重来度量绿色证券。

对外开放是中国经济发展的重要措施，是实现国内外资源互通的必由之路。对于金融支持国家开放，本报告通过开放资源、开放程度2个准则层共3项具体指标来加以度量。开放资源是金融支持国家开放程度的体现，本报告采用外资银行资产占银行资产总额比重来度量外资银行的规模，采用跨境人民币结算额占GDP比重来反映外币的流通使用情况。金融开放程度是金融体系发展水平和国际竞争力大小的重要体现，本报告采用金融开放水平来反映金融开放的广度和深度。

综上，金融高质量发展评价指标体系的具体构成情况见表1。

表1　金融高质量发展指标评价体系

目标层	领域层	准则层	指标层	单位	指标属性		
					正指标	逆指标	适度
金融生态	金融生态主体	金融规模	金融业增加值占GDP比重	%	√		
			金融相关比率	%	√		
			金融业从业人员比重	%	√		
		金融结构	非金融机构融资额占GDP比重	%	√		
			股票筹资额占GDP比重	%	√		
			大型商业银行资产占比	%	√		
		金融效率	保险赔款给付支出占保费收入比重	%	√		
			股票筹资额占股票总市值比重	%	√		
			存贷比	%	√		

续表

目标层	领域层	准则层	指标层	单位	指标属性		
					正指标	逆指标	适度
金融生态	金融生态主体	金融风险	不良贷款率	%		√	
			风险资产率	%		√	
			信贷膨胀率	%			√
	金融生态环境	经济发展	GDP 增长率	%	√		
			第三产业比重	%	√		
			人均社会消费品零售总额	万元	√		
		政府治理	政府财政支出占 GDP 比重	%	√		
			城镇职工参加养老保险人数	万人	√		
			劳动力就业状况(地区失业人口数占地区劳动总人口比重)	%	√		
		文化信用	公共图书馆藏书量	万册	√		
			人均受教育年限	年	√		
			公共财政教育支出占比	%	√		
金融服务实体经济	金融支持科技创新	创新资源	金融机构贷款额占 R&D 经费支出比重	%	√		
		创新绩效	技术市场成交额占 R&D 经费支出比重	%	√		
			技术市场成交额占 GDP 比重	%	√		
	金融支持经济协调	中小微企业	小额贷款企业贷款余额占全部贷款余额比重	%	√		
		城乡协调	涉农贷款占金融机构贷款余额比重	%	√		
			新型农村金融机构资产总额占金融机构总资产比重	%	√		
	金融支持社会共享	可得性	每万人拥有的银行业金融机构营业网点数	个	√		
			每万平方千米拥有的银行业金融机构营业网点数	个	√		
		效用性	人均银行业金融机构本外币各项存款余额	亿元	√		
			人均银行业金融机构本外币各项贷款余额	亿元	√		

续表

目标层	领域层	准则层	指标层	单位	指标属性		
					正指标	逆指标	适度
金融服务实体经济	金融支持绿色发展	绿色信贷	环保企业负债额占金融机构贷款余额比重	%	√		
		绿色投资	节能环保财政支出占财政支出总额比重	%	√		
			治理环境污染投资额占 GDP 比重	%	√		
		绿色证券	环保企业总市值占 A 股总市值比重	%	√		
	金融支持国家开放	开放资源	外资银行资产占银行资产总额比重	%	√		
			跨境人民币结算额占 GDP 比重	%	√		
		开放程度	金融开放水平	%	√		

三　京津冀金融高质量发展水平综合评价

（一）数据来源与研究方法

本报告依据目的性、科学性和可得性的原则，以京津冀金融高质量发展为评价对象，从金融生态和金融服务实体经济两个维度，构建了包括 7 个领域层、18 个准则层共 38 个具体指标的金融高质量发展评价指标体系，指标数据主要来源于《中国统计年鉴》、各省市的统计年鉴、同花顺数据库以及各省市的统计公报，部分缺失数据采用线性插值法进行填补。

本报告选择熵权法对京津冀地区金融高质量发展水平进行测度，具体步骤如下。

第一步：采用极差标准化的方法将数据同向化和标准化，标准化后的指标越大越好。

对于正向指标：

$$X'_{ij} = \frac{X_{ij} - \min(X_{1j}, X_{2j}, \cdots, X_{ij})}{\max(X_{1j}, X_{2j}, \cdots, X_{ij}) - \min(X_{1j}, X_{2j}, \cdots, X_{ij})} \tag{1}$$

对于逆向指标：

$$X'_{ij} = \frac{\max(X_{1j}, X_{2j}, \cdots, X_{ij}) - X_{ij}}{\max(X_{1j}, X_{2j}, \cdots, X_{ij}) - \min(X_{1j}, X_{2j}, \cdots, X_{ij})} \tag{2}$$

对于适度指标：

$$X'_{ij} = \frac{X_{ij} - 1/n \sum X_{ij}}{\max(X_{1j}, X_{2j}, \cdots, X_{ij}) - \min(X_{1j}, X_{2j}, \cdots, X_{ij})} \tag{3}$$

第二步：计算各指标的信息熵和权重。

$$H_j = \frac{1}{\ln n} \sum_{i}^{n} h_{ij} \ln h_{ij} \tag{4}$$

$$W_j = \frac{1 - H_j}{m - \sum_{j=1}^{n} H_{ij}} \tag{5}$$

第三步：采用线性加权法计算京津冀金融高质量发展的加权矩阵，测度京津冀金融高质量发展综合指数。

$$N_{ij} = \sum_{j=1}^{n} W_j \times X'_{ij} \tag{6}$$

式中，N_{ij}表示京津冀金融高质量发展平均综合指数，N_{ij}越高，说明京津冀金融高质量发展水平越高，反之则越低。

（二）京津冀地区金融高质量发展时空差异

2011~2020 年京津冀金融高质量发展水平总体呈上升态势（见表 2）。金融高质量发展综合指数最高的是北京，最低的是河北。从上升幅度可以看出，北京、天津和河北的金融高质量发展综合指数分别从 2011 年的 0.196、0.140 和 0.102 上升到 2020 年的 0.290、0.172 和 0.116，上升幅度最大的是北京，上升幅度最小的是河北，表明近 10 年，北京的金融高质量发展速度较快，河北省的发展相对不足。

表 2　2011~2020 年京津冀金融高质量发展综合指数

地区	2011 年	2012 年	2013 年	2014 年	2015 年	2016 年	2017 年	2018 年	2019 年	2020 年
北京	0. 196	0. 199	0. 209	0. 245	0. 266	0. 276	0. 270	0. 273	0. 288	0. 290
天津	0. 140	0. 142	0. 156	0. 166	0. 170	0. 161	0. 161	0. 151	0. 178	0. 172
河北	0. 102	0. 098	0. 108	0. 113	0. 120	0. 119	0. 117	0. 110	0. 115	0. 116

为了更加清晰地描述京津冀地区金融高质量发展水平的时空演变特征，基于前文综合指标的计算结果，本报告分别计算出 2011 年、2013 年、2015 年、2017 年、2019 年和 2020 年共 6 年的京津冀地区金融高质量发展水平的核密度。如图 2 所示，总体来看，京津冀地区的核密度呈现单峰分布特征，曲线的中心位置随时间变化逐渐右移。2011~2020 年曲线的主峰高度持续下降。2013~2015 年主峰变宽程度相对明显，表明离散程度有所上升。2015~2019 年主峰宽度无明显变化，2020 年主峰宽度扩大，反映出京津冀地区金融高质量发展水平总体呈上升态势，但是地区之间的发展仍存在一定的差距。

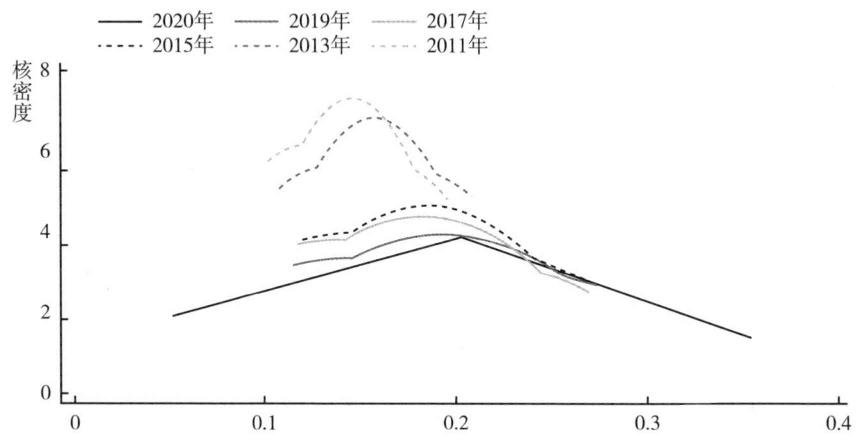

图 2　京津冀地区金融高质量发展水平的时序演进特征

（三）领域层金融高质量发展水平差异

整体来看，2011~2020年京津冀金融高质量发展综合指数呈波动上升趋势（见图3），其中2017~2018年略有下降，2019年上升，2020年略有下降。

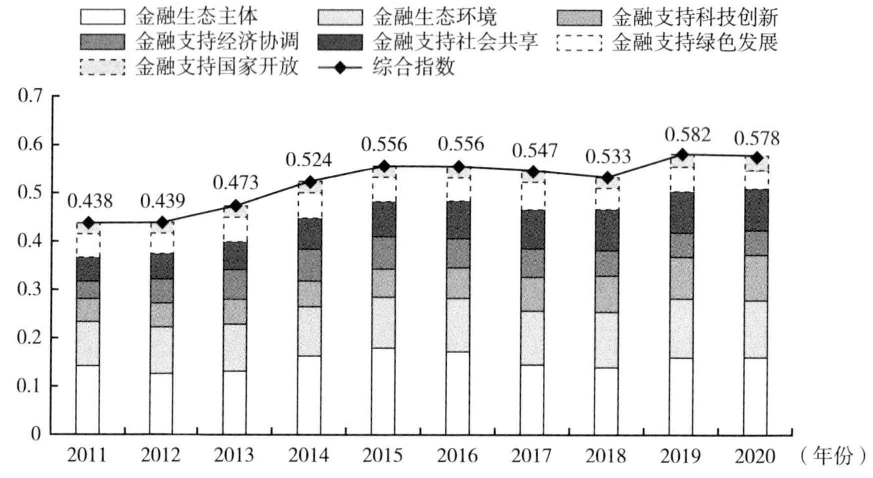

图3　2011~2020年京津冀金融高质量发展综合指数及各维度指数结果

在金融生态方面，金融生态主体和金融生态环境指数总体均呈上升态势，与金融生态主体相比，金融生态环境方面的发展相对不足。因此，一方面，应该加强政府监管，增强区域文化信用，促进金融结构优化，并根据京津冀区域特点，因地制宜地选择优化方案，为金融高质量发展提供良好的生态环境；另一方面，在构建京津冀金融新发展格局的同时，兼顾质量和效率，在保证金融安全的基础上分区域制定金融发展策略和方案，引导金融生态主体发展。

在金融服务实体经济方面，金融支持科技创新、金融支持社会共享、金融支持国家开放和金融支持经济协调总体呈波动上升趋势，金融支持绿色发展总体呈波动下降趋势。其中，金融支持科技创新的上升幅度最大，从2011年的0.047上升到2020年的0.096，金融支持经济协调的上升幅度最小。可以看出，金融支持社会共享和金融支持科技创新是推动京津冀地区金融高质量发展的主要因素。金融支持绿色发展是金融高质量发展的薄弱环节，表明绿色发展水平尚待提升。因此，金融机构一方面应该开发绿色产品，如绿色债券、绿色信贷等；另一方面应该增加绿色投资，如环境污染治理投资、园林绿化投资等。

四　京津冀金融高质量发展收敛机制检验

（一）京津冀金融高质量发展的 σ 收敛检验

σ 系数描述了金融高质量发展指数偏离均值水平的变化程度，可以反映京津冀金融高质量发展水平的变化趋势，本报告用变异系数法来测度 σ 是否收敛。σ 系数的算式如下：

$$C_v = 1/Q_0\sqrt{\frac{\sum_{i=1}^{m}(Q_i - Q_0)^2}{m-1}} \tag{7}$$

式中：C_v 是某年的变异系数；m 是城市个数；Q_0 是某年金融高质量发展综合指数的均值；Q_i 是某年 i 城市的金融高质量发展综合指数。C_v 越大代表京津冀金融高质量发展水平的差距越大。如果 σ 呈逐年递增趋势，表明不存在 σ 收敛；如果 σ 呈逐年递减趋势，表明存在 σ 收敛。

图 4 直观地刻画了京津冀地区金融发展的 σ 收敛变化趋势，2011～2020 年变异系数总体呈波动上升趋势，表明 2011～2020 年京津冀金融高质量发展不存在 σ 收敛。具体而言，2012～2013 年，变异系数呈下降趋势，2013 年达到最小值，为 0.323，说明该时期京津冀地区金融高质量发展呈现收敛特征；2013～2016 年变异系数呈上升趋势，说明在此阶段京津冀地区金融高质量发展呈发散特征；2018 年变异系数达到最大值，说明京津冀地区金融高质量发展差距达到最大；2018～2019 年变异系数呈下降趋势，说明该时期京津冀金融高质量发展呈收敛特征，即京津冀地区金融高质量发展差距缩

小；2020 年变异系数略有上升，表明京津冀地区金融高质量发展差距略有扩大，可能与 2020 年暴发的新冠肺炎疫情相关，疫情对京津冀地区金融高质量发展产生了一定的负面影响。

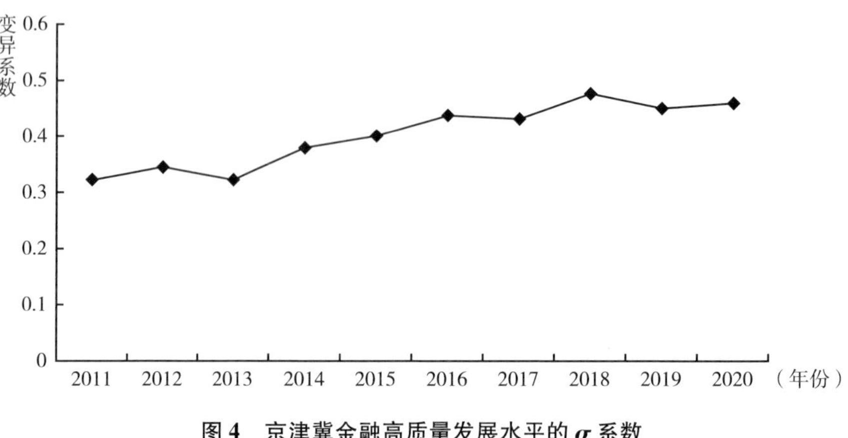

图 4　京津冀金融高质量发展水平的 σ 系数

（二）京津冀金融高质量发展的 β 收敛检验

β 收敛分为绝对 β 收敛和条件 β 收敛，绝对 β 收敛用于检验京津冀地区金融高质量发展水平低的城市是否有较快的增长速度，即京津冀地区金融高质量发展速度是否随着时间的推移存在趋同的增长趋势。条件 β 收敛用于检验在发展条件不同的情况下，京津冀金融高质量发展水平是否会收敛于各自相对稳态的水平。

本报告设定探讨京津冀地区金融高质量发展水平的收敛特征：

$$\frac{\ln F_{it} - \ln F_{i}}{T} = \alpha + \beta \ln F_{it} + \varepsilon_{it} \tag{8}$$

式中，$\ln F_{it}$表示第 i 个京津冀地区第 t 年高质量发展综合指数的对数值，ε_{it}为随机误差项。

$$\frac{\ln F_{it} - \ln F_{i}}{T} = \alpha + \beta \ln F_{it} + \varepsilon_{it} + X_{it} \tag{9}$$

式中，X_{it}代表一系列控制变量，其他变量与式（8）相同。

方程控制变量如下。产业结构（*ind*），分别用私营工业企业数占规模以上工业企业数比重和第二、三产业增加值与第一产业增加值之比来表示；人力资本（*hum*），用当地高校在校人数占比和人均消费支出占 GDP 比重来表示；社会福利（*soc*），用基本养老保险覆盖率和基本医疗保险覆盖率来表示。控制变量描述性统计如表 3 所示。

表 3　控制变量描述性统计

变量	*N*	均值	中位数	标准差	最小值	最大值	范围
ind	30	0. 320	0. 274	0. 119	0. 184	0. 669	0. 485
hum	30	0. 316	0. 323	0. 103	0. 168	0. 507	0. 339
soc	30	0. 385	0. 392	0. 197	0	0. 713	0. 713

1. 绝对收敛分析

本报告采用固定效应模型对京津冀地区金融高质量发展水平进行绝对 β 收敛检验，计算结果如表 4 所示。京津冀地区的绝对 β 收敛系数为负，且通过 5%的显著性水平检验，表明京津冀地区金融高质量发展存在显著的绝对 β 收敛。这意味着，在不考虑其他变量影响的情况下，京津冀落后地区倾向于有更快的发展速度，进一步说明在产业结构、社会福利和人力资本等条件一致的情况下，北京、天津和河北的金融高质量发展水平将随着时间的变化收敛到同一稳态水平。

表 4　2011~2020 年京津冀金融高质量发展水平的绝对 β 收敛和条件 β 收敛

变量	京津冀地区	
	条件 β 收敛	绝对 β 收敛
	(1)	(2)
β	-0. 42** (0. 024)	-0. 19** (0. 039)
ind	0. 10* (0. 056)	

续表

变量	京津冀地区	
	条件 β 收敛	绝对 β 收敛
	(1)	(2)
hum	0.10* (0.059)	
soc	-0.06* (0.066)	
_cons	0.03 (0.133)	0.04** (0.020)
R^2	0.352	0.172
N	27	27

注：* $p<0.1$，** $p<0.05$，*** $p<0.01$。

2. 条件收敛分析

本报告对条件 β 收敛进行固定效应回归，控制变量的回归结果如表 4 所示。京津冀地区的条件 β 收敛系数为-0.42，且通过 5%的显著性检验，R^2 为 0.352，可以判断京津冀地区的金融高质量发展水平存在条件收敛。

就京津冀地区来看，产业结构和人力资本的系数显著为正，表明合理的产业结构布局和充足的人力资本有助于缩小京津冀地区金融高质量发展差距。社会福利的系数显著为负，表明不合理的社会福利结构对京津冀地区的金融高质量发展有负向影响。综上可以看出，在产业结构、人力资本和社会福利等条件不同的情况下，金融高质量发展薄弱的地区倾向于有更快的发展速度，发展水平也会随着时间推移最终收敛至各自的稳态水平，但可能存在一定的发展差距。

五　京津冀金融高质量发展障碍因子诊断

上述收敛检验结果表明京津冀地区金融高质量发展总体呈上升趋势，但是依然存在一定的发展差距。为了进一步分析京津冀地区金融高质量发展存在的具体问题，本报告采用障碍因子诊断模型分析影响京津冀地区金融高质量发展的障碍因子，以深入挖掘阻碍京津冀地区金融高质量发展的制约因素。计算公式如下：

$$O_{ij} = (1 - X_{ij}) \times W_{ij} \times 100\% / a(1 - X_{ij}) \times W_{ij} \tag{10}$$

式中，O_{ij}为第 i 个地区的第 j 个指标对某子系统层面的发展障碍度，X_{ij}为指标的标准化值，W_{ij}表示权重，（$1-X_{ij}$）表示其偏离程度。O_{ij}越大，说明该因子的障碍程度越高，制约作用越大。

（一）金融高质量发展中金融生态障碍因子分析

在金融生态方面，无论是从京津冀整体（见图 5）还是从京津冀各区域（见图 6）来看，金融生态主体始终是主要障碍因素，而金融生态环境的障碍度较低。所以，京津冀地区应该主要从金融生态主体着手，着力提高金融质效，扩大金融总量，降低金融成本，优化金融结构，促进银行业、保险业、证券业等发展。

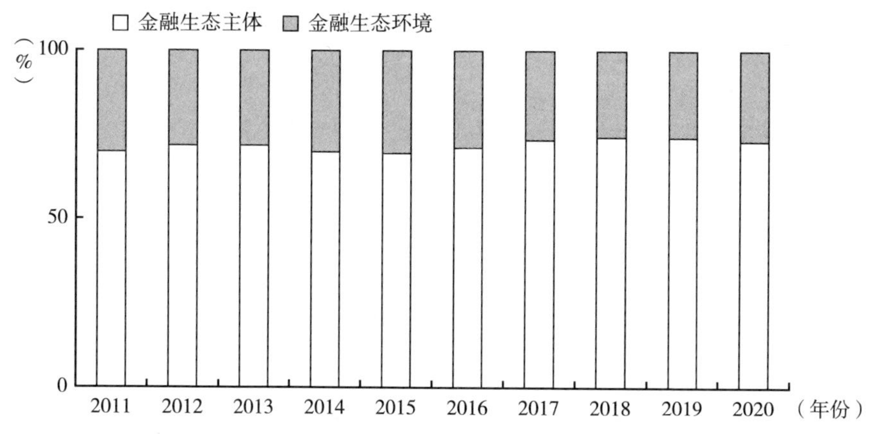

图 5　2011~2020 年京津冀地区金融生态障碍度

图 7 直观地反映出制约金融生态发展的障碍因素。从作用大小变化来看，金融规模、政府治理和文化信用呈波动下降态势。从作用强度来看，金

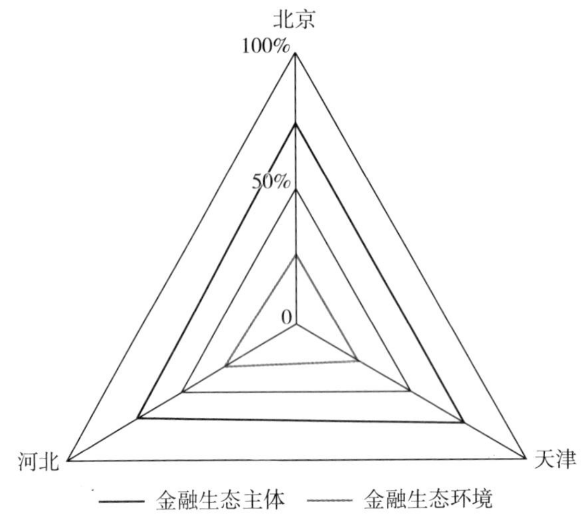

图 6　京津冀各区域金融生态障碍度

融结构始终是制约金融生态发展的最大障碍因素，其次是金融效率，金融风险和政府治理的制约作用强度较小。所以，京津冀地区在金融高质量发展的过程中，应该着力优化金融结构，提高金融效率，同时注意防范金融风险。

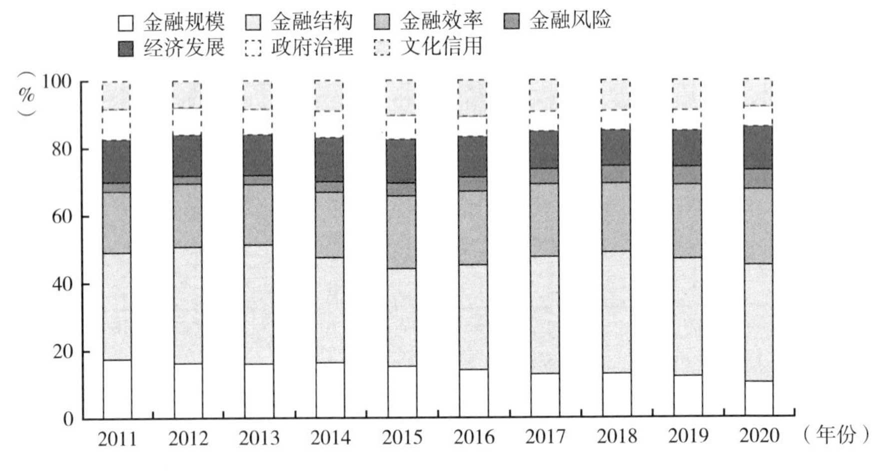

图 7　京津冀地区金融生态准则层障碍度

（二）金融高质量发展中金融服务实体经济障碍因子分析

1. 京津冀整体分析

如图 8 所示，在金融服务实体经济方面，5 个领域层指标对京津冀地区金融高质量发展的障碍度各不相同。从作用大小的变化来看，金融支持绿色发展总体呈波动上升态势，制约作用逐步增强；金融支持科技创新、金融支持社会共享和金融支持国家开放总体呈波动下降态势。从作用强度来看，金融支持国家开放是京津冀地区金融高质量发展的最大障碍因素。

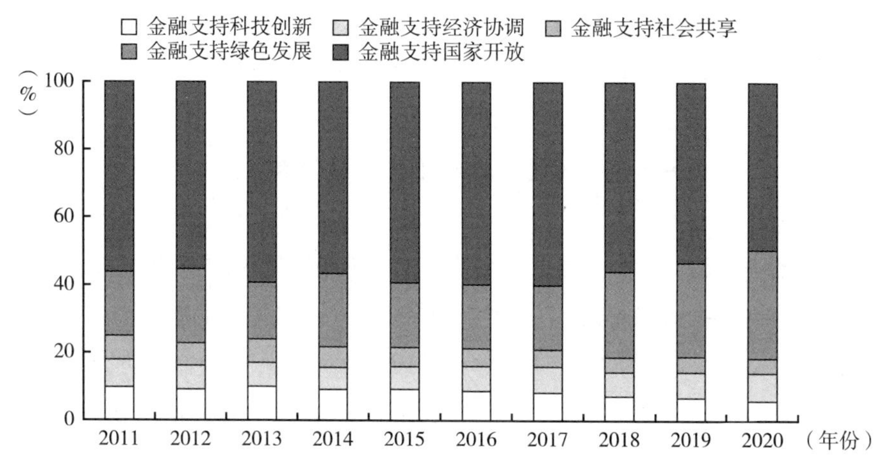

图 8　2011~2020 年京津冀地区金融服务实体经济障碍度

2. 京津冀各区域分析

就北京而言，金融支持科技创新和金融支持社会共享的障碍度较低（见图 9），这主要是由于北京拥有丰富的政治、经济、文化资源，吸引了大量的科技人才。与此同时，北京正在向国际创新中心跨越，“1+6”“新四条”“科创 30 条”等政策体系不断健全，有利于将科技创新成果应用于社会经济金融发展领域。北京金融支持绿色发展的障碍度高于天津和河北，说明金融支持绿色发展是制约北京金融高质量发展的主要因素。

河北金融支持经济协调的障碍度较低，仅为 2.2%，而金融支持国家开放

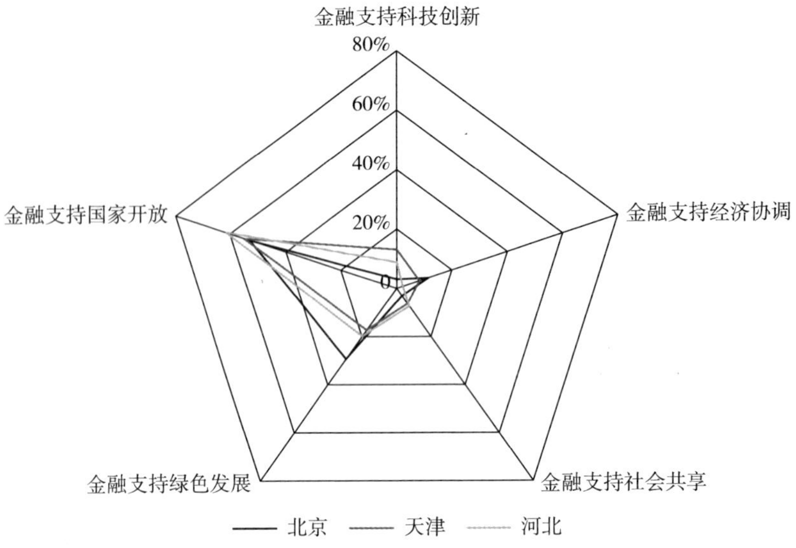

图 9　京津冀各区域金融服务实体经济障碍度

的障碍度较高，达 61.6%。河北金融支持经济协调的障碍度较低，主要得益于《河北省乡村振兴战略规划（2018～2022 年）》和《关于进一步深化河北省小微企业金融服务的实施意见》等相关政策的支持，相关政策使河北省的城乡结构不断优化，乡村全面振兴，中小微企业的服务效率和水平得到提升，为金融支持经济协调创造了良好的条件。在未来发展中，河北应该注意提高外资企业竞争力，降低对外依存度，着力加大金融支持国家开放的力度。

就天津而言，金融支持绿色发展对金融高质量发展的障碍度较低。金融支持科技创新的障碍度高于北京和河北，达 13.1%，所以，金融支持科技创新是制约天津金融高质量发展的主要因素之一。

六　结论与建议

（一）研究结论

本报告从金融高质量发展的内涵出发，基于 2011～2020 年京津冀地区的面板数据，从金融生态和金融服务实体经济两个维度构建了金融高质量发展评价指标体系，测度京津冀地区金融高质量发展水平，在此基础上进一步分析京津冀金融高质量发展水平的收敛性和障碍度。研究结论如下。

第一，2011~2020年京津冀地区金融高质量发展水平整体上升，地区之间仍然存在一定的发展差距，其中北京的金融高质量发展水平最高。第二，近10年来京津冀地区金融高质量发展水平的提升主要依赖于金融支持社会共享和金融支持科技创新的拉动，金融支持绿色发展是金融高质量发展的薄弱环节。第三，2011~2020年京津冀地区金融高质量发展差距不存在σ收敛，但存在绝对β收敛。在产业结构、社会福利和人力资本等条件不同的情况下，实现条件β收敛。表明金融高质量发展薄弱的地区倾向于有更快的发展速度，发展水平也会随着时间推移最终收敛至各自的稳态水平，但是地区之间可能继续存在一定的差距。第四，从金融高质量发展中金融生态的障碍度来看，金融生态主体是制约金融高质量发展的主要因素。在金融生态准则层，金融结构和金融效率是主要制约因素。从金融高质量发展中金融服务实体经济的障碍度来看，在京津冀整体发展过程中，金融支持国家开放的障碍度最高，金融支持绿色发展的制约作用增强。在京津冀各区域金融高质量发展中，河北省金融支持国家开放的障碍度较高，属于河北省金融高质量发展的薄弱环节；北京市金融支持绿色发展的障碍度较高，金融支持科技创新的障碍度较低；天津市金融支持绿色发展的障碍度较低，金融支持科技创新的障碍度较高。

（二）对策建议

基于实证结果和结论，本报告提出如下对策。

第一，发挥各自优势，实现错位发展。根据金融高质量发展中金融服务实体经济障碍度分析，京津冀地区金融高质量发展存在明显的特征差异。所以，应着眼于各地区的金融高质量发展优势，因地制宜地制定多样化的发展策略，实现错位发展。

作为中国科技创新中心，北京市一方面要充分利用金融支持科技创新的优势，以科技创新为方向，发挥科技创新的带头作用，增加 R&D 经费支出，鼓励金融机构创新。通过大数据和物联网等高科技手段着力建设高质量创新平台，准确分析用户需求，开发个性化、差异化的金融产品，增加创新资源。另一方面要充分利用人力、物力资源拓宽高技术企业的融资渠道，完善金融创新体系，提高创新绩效，将金融创新成果向应用型成果转化，辐射社会各领域。

天津市作为京津冀地区的海上门户，一方面，利用优越的地理位置和发展条件发挥金融开放的优势，致力于打造世界级港口，促进金融与国际对接。完善金融机构的配套设施，制定细化、量化的金融运营环境转型升级策略，不断吸引外商投资，通过优化投资流程，降低国外投资者的障碍，增加金融开放产出。另一方面，积极主动融入国家"一带一路"建设，与沿线国家进行金融合作，促进跨境融资便利化，提升天津对京津冀地区金融高质量发展的服务功能和辐射功能。

河北省要发挥金融支持经济协调的优势，一方面，依托新型农村金融机构在农村的覆盖优势，继续实施《河北省乡村振兴战略规划（2018~2022年)》，进一步引导金融资源向农村、农业、农民倾斜，扩大金融资源覆盖广度，提升金融资源覆盖深度，完善城乡金融基础设施，突破金融发展过程中的薄弱环节，兼顾城乡人民对金融产品多元化的需求，着力加大金融对乡村振兴的支持。另一方面，平衡县域融资工具和金融机构布局，出台相关优惠政策，吸引专业金融人才，创新金融工具。金融机构要多开展融资租赁，以降低负债率和杠杆率，提高金融服务效率，满足中小微企业和民营企业等经济主体的融资和小额贷款需求。政府部门要落实房地产金融宏观审慎管理制度，加强对房地产贷款的监督和管理，确保房地产信贷安全有效投放。

第二，补足区域短板，提高发展质量。根据金融高质量发展中金融生态分析，金融效率和金融结构是制约京津冀地区金融高质量发展的关键障碍因子，金融风险障碍度明显提升。所以，要补足京津冀地区发展短板，促进京津冀金融高质量发展水平提高。一方面，让金融回归本源，扩大金融规模，降低金融成本，同时要兼顾效率与质量，金融机构通过科学评估和风险预警机制降低城商行和农商行的资产负债率和不良贷款率，政府部门做好监督管理工作，防范金融风险。另一方面，减少政府干预，实现金融生态主体商业化运营。政府部门出台相关政策，优化金融资源配置，促进金融生态主体发展。

第三，加强区域合作，统筹协同发展。根据收敛机制检验分析，京津冀地区金融高质量发展差距虽然有所缩小，但是发展差距仍然存在。因此，要不断加强区域协作，优势互补，提高空间相关度，缩小发展差距，实现协同发展。

在金融服务实体经济方面，天津港口与河北省港口深入探索分工协作，促进天津港口与河北省港口形成世界级港口群。河北省和天津市政府增加财政科技投入，主动承接北京市高科技项目，鼓励金融机构的研发行为。北京市积极发挥创新的引领作用，重视技术外溢对河北省和天津市的优化作用，通过合作突破行政壁垒，有效消除金融科技跨省流动障碍，帮助河北省突破技术难题。京津冀各地区要注重金融支持绿色发展，鼓励金融机构增加对环境污染治理投资额，为绿色发展项目提供优惠贷款，将金融机构支持绿色发展纳入年度考核指标。同时，鼓励金融机构开发更多的绿色信贷和绿色证券产品，制定绿色金融操作流程和管理办法，促进产业结构转型和价值链升级，为京津冀地区的金融绿色化转型做出贡献。

在金融生态方面，充分发挥京津冀内部中心城市的辐射作用，提高金融资源整合能力，鼓励河北省主动承接北京市非核心功能的疏解，促进金融资源和要素合理流动与倾斜。同时政府出台相关政策，促进金融基础设施在京津冀内部的共建共享，建立京津冀约束和外部激励机制，推进京津冀地区金融资源优化配置，为京津冀地区金融高质量发展提供良好的金融生态环境。

参考文献

［1］李俊玲、戴朝忠、吕斌、胥爱欢、张景智：《新时代背景下金融高质量发展的内

涵与评价——基于省际面板数据的实证研究》，《金融监管研究》2019 年第 1 期。

[2] 高汝仕：《金融业高质量发展的评价标准探析》，《技术经济与管理研究》2021 年第 10 期。

[3] 高一铭、徐映梅、季传凤、钟宇平：《我国金融业高质量发展水平测度及时空分布特征研究》，《数量经济技术经济研究》2020 年第 10 期。

[4] 李海央、朱明月、马娜：《农村金融高质量发展水平测度与时空分异》，《重庆大学学报》（社会科学版）2022 年第 3 期。

[5] 沙春枝、李富有：《民间金融对经济高质量发展影响的实证研究》，《统计与信息论坛》2020 年第 6 期。

[6] 张昌兵、王晓慧、顾志兰：《金融集聚对经济高质量发展影响的实证检验——基于 2005~2019 年省际面板数据》，《工业技术经济》2021 年第 2 期。

[7] 李国柱、李晓壮：《新金融业态风险对经济高质量发展的影响分析》，《金融与经济》2021 年第 10 期。

[8] 汪红驹、李原：《金融业增加值与高质量金融发展关系研究——基于国际比较视角》，《经济纵横》2018 年第 2 期。

[9] 郭华、罗彤、张洋：《金融资源配置水平与经济高质量发展》，《统计与决策》2021 年第 23 期。

[10] 喻平、张敬佩：《区域绿色金融与高质量发展的耦合协调评价》，《统计与决策》2021 年第 24 期。

[11] 李江涛、黄海燕：《绿色金融的生态环境效应——双碳目标下粤港澳大湾区的实践检验》，《广东财经大学学报》2022 年第 1 期。

[12] 林毅夫、李永军：《中小金融机构发展与中小企业融资》，《经济研究》2001 年第 1 期。

[13] 张晓慧：《优化金融创新生态系统及其影响因素研究——以京津冀地区为例》，《价格理论与实践》2022 年第 9 期。

[14] 钱晶晶、钟韵、张横峰：《金融集聚与经济高质量发展——基于技术创新的中介效应分析》，《金融经济学研究》2022 年第 6 期。

[15] 史丹、孙光林：《数字经济、金融效率与我国经济高质量发展》，《企业经济》2022 年第 1 期。

[16] 马茹、罗晖、王宏伟、王铁成：《中国区域经济高质量发展评价指标体系及测度研究》，《中国软科学》2019 年第 7 期。

B.5

数字经济赋能京津冀地区产业转型升级

李艳双　赵钰光　王　蜜*

摘　要： 数字经济作为引领产业转型升级的新动能，对产业转型升级具有促进作用。本报告利用2015~2019年京津冀地区13个地级市的面板数据，在全面解析数字经济和产业转型升级的基础上，从基础设施和创新发展两方面构建数字经济评价指标体系，从产业结构高级化和产业转型速度两方面来衡量产业转型升级程度。本报告运用熵值法测度样本城市的数字经济水平，并运用固定效应面板模型测算了数字经济对产业转型升级的具体效应。研究发现：数字经济发展能够促进产业结构高级化和产业转型，对产业转型升级具有正向影响；京津冀地区的数字经济发展存在不平衡性，北京和天津的数字经济发展具有较大优势，而河北各市的发展具有显著的滞后性，京津冀在数字经济发展上的区域协同效应并不明显。据此，本报告提出有利于京津冀地区数字经济与产业深度融合、区域协同发展的举措，以加快京津冀地区产业转型升级，促进京津冀地区高质量发展。

关键词： 数字经济　产业转型升级　京津冀

---

* 李艳双，博士，河北工业大学经济管理学院教授、博士生导师，人文与法律学院院长；赵钰光，河北工业大学经济管理学院硕士研究生；王蜜，河北工业大学经济管理学院硕士研究生。

一 引言

党的十九大报告指出，面对经济发展新常态，必须加快推动我国传统实体经济和数字技术的深度融合。数字经济作为新时代背景下数字技术进一步发展而产生的一种经济新形态，在国民经济中显现出越来越重要的作用，它对地区的经济规模有着直接的贡献，成为推动我国经济社会高质量发展的新动能。随着数字技术的深入发展，要想实现新的发展理念就必须加快发展数字经济。一方面，数字技术的出现提供了数字要素，改变了传统的产业要素供给结构，大大提高了要素配置效率；另一方面，数字经济的出现不仅推动了新旧组合业态的发展，而且不断促进新业态、新产业的产生。就我国的高质量发展而言，发展数字经济是助推驱动方式由要素驱动向创新驱动转型、产业结构由低端向中高端迈进的关键举措。

京津冀地区作为实现我国经济发展的重要增长极，形成了以“一核、双城、三轴、四区、多节点”为主体的结构框架。京津冀地区依托中心腹地的位置优势，在全国经济高质量发展中发挥着“承南启北”的作用[1]。在推动京津冀协同发展、加强城市联动效应的进程中，让数字经济赋能京津冀地区产业转型升级，既是推动区域协同战略中需要率先突破的重要领域之一，也是实现新时代区域经济高质量发展的重要途径。京津冀地区作为带动我国数字经济发展最重要的地区之一，目前更应该把握住数字革命和产业变革带来的“另辟蹊径”的机遇。推动京津冀地区数字经济发展，已经成为京津冀协同发展的重要共识。2021 年，京津冀数字经济联盟成立，不仅为数字经济的发展搭建了良好平台，而且将会有力地推动数字经济赋能京津冀地区产业转型升级战略的实施。

我国正处于经济结构转型、经济高质量发展的关键时期，数字产业异军突起并快速发展为国民经济的重要产业。京津冀作为经济发展中心，其产业转型升级模式对全国具有示范作用和引领作用，因此研究京津冀地区数字经济与产业转型升级之间的重要关系，探究如何实现数字经济赋能产业转型升级，是实现京津冀协同发展的关键，对全国范围内的数字经济发展和产业转型升级也具有重要意义。本报告重点对京津冀地区的数字经济发展水平进行测度，并研究了京津冀地区数字经济发展对产业转型升级的影响，从而提出推动京津冀地区产业转型升级的合理化建议。

二 文献综述

（一）数字经济

数字经济也称“智能经济”，是一种依托互联网和大数据的新型经济形态，通过数据技术、信息技术不断融合重构传统经济，促进传统产业转型升级。1996年，Tapscott首次提到“数字经济”，并将其定义为以数字方式呈现信息流的经济模式[2]。Moulton指出数字经济是一个庞大的系统，包括信息技术支持系统、基础设施系统以及电子商务与信息传输、通信、计算机等相关产业[3]。2016年，G20峰会达成了关于数字经济的共识，即数字经济是指以数字化的知识和信息为关键生产要素、以现代信息网络为重要载体、以信息通信技术为重要推动力的一系列经济活动。Bukht等将数字经济分为广义和狭义层面：广义的数字经济包括所有以数字信息和数字技术为基础发展而来的经济活动，其应用十分广泛，有着巨大的前景；狭义的数字经济是指通过利用信息通信技术形成新的商业模式[4]。

（二）产业转型升级

产业转型升级有两个层面的解释，从宏观层面来讲，产业转型升级是指在一定历史时期内，根据国内外经济、产业、科技等方面的发展状况和发展趋势，一个国家或地区通过特定的产业、财政等措施，直接或间接地调整产业结构；从微观层面来讲，产业转型升级是指生产要素从衰退产业向新兴产业转移的过程。

产业转型升级中的转型是指转变经济增长的模式，即由低效率、高污

染、高损耗的模式转为高效率、低污染、低损耗的模式，由劳动密集型占主导地位的粗放型产业结构转为技术密集型、资本密集型占主导地位的产业结构，再转为知识密集型占主导地位的产业结构，而不是单纯地转行业。产业转型升级中的升级主要是指产业结构的改善，向更有利于经济高质量发展、社会快速进步的方向发展。产业结构是指国民经济中各产业间经济规模、技术水平和生产能力的联系及彼此的数量比例关系[5]，产业结构的改善表现为对各个产业生产要素的高效利用以达到产业的协调发展，同时经济社会中各产业的布局更加合理，这个过程是由低附加值产业逐步发展过渡到高附加值产业的动态渐进过程。在这个过程中最直接的表现形式为地区产业结构发生明显变化，产业结构将会由第一产业占优势地位逐渐演进为第二产业占优势地位再演进为第三产业占优势地位[6]。

（三）数字经济对产业转型升级的影响

数字经济正成为新背景下中国经济高质量发展、经济转型升级的驱动力。随着中国经济由高速增长阶段迈向高质量发展阶段，产业结构的深度调整升级是必然趋势，数字经济是实现这一转型升级的重要推动力量。数字经济对产业转型升级的影响主要集中在两个方面：一方面，数字经济的出现推动了传统产业中生产效率的提高和生产方式的升级，通过数字技术赋能产业链数字化升级，加快了产业数字化的转型升级；另一方面，数字经济的普及催生出一批依赖于数字经济而发展的企业，逐渐形成数字产业化。

产业数字化是“软件定义、数据驱动”的数字化生产方式，可以使生产工艺和生产工具越来越具备人类智慧，促进数字技术与实体经济深度融合[7]。多数学者认为数字经济能够赋能传统制造业，提高生产效率，同时有助于实现规模经济扩张，并通过扩散、溢出效应推动产业结构升级。徐鑫等在研究中发现，增加数字基础设施投入，可以提高制造业的资源利用率[8]。王林生认为，互联网等数字技术的出现改变了社会生产力，对产业的转型升级具有积极的推动作用[9]。Kutin 等指出，数字化、智能化、自动化等技术可以显著提升产业链的整体效率，为企业节省了大量成本、资源，尤其是在制造业与信息产业的融合过程中，数字技术推动了产业结构升级[10]。还有很多研究从人工智能、信息技术、互联网等方面，就数字经济对产业结构的影响展开理论分析。范晓莉等认为数字技术不仅可提高传统产业的生产效率，还可引发多产业交互融合发展，带来新型产业变革[5]。黄群慧等认为对互联网的利用可以减少资源错配、降低交易成本、增强创新能力，从而提高制造业的生产率[11]。郭凯明认为人工智能可以引发新一轮的科技革命，引领产业改革创新，其应用范围不断扩大，可以加速产业之间和产业部门内生产要素的流动，推动产业转型升级[12]。

数字产业化是数字经济的基础构成部分，随着数字技术与传统产业的深度融合，产业层面不断涌现经济新形态[13]。数字技术迅速发展使得数字相关业务在产业结构中的地位日益凸显，以数字技术为核心的产业形态占据着越发重要的位置。一方面，数字技术的日益成熟推动了传统产业与信息技术的融合发展，催生出新的产业类型[14]。目前我国已步入数字产业快速发展阶段，互联网、物联网、大数据、人工智能等正在强势崛起，逐步引领新经济的发展潮流。另一方面，数字技术的发展带动了商业模式的创新，诸如电商、直播带货等新商业模式已成为市场的重要组成部分，带动了数字产业的蓬勃发展。商业模式的发展由以企业价值创造为核心转变为以客户价值创造为中心，缓解了信息不对称所带来的资源配置效率低下等问题，激发了商业活力。因此，数字技术所催生的新商业模式能够被快速复制、广泛应用，并发展成为一种新的产业形态，进而促进产业转型升级。

三　数字经济赋能产业转型升级的研究假设

本报告重点研究了京津冀地区数字经济与产业转型升级的关系，而产业转型升级有两个重要的体现，其中转型是指转变经济增长的模式，升级是指产业结构的升级，因此本报告通过产业结构高级化和产业转型速度两个方面来衡量产业转型升级程度。

（一）数字经济与产业结构高级化

产业结构高级化是指产业结构由劳动密集型占主导向资本、技术密集型占主导，再向知识密集型占主导转变，主导产业由第一产业发展到第二产业，再发展到第三产业。我国正处于产业结构升级的关键时期，诸多产业的发展都面临“低端锁定”的困境，为适应市场需求，必须进行产业升级。数字基础设施是大力发展数字经济的基础，也是产业结构高级化的第一要素，数字基础设施建设可以提升产业内生产要素的相互协调水平[15]，普及数字基础设施可以加快社会信息的流动，促进资源的合理配置，提升技术和创新能力，为产业发展提供强劲动力，从而实现产业结构高级化[16]。

数字经济以数字化信息为关键生产要素，通过数字技术与传统产业的深度融合，不断提高实体经济的数字化、智能化水平[17]。随着数字经济的深入发展，经济发展进入动能转化新阶段，数字经济的发展重心由消费互联网向产业互联网转移，产业转型升级得到进一步推进。首先，数字经济的发展能够让企业利用现代数字技术精确分析和优化生产运营各环节，刺激市场不断释放数字产品消费需求。其次，数字经济的发展促进了新的商业模式产生，有力地推动生产要素向多元化、高级化发展。最后，数字化生产要素通过与实体经济的深度融合，催生出智能制造、电子商务等新的模式，促进生产活动高效运行。深入推进“数字中国”建设，将会提高经营效率，提高产品和服务的质量，创造新的产品和服务，协同推进技术、模式、业态和制度创新，切实用好数据要素，将为经济社会数字化发展带来强劲动力，推动产业结构高级化发展。数字经济发展水平一般可从移动电话普及率、互联网普及率、专利授权数、R&D 投入强度 4 个方面来衡量，因此，本报告提出以下假设。

H1：数字经济发展水平与产业结构高级化正相关，即数字经济发展水平越高，产业结构越高级。

H1a：移动电话普及率与产业结构高级化正相关，即移动电话普及率越高，产业结构越高级。

H1b：互联网普及率与产业结构高级化正相关，即互联网普及率越高，产业结构越高级。

H1c：专利授权数与产业结构高级化正相关，即专利授权数越多，产业结构越高级。

H1d：R&D 投入强度与产业结构高级化正相关，即 R&D 投入强度越大，产业结构越高级。

（二）数字经济与产业转型速度

相对于产业结构高级化，产业转型速度涉及各个产业的发展，转型速度的提升对我国经济整体发展具有重要意义。进入 21 世纪以后，我国产业结构持续优化，传统产业的增长速度放缓，面临着转型升级的挑战，数字经济的发展加快了各行业的转型速度，以数字技术、互联网和大数据为主的信息服务业快速发展，智能制造业和先进农业也得到了大力发展。数字经济日新月异的发展，加快了产业转型升级。一方面，数字经济促使传统产业进行改造升级，将实体经济与互联网、大数据等深度融合；另一方面，各产业受数字经济的影响也出现了分化、重组和融合，塑造了新的商业模式，推动了新产业的形成和发展。首先，对数字技术的应用，以及数据生产要素作用的发挥，均会改善传统的生产供应环节，改造优化原有的生产经营流程，为企业参与市场竞争提供便捷的路径，提高企业的运行效率，扩大营业覆盖半径，从而加快转型速度[18]。其次，数字经济的发展提高了资源配置效率，消除了空间远距离联系的障碍，可以减少信息不对称，推动资源在各个地区和行业之间快速流动，加快生产要素的重组再配置，提高要素利用率，促进企业进一步发展，加快转型速度。最后，随着数字经济的日益发展，数字技术将成为关键生产要素，并通过减少中间消耗、缩短生产时间、提高资本周转率等提升企业生产效率。通过数字化变革，不仅可以降低采购成本、沟通成本、管理成本、劳动成本，而且还能促进分工协作，建立多方共同监督的有效管理机制，从而提高产业转型效率[19]。因此，本报告提出以下假设。

H2：数字经济发展水平与产业转型速度正相关，即数字经济发展水平越高，产业转型速度越快。

H2a：移动电话普及率与产业转型速度正相关，即移动电话普及率越高，产业转型速度越快。

H2b：互联网普及率与产业转型速度正相关，即互联网普及率越高，产业转型速度越快。

H2c：专利授权数与产业转型速度正相关，即专利授权数越多，产业转型速度越快。

H2d：R&D 投入强度与产业转型速度正相关，即 R&D 投入强度越大，产业转型速度越快。

四　数字经济赋能产业转型升级的研究设计

（一）数据来源

本报告收集了 2015~2019 年京津冀地区 13 个地级市的面板数据，共收集到 65 个样本数据，以上数据来源于各市统计年鉴、《河北经济年鉴》、《中国城市统计年鉴》等。对于收集过程中存在缺失值的数据，本报告通过插值法进行了补全。

（二）变量说明

1. 被解释变量

本报告的被解释变量为产业转型升级。本报告借鉴李治国等的研究[20]，并考虑到数据的可得性，将产业转型升级分为产业结构高级化和产业转型速度两个维度。

产业结构高级化：结合前人的研究，考虑到数据的可得性，本报告采用第三产业产值与第二产业产值的比值来衡量京津冀地区的产业结构高级化。

产业转型速度：本报告借鉴沈琼等的研究[21]，以产业结构层次系数来衡量京津冀地区的产业转型速度，产业结构层次系数是反映产业结构变化的指数，能够较好地表达产业转型速度，即通过份额比例的相对变化来刻画三大产业的演进过程。产业转型速度可通过下式计算：

$$SIT = \sum_{i=1}^{n} \theta_i Q_i$$

$$Q_i = Y_i / Y$$

其中 θ_i 表示权重，Q_i 表示第 i 产业生产总值占地区 GDP 的比重，Y_i 表示第 i 产业生产总值，这里的产业指第一、第二、第三产业，Y 表示 GDP。

2. 解释变量

本报告的解释变量为数字经济发展水平。结合前人的研究，本报告通过基础设施指数、创新发展指数来衡量数字经济发展水平，其中基础设施指数有两个二级指标：一是移动电话普及率，以当年全市移动电话数与当年全市总人数的比值来表示；二是互联网普及率，以当年互联网接入户数与人口数的比值来衡量。创新发展指数包含专利授权数和 R&D 投入强度两个二级指标，R&D 投入强度通过研发费用的内部支出来衡量。本报告利用熵值法赋予各项指标权重来综合计算京津冀地区的数字经济发展水平。

3. 控制变量

本报告选取了 4 个控制变量，分别是经济发展水平、外商投资力度、政府参与程度、行业规模。本报告选用各市的人均 GDP 来衡量该地的经济发展水平。外商直接投资可带来新的技术和管理经验，有利于提高产业发展水平，本研究以实际利用外资额来表示外商投资力度。本报告采用各市地方财政一般预算内支出占地区 GDP 的比重来衡量政府参与程度。本报告通过各市工业增加值占地区 GDP 的比重来衡量行业规模。相关变量的说明如表 1 所示。

表 1　变量说明

<table>
<tr><th>变量类型</th><th>变量名称</th><th>变量符号</th><th>变量定义</th></tr>
<tr><td rowspan="4">解释变量</td><td rowspan="4">数字经济发展水平</td><td rowspan="4">DE</td><td>移动电话普及率(YD)</td></tr>
<tr><td>互联网普及率(HL)</td></tr>
<tr><td>专利授权数(ZL)</td></tr>
<tr><td>R&D 投入强度(RD)</td></tr>
<tr><td rowspan="2">被解释变量</td><td>产业结构高级化</td><td>AIS</td><td>第三产业产值与第二产业产值的比值</td></tr>
<tr><td>产业转型速度</td><td>SIT</td><td>$\sum_{i=1}^{n}\theta_i Q_i$</td></tr>
<tr><td rowspan="4">控制变量</td><td>经济发展水平</td><td>RGDP</td><td>人均 GDP</td></tr>
<tr><td>外商投资力度</td><td>OPEN</td><td>当年实际利用外资额</td></tr>
<tr><td>政府参与程度</td><td>GOV</td><td>地方财政一般预算内支出占地区 GDP 的比重</td></tr>
<tr><td>行业规模</td><td>INDU</td><td>工业增加值占地区 GDP 的比重</td></tr>
</table>

（三）模型构建

1. 面板回归模型

为检验京津冀地区数字经济发展水平与产业结构高级化的关系，建立了模型（1）；为检验京津冀地区移动电话普及率与产业结构高级化的关系，建立了模型（1.1）；为检验京津冀地区互联网普及率与产业结构高级化的关系，建立了模型（1.2）；为检验京津冀地区专利授权数与产业结构高级化的关系，建立了模型（1.3）；为检验京津冀地区 R&D 投入强度与产业结构高级化的关系，建立了模型（1.4）。

$$AIS_{it} = \beta + \beta_0 DE_{it} + \beta_1 RGDP_{it} + \beta_2 OPEN_{it} + \beta_3 GOV_{it} + \beta_4 INDU_{it} + \varepsilon_{it} \quad (1)$$

$$AIS_{it} = \beta + \beta_5 YD_{it} + \beta_1 RGDP_{it} + \beta_2 OPEN_{it} + \beta_3 GOV_{it} + \beta_4 INDU_{it} + \varepsilon_{it} \quad (1.1)$$

$$AIS_{it} = \beta + \beta_6 HL_{it} + \beta_1 RGDP_{it} + \beta_2 OPEN_{it} + \beta_3 GOV_{it} + \beta_4 INDU_{it} + \varepsilon_{it} \quad (1.2)$$

$$AIS_{it} = \beta + \beta_7 ZL_{it} + \beta_1 RGDP_{it} + \beta_2 OPEN_{it} + \beta_3 GOV_{it} + \beta_4 INDU_{it} + \varepsilon_{it} \quad (1.3)$$

$$AIS_{it} = \beta + \beta_8 RD_{it} + \beta_1 RGDP_{it} + \beta_2 OPEN_{it} + \beta_3 GOV_{it} + \beta_4 INDU_{it} + \varepsilon_{it} \quad (1.4)$$

为检验京津冀地区数字经济发展水平产业转型速度的关系，建立了模型(2)；为检验京津冀地区移动电话普及率与产业转型速度的关系，建立了模型（2.1)；为检验京津冀地区互联网普及率与产业转型速度的关系，建立了模型（2.2)；为检验京津冀地区专利授权数与产业转型速度的关系，建立了模型（2.3)；为检验京津冀地区 R&D 投入强度与产业转型速度的关系，建立了模型（2.4)。

$$SIT_{it} = \alpha + \alpha_0 DE_{it} + \alpha_1 RGDP_{it} + \alpha_2 OPEN_{it} + \alpha_3 GOV_{it} + \alpha_4 INDU_{it} + \varepsilon_{it} \quad (2)$$

$$SIT_{it} = \alpha + \alpha_5 YD_{it} + \alpha_1 RGDP_{it} + \alpha_2 OPEN_{it} + \alpha_3 GOV_{it} + \alpha_4 INDU_{it} + \varepsilon_{it} \quad (2.1)$$

$$SIT_{it} = \alpha + \alpha_6 HL_{it} + \alpha_1 RGDP_{it} + \alpha_2 OPEN_{it} + \alpha_3 GOV_{it} + \alpha_4 INDU_{it} + \varepsilon_{it} \quad (2.2)$$

$$SIT_{it} = \alpha + \alpha_7 ZL_{it} + \alpha_1 RGDP_{it} + \alpha_2 OPEN_{it} + \alpha_3 GOV_{it} + \alpha_4 INDU_{it} + \varepsilon_{it} \quad (2.3)$$

$$SIT_{it} = \alpha + \alpha_8 RD_{it} + \alpha_1 RGDP_{it} + \alpha_2 OPEN_{it} + \alpha_3 GOV_{it} + \alpha_4 INDU_{it} + \varepsilon_{it} \quad (2.4)$$

其中，AIS 表示产业结构高级化，SIT 表示产业转型速度，DE 表示数字经济发展水平，i（i=1，2，3，…，13）表示京津冀地区 13 个地级市，t（t=2015，2016，…，2019）表示年份，α、β 为待估参数，ε 为误差项。

2. 指标处理

本报告所采用数据的时间跨度为 2015～2019 年，为了使不同年份不同地区间的数字经济具有可比性，本报告采用熵值法来赋值，最终得到京津冀地区的数字经济发展水平，具体的赋权步骤如下。

（1）标准化：

$$A'_{ij} = \frac{A_{ij} - \min(A_{ij})}{\max(A_{ij}) - \min(A_{ij})}$$

A_{ij}表示第 i 个样本的第 j 个指标，A'_{ij}表示标准化后第 i 个样本的第 j 个指标。

（2）计算各指标比重：

$$Q_{ij} = \frac{A'_{ij}}{\sum_{i=1}^{n} A'_{ij}}$$

$n = 65$ 表示 65 个样本数量。

（3）计算信息熵：

$$E_j = -\frac{1}{\ln(n)}\sum_{i=1}^{n} Q_{ij}\ln(Q_{ij})$$

（4）计算冗余度：

$$d_j = 1 - E_j$$

（5）计算指标权重：

$$w_j = \frac{d_j}{\sum_{j=1}^{m} d_j}$$

$m = 4$ 表示冗余度的个数。

五　数字经济赋能产业转型升级的实证分析

（一）京津冀地区数字经济发展水平分析

本报告先通过 2015 年和 2019 年两个时间断面来分析京津冀 13 个城市的数字经济发展水平，通过 2015 年的断面数据可以发现，2015 年数字经济发展水平位于第一梯队的只有北京，天津位于第二梯队，在河北省内各地级市中石家庄、唐山、秦皇岛、廊坊的数字经济发展水平靠前，承德的数字经济发展水平最低。数据表明，京津冀地区在 2015 年的数字经济发展水平存在不平衡现象，北京作为首都，数字经济发展水平远超河北省内城市，这体现出北京数字经济的蓬勃发展，说明北京在京津冀地区的数字经济发展中应起到引领作用，同时断面数据也凸显了 2015 年河北省数字经济发展的短板。

通过 2019 年的断面数据可以发现，2019 年北京、天津的数字经济发展水平处于第一梯队，石家庄、廊坊、唐山和秦皇岛已步入第二梯队，其数字经济发展水平在河北省内处于前沿，保定和沧州的数字经济发展水平步入第三梯队，邢台、衡水和邯郸的数字经济发展水平处在第四梯队，张家口和承德的数字经济发展水平处在第五梯队。数据表明，北京和天津依然处于数字经济发展的前列，带动了京津冀地区数字经济的蓬勃发展，而河北省多个城市的数字经济发展水平有了显著的提高，但承德等城市的数字经济发展仍未有较大起色。

对比 2015 年和 2019 年的数据我们可以发现，天津市和河北石家庄、廊坊、唐山、秦皇岛等市在 2015~2019 年数字经济有较大的发展，但由于本报告采用自然断裂法来分级，同一梯队内的差距无法显示出来，所以同一梯队内城市的数字经济发展水平并不能进行比较，仅能体现京津冀地区整体的数字经济发展水平差异，具体城市之间的发展水平差异通过图 1 来体现。

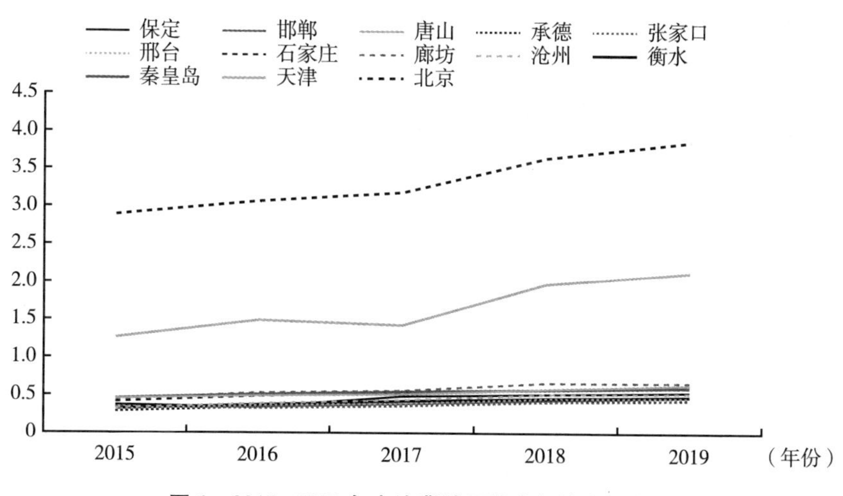

图 1　2015~2019 年京津冀地区数字经济发展水平

基于熵值法，本报告得出京津冀地区 2015~2019 年数字经济发展水平，具体水平和变化趋势如图 1 所示。从图 1 中可以看出，京津冀地区各个城市在研究时间范围内的数字经济发展水平总体呈上升趋势。从图 1 中还可以看出，京津冀地区的数字经济发展水平呈现显著的不平衡性。其中，北京作为首都和经济发展中心，数字经济发展水平高于天津并远高于河北，而河北省各市的数字经济发展水平没有太大的差异，相比于北京、天津，河北整体水平较为滞后，具有巨大的数字经济发展空间。

（二）描述性统计

通过描述性统计可以看出（见表2），数字经济发展水平（*DE*）的均值为0.7718，标准差为0.8267，表明京津冀地区各城市的数字经济发展水平具有较大的差异。数字经济发展水平中移动电话普及率（*YD*）的均值为1.0972，标准差为0.2569，互联网普及率（*HL*）的均值为0.2621，标准差为0.1120，表明京津冀地区的数字基础设施水平还是存在一定差距的。数字经济发展水平中专利授权数（*ZL*）的均值为1.4820，标准差为3.0828，R&D投入强度（*RD*）的均值为0.2621，标准差为0.1120，表明京津冀地区的创新发展水平存在较大差距。

产业结构高级化（*AIS*）的均值为1.4411，极小值为0.5939，极大值为5.1692，标准差为1.0600，表明京津冀地区各个城市间的产业结构存在较大差异。产业转型速度（*SIT*）的均值为2.5938，极小值为2.2000，极大值为11.1900，标准差为1.1014，表明京津冀地区各城市的产业转型速度存在较大差异。

表2　变量描述性统计

变量	观测值	均值	极小值	极大值	标准差
AIS	65	1.4411	0.5939	5.1692	1.0600
SIT	65	2.5938	2.2000	11.1900	1.1014
DE	65	0.7718	0.2833	3.8591	0.8267
YD	65	1.0972	0.7390	1.8517	0.2569
HL	65	0.2621	0.1124	0.7889	0.1120
ZL	65	1.4820	0.0494	13.1716	3.0828
RD	65	0.2621	0.1124	0.7889	0.1120
RGDP	65	5.4978	2.4300	16.4200	3.0979
OPEN	65	28.1782	0.2400	243.2900	54.1478
GOV	65	0.2477	0.0200	2.4900	0.2988
INDU	65	0.3880	0.0000	2.2000	0.2541

（三）回归模型分析

本报告基于 Hausman 检验结果（见表 3），选择固定效应模型进行参数估计，实证检验数字经济发展水平对京津冀地区产业转型升级的影响。模型（1）检验了京津冀地区数字经济发展水平与产业结构高级化之间的关系，模型（1）的R^2为 0.4505，具有较高的拟合度，数字经济发展水平与产业结构高级化之间的相关系数为 1.5464，在 1%的水平上京津冀地区的数字经济发展水平与产业结构高级化显著正相关。模型（1.1）检验了移动电话普及率与产业结构高级化之间的关系，两者的相关系数为 1.7562，在 1%的水平上京津冀地区的移动电话普及率与产业结构高级化显著正相关。模型（1.2）检验了互联网普及率与产业结构高级化之间的关系，两者的相关系数为 2.0414，在 1%的水平上京津冀地区的互联网普及率与产业结构高级化显著正相关。模型（1.3）检验了专利授权数与产业结构高级化之间的关系，两者的相关系数为 0.2833，在 5%的水平上京津冀地区的专利授权数与产业结构高级化显著正相关。模型（1.4）检验了 R&D 投入强度与产业结构高级化之间的关系，两者的相关系数为 2.0411，在 1%的水平上京津冀地区的 R&D 投入强度与产业结构高级化显著正相关。

表 3　数字经济发展水平与产业结构高级化回归结果分析

	模型(1)	模型(1.1)	模型(1.2)	模型(1.3)	模型(1.4)
DE	1.5464*** (4.89)				
YD		1.7562*** (4.97)			
HL			2.0414*** (4.22)		
ZL				0.2833** (2.49)	
RD					2.0411*** (4.22)

续表

	模型(1)	模型(1.1)	模型(1.2)	模型(1.3)	模型(1.4)
RGDP	-0.1271** (-2.07)	0.0511 (1.24)	0.01334 (0.29)	-0.0366 (-0.51)	0.01338 (0.29)
OPEN	0.1437* (1.74)	0.0013 (0.9)	0.0016 (1.06)	0.0013 (0.74)	0.0016 (1.06)
INDU	-0.1767 (-1.29)	-0.1182 (-0.86)	-0.1921 (-1.34)	-0.2338 (-1.48)	-0.192 (-0.186)
GOV	0.0636 (0.52)	0.1327 (1.13)	-0.0312 (-0.23)	0.1896 (1.4)	-0.0311 (-0.23)
常数项	0.9245*** (3.84)	-0.7904* (-1.87)	0.8686*** (3.44)	1.2303*** (4.07)	0.8687*** (3.44)
城市	控制	控制	控制	控制	控制
年份	控制	控制	控制	控制	控制
R^2	0.4505	0.4566	0.3990	0.2676	0.3989
观测值	65	65	65	65	65

注：括号内为标准误；***、**、*分别表示在1%、5%、10%的水平上显著，下同。

如表4所示，模型（2）检验了数字经济发展水平与产业转型速度之间的关系，模型（2）的R^2为0.9006，具有较高的拟合度，数字经济发展水平与产业转型速度之间的相关系数为0.9518，在10%的水平上京津冀地区的数字经济发展水平与产业转型速度显著正相关。模型（2.1）检验了移动电话普及率与产业转型速度之间的关系，两者的相关系数为1.8153，在1%的水平上京津冀地区的移动电话普及率与产业转型速度显著正相关。模型（2.2）检验了互联网普及率与产业转型速度之间的关系，两者的相关系数为1.5566，在1%的水平上京津冀地区的互联网普及率与产业转型速度显著正相关。模型（2.3）检验了专利授权数与产业转型速度之间的关系，可以看出，作用系数为正，但未通过显著性检验。模型（2.4）检验了R&D投入强度与产业转型速度之间的关系，两者的相关系数为1.5567，表明在5%的水平上京津冀地区的R&D投入强度与产业转型速度显著正相关。

表 4　数字经济发展水平与产业转型速度回归结果分析

	模型(2)	模型(2.1)	模型(2.2)	模型(2.3)	模型(2.4)
DE	0.9518* (1.83)				
YD		1.8153*** (3.34)			
HL			1.5566*** (2.06)		
ZL				0.0888 (0.53)	
RD					1.5567** (2.06)
RGDP	0.1301 (-1.29)	-0.0408 (-0.64)	-0.0564 (-0.77)	-0.0332 (-0.31)	-0.0564 (-0.77)
OPEN	0.0814 (0.60)	0.0012 (0.55)	0.0011 (0.47)	0.0003 (0.1)	0.0011 (0.47)
INDU	4.6540*** (20.63)	4.7453*** (22.31)	4.6532*** (20.84)	4.6138*** (19.92)	4.6532*** (20.84)
GOV	-0.3605* (-1.81)	-0.3547* (-1.96)	-0.4559** (-2.51)	-0.2736 (-1.37)	-0.4559** (-2.15)
常数项	0.8583** (2.26)	-0.9612 (-1.48)	0.7717* (1.96)	0.9150** (2.06)	0.7718* (1.96)
城市	控制	控制	控制	控制	控制
年份	控制	控制	控制	控制	控制
R^2	0.9006	0.9139	0.9024	0.8942	0.9024
观测值	65	65	65	65	65

六　研究结论与对策建议

（一）研究结论

本报告讨论了京津冀地区数字经济发展水平对产业转型升级的影响，并运用熵值法从基础设施指数和创新发展指数两个角度赋权，对京津冀地区的

数字经济发展水平进行测度。在此基础上，本报告运用固定效应模型来检验数字经济发展水平对产业结构转型升级的具体效应，由此得出以下两个结论。

第一，京津冀地区的数字经济发展水平存在较大的差异性和不平衡性。通过熵值法对数字经济发展水平的测度，我们发现京津冀地区各个城市的数字经济发展水平存在明显的差异。在京津冀地区中北京市的数字经济发展一直处于最高水平，起到领头的作用，天津市的数字经济发展水平位于北京市之后，河北省的整体水平落后于北京和天津。河北省内各市的数字经济发展水平差距并不明显，其中石家庄、廊坊、唐山、秦皇岛的数字经济发展水平相对较高，承德和张家口的数字经济发展水平则较低。整体来看，京津冀在数字经济发展上的联动效应和协同效应并不明显。

第二，京津冀地区的数字经济发展水平对产业转型升级具有显著的促进作用。根据固定效应模型的回归结果，我们可以发现数字经济发展水平会显著提升京津冀地区的产业结构高级化水平以及产业转型速度，表明数字经济发展在产业转型升级中发挥了推动作用，这与大多数研究和国家经济政策基本一致。其中，移动电话普及率、互联网普及率和 R&D 投入强度都对产业结构高级化和产业转型速度有显著正向影响；专利授权数对产业结构高级化有显著正向影响，对产业转型速度的正向影响未通过显著性检验。足以见得，数字经济已经成为实现京津冀地区高质量发展的“加速器”，成为世界各国发展经济竞相占领的新高地。

（二）对策建议

在大力发展智能制造的新时代背景下，利用数字经济有效解决产业转型升级问题，是实现京津冀地区产业转型升级的重要途径。北京地区应基于原有发展成果，持续推进数字经济的发展，并在因地制宜的原则下为河北、天津地区的数字经济发展提供技术助力，以数字经济为发展契机，引导京津冀地区的产业协调发展。同时应重视京津冀地区各个城市间数字经济发展水平的差异性，深化信息技术与传统产业的融合发展，实现数字经济为京津冀地区的产业转型升级赋能，催生实体经济发展新动能。

1. 构建数字化产业体系，促进数字经济与传统产业深度融合

构建京津冀地区数字化产业体系主要应从产业数字化和数字产业化两个方面入手，实现数字经济与产业转型升级的有机结合。

（1）传统产业数字化转型升级。在京津冀地区中，河北省的数字经济发展水平整体滞后，原因在于河北省的产业以传统工业和传统服务业为主，传统产业作为经济发展过程中的关键产业，对企业的数字化转型认识不够充分，在数字经济与产业融合发展上不到位。未来京津冀地区数字经济的发展可以依托大数据、云计算等数字技术为传统产业赋能，提升产业间关联程度，促进多产业融合发展，进而促进数字产业和传统实体经济深度融合，实现数字化转型。主要措施有以下几点。一是通过对移动互联技术和数字技术的应用，提高商品技术含量，增加产品性能，增强客户对产品的黏性和产品的竞争力，同时利用数字技术对企业进行数字化改造，促进全生产过程的精细化和协同化。在产业层面，通过数字化转型升级来解决传统产业发展中的瓶颈问题，提升研发能力、资源整合能力、智能制造能力和电子商务能力。加快推动传统产业向数字化生产、智能制造转型升级，加快推进产业结构优化升级，推动实体经济向信息化、数字化、绿色化转型。二是培育产业的新模式、新业态。持续推进电子商务发展，将电子商务与传统产业相融合，积极为电子商务的发展构建现代化智能物流系统，推动产业链快速发展。三是以数字技术为驱动，培育产业发展的新商业模式。对传统产业进行数字化转型升级和价值再造，将数字经济嵌入传统产业以提升传统产业的经济效益。依托数字化资源加速生产要素流动，利用数字技术赋能传统行业转型，通过产业链上下游的合作，实现资源共享。依托数字化赋能平台，统筹数字化资源，深化开放合作，推动产业链各环节互动发展，形成一个更开放、更协同的京津冀数字化生态体系。

（2）发展壮大数字产业。数字产业是数字经济发展的重要组成部分，从目前京津冀的数字经济发展现状来看，北京和天津的数字产业已形成一定的规模，但河北省各市的数字产业发展基础仍较为薄弱，有待进一步发展壮大。具体而言，一是聚焦数字化基础产业升级。数字化基础设施建设是大力

发展数字经济的基础，这些基础设施不仅能够带动数字化产业的发展，而且能推进数字经济与传统工业融合发展，促进产业链上下游发展壮大。要加强基础设施建设，就必须突破数字技术瓶颈，加强数字基础研究，瞄准世界先进水平，提高数字创新能力，借助科研力量，提高数字化基础设施水平。二是积极发展大数据、云计算产业。目前，全球数字产业化竞争领域主要集中在大数据、云计算、人工制造、5G、区块链等新一代信息技术产业。大力发展数字化产业，积极培育大数据业务，探索以数据要素为主要驱动力的商业模式。鼓励传统信息服务业利用新一代信息技术向云计算、大数据的智能化模式转型，充分利用海量数据，激发数据要素的能动性，以此应对数字化时代京津冀地区高质量发展的各种挑战。对数字技术的创新性应用，使得传统产业的生产方式得到了重塑，经济效益得到了提升。三是推进新型信息服务业和电子信息制造业。以数字化的基础设施建设为重点，紧紧依靠创新驱动，同时加大对数字技术产业的培育力度，依托互联网和大数据，全面发展新型信息服务业和电子信息制造业，引领新型数字化产业的蓬勃发展。四是大力发展新兴产业，加快数字化人才队伍建设。五是聚焦人工智能产业发展。积极发展智能机器人和智能家居等产业，推进智能系统在产业领域的应用示范。

2. 加强数字基础设施建设，发展数字化产业集群

（1）数字化基础设施建设是数字经济发展的基础，这些设施不仅可以带动信息化新型基建产业本身的发展，还可以促进产业链上下游的发展壮大。京津冀地区要重视数字经济发展相关新型基础设施建设，不断优化数字化转型发展环境，夯实数字经济技术基础，注重新型基础设施的增量建设和传统基础设施的存量改造。数字基础设施的建设，有利于促进数字经济与传统产业的融合，推动传统产业由低端迈向中高端，带动新产业和新商业模式的发展。要关注京津冀地区数字基础设施的不平衡性，重点是缩小京津冀地区的发展差距，加大对5G网络、大数据中心、人工智能等新型基础设施建设项目的投资力度，促进京津冀数字基础设施协同布局、联动发展。在数字技术基础设施建设方面，瞄准世界先进技术水平，推动京津冀地区抢占产业

转型技术高地，实现传统产业的智能化转型和创新发展。

（2）建设数字化产业集群，推动产业间协同发展。数字化产业集群可以推动产业链线上化、协同化，主要方向是产业集群集约化、高端化和品牌化改造。数字经济可以有效整合数字终端的数据，打破各行业的传统知识壁垒和经验壁垒，促进行业之间的高效协同发展。数字化产业集群就是要以数字化技术应用为支撑，以构建数字产业生态圈为载体，实现数字经济对传统产业的赋能。建设数字化产业集群，需要统筹规划多个重点产业的参与，选择一批有能力、会创新、信息基础好、带动能力强的企业加入，形成多元创新的数字化产业生态。利用网络化资源平台，促进平台经济的发展，建立产业跨界融合机制，推进数字化园区建设，从而优化产业集群的供应链，重塑空间布局，培育出依托大数据和互联网的新型数字化产业集群。

3. 政府引导数字化转型，建设数字政府和智慧城市

（1）加强产业数字化转型的顶层设计，完善政府支持体系。一是制定京津冀地区产业数字化的规划。统筹京津冀地区数字经济的整体发展，根据发展现状制定各个地区数字化转型的发展阶段和发展目标。有计划地推进重点行业的数字化转型升级，同时鼓励、吸引先进的数字产业与传统产业融合发展，健全数字产业与传统产业的协同机制，强化区域产业合作，探索不同类型的产业数字化转型方式和步骤。二是加大金融支持力度，建立健全产业数字化转型的财政支持体系，鼓励支持优秀传统企业的数字化转型。对于正在或将要进行数字化转型的企业，落实相关的税收优惠政策，提升信息技术产业高级化和产业链现代化水平。三是重视数据的开放共享，推动京津冀政务数据开放共享和开发利用，重视政务数据的合规共享和价值挖掘，建立健全国家公共数据资源体系。积极培育数据交易中心和数据服务商，支持社会化数据服务机构发展，鼓励市场力量挖掘商业数据价值，推动数据价值产品化、服务化。

（2）加快推进数字政府和智慧城市建设。数字政府建设是推动数字经济、数字生活发展的重要保障，数字治理体系的效率决定了数字经济发展的高度。首先，全面推动京津冀三地数字政府建设，提升政府数字化治理能力和水平，建立三地政府统筹管控、社会监督应用的数字化协同治理机制。数字政府治理有利于加快要素流动，推进数字技术创新，加快产业数字化转型发展，扩大数字经济的发展空间和发展潜力。数字政府治理也可以通过简化产业数字化转型的行政审批事项，降低数字化转型的准入门槛，提高政府办事效率。其次，数字政府应制定企业数字化转型管理办法，构建数字化水平评价指标体系，对转型程度进行评估与反馈，定期公布产业数字化转型的相关信息和评估数据，强化数据的规范使用，提升数据开放、共享与治理水平，从而激发出企业数字化转型的活力，绘制数字化转型产业发展的宏图。最后，全面推进公共服务数字化，深化智慧城市和数字生活建设。智慧城市的建设有助于推动城市数据整合共享和协同发展，推动公共服务资源数字化供给和网络化服务。深化新型智慧城市建设，加快实现“一网通办”，因地制宜地建设“数字孪生城市”，加快京津冀数字生态群的协同发展。

参考文献

［1］陆小莉、刘强、徐生霞：《京津冀产业转型升级的空间联动效应研究》，《统计与信息论坛》2021 年第 7 期。

［2］Tapscott，D.，*The Digital Economy*：*Promise and Peril in the Age of Networked Intelligence*（New York：McGraw-Hill，1996）.

［3］Moulton，B. R.，*GDP and the Digital Economy*：*Keeping Up with the Changes*（Cambridge：MIT Press，2000）.

［4］Bukht，R.，Heeks，R.，“Defining，Conceptualising and Measuring the Digital Economy”，Development Informatics Working Paper，2017（68）.

［5］范晓莉、李秋芳：《数字经济对产业结构转型升级的影响——基于中国省级面板数据的实证分析》，《现代管理科学》2021 年第 7 期。

［6］巫瑞、李飚、原上伟：《数字经济对区域经济高质量发展的影响研究》，《工业技术经济》2022 年第 1 期。

［7］祝合良、王春娟：《数字经济引领产业高质量发展：理论、机理与路径》，《财经理论与实践》2020 年第 5 期。

［8］徐鑫、刘兰娟：《信息基础设施建设对上海经济转型的影响：基于区域 CGE 模

拟分析》，《华东经济管理》2014 年第 7 期。
[9] 王林生：《“互联网+”理念的时代语境及内涵特征》，《深圳大学学报》（人文社会科学版）2016 年第 5 期。
[10] Kutin, A., Dolgov, V., Sedykh M., “Information Links between Product Life Cycles and Production System Management in Designing of Digital Manufacturing”, *Procedia CIRP*, 2016 (41): 423-426.
[11] 黄群慧、余泳泽、张松林等：《互联网发展与制造业生产率提升：内在机制与中国经验》，《中国工业经济》2019 年第 8 期。
[12] 郭凯明：《人工智能发展、产业结构转型升级与劳动收入份额变动》，《管理世界》2019 年第 7 期。
[13] 李海舰、李燕：《对经济新形态的认识：微观经济的视角》，《中国工业经济》2020 年第 12 期。
[14] 陈晓东、杨晓霞：《数字经济发展对产业结构升级的影响——基于灰关联熵与耗散结构理论的研究》，《改革》2021 年第 3 期。
[15] 郗恩崇、徐智鹏、张丹：《中国基础设施投资的全要素生产率效应研究》，《统计与决策》2013 年第 23 期。
[16] 吴勇毅：《抢占数字经济发展高地大数据产业集群崛起》，《上海信息化》2018 年第 8 期。
[17] 葛和平、吴福象：《数字经济赋能经济高质量发展：理论机制与经验证据》，《南京社会科学》2021 年第 1 期。
[18] 王开科、吴国兵、章贵军：《数字经济发展改善了生产效率吗》，《经济学家》2020 年第 10 期。
[19] 杨文溥：《数字经济与区域经济增长：后发优势还是后发劣势》，《上海财经大学学报》2021 年第 3 期。
[20] 李治国、车帅、王杰：《数字经济发展与产业结构转型升级——基于中国 275 个城市的异质性检验》，《广东财经大学学报》2021 年第 5 期。
[21] 沈琼、王少朋：《技术创新、制度创新与中部地区产业转型升级效率分析》，《中国软科学》2019 年第 4 期。

B.6

京津冀县域高质量发展评价

张　超*

摘　要： 本报告分别从创新驱动、经济活力、经济结构、民生发展和生活质量5个维度构建了京津冀县域高质量发展评价指标，并对2015~2019年京津冀县域高质量发展水平进行了测度与评价。研究发现，从现状来看，京津冀县域高质量发展指数在空间分布上呈现以“京津发展轴”和“环渤海发展带”为核心，以河北省内陆尤其是冀中南县域为外围的“核心-外围”结构。从变动情况来看，京津冀县域高质量发展指数变动在空间上呈现“京津冀中部县域隆起，南北县域下沉”、“重点城市都市圈内县域上升，环渤海县域下降”及“资源型县域下降，交通节点型县域上升”三大特征。其中，大兴区、大厂回族自治县、固安县、永清县、怀柔区、平谷区、辛集市等位于京津冀重点都市圈内的县域，高质量发展现状及增速均表现突出，未来京津冀范围内位于核心城市都市圈范围内的县域、交通节点县域及人口密度较高的县域将更有条件实现高质量发展。

关键词： 京津冀　县域高质量发展　3D

一　引言

2017年党的十九大报告指出，我国经济已由高速增长阶段转为高质量

* 张超，博士，河北工业大学经济管理副教授、硕士生导师，研究方向为区域经济学。

发展阶段，因此各地区的发展也应该由高速增长模式向高质量增长模式迈进。同年年底，国务院再次明确强调了该发展方式的转变是我国经济发展进入新时代的基本特征。这是跨时代性质的转变，在这一阶段性变化过程中，对高质量发展水平的测度变得尤为重要。国务院办公厅印发了《关于推进以县城为重要载体的城镇化建设的意见》，提出了9点关于加强县城城镇化建设的建议与实行办法。因此，能否准确量化区域经济高质量发展状况成为高质量发展过程中的重要一环，同时也是中央经济工作会议中重点强调的明确要求。京津冀三地差距明显，部分地区高质量发展水平亟待提升。目前研究集中于城市整体发展情况，并未对各个城市下属县域进行细致的审视与评价。

目前学界在高质量发展指标体系的构建方面虽然已有许多研究成果，但是从整体上看缺乏较为权威的指标体系构建方案。在对京津冀地区县域高质量发展水平测度的过程中，需要选取哪些指标？目前已有的指标体系中有哪些指标可以用于测度京津冀地区县域高质量发展水平？进一步来说，在存在区域间差异的情况下，如何结合京津冀地区特点构建新的指标体系？构建的指标体系能否很好地反映地区高质量发展情况？上述问题是在探索构建京津冀县域高质量发展指标体系过程中不可回避的问题。本报告将以京津冀地区142个非市辖区县域为研究对象，分别从创新驱动、经济活力、经济结构、民生发展和生活质量五个维度构建了京津冀县域高质量发展指标，并对2015~2019年京津冀县域高质量发展水平进行测评，同时在深入分析城市群在协同发展过程中的优势与矛盾冲突基础上，提出京津冀县域高质量发展的对策建议。

二　文献综述

关于地区高质量发展的内涵界定，既有研究大致沿三个视角展开。一是从新发展理念的视角对高质量发展的内涵进行界定，认为高质量发展是指通过创新驱动，提高经济发展水平，使协调成为发展的内生特点、使绿色成为发展的必由之路、使共享成为发展的根本目的，将所有的高质量发展成果惠及于民，实现真正的人民幸福、安居乐业[1~5]。二是从供给体系角度对地区高质量发展的内涵进行界定，认为只有提升要素质量和全要素生产率才可以推动高质量发展，只有在供给体系的质量、效率和稳定性都具备的前提下，形成的发展才是全面的高质量发展，并强调从创新驱动产业发展、人才供给促进科技创新等方面构建高质量供给体系[6~9]。三是从产业结构高级化和协调化发展视角界定高质量发展的内涵，认为高质量发展是生产要素投入少、资源配置效率高、资源环境成本低、经济效益好的全面发展状态，应包含三个特征，即第三产业商品和服务质量的提高、第二产业投入产出效率的提高和整体经济结构协调性的提升[10~11]。

在地区高质量发展的指标测度方面，部分研究尝试从增长效率的视角衡量地区高质量发展水平。黄永明、姜泽林选择人均 GDP 来表征城市高质量发展水平[12]，而黄庆华等则认为全要素生产率更好地反映了一个地区创造价值的能力，因此更适合作为地区高质量发展的核心指标[13]。陈诗一、陈登科从绿色生态可持续发展的角度出发，以政府环境治理和人均劳动生产率指标来表征地区高质量发展情况[14]。徐鹏鹏等认为城市基础设施建设水平可以很好地反映政府资金支出水平以及民生发展情况，并通过有利于民生发展的城市基础设施建设情况来反映经济质量[15]。随着有关经济高质量发展的论述逐渐丰富，高质量发展指标体系也得到了进一步发展，除了单一指标外，更多的研究开始引入指标体系开展地区高质量发展综合评价。贺大兴、王静从产业经济学角度出发，构建了包含投资结构、产业结构、高新技术、金融深化、能源环境、性别平等和经济增长 7 个指标的指标体系来衡量经济高质量发展情况[16]。

我国幅员辽阔，地理位置和地形结构等客观条件在一定程度上造成了东、中、西各地区的发展存在巨大差距，经济高质量发展的标准也会有所不同，相应地在指标体系的构建上既有共性，也存在差异。戚琳选取科技创新、绿色环保和城建共享 3 个指标，结合东北地区的区域特点，分析东北 34 个地级市的高质量发展情况[17]。田鑫选取经济活力、经济创新、绿色发展及民生发展 4 个方面，运用因子分析法寻找各个指标中具有强相关性的子指标，最后选出10个子指标来衡量长三角城市群各中心城市的高质量发展情况[18]。毛艳从新发展理念5个维度中的3个方面分析中国5个城市群的高质量发展现状和存在的问题[19]。杨恺钧、闵崇智重点考察技术创新对高质量发展的影响，以新发展理念中的5个维度为基础，选取发展绩效、产业协调、绿色生态、开放程度、人民生活5个一级指标共16个二级指标，来反映粤港澳地区经济高质量发展情况[20]。

同时，很多学者已经开始深入研究绿色生态可持续高质量发展的情况。张友国等在新发展理念的基础上提出了五大绿色发展理念，采用5个一级指标、11个二级指标、28个三级指标来衡量绿色高质量发展[21]。王蔷等创新性地将视角聚焦县域，构建了包含4个一级指标、24个二级指标的县域经济高质量发展评价指标体系，采用近3年粮食产量稳定度、特色小镇占比、城乡居民人均社会消费品零售额等来衡量城乡合力[22]。不难看出，复合指标体系除了反映经济发展情况外，还体现了绿色生态以及社会民生方面的发展情况，相较于单一指标可以更好地反映高质量发展的核心内涵。

通过对经济高质量发展及其指标体系构建的相关文献进行梳理不难看出，不少学者都做出了积极的探索，并且基本确立了以新发展理念的5个维度为引领的指标体系构建思路，在各地构建高质量发展指标体系的实践中也得到了应用。然而，目前大多数研究集中在国家或省级层面，针对区域层面的实证分析较为缺乏。目前关于京津冀地区的研究重点集中在北京与天津两地，对经济相对不发达的河北城市的研究较少。由于京津冀三地发展差异较大，如果采用与其他地区一样的指标体系会产生结果偏差，进而影响后一步判断。因此，本报告针对京津冀县域各地构建高质量发展指标体系，以衡量地区高质量发展情况，有针对性地为其制定未来发展战略。

三　京津冀县域高质量发展指标体系构建及测度

（一）指标体系构建与数据来源

在遵循科学性、层次性、可操作性、高代表性的原则下，本报告设置创新驱动、经济活力、经济结构、民生发展、生活质量5个指标维度进行分析。创新驱动维度主要选取财政性教育经费占GDP比重、教育支出占公共预算支出比重、科技支出占公共预算支出比重3个二级指标；经济活力维度主要选取人均GDP、夜间灯光灰度均值、银行分支机构和网点数量、城镇居民人均可支配收入增长率、规模以上工业企业数量、地区GDP指数6个二级指标；经济结构维度主要选取第三产业增加值占GDP比重、财政自给率、政府债务率（宽口径）、城镇化率4个二级指标；民生发展维度主要选取人均可支配收入、房价收入比、人均医疗床位数、义务教育阶段学生教师比例、社会保障支出占公共支出比重5个二级指标；生活质量维度主要选取区域碳排放强度、PM2.5年度均值、人均公共预算支出、人均道路面积、卫生健康支出占公共预算支出比重5个二级指标（见表1）。

本报告所使用的数据主要来源于2016~2020年的《中国县域统计年鉴》、《北京统计年鉴》和《天津统计年鉴》，以及2016~2019年的《河北经济年鉴》和2020年的《河北统计年鉴》，其中"PM2.5年度均值"来自中国环境监测总站的观测数据，利用Excel、ArcGIS、SPSS 26.0等软件对上述样本数据进行处理。囿于数据可得性，本报告最终基于京津冀142个非市辖区县域2015~2019年的相关数据，使用熵值法和因子分析法构建城市高质量发展指标体系对县域高质量发展水平进行测算，得出相关县域的高质量发展综合指数。

表1　城市高质量发展评价指标体系

一级指标	二级指标	内容
创新驱动	财政性教育经费占GDP比重	反映城市未来人才储备情况
	教育支出占公共预算支出比重	反映城市财政在人力资本投入上的倾斜力度
	科技支出占公共预算支出比重	反映城市对科技研发的重视程度
经济活力	人均GDP	反映城市富裕程度
	夜间灯光灰度均值	反映城市经济生活活跃度
	银行分支机构和网点数量	反映城市企业与个人经济活跃程度
	城镇居民人均可支配收入增长率	反映城市消费水平
	规模以上工业企业数量	反映城市第二产业发展程度
	地区GDP指数(上一年=100)	反映城市经济增长速度

续表

一级指标	二级指标	内容
经济结构	第三产业增加值占 GDP 比重	反映城市服务业与商业发展程度
	财政自给率	反映政府财政支出能力
	政府债务率(宽口径)	反映政府财务困难程度
	城镇化率	反映城市现代化水平
民生发展	人均可支配收入	反映人均消费能力
	房价收入比	反映居民居住压力
	人均医疗床位数	反映居民基本医疗资源拥有情况
	义务教育阶段学生教师比例	反映城市居民子女入学难易程度
	社会保障支出占公共支出比重	反映城市对社会保障体系建设的重视程度
生活质量	区域碳排放强度	反映城市基本环境质量
	PM2.5 年度均值	反映城市空气质量
	人均公共预算支出	反映城市人均公共设施使用质量
	人均道路面积	反映城市交通使用情况
	卫生健康支出占公共预算支出比重	反映城市对医疗卫生体系建设的重视程度

（二）测度方法

在上一节构建的指标体系基础上，本报告采用因子分析法和熵值法相结合的处理方法，首先对 2019 年京津冀地区 142 个县域的高质量发展水平进行综合评价，其次对 2015～2019 年的指标变动情况进行分析。因子分析法即利用降维思想，在尽可能不损失信息的前提下，利用少数几个因子反映原始资料的相关关系。为使评价分析更有针对性，不同于因子分析法一般采用各因子的方差贡献率为权重来计算综合得分，我们采用熵值法对公因子进行客观赋权，从而计算高质量发展水平的综合得分。熵值法是根据各影响因子提供信息量大小来确定权重的一种综合定权法。借助熵值法可以判断各公因子的变异程度，变异程度越高，提供的信息量越多，在综合评价中的作用越重要，权重也就越大。本报告运用 SPSS 26.0 软件对无量纲化后的 2019 年京津冀高质量发展评价指标数据进行 KMO 检验和 Bartlett 球形检验，结果显

示各维度的 KMO 值较大且均大于 0.6，Bartlett 球形检验显示各维度下的各项指标相关系数矩阵与单位矩阵有显著性差异，因此较适宜做因子分析。

如表 2 所示，创新驱动维度下的二级指标主要提取了 2 个公因子，其特征值分别为 2.873 和 1.983，累计方差贡献率为 84.919%，说明这 2 个公因子保留了绝大部分原始变量的信息。由旋转后的因子载荷矩阵可知，公因子 F1 在财政性教育经费占 GDP 比重和教育支出占公共预算支出比重上有较大载荷，分别为 0.847 和 0.672，其方差贡献率为 61.836%；公因子 F2 在科技支出占公共预算支出比重上有较大载荷，为 0.852，其方差贡献率为 23.083%。

经济活力维度下的二级指标主要提取了 2 个公因子，其特征值分别为 3.440 和 1.607，累计方差贡献率为 87.945%，说明这 2 个公因子可以很好地反映原始变量的信息，具有较高的代表性。由旋转后的因子载荷矩阵可知，公因子 F1 在人均 GDP、夜间灯光灰度均值、银行分支机构和网点数量上有较大载荷，分别为 0.836、0.815 和 0.806，其方差贡献率为 65.797%；公因子 F2 在城镇居民人均可支配收入增长率、规模以上工业企业数量和地区 GDP 指数上有较大载荷，分别为 0.738、0.794 和 0.878，其方差贡献率为 22.148%。

经济结构维度下的二级指标主要提取了 1 个公因子，其特征值为 3.171，累计方差贡献率为 64.280%，说明这个公因子保留了大部分原始变量的信息，具有一定的代表性。

民生发展维度下的二级指标主要提取了 2 个公因子，其特征值分别为 4.014 和 1.995，累计方差贡献率为 90.177%，说明这 2 个公因子可以很好地反映原始指标的信息，具有较高的代表性。由旋转后的因子载荷矩阵可知，公因子 F1 在人均可支配收入、房价收入比、人均医疗床位数上有较大载荷，分别为 0.748、0.748 和 0.630，其方差贡献率为 72.271%；公因子 F2 在社会保障支出占公共支出比重和义务教育阶段学生教师比例上有较大载荷，分别为 0.886 和 0.742，其方差贡献率为 17.906%。

生活质量维度下的二级指标主要提取了 2 个公因子，其特征值分别为

2.339和1.261，累计方差贡献率为71.998%，说明这2个公因子保留了大部分原始变量的信息。由旋转后的因子载荷矩阵可知，公因子F1在区域碳排放强度、PM2.5年度均值和人均道路面积上有较大载荷，分别为0.631、0.836和0.880，其方差贡献率为46.774%；公因子F2在人均公共预算支出和卫生健康支出占公共预算支出比重上有较大载荷，其方差贡献率为25.224%。

表2　因子提取结果

一级指标	成分	特征值	方差贡献率(%)	累计方差贡献率(%)
创新驱动	1	2.873	61.836	61.836
	2	1.983	23.083	84.919
经济活力	1	3.440	65.797	65.797
	2	1.607	22.148	87.945
经济结构	1	3.171	64.280	64.280
民生发展	1	4.014	72.271	72.271
	2	1.995	17.906	90.177
生活质量	1	2.339	46.774	46.774
	2	1.261	25.224	71.998

城市高质量发展水平的高低体现在城市发展演变的诸多层面，各因素间的相互联系、相互支持共同决定了城市高质量发展的评估结果。本报告在选取5个维度进行因子分析的基础上，通过熵值法判断各公因子的离散程度，根据因子的离散程度大小，判断该因子对城市高质量发展水平的影响程度。首先，对分析得到的公因子得分进行相应的标准化处理；其次，按照熵值法求出各县域创新驱动、经济活力、经济结构、民生发展和生活质量的熵值，分别为0.902、0.909、0.862、0.914和0.893，进而得到以上各类指标的权重，分别为0.346、0.088、0.236、0.090和0.239；最后，将这些指标的权重分别与其所对应的得分相乘并求和，得到各县域高质量发展指数。

四　京津冀县域高质量发展指数结果分析及评价

（一）京津冀县域高质量发展总体评价

总体而言，京津冀县域高质量发展水平呈现较大差异，县域高质量发展指数在空间分布上呈现以“京津发展轴”和“环渤海发展带”为核心，以河北省内陆尤其是冀中南县域为外围的“核心-外围”结构。高质量发展水平领先的县域主要分布于京津发展轴、环渤海发展带及以京津冀重要城市为中心的都市圈内，尤其是环首都都市圈内，而高质量发展水平较低的县域主要分布于河北省内陆尤其是冀中南地区。其中，大兴区、延庆区、三河市、平谷区、密云区、霸州市、怀柔区、香河县、大厂县、丰南区、丰润区、迁安市、滦州市、曹妃甸区、迁西县、遵化市、文安县、大城县、武安市和滦南县的高质量发展指数排在前 20 位，从县域高质量发展水平来看，这些县域是京津冀县域第一阵列，主要位于首都都市圈和唐山市域。固安县、玉田县、涿州市、任丘市、藁城区、永清县、辛集市、鹿泉区、静海区、宝坻区、晋州市、定州市、蓟州区、宁河区、冀州区、崇礼区等县域的高质量发展指数则居 21～50 位，这些县域构成了京津冀县域高质量发展第二阵列，主要分布于首都都市圈、天津都市圈、石家庄都市圈内，其中固安县、涿州市位于首都都市圈内，而永清县、静海区、宝坻区、蓟州区、宁河区等位于天津都市圈内，辛集市、鹿泉区、藁城区、定州市、晋州市等位于石家庄都市圈内。京津冀其余县域则属于高质量发展第三阵列。

因循上述分析思路，本报告还考察了 2015～2019 年京津冀地区非市辖区县域高质量发展指数变动情况。研究发现，高质量发展指数变动在空间上呈现“京津冀中部县域隆起，南北县域下沉”、“重点城市都市圈内县域上升，环渤海县域下降”及“资源型县域下降，交通节点型县域上升”三大特征。

首先，京津冀内部大部分地区的高质量发展指数在 2015～2019 年表现出显著增长趋势，尤其以北京、保定、沧州、衡水周边地区的增长最为迅猛；京津冀北部除隆化县、滦平县、张北县、怀安县等部分县域外，大部分地区的高质量发展水平呈下降态势。京津冀南部除邯郸等部分县域外，大部分地区的高质量发展水平也有一定的下降。2015~2019 年中部地区的高质量发展指数增长了 3.3%，而南部和北部地区的高质量发展指数下降了 2.6%。要达成京津冀高质量协同发展的目标，需要加快高质量发展延伸速度，缺乏资源倾斜的边缘县域的高质量发展任务将更为艰巨。资源型城市下属县域的高质量发展指数在 2015~2019 年下降了 3.9%，省会城市石家庄下属县域的高质量发展指数则在 2015~2019 年下降了 4%。京津冀地区资源型城市的衰退和因京津两地虹吸效应造成的省会城市的去中心化将是未来京津冀地区高质量快速发展的难点。

（二）京津冀县域高质量发展分项评价

从高质量发展的分项指标来看，在创新驱动一级指标上，直辖市北京和天津以及省会城市石家庄的县域得分相对更高，可见作为地区政治活动中心和信息汇集地，直辖市和省会城市居民对城市治理的参与度明显更高。从总体上看，创新驱动指标得分从高到低大体上呈现从京津冀中心城市邻近县域向外围边缘县域梯度递减的特征。具体来看，霸州市在创新驱动指标上远远领先于河北省内其他县域。北京市大兴区和怀柔区、邢台市巨鹿县和临城县、保定市涿州市和涞水县、秦皇岛市抚宁区、张家口市怀来县、廊坊市永清县、唐山市丰南区、衡水市景县、承德市围场满族蒙古族自治县以及石家庄市藁城区具有较高的创新驱动指标得分，表明具有较高的创新水平和较大的发展潜力。

经济活力一级指标综合考察了地区经济基础实力与经济增长实力，分项指标排名与综合得分排名较为相似。从总体上看，首都都市圈、环渤海发展带及京保石发展带县域经济活力分项指数较高，而冀中南地区县域经济活力分项指数明显较低。除北京和环渤海地区的得分位居前列外，位于京石铁路沿线的容城县、清苑区、定州市、新乐市和鹿泉区也有较高的得分，受北京区位辐射和铁路分布的影响非常显著。具体而言，北京市大兴区、邢台市巨鹿县、秦皇岛市抚宁区、沧州市肃宁县、承德市宽城满族自治县居于前5位，北京市怀柔区、廊坊市大厂回族自治县、邢台市新河县、廊坊市霸州市、沧州市河间市分列第6~10位。其中大兴区的人均GDP、夜间灯光灰度均值、银行分支机构和网点数量以及城镇居民人均可支配收入均位居前列，而其他地区则具有较高的地区GDP指数，说明经济增长较为迅速。

在经济结构一级指标上，京津冀中南部地区的表现明显优于北部地区，说明南部地区的政府支出投资收益更高，考虑到第三产业发展程度和城镇化率，京津冀中南部地区的投资回报速度快于北部地区，承德地区的经济结构分项指标得分与环渤海地区差距明显，未来如何选择良好的政府投资项目、优化产业结构是北部地区亟待解决的关键问题。具体而言，邯郸市成安县、邢台市巨鹿县、沧州市肃宁县、廊坊市大厂回族自治县、石家庄市藁城区分列前5位，邯郸市广平县、唐山市丰南区、承德市宽城满族自治县、衡水市故城县、邢台市新河县在经济结构指标上也表现优异。政府债务率在经济结构指标中占有较大权重，而经济结构指标排名前10的县域均具有较低的政府债务率，这也意味着这些县域政府出现财政危机的概率较低，且投资回报与投资回收周期较为合理。

在民生发展一级指标上，分项指标排名与综合得分排名高度相似，这说明民生发展与城市高质量发展有着较高的拟合度。从民生发展指数的空间差异来看，首都都市圈县域、天津都市圈县域和京保石发展带县域的民生发展指数明显高于京津冀其他县域。此外，民生发展同样受到地理因素的影响。具体而言，承德市和张家口市虽地处环北京城市群边界，但是由于其多山地丘陵，城市群带来的经济效益并没有很好地延伸，民生发展分项指标受到较大影响，地区整体得分偏低。

生活质量指标得分较高的县域主要分布在环渤海地区。具体来看，唐山市滦州市和曹妃甸区、邯郸市涉县、廊坊市文安县、沧州市海兴县占据了生活质量指标排名的前5名，而综合排名相对较高的北京和天津地区，在生活质量指标上的排名相对靠后。造成这种分布的最主要原因来自区域碳排放强度和 PM2.5 年度均值的影响，其中位于以北京和天津为核心的城市群的县域如大兴区、密云区、延庆区、怀柔区、宝坻区、静海区和以石家庄为中心的赞皇县、元氏县等地，虽然其他指标处于中等偏上位置，但由于其过高的区域碳排放强度和 PM2.5 年度均值，因此生活质量分数偏低。承德市承德县、隆化县，邢台市内丘县、隆尧县，张家口市张北县、崇礼区等地，虽然区域碳排放强度和 PM2.5 年度均值处于低位，但是其他方面的指标得分有待提高。

通过对重点县域的分项指标做进一步梳理，我们还可发现相同地区不同县域的高质量发展分项得分有较大的一致性，而不同地区不同县域的高质量发展分项得分存在较大差异，这可能是由不同的政策和区域环境导致的。具体而言，有些县域在某一方面重点突破，如北京市大兴区和延庆区、天津市静海区、邢台市巨鹿县等虽然在经济活力指标上表现十分突出，但是在生活质量指标上劣势明显，因此这些县域在未来高质量发展过程中应重点关注社会环境和自然环境的改善；石家庄市元氏县、邢台市临西县和宁晋县、承德市承德县、保定市高阳县、衡水市阜城县等在创新驱动方面明显不足，未来应重点在科技教育领域寻找突破；石家庄市无极县、承德市承德县、邢台市内丘县和清河县、唐山市乐亭县、保定市蠡县和望都县等县域在经济结构指标上的得分有待提高，未来应优化产业结构和政府投资结构，改善产业发展不平衡的情况；保定市部分县域如阜平县、唐县、曲阳县、博野县，以及邯郸市邱县和涉县、衡水市武邑县与承德市丰宁满族自治县等在民生发展指标上有待进一步提升，应加速提高民生发展项目的财政支出比例，满足居民的基本生活需求；邢台市临西县、内丘县和平乡县，保定市满城区，承德市承德县等则应继续推进经济建设以提升经济活力。同时，也有部分县域需要在多方面进行高质量发展建设，如承德市承德县、邯郸市邱县和涉县等在经济活力、民生发展与创新驱动三项指标上都有待提高；邢台市临西县、保定市高阳县、衡水市阜城县等则要在创新驱动与生活质量方面同时发力；邢台市清河县和保定市高碑店市则应同时优化县域经济结构和提升经济活力。

为分析各个县域各分项目标的实现情况，考察各县域的短板，本报告将

2019年京津冀142个非市辖区县域的高质量发展各分项指标分别进行排序，建立平衡计分卡，并将各县域按综合得分从高到低排列。从中可以看出，高质量发展综合得分排名靠前的县域各分项指标的排名也比较靠前，在民生发展这一分项指标上尤为明显，据数据分析可知，综合排名靠前的县域在民生发展细化的二级指标中除房价收入比以外的其他指标均有较良好的表现，而房价收入比指标表现不好的部分原因在于北京和天津的房价带动作用。值得注意的是，大兴区、延庆区、三河市、平谷区、密云区、霸州市、怀柔区、香河县、大厂回族自治县这9个县域虽然综合得分位于前9，但生活质量得分处于中下游，表明这些县域在居民生活满意度方面表现欠佳，人均道路面积和人均公共预算支出均处于较低水平。其次，前20名中排名靠后的几个县域如迁西县、遵化市、文安县、大城县、武安市、滦南县等在经济结构和经济活力分项指标上表现出较大的劣势，部分原因在于县域的政策倾斜和地缘经济带动作用使综合评分较高，但是县域本身并不具备较高的经济实力，这不利于这些地区的可持续发展。此外，在前20名中排名趋于中间位置的县域如丰南区、丰润区、迁安市、滦州市、曹妃甸区等，其各个分项指标排名较为平均，大多数处于前50%的区域，这些县域依然具有一定的发展潜力和较强的综合实力。平衡计分卡可以直观地反映各个县域的弱势分项指标，通过对这些分项的重点关注可以快速提升其高质量发展水平，达到“对症下药”的目的。从总体来看，对于高质量发展水平较高的地区，民生发展是关键所在，占综合得分的很大比例。从单个县域来看，部分县域个别指标的排名并不理想，延庆区、三河市、平谷区、密云区、丰润区等在生活质量方面的得分亟待提高，迁西县、遵化市、滦南县等需要高度重视经济结构，而文安县、丰润区需提升经济活力。

本报告根据京津冀地区142个非市辖区县域的高质量发展指数的平均水平和增长趋势，绘制了波士顿矩阵。依据各县域在波士顿矩阵中所处的不同象限，可将京津冀地区非市辖区县域划分为“明星型县域”、“潜力型县域”、“问题型县域”和“衰退型县域”4种类型。

其中，处于波士顿矩阵第一象限的县域为“明星型县域”，这些地区的高质量发展增速和高质量发展现状都表现突出，如曹妃甸区、大兴区、大厂回族自治县、固安县、永清县、怀柔区、平谷区、辛集市等，这些县域大多位于京津冀中主要都市圈范围内，如大兴区、大厂回族自治县、固安县、永清县、怀柔区、平谷区位于首都都市圈范围内，而固安县、永清县同时也位于天津都市圈范围内，辛集市处于石家庄都市圈范围内。这些县域既拥有本地劳动力、土地和生态环境方面的比较优势，又能享受都市圈的集聚效应和知识溢出，高质量发展条件十分优越。处于波士顿矩阵第二象限的县域为“潜力型县域”，即 2019 年高质量发展水平偏低，但在 2015~2019 年高质量发展指数保持较快增长的县域，如新河县、肥乡区、平乡县、巨鹿县、枣强县等，这些县域处于快速发展期，具有较为良好的前景。处于波士顿矩阵第三象限的县域为“问题型县域”，即在 2019 年高质量发展水平较低，且 2015~2019 年高质量发展指数不增反降的县域，典型县域有晋州市、赤城县、易县、永年区、故城县、蓟州区、雄县等，这些县域大部分远离京津冀发达城市群，受地理等因素影响，无法分享城市群带来的拉动作用。处于波士顿矩阵第四象限的县域为“衰退型县域”，即尽管目前高质量发展指数较高，但在 2015~2019 年指数出现下降的地区，如宝坻区、迁西县、静海区、宁河区、沙河市等，这些县域虽多隶属于天津、唐山、石家庄等发达城市，但是受到北京市辖区虹吸效应的影响，出现了人才与资源流失的情况，造成高质量发展水平下降。

（三）基于3D 视角的京津冀县域高质量发展空间差异原因分析

京津冀县域高质量发展指数的空间差异反映了未来京津冀不同县域发展潜力的差异，那么为什么京津冀各县域会呈现如此大的差异呢？从区域科学视角来看，这种差异源于各地的地理空间多维度特征差异。具体而言，我们认为集聚经济、交易成本、比较优势和要素禀赋是决定一个地区竞争力进而决定产业、人口吸引力的因素。世界银行将以上因素归纳为“3D”，即密度（Density）、距离（Distance）和分割性（Division）。其中分割性是指文化、制度等一体化程度，京津冀各县域的文化同源，制度、政策衔接上也不存在

明显障碍，分割性对京津冀各县域发展潜力的影响可被视为“同质化”的，即分割性这一因素并非决定京津冀各县域未来发展潜力的核心因素。因此，对京津冀各县域而言，决定其高质量发展空间差异的核心因素就只剩下距离和密度，即那些区位和交通条件好、密度较高的县域更具竞争力，未来位于京津冀核心城市都市圈范围内的县域、交通节点县域及人口密度较高的县域将更有条件实现高质量发展。

首先，我们选择县域与以北京、天津、石家庄为核心的都市圈的平均加权距离以及与海岸线的最短距离作为“距离”这一决定因素的核心表征。

都市圈引领区域经济发展的政策导向已十分明确，近年来我国都市圈建设呈较快发展态势。京津冀县域的高质量发展和它们与以北京、天津、石家庄为核心的都市圈的平均加权距离有着较强的相关性，其中平均加权距离较短的县域高质量发展水平较高，而平均加权距离较远的县域高质量发展水平有待提高。作为城市群的核心，都市圈的范围相对较小，发展都市圈被视为推进我国高质量城镇化的重要抓手，现代化都市圈是区域高质量发展的重要载体，对于周边县域的高质量发展具有很强的带动作用。因此，在推动京津冀协调发展以及高质量发展的过程中，政府需要继续扩大都市圈的影响范围以及对周边县域的影响力，依托辐射带动能力较强的中心城市，加快都市圈与周边县域的交通建设，扩大一小时通勤圈范围，增加都市圈周围常住居民数量，推动地方经济发展，提升高质量发展水平。通过政策调整与倾斜，建立新的都市圈和城市群来带动周边发展，都市圈建设是对资源分布的结构性调整和对产业体系布局的重新整合，建立新的都市圈将会加速提升原来远离都市圈的地区的高质量发展水平。

位于京津冀东部的环渤海地区是日益活跃的东北亚经济区的中心部分，环渤海地区在亚太地区国际经济分工协作中具有重要地位，同时将带动中国西部大开发及东北发展，对于缩小中国经济南北差距也具有特殊作用。环渤海城市群是京津冀经济社会发展的先行区域，也是京津冀地区高质量发展的动力源之一。可以发现，与海岸线的最短距离较短的县域高质量发展情况较好，而远离海岸线的县域发展水平相对较低。主要原因在于航海运输、进出口上下游产业以及海产捕捞对地方经济的带动作用，位于海边的县域拥有丰富的海洋资源，拥有港口的地方可以发展航海运输业和船舶业，其中天津港作为整个华北地区海洋运输与海洋捕捞的中心，其经济效益会向四周辐射，带动周边地区的经济发展。大部分临海县域的水产养殖以及海洋捕捞行业较为发达，拥有一定的海洋能源资源，相较于内陆地区有着先天的资源优势，临近海岸线的地方也可以通过运输、水产品生产加工以及旅游业等享受到一定的资源优势。

因此，京津冀县域要着重关注海洋资源为自身高质量发展带来的优势，充分利用海洋资源是提升京津冀县域高质量发展水平的重要途径。只有加强环渤海经济圈对周边地区的推动作用，协同北京、天津城市群与环渤海经济圈共同发展，才能快速带动内陆县域实现发展上的突破。通过提高沿海地区与内陆县域的沟通水平，可以在内陆县域培育与海洋资源相关的新产业体系，在加强县域造血能力的同时，带动现有产业稳中向好发展。同时应积极促进沿海地区与内陆县域产业资源要素的流动，实现产业有效连接，从而实现京津冀县域高质量协同发展。

长期以来，因经济、社会、生活条件、就业情况等方面的差异，京津冀地区逐渐形成了以北京为中心向四周逐渐降低的人口密度分布格局。人口密度与区域高质量发展有着较强的正相关关系。人口密度提高除会直接促进经济增长外，还可以通过释放人口红利推动地区高质量发展。北京、天津和石家庄等地的虹吸效应，使得河北地区的大量人才以及劳动力外流，北京、天津、石家庄及其周边地区聚集了大量人口，这些地区的高质量发展水平明显高于京津冀其他地区，但是这种人口虹吸效应不利于周边地区的发展。

高质量发展离不开人口数量的支撑，因此，应创造更好的居住环境和就业环境来吸引人口，同时加快出台人才引进政策和人口指导政策，例如2022年发布的《关于推进以县城为重要载体的城镇化建设的意见》提到健全农业转移人口市民化机制，全面落实取消县城落户限制，确保对稳定就业生活的外来人口与本地农业转移人口的落户一视同仁。增加地区人口密度应该实施因城而异的人口指导政策，例如对于现阶段人口密度增长进入疲软期的天津、唐山及其周边地区，不应盲目鼓励继续增加人口密度。一方面，在高科技产业发展符合预期的情况下，天津、唐山等地要更加注重发展服务业，通过这种方式为大量基础性劳动力创造就业岗位，改善普通劳动人口的就业条件，进而形成全面发展的劳动力市场；另一方面，完善大都市圈的周边交通体系，扩大一小时通勤圈，最大限度地做到宜居。对于邢台、衡水、沧州、承德和张家口等地，人口密度低主要在于对人口的吸引力不足，因此，可通过完善城市基础设施、为外来常住人口提供均等化的社会保障、大力发展第三产业以创造就业机会等方式吸引外来人口流入，进而增加人口密度。只有在人民生活得到保障的基础上，提高人口密度对高质量发展的贡献率，才能进一步实现地区高质量发展的良性循环。

五　结论与政策建议

本报告从创新驱动、经济活力、经济结构、民生发展和生活质量 5 个维度构建了京津冀县域高质量发展指标，并对 2015～2019 年京津冀县域高质量发展水平进行了测度与评价。研究发现，总体而言，京津冀县域高质量发展指数在空间分布上呈现以“京津发展轴”和“环渤海发展带”为核心，以河北省内陆尤其是冀中南县域为外围的“核心-外围”结构。通过考察 2015～2019 年京津冀地区非市辖区县域高质量发展指数变动情况发现，高质量发展指数变动在空间上呈现“京津冀中部县域隆起，南北县域下沉”、“重点城市都市圈内县域上升，环渤海县域下降”及“资源型县域下降，交通节点型县域上升”三大特征。从京津冀县域高质量发展分项指标来看，在创新驱动指标上，北京、天津和石家庄的县域得分相对更高，创新驱动指标得分从高到低大体上呈现从京津冀中心城市邻近县域向外围边缘县域梯度递减的特征。在经济活力指标上，首都都市圈、环渤海发展带及京保石发展带县域的分项指数较高，而冀中南县域的分项指数明显较低。在经济结构指标上，京津冀中南部地区的表现明显优于北部地区。在民生发展指标上，首都都市圈、天津都市圈和京保石发展带县域的分项指数明显高于京津冀其他县域。生活质量指标得分排名较高的县域主要分布于环渤海地区。在京津冀各县域中，曹妃甸区、大兴区、大厂回族自治县、固安县、永清县、怀柔区、平谷区、辛集市等县域高质量发展现状及增速均表现突出，这些县域大多位于京津冀中主要都市圈范围内，既拥有本地劳动力、土地和生态环境方面的比较优势，又能享受都市圈的集聚效应和知识溢出，高质量发展条件十分优越。从区域科学视角来看，京津冀县域高质量发展水平的差异源于集聚经济、交易成本、比较优势和要素禀赋等空间多维度特征。那些区位和交通条件好、密度较高的县域更具竞争力，未来位于京津冀核心城市都市圈范围内的县域、交通节点型县域及人口密度较高的县域将更有条件实现高质量发展。

基于以上判断，本报告提出如下政策建议。

第一，对于位于“京津发展轴”、“环渤海发展带”及北京、天津和石家庄等都市圈内的县域而言，应在发挥自身劳动力成本、土地成本和生态环境优势的基础上，强化与都市圈中心城市的通勤联系、功能分工与公共服务共建共享，在优化生产功能的基础上，提升自身的生活和生态功能，将县域高质量发展推向更高水平。

第二，对于河北省内陆尤其是冀中南县域，应在及时发现自身短板的同时因地制宜，利用社会环境优势和自然资源优势，取长补短，加速利用一切可利用资源，弥补自身不足。应聚焦于自身经济活力的提升，在充分挖掘自身具有垄断性的资源组合基础上，继续扩大自身具有比较优势的产业的集聚规模。同时应加强京津冀边缘县域联动，突破县域和省域的限制，在发展水平较高的县域的带动下，相互协调促进，实现高质量发展水平的共同提升。

第三，京津冀地区应继续加强区域协同发展，加强北京、天津与河北地区之间的资源置换，弥补大城市虹吸效应造成的河北部分地区高质量发展资源匮乏的劣势，形成优势互补的京津冀发展格局，激发河北地区经济增长的内生动力，推动各县域高质量发展。

第四，基于 2015~2019 年各个县域高质量发展综合得分的变化情况，不同类型的县域应采取差异化的发展策略。对于高得分、高增长的“明星型县域”如大兴区、大厂回族自治县、固安县、永清县、怀柔区、平谷区、辛集市等，应加强区位管理和规划投资，加强与都市圈中心城市在职住功能、产业功能上的联系分工，并从消费服务水平提升、生态环境建设和教育医疗资源引入等多方面提升县域地方品质，进一步促进县域高质量发展；对于低得分、高增长的“潜力型县域”如新河县、肥乡区、平乡县、巨鹿县、枣强县等，应找到阻碍自身高质量发展的主要短板，对症下药，保持增长势头；对于高得分、低增长的“衰退型县域”如宝坻区、迁西县、静海区、宁河区、沙河市等，应尽快找到目前增长乏力的原因，适当转变县域经济发展思路，以生活和生态优势吸引优质产业、人力资本进入，以维持下一阶段县域高质量发展水平；对于低得分、低增长的“问题型县域”如赤城县、易县、永年区、故城县、雄县等，应基于自身条件开拓新的发展路线，发展特色产业，加大创新力度，吸引资本流入，逐步带动地区高质量发展。

参考文献

[1] 王锋、王瑞琦：《中国经济高质量发展研究进展》，《当代经济管理》2021 年第 2 期。

[2] 王永昌、尹江燕：《论经济高质量发展的基本内涵及趋向》，《浙江学刊》2019 年第 1 期。

[3] 陈再齐、李震、杨志云：《国际视角下经济高质量发展的实现路径及制度选择》，《学术研究》2019 年第 2 期。

[4] 侯黄萍：《粤港澳大湾区高质量发展评价指标的构建与影响因素研究》，硕士学位论文，广东外语外贸大学，2020。

[5] 张军扩、侯永志、刘培林、何建武、卓贤：《高质量发展的目标要求和战略路径》，《管理世界》2019 年第 7 期。

[6] 汪同三、郭美晨：《加强品牌建设是推动经济高质量发展的题中应有之义》，《中国中小企业》2018 年第 8 期。

[7] 周振华：《经济高质量发展的新型结构》，《上海经济研究》2018 年第 9 期。

[8] 马茹、罗晖、王宏伟、王铁成：《中国区域经济高质量发展评价指标体系及测

度研究》,《中国软科学》2019 年第 7 期。
[9] 国家发展改革委经济研究所课题组:《推动经济高质量发展研究》,《宏观经济研究》2019 年第 2 期。
[10] 李香菊、杨欢:《助推我国经济高质量发展的税收优化研究》,《税务研究》2019 年第 5 期。
[11] 逄锦聚、林岗、杨瑞龙、黄泰岩:《促进经济高质量发展笔谈》,《经济学动态》2019 年第 7 期。
[12] 黄永明、姜泽林:《金融结构、产业集聚与经济高质量发展》,《科学学研究》2019 年第 10 期。
[13] 黄庆华、时培豪、胡江峰:《产业集聚与经济高质量发展:长江经济带 107 个地级市例证》,《改革》2020 年第 1 期。
[14] 陈诗一、陈登科:《雾霾污染、政府治理与经济高质量发展》,《经济研究》2018 年第 3 期。
[15] 徐鹏鹏、姚佳黛、李想、王虹雨、谢雨桐:《国家中心城市基础设施高质量发展评价指标体系研究》,《项目管理技术》2021 年第 6 期。
[16] 贺大兴、王静:《营商环境与经济高质量发展:指标体系与实证研究》,《上海对外经贸大学学报》2020 年第 6 期。
[17] 戚琳:《新时代城市高质量发展水平测度及效率分解——以东北三省 34 个地级及以上城市为例》,《东北财经大学学报》2020 年第 1 期。
[18] 田鑫:《长三角城市经济高质量发展程度的评估——基于因子 k 均值方法的实证分析》,《宏观经济研究》2020 年第 3 期。
[19] 毛艳:《中国城市群经济高质量发展评价》,《统计与决策》2020 年第 3 期。
[20] 杨恺钧、闵崇智:《技术创新对经济增长质量的驱动作用研究——以粤港澳大湾区为例》,《当代经济管理》2020 年第 12 期。
[21] 张友国、窦若愚、白羽洁:《中国绿色低碳循环发展经济体系建设水平测度》,《数量经济技术经济研究》2020 年第 8 期。
[22] 王蔷、丁延武、郭晓鸣:《我国县域经济高质量发展的指标体系构建》,《软科学》2021 年第 1 期。

专 题 报 告

Special Reports

B.7

京津冀数字经济空间演进特征、制约因素与协同发展

李 峰 王丹迪*

摘 要： 数字经济作为一种新经济形态，具有高创新性、强渗透性、广覆盖性，不仅是新的经济增长点，而且是改造提升传统产业的支点，逐渐成为构建现代化经济体系的重要引擎。本报告基于数字基础设施建设、数字产业化和产业数字化进程以及数字经济发展环境三个方面对京津冀地区数字经济现状展开分析，借助 σ 趋同检验研究京津冀数字经济的空间格局特征和制约因素。研究发现，京津冀地区新型基础设施地区发展的相对差距逐步缩小，绝对差距比较明显；地区间数字技术的应用程度具有较大提升空间，应用领域有待进一步扩大。受制于京津冀三地发展阶段差异和城市功能群网络不完善，京津冀城市间技术创新能力的“木

* 李峰，博士，河北工业大学经济管理学院副教授、硕士生导师，研究方向为产业创新和区域经济；王丹迪，河北工业大学经济管理学院硕士研究生，研究方向为区域经济。

桶效应”明显，数字技术研发合作与融合应用亟须加强。基于此，京津冀地区需要加快推进数字基础设施的战略布局，进一步提升产业数字化深度和数字产业化水平，打造更为开放自由的数字发展环境，这对于推动京津冀地区高质量协同发展具有重要意义。

关键词： 京津冀协同发展 数字经济 空间演进

一 引言

数字经济是以新一代信息通信技术和人工智能为基础所衍生出来的一种新型经济形态，是新一轮全球科技革命的重要标志，是世界各国必争的新产业高地。《“十四五”数字经济发展规划》指出，数字经济发展速度之快、辐射范围之广、影响程度之深前所未有，正在成为重组全球要素资源、重塑全球经济结构、改变全球竞争格局的关键力量。从国际层面来看，欧美国家和地区纷纷将数字化转型列为国家战略目标，美国发布了《国家5G安全战略》《美国的全球数字经济大战略》等政策文件，全力进军数字经济领域；德国出台了《数字化战略2025》，利用信息技术落地“工业4.0”，完成技术转型；欧盟委员会发布《2030数字罗盘：欧盟数字十年战略》，对未来数字化发展提出明确战略建议。欧美国家采取多种形式的战略布局，意欲从数字领域出发，创新研发和深度应用数字技术，加速数字经济与实体经济融合，占据国家经济竞争新优势。从国内发展来看，我国各地开始数字经济发展布局，如上海围绕城市整体数字化，在数字经济、数字生活和数字政府领域布局；浙江以数字化改革为主线，在经济、政治、文化、社会、生态领域开始五位一体全方位数字化布局。可以看出，数字经济已然成为中国新时代促进产业结构转型升级、引领新经济增长的新动力，成为加快构建新发展格局、实现高质量发展的重要路径。

京津冀地区是我国创新资源丰富、吸纳人口众多的区域之一，京津冀协同发展战略实施以来，人口流动、产业协同、政策联动等方面发生了显著变化。伴随京津冀协同发展的不断深化，数字经济将为京津冀地区经济发展提供新的契机和方向，为区域协同发展增添新活力。数字技术在消费、投资、技术转化和生产制造等多个方面发挥作用，带来新的增长空间，将全面提升整个经济的效率。同时，数字经济要素的流通应用，打破了传统要素与数据之间的壁垒，推动创新资源共享，从要素配置变革、产业升级驱动和经济增长质量演变等多个方面促进经济高质量发展[①]，助推京津冀地区进入协同发展的新阶段。

二　京津冀地区数字经济整体发展现状

当前京津冀地区的软件和信息服务业领跑全国，新模式、新业态的创新示范作用突出。2021 年，北京、天津、石家庄等 9 个城市入围数字经济百强榜[②]，京津冀地区凭借数据要素的天然优势逐渐成为数字经济时代的“先行者”。本报告从数字基础设施建设、数字产业化和产业数字化进程以及数字经济发展环境 3 个方面入手，深入剖析京津冀地区的数字经济发展特征与协同现状。

（一）京津冀地区的数字基础设施建设

随着数字经济的兴起与发展，以 5G、人工智能、大数据、工业物联网等为代表的新型基础设施正逐步演化为人类社会经济活动的重要设施。新型基础设施具有深度学习、万物互联、人机交互等特征，这些特征使机器设备拥有比普通劳动力更强大的学习和协作功能，加快了资本数字化和智能化进程，

① 王娟：《数字经济驱动经济高质量发展：要素配置和战略选择》，《宁夏社会科学》2019 年第 5 期。

② 赛迪顾问：《2021 中国数字经济城市发展白皮书》，2021 年 9 月。

提高了资本相对于劳动的边际产出，加大了产业资本对劳动的替代作用[①]，促进了地区产业高端化发展。同时，深度运用新一代数字技术的新型基础设施成为地区间信息交流的共享平台，有助于打破数据要素流动的区域壁垒，突破沟通和协作的时空约束，推动地区新经济模式快速发展。新型基础设施建设逐渐成为京津冀地区利用数字技术实现产业转型与协同发展的基本要素。

1. 京津冀三地互联网覆盖率差异明显，但整体增速存在放缓趋势，河北省内沧州的发展势头最猛

互联网凭借强大的渗透性，打通生产要素的流动渠道，提高了资源配置效率。互联网具有实时监控功能，可以计算各部门的资源利用率，及时纠正资源错配现象。同时，互联网的搭建和延伸为区域产业提供了无障碍的沟通平台，有助于提升地区产业之间的合作效率。

京津冀三地的互联网覆盖率不均衡，北京市和天津市的初始覆盖率较高。从动态角度来看，近5年来三地互联网覆盖率增速放缓，互联网建设越来越完善，发展数字经济的基础越来越扎实。河北省充分发挥后发优势，积极、快速、全面地扩大互联网的影响，其中沧州发展最为迅速。

就京津冀三地的互联网接入端口数而言，河北省相对于北京市和天津市数量级较大。如图1所示，京津冀地区的互联网接入端口数基本呈上升趋势，即京津冀地区互联网覆盖率整体呈上升趋势，但2018年后趋于平稳。从图1中可以看出，河北省的互联网接入端口数始终处于领先地位，2020年北京市、天津市、河北省的互联网接入端口数分别达到2084.1万个、1254.6万个、4598.2万个，均为历史最高点。北京市2015年的增速最快，天津市2011年的增速最快，河北省2012年的增速最快，但三地最近几年的增速均逐渐变缓。2011年京津冀地区的互联网接入端口数相差无几，但河北省10年来发展迅速，2020年比2011年增长299.7%，是北京市增长率的1.87倍、天津市增长率的1.24倍。

① 郭凯明、潘珊、颜色：《新型基础设施投资与产业结构转型升级》，《中国工业经济》2020年第3期。

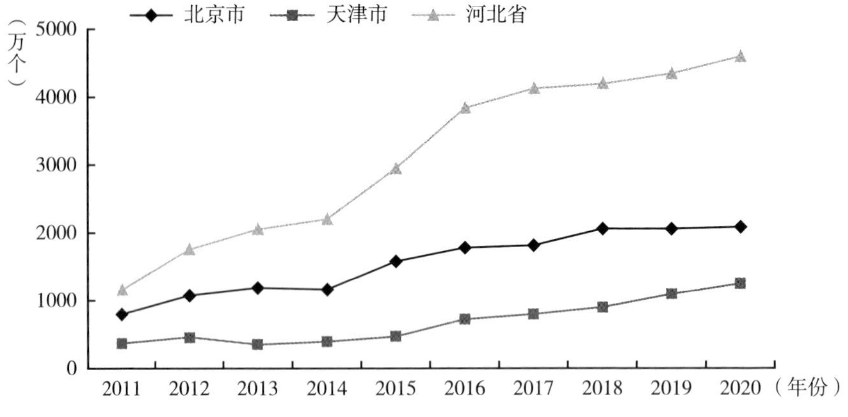

图 1　2011～2020 年京津冀地区互联网接入端口数变化

资料来源：国家统计局官网。

就京津冀三地的互联网接入用户数而言，河北省的互联网接入用户数始终较高且保持较快增速。从总量上看，与互联网接入端口数类似，河北省在互联网接入用户数上始终处于领先地位，而天津市处于落后地位，北京市居中。截至 2020 年末，河北省互联网接入用户数达 2534.4 万户，是北京市的 3.39 倍、天津市的 4.74 倍。从动态角度看，北京市互联网接入用户数增长率处于相对较低的状态，主要是由于北京作为互联网发展的发达区域，已经先一步完成互联网的前期接入工作。北京市、天津市和河北省的互联网接入用户数基本呈正增长，2011～2020 年北京市的年均增长率为 4.60%，天津市为 12.89%，河北省为 13.41%（见图 2）。2016～2018 年是京津冀地区互联网接入用户数增长的高峰期，北京市 2018 年的增长率为 17.88%，天津市 2018 年的增长率创下新高，为 29.06%，河北省 2016 年的增长率为 22.38%。

就互联网普及率而言，京津冀地区基本高于全国水平，京津冀作为国家经济增长极之一充分发挥着数字化转型的带动作用。如图 3 所示，2011～2020 年京津冀地区互联网普及率的差距呈缩小趋势。河北省和全国的走势高度重合，并于 2013 年首次达到全国平均水平，之后呈稳步增长态势并一

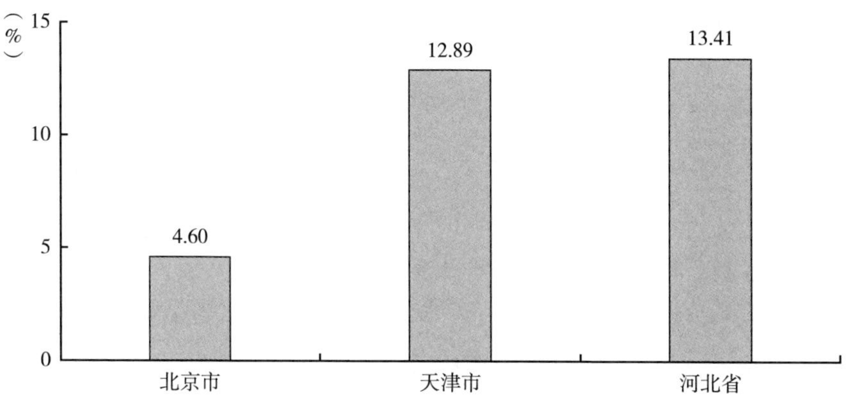

图2　2011~2020年京津冀地区互联网接入用户数的年均增长率

资料来源：2012~2021年《中国城市统计年鉴》。

直高于全国水平。截至2020年底，河北省互联网普及率达70.8%，比全国水平70.4%高出0.4个百分点，互联网得到较为充分的利用。

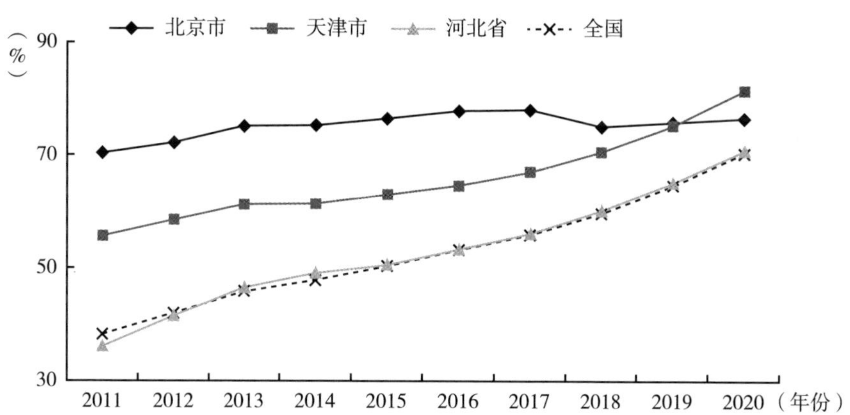

图3　2011~2020年京津冀地区及全国的互联网普及率变化的时间序列

资料来源：2012~2021年《天津统计年鉴》和《北京统计年鉴》、2012~2019年《河北经济年鉴》及2020~2021年《河北统计年鉴》。

具体观察河北省内情况，各城市的互联网覆盖率不均衡，石家庄市初始覆盖率高，但其他地区逐渐赶超，其中沧州市发展最快。截至2020年末，河北省的互联网接入端口数、互联网接入用户数两个指标在全国31个省、直辖市、自治区中均排名第7，与排名第1的广东省的差距逐年缩小，反映出河北省对互联网的需求日益增大。在总量方面，河北省下辖11个地级市的互联网接入用户数均呈上升趋势，石家庄和保定稳居前列，而承德和张家口相对落后。截至2020年末，石家庄互联网接入用户数达393万户，是承德的3.71倍。在动态变化方面，如图4、图5所示，全省11市的互联网发展均较为迅速，其中沧州的增长势头猛烈，2019年的互联网接入用户数是2011年的3.64倍，而石家庄仅为2.36倍。2011~2019年沧州和张家口的互联网接入用户数年均增长率分别排第1和第2位，分别为17.94%和16.35%，反映出两地的互联网覆盖率大幅提升；石家庄和唐山的增长率排在倒数第1和倒数第2位，分别为11.44%和11.58%，均低于河北省整体的年均增长率。

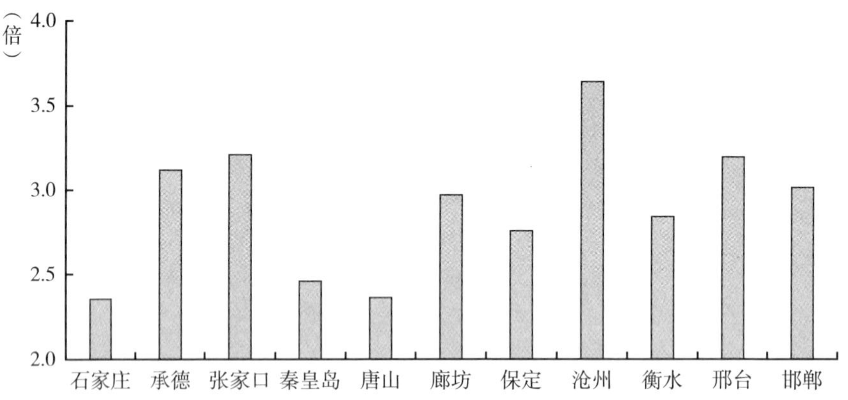

图4　河北省互联网接入用户数2019年相对于2011年的增长倍数

资料来源：2012~2019年《河北经济年鉴》、2020年《河北统计年鉴》。

综上所述，京津冀地区的互联网覆盖率高于全国水平，而河北省的互联网接入端口数和互联网接入用户数在总量和增速上均高于北京市和天津市，说明河北省的后发优势明显，虽起步较晚，但由于本身基础实力雄厚以及北京、天津的带动示范作用，在数字基础设施建设上取得明显进步，迈出实现互联网全面覆盖的重要一步。现阶段河北省内各城市的互联网覆盖率不均

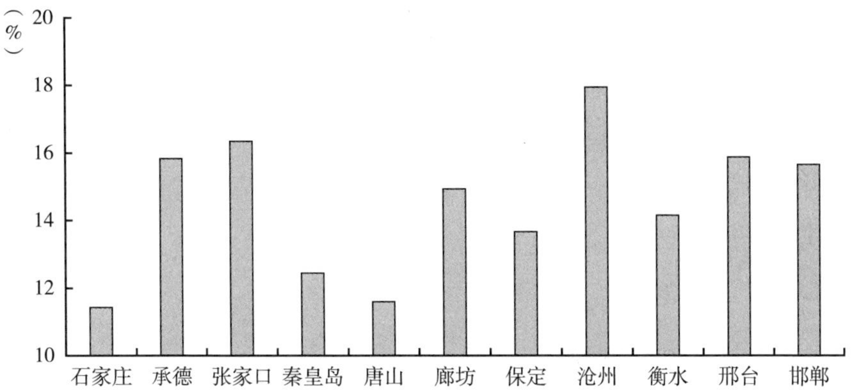

图 5　2011~2019 年河北省互联网接入用户数的年均增长率

资料来源：2012~2019 年《河北经济年鉴》、2020 年《河北统计年鉴》。

衡，但总体发展趋于均衡。石家庄和保定的互联网覆盖率保持较高水平，而承德和张家口的互联网覆盖率则相对较低。由具体数据可以看出，各城市的互联网接入用户数与其年均增长率基本负相关，即互联网接入用户数越高，年均增长率越低。这一规律反映在具体城市上，石家庄互联网接入用户数的年均增长率最低，而张家口则较高，说明河北省内的互联网覆盖率呈现逐渐均衡的趋势。

2. 京津冀三地互联网使用水平差距逐渐缩小，但河北省的使用水平仍有待提高

京津冀三地中河北省的光缆线路长度处于较高水平，但由于移动电话使用存在饱和性，三地的互联网使用水平差距逐渐缩小；河北省内互联网使用水平高低不一，石家庄和雄安新区的使用水平较高，而沧州的使用水平则相对较低。

截至 2020 年末，河北省光缆线路长度达 2230109. 96 千米，为北京市的 5. 07 倍、天津市的 5. 92 倍。从动态角度来看，北京市在互联网使用上依然保持前期优势，2012~2020 年增长率较为平缓；河北省光缆线路长度的增长率于 2017 年达到最高，为 45. 30%；天津市的增长率则在 2019 年达到峰值，为 52. 08%（见图 6）。对于长途光缆线路长度而言，河北省始终处于领先地位且增长态势良好，截至2020年末，河北省长途光缆线路长度达3.74万千米，远超北京市的0.42万千米和天津市的0.46万千米。

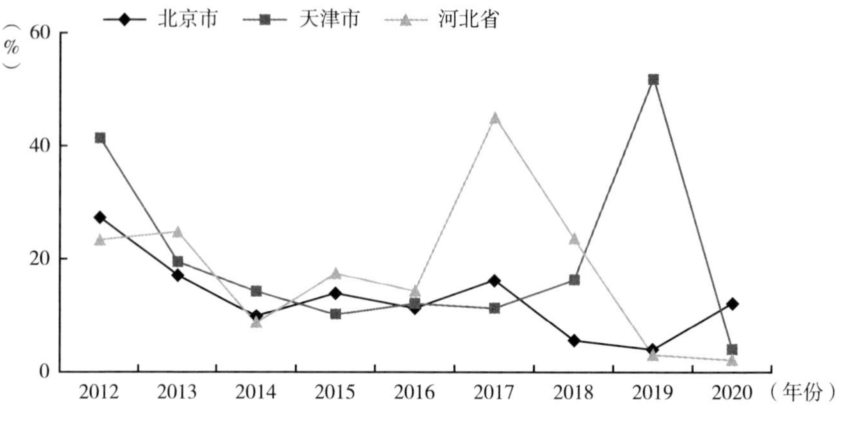

图6　2012~2020年京津冀地区光缆路线长度增长率变化

资料来源：国家统计局官网。

京津冀地区的电话普及率呈不均衡分布，北京市的电话普及率始终远高于其他两地，天津市基本与全国普及率持平，而河北省始终低于全国水平。截至2020年末，河北省的电话普及率为120.47部/百人（见图7），略低于全国水平的125.80部/百人，但河北省电话普及率的增长速度呈上升态势，2010~2020年的平均增速为4.31%，说明河北省对电话普及率的重视程度越来越高。就移动电话普及率而言，北京市依然远高于天津市和河北省，而天津市和河北省与全国水平持平。2017年河北省和天津市的移动电话普及率均高于100部/百人，分别为100.83部/百人、101.49部/百人，这意味着在2017年已经实现了每人至少一部移动电话，在2017年后，京津冀地区移动电话普及率的增长速度逐渐放缓（见图8）。

具体来看京津冀地区移动电话的使用情况，自2013年我国正式实施“宽带中国”战略以来，京津冀地区4G移动电话用户数迅速增长。2020年末京津冀地区4G移动电话用户数达到11454.71万户，为2014年末用户数的13.37倍。分地区来看，河北省的4G移动电话用户数在京津冀地区始终

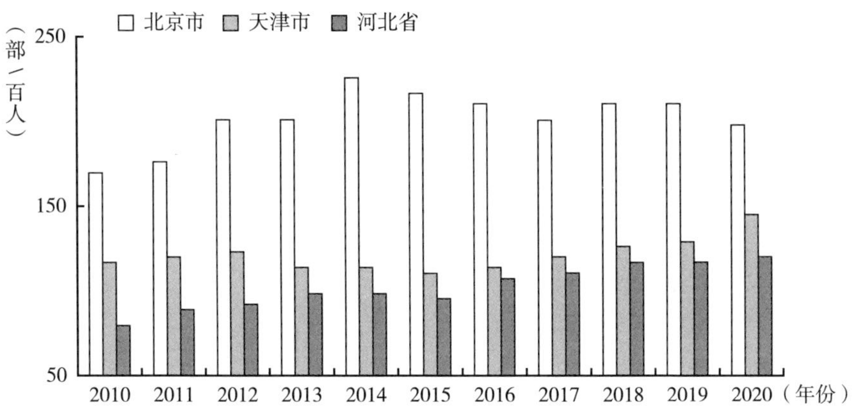

图7　2010~2020年京津冀地区电话普及率变化

资料来源：国家统计局官网。

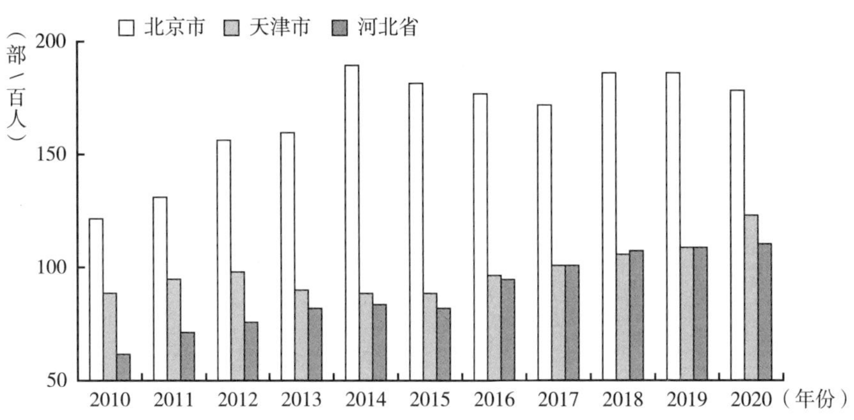

图8　2010~2020年京津冀地区移动电话普及率变化

资料来源：国家统计局官网。

最高（见图9），且占比越来越大，从2014年末的45.94%逐年递增至2020年末的58.84%。从动态角度来看，京津冀三地4G移动电话用户数的增长率呈下降趋势，这也从另一个角度印证了地区移动电话使用的饱和性。与此同时，京津冀地区的5G技术也在迅速崛起，河北省信息通信行业发布的

《2020 年度河北省互联网发展报告》显示，2020 年末河北省 5G 移动电话用户总数达到 1695.8 万户，占全省电话总用户数的 20.3%。截至 2021 年末，河北省 5G 基站累计达到 5.2 万个，居全国第 8 位，实现各省各设区市主城区、县城城区和重点乡镇 5G 网络覆盖。

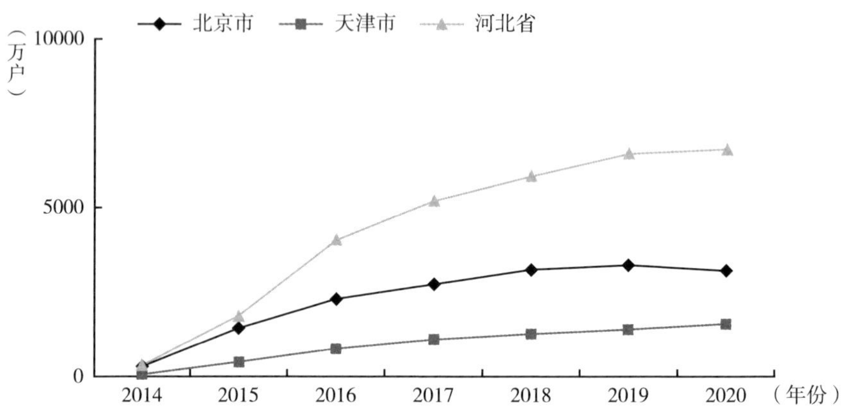

图 9　2014~2020 年京津冀地区 4G 移动电话用户变化

资料来源：华经产业研究院、河北省统计局。

具体来看河北省内情况，在总量上，石家庄和保定的移动电话用户数最高，承德和秦皇岛相对落后。截至 2019 年末，石家庄移动电话用户数为 1403 万户，占河北省全省用户总数的 16.9%，是用户数最少的承德市的 3.76 倍。在增长率上，2010~2019 年，邯郸市移动用户数的年均增长率最高，为 9.62%；沧州市的年均增长率最低，为 7.33%（见图 10）。相对于全省年均增长率（8.11%）而言，邯郸、唐山、衡水、承德、石家庄和邢台均处于领先发展地位，保定、张家口、廊坊和秦皇岛处于中等水平，而沧州相对落后。石家庄作为河北省的省会，其在拥有大量民众的基础上，充分利用现有经济资源，互联网使用水平得到迅速提升。

综上所述，由于移动电话存在一定的饱和性（具体表现为在每人至少拥有一部移动电话后，移动电话普及率的增长率逐渐放缓），三地移动电话的使用量最终会维持在一个均衡水平，而 5G 的快速兴起则加快了这一进

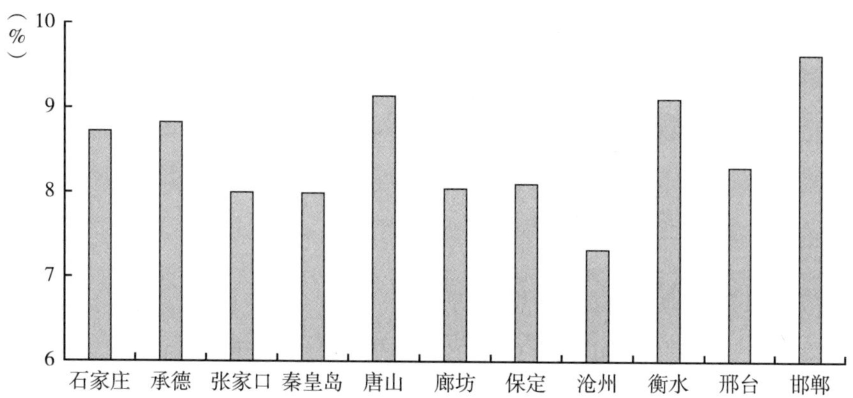

图 10　2010~2019 年河北省移动电话用户数的年均增长率

资料来源：2011~2020 年《中国城市统计年鉴》。

程。对于河北省内来说，石家庄和雄安新区成为互联网发展的重点区域，而沧州的互联网使用水平较低。石家庄移动电话使用量的占比始终较大，且近 5 年呈增长趋势；雄安新区作为国家级新区，优先发展 5G 技术；沧州移动电话使用量的年均增长率最低。河北省应注意利用先行经验带领相对落后区域完成数字基础设施的搭建和完善。

（二）京津冀地区的数字产业化和产业数字化进程

数字经济将劳动、土地、资本、技术、管理、知识等各类要素数字化并数据化，对提高生产效率发挥乘数作用，形成新型数据生产力。数字经济可以分为两大模块，即数字产业化和产业数字化。数字产业化即信息通信产业，具体包括电信业、电子信息制造业、软件与信息服务业和互联网服务业；产业数字化则是指传统产业由于数字技术的发展与应用所引起的产出增加和效率提升①。近些年来我国第三产业快速发展，产业网络呈现不同的结构特征，总体呈现由“二一三”向“二三一”，再向“三二一”

① 中国信息通信研究院：《中国数字经济发展白皮书(2020 年)》，2020 年 7 月。

演变的趋势，京津冀三地也呈现不同的产业结构特征，网络“稀疏性”明显，说明数字产业化与产业数字化的动力依然巨大。本部分将从数字产业化和产业数字化两个方面入手，对京津冀地区数字经济产业的发展进行分析。

1. 京津冀三地的数字产业化呈现不同的行业格局，河北省各行业内部的经营管理能力较差

（1）京津冀地区电信业的发展现状

总体来看，河北省电信业的发展规模较大，北京市和天津市经营水平的提升快于河北省，河北省内电信业的经营水平呈现严重的高低差距。

电信业的行业规模常用电信业务总量来衡量。从电信业务总量上看，京津冀地区的电信业务总量逐年上升，2017 年前三地电信业务总量的增速均较为平稳，但 2017 年后增速迅速提高，截至 2020 年末京津冀地区的电信业务总量达到 10803. 88 亿元，是 2010 年业务总量的 3. 84 倍。分地区来看，河北省的电信业务总量在绝对值上始终高于北京市和天津市。从相对值来看，天津市的占比始终较低，维持在 15%上下，河北省的占比在 2015 年前一直高于北京市且较为稳定，2015 年河北省的占比低于北京市，之后迅速上升，而北京市则与之相反（见图 11）。如图 12 所示，京津冀三地电信业务总量的年均增长率较为均衡，整体上河北省略高于天津市，北京市最低。截至 2020 年末，河北省电信业务总量为 5971. 71 亿元，占 55. 27%；北京市电信业务总量为 3247. 63 亿元，占 30. 06%；天津市电信业务总量为 1584. 54 亿元，占 14. 67%。

电信业的经营水平常用电信业务收入来衡量。从电信业务收入上看，京津冀地区的电信业务收入在 2016 年达到顶峰，总收入为 2239. 36 亿元，之后整体呈下降趋势，2019 年仅为 1222. 73 亿元，与移动电话类似，电信业的发展可能也存在一定的饱和性。分地区来看，2009~2019 年京津冀三地的电信业务收入占比虽有差距但稳定在一定范围内（见图 13）。北京市占比最大，维持在 40%~70%；河北省次之，维持在 20%~50%；天津市最低，维持在 10%~25%。从增长率来看，2010~2019 年北京市和天津市的电信业务

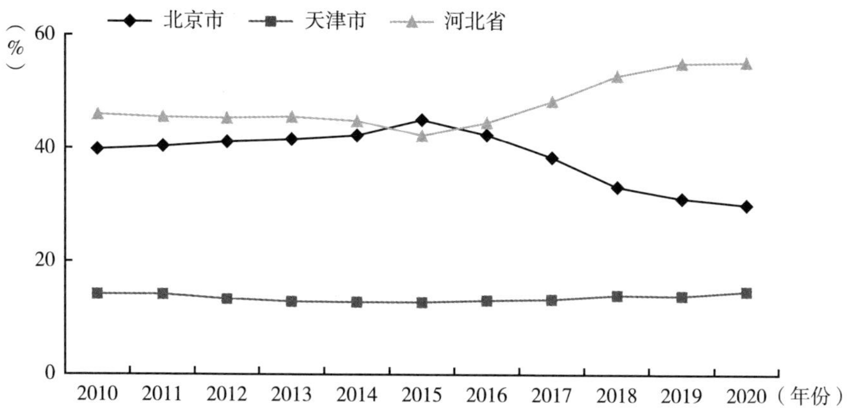

图 11　2010~2020 年京津冀地区电信业务总量占比变化

资料来源：国家统计局官网。

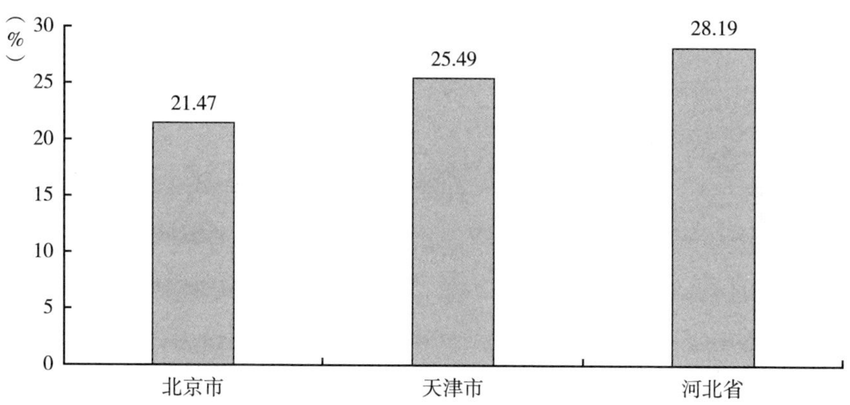

图 12　2010~2020 年京津冀地区电信业务总量的年均增长率

资料来源：国家统计局官网。

收入增长趋势较为一致且增长率变化幅度明显，而河北省的增长率变化则相对较为平稳（见图 14）。2010~2019 年北京市和河北省电信业务收入的年均增长率分别为 3.23%、3.16%，而天津市却呈现负增长，年均增长率为 -1.91%。

具体来看河北省内的发展情况，全省 11 个城市的电信业务收入总量

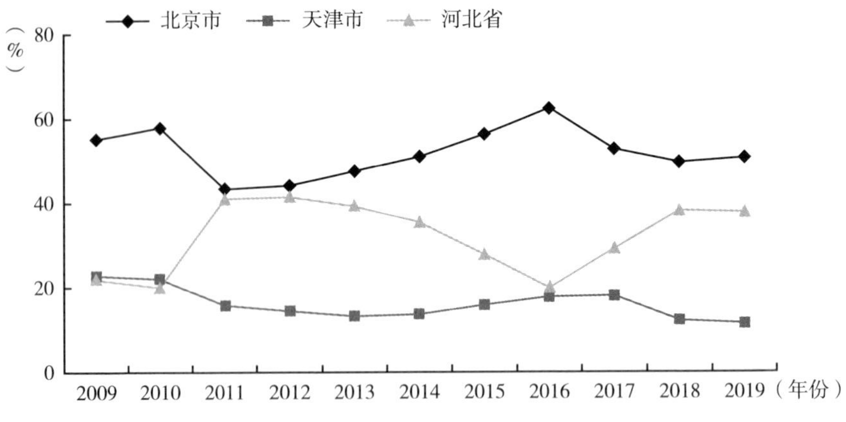

图 13　2009~2019 年京津冀地区电信业务收入占比变化

资料来源：2010~2020 年《中国城市统计年鉴》。

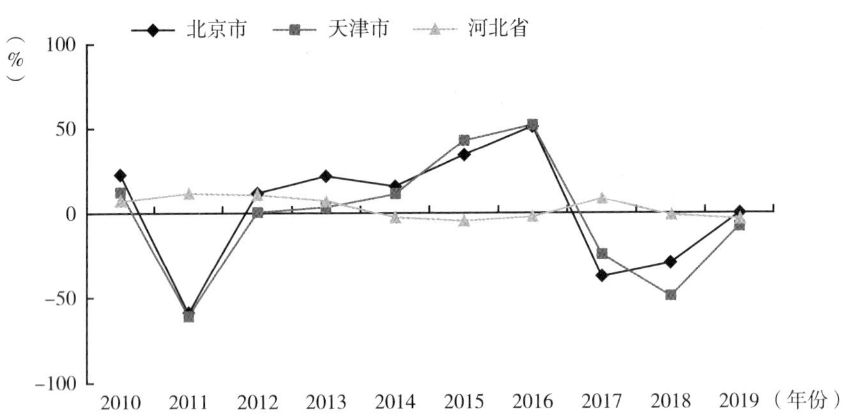

图 14　2010~2019 年京津冀地区电信业务收入增长率变化

资料来源：2011~2020 年《中国城市统计年鉴》。

在 2016 年前基本呈上升趋势，但在 2016 年后均有所下降。从图 15 中可以看出，2009~2019 年，石家庄和保定的电信业务年均收入较高，而衡水和承德则偏低。从动态角度来看，廊坊市 2009~2019 年的年均增长率最高，为 4.35%，而秦皇岛仅为 1.19%。观察整个河北省电信业的情况可以看出，现阶段河北省电信业的经营管控能力还不足，电信业的营业收入还没有达到稳定状态，亟须寻求更加合理的经营措施来平衡各城市的发展。

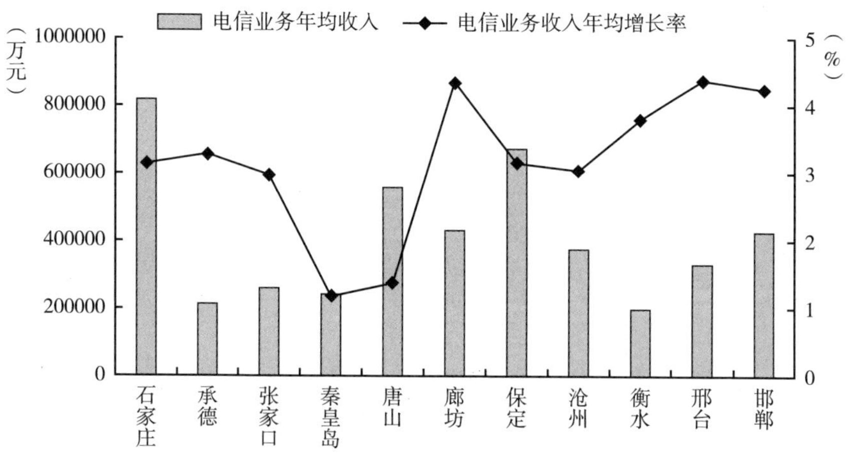

图 15　2009~2019 年河北省电信业务年均收入及年均增长率

资料来源：2010~2020 年《中国城市统计年鉴》。

（2）京津冀地区软件与信息服务业的发展现状

京津冀地区软件与信息服务业的发展格局不均衡，北京市与天津市的发展基本持平且较为迅速，而河北省相对落后。

从总量上看，京津冀地区的软件业务收入、软件产品收入和信息技术服务收入在 2012~2020 年呈上升趋势。2020 年，京津冀地区的软件业务收入为 18282.63 亿元，是 2012 年的 4.2 倍；软件产品收入为 4801.88 亿元，是 2012 年的 3.07 倍；信息技术服务收入为 12913.76 亿元，是 2012 年的 3.59 倍。分地区来看，北京市和天津市软件业务收入、软件产品收入和信息技术服务收入的年均增长率明显高于河北省（见图 16）。河北省近几年并无增长趋势，2020 年甚至出现软件业务收入负增长率（-47.84%）、信息技术服务收入负增长率（-58.66%）。在软件业务出口上，河北省由于自身经济情况和地理位置的原因，发展也相对落后，2020 年软件业务出口 14.38 亿美元，仅为北京市的 2.47%。

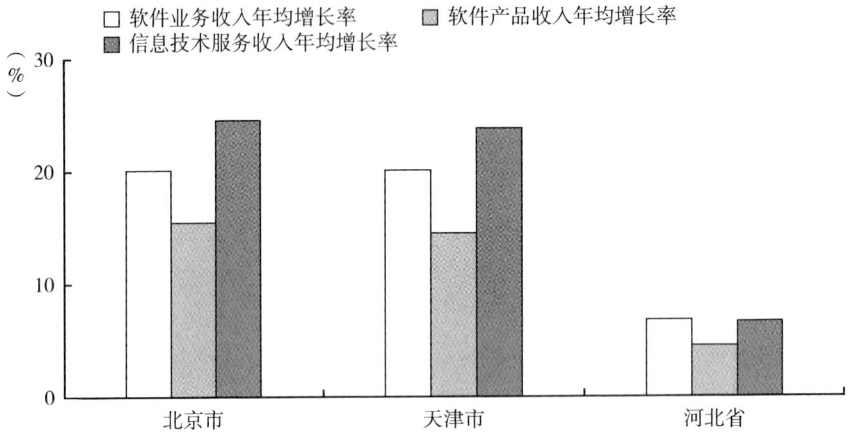

图 16　2012~2020 年京津冀地区软件业务收入、软件产品收入和信息技术服务收入的年均增长率

资料来源：国家统计局官网。

（3）京津冀地区电子信息制造业的发展现状

京津冀地区电子信息制造业的发展速度较快，地区间的发展速度差距较大，北京市和河北省的增速较快，河北省内部就业人员分配不均衡。

从总量上看，2020 年京津冀地区计算机、通信和其他电子设备制造业的主营业务收入约为 2012 年的 2.2 倍（由于数据来源受限，北京市 2019 年、2020 年以营业收入代替主营业务收入）。分地区来看，如图 17 所示，北京市和天津市 2012~2020 年的计算机、通信和其他电子设备制造业主营业务年均收入远高于河北省，但是天津市的年均增长率偏低，仅为 1.81%，北京市和河北省分别为 7.5%、5.42%，总体发展速度差距较大。从相对角度来看（见图 18），2016~2017 年，北京市、天津市、河北省的计算机、通信和其他电子设备制造业主营业务收入占比基本维持在 50%、40%和 10%左右，总体格局较为稳定，但是 2017 年后，河北省的占比呈下降趋势，说明随着电子信息制造业的发展，河北省内部存在的问题逐渐暴露。

从京津冀地区电子信息制造业的就业情况来看，北京市的就业人员比例最大，河北省电子信息制造业的就业人员数量与其他两地存在差距。图 19 展示了

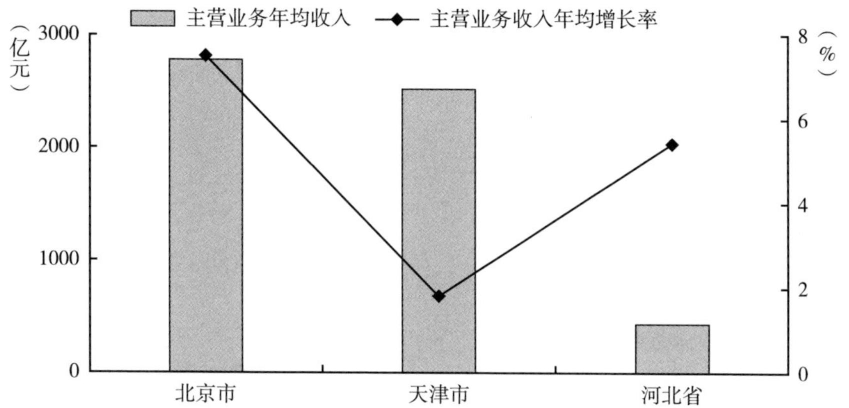

图 17　2012~2020 年京津冀地区计算机、通信和其他电子设备制造业主营业务年均收入和年均增长率

资料来源：2013~2021 年《北京统计年鉴》和《天津统计年鉴》、2013~2019 年《河北经济年鉴》及 2020~2021 年《河北统计年鉴》。

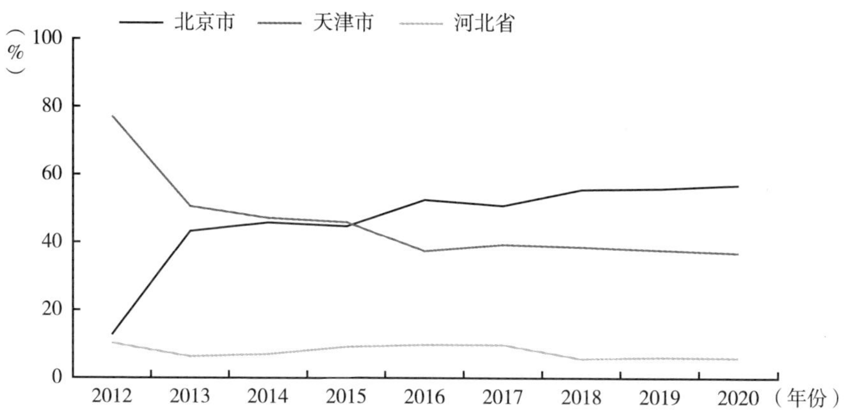

图 18　2012~2020 年京津冀地区计算机、通信和其他电子设备制造业主营业务收入占比变化

资料来源：2013~2021 年《北京统计年鉴》和《天津统计年鉴》、2013~2019 年《河北经济年鉴》及 2020~2021 年《河北统计年鉴》。

京津冀地区 2012~2020 年信息传输、计算机服务和软件业城镇就业人员占城镇总就业人员的比例，可以从侧面反映出各地数字产业化的发展潜力，就业人数越多，说明该行业在该区域的发展越趋向繁荣。可以看出，北京市在该产业的就业人员比例最大，天津市和河北省的占比较小，但是三地均呈上升趋势，其中河北省的上升最为缓慢。北京市的电子信息制造业发展向好，借助自身的经济发展条件，北京数字产业化的步伐较快，这与图 17 得出的结论相同，即京津冀地区电子信息制造业的发展速度差距较大。对于河北省而言，观察图 20 可以发现，河北省内部的电子信息制造业发展也有较大的差距，石家庄 2009~2019 年信息传输、计算机服务和软件业城镇就业人员的年均占比远高于其他市。

图 19　2012~2020 年京津冀地区信息传输、计算机服务和软件业城镇就业人员占比变化

资料来源：2013~2021 年《中国城市统计年鉴》。

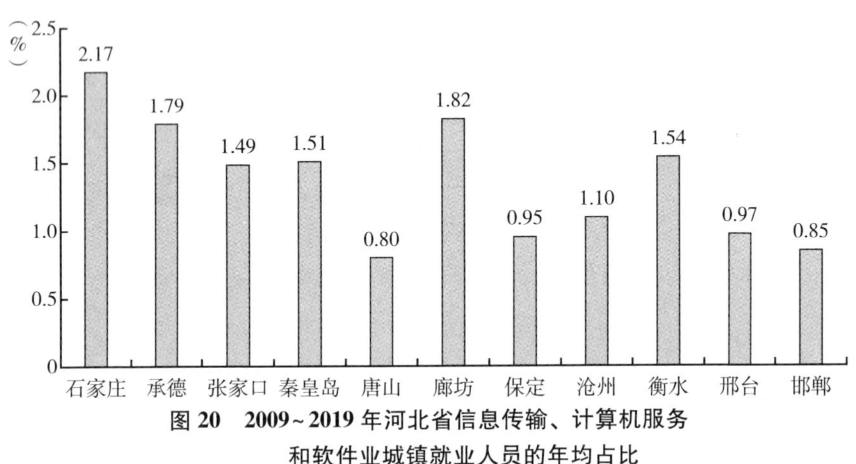

图 20　2009~2019 年河北省信息传输、计算机服务和软件业城镇就业人员的年均占比

资料来源：2010~2020 年《中国城市统计年鉴》。

综上所述，京津冀三地在电信业、软件与信息服务业和电子信息制造业上的发展速度差距较大，尤其是软件与信息服务业，河北省甚至出现了负增长的情况，说明河北省还没有找到发展和管理软件与信息服务业的正确方法，内部存在较大的问题。同时，虽然河北省的电信业规模较大，但是经营存在严重的问题。河北省在电子信息制造业上存在内部人员流动不畅的问题，从这一角度出发，河北省可以尝试通过调整行业之间的人员比例分配来实现营业利润的增加，通过改善基础设施、完善人才政策等方法，提高除石家庄外其他地区的电子信息制造业就业人员比例。

2. 京津冀三地产业数字化发展较为均衡，电子商务和数字金融发展均趋于成熟

北京市从事电子商务活动的企业比重较大，但是三地的电子商务销售额增长速度相差不大。京津冀三地在数字金融总体规模上有差距，而增长趋势高度一致，其中河北省的发展速度略快，河北省内部数字金融的发展已经较为成熟。

就从事电子商务活动的企业数量来看，京津冀地区从事电子商务活动的企业数量占比总体呈上升趋势。截至 2020 年末，北京市从事电子商务活动的企业有 8877 家，是天津市的 6.16 倍、河北省的 3.6 倍。从动态角度来看，如图 21 所示，北京市从事电子商务活动的企业数量占比始终最高，从 2013 年的 7.5%持续增长至 2020 年的 22.8%；天津市从事电子商务活动的企业数量占比在 2015 年达到最高，为 9.1%，之后进入低迷期；河北省从事电子商务活动的企业数量占比在 2016 年达到最高，为 8.4%，2017 年迅速下降，但是之后略有回升。

从电子商务销售额来看，京津冀地区电子商务的发展较为均衡。截至 2020 年末，北京市的电子商务销售额为 25831.8 亿元，是天津市的 5.95 倍、河北省的 5.87 倍。虽然北京市本身的电子商务销售额较大，但北京市、天津市、河北省 2020 年的电子商务销售额分别是 2013 年的 3.46 倍、4.12 倍、3.78 倍，数量级上变动的差距较小。同时从动态角度来看，如图 22 所示，2014~2019 年天津市电子商务销售额的年均增长率略高，但三地差距依然不大。

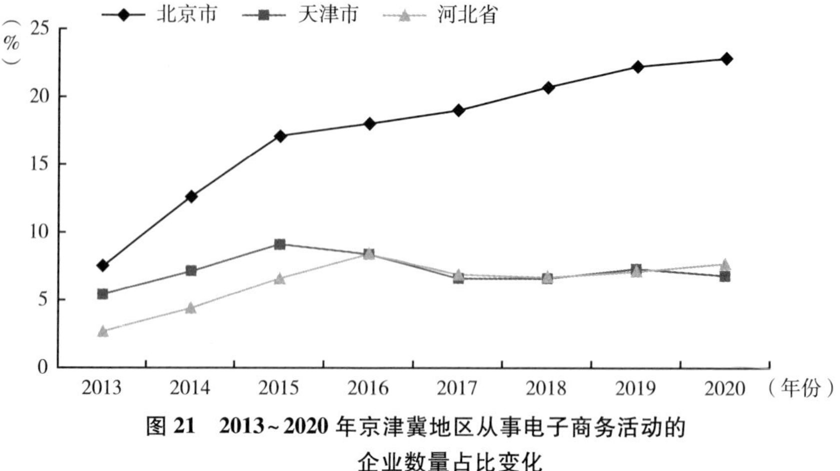

图 21　2013~2020 年京津冀地区从事电子商务活动的企业数量占比变化

资料来源：国家统计局官网。

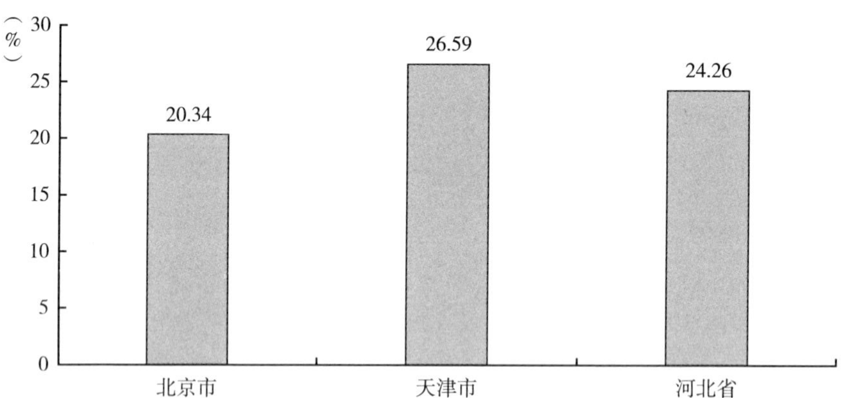

图 22　2014~2019 年京津冀地区电子商务销售额的年均增长率

资料来源：国家统计局官网。

金融领域是数字技术应用最为广泛的行业之一，数字金融的发展水平是产业数字化水平最直接的体现。中国传统的金融行业以“信用”为基础，致力于向社会个人和群体提供金融服务，但是由于金融产品本身种类少以及金融基础设施不完善，社会低收入群体以及欠发达地区未能享受到平等的服务待遇，于是“普惠金融”的概念应运而生。互联网企业与数字技术的高效融合，实现了在偏远落后地区的“无实体办公服务”，大大扩大了金融服务的覆盖范围。一方面，数字技术的应用带来了金融行业的“数据化”时代，大量的数据积累降低了开拓新业务的边际成本，促进了金融产品的创新；另一方面，多品类的金融产品降低了客户准入门槛，满足了通常难以享受到金融服务的低收入群体的金融服务需求，推动金融行业向“低成本、全覆盖”的目标发展。

京津冀三地的数字普惠金融指数虽有差距但增长趋势高度一致，其中北京市的发展态势最好。2020 年我国各省（区、市）数字普惠金融指数的中位数为 334. 8，京津冀地区在全国处于中上水平。如图 23 所示，总体来看，2011～2020 年北京市的数字普惠金融指数始终最高，河北省最低，但发展较为均衡。截至 2020 年末，北京市的数字普惠金融指数为 417. 88，在全国 31 个省（区、市）中排名第 2；天津市的数字普惠金融指数为 361. 46，排名第 7；河北省的数字普惠金融指数为 322. 70，排名第 21。从动态角度来看，如图 24 所示，北京市和天津市数字普惠金融指数的年均增长率均低于河北省，河北省的年均增长率为 35. 99%，比全国省级指数值的年均增长率 29. 15%高 6. 84 个百分点。

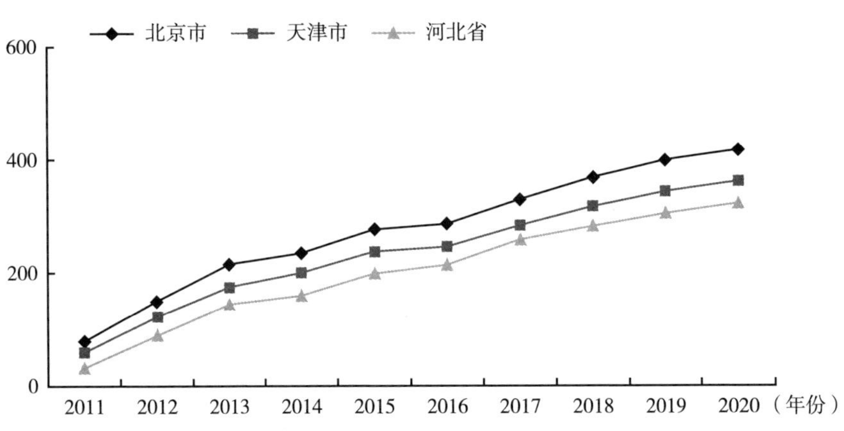

图 23　2011～2020 年京津冀地区数字普惠金融指数变化的时间序列

资料来源：北京大学数字金融研究中心。

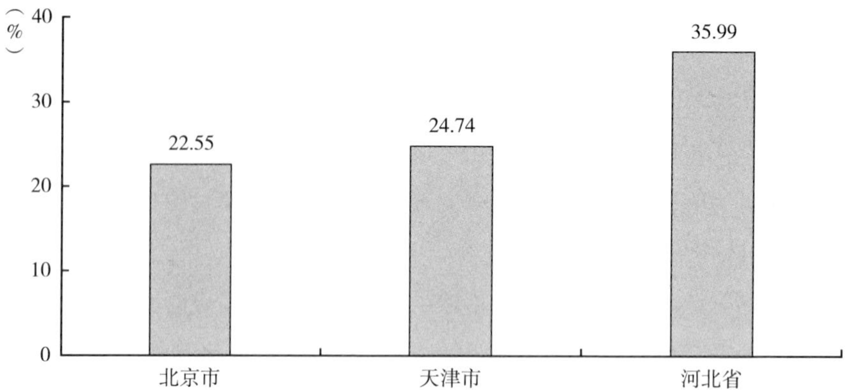

图 24　2011~2020 年京津冀地区数字普惠金融指数的年均增长率

资料来源：北京大学数字金融研究中心。

河北省数字金融行业的发展越来越成熟，即使在经历了 2020 年新冠肺炎疫情的冲击后，各城市的数字金融行业依然呈正向增长趋势，河北省的数字金融逐渐由高速增长转变为高质量增长。2011~2020 年全省 11 个地级市数字金融的发展程度差距不大，增速也较为一致。分城市来看，廊坊和石家庄的数字普惠金融指数始终较高，而邢台和沧州则相对较低，其中廊坊 2011~2020 年数字普惠金融指数平均值为 187.81，而邢台仅有 157.58。从动态角度来看，各城市数字金融的发展较为均衡。图 25 显示了河北省 11 个城市 2011~2020 年数字普惠金融指数的年均增长率，可以看出，各城市的年均增长率虽不相等但较为接近。进一步分析可以发现，数字普惠金融指数较高的城市，其增长率反倒较低，如廊坊的年均增长率仅为 19.36%，而邢台却达 24.41%。

综上所述，2011~2020 年京津冀地区数字经济发展的态势总体向好。在数字经济内部结构中，产业数字化逐渐占主导地位，而数字产业化的比例则逐渐减小，自 2015 年起，产业数字化的占比从 74.3%逐年增长至 2020 年的 80.9%①。京津冀地区产业数字化的发展较为均衡，虽然北京市的电子商务

① 中国信息通信研究院：《中国数字经济发展白皮书（2020 年）》，2020 年 7 月。

基础规模较大，但是三地增速基本保持同步。从普惠金融的兴起与扩张这一角度来看，京津冀地区数字金融行业在2011~2020年发展迅速且走向成熟，三地数字金融的发展趋势高度相似。

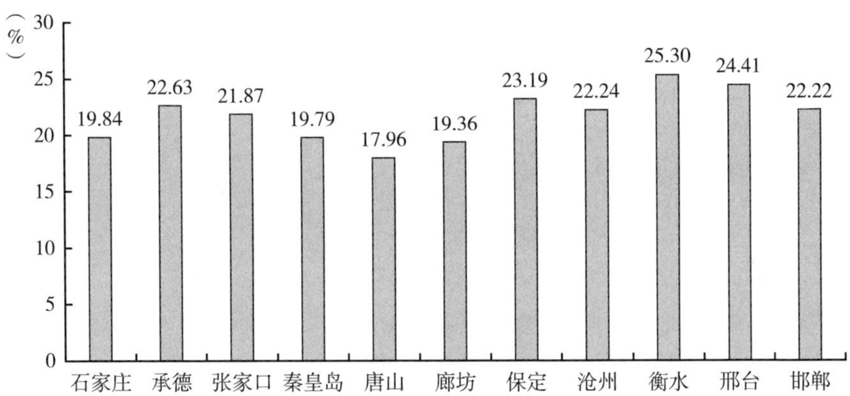

图25　2011~2020年河北省数字普惠金融指数的年均增长率变化

资料来源：北京大学数字金融研究中心。

（三）京津冀地区的数字经济发展环境

数字经济深度融合新一代信息技术，深刻变革产业生产组织方式，逐渐成为新的经济发展态势。一方面，数字技术作为数字经济的核心驱动力，通过迭代更新推动数据要素的整合、应用，促进形成新的产业形态；另一方面，数字技术利用其强大的渗透性，融合应用于产业全链条，发挥技术替代作用，提高传统产业的智能化和数字化水平。由此可以看出，技术是新型产业发展的重要因素，数字经济的活跃性和延展性在最大程度上消除了地区间的信息不对称，而实现技术优势需要构建与数字经济相适应的创新体系，技术创新环境便成为地区提高市场运行效率的竞争新高地。

1. 京津冀地区的科研环境现状

京津冀三地的科研环境存在较大差距，北京市的先天条件较为优越，河北省近年来发展态势良好，但河北省内部环境差距明显。

2010~2020 年，北京市的 R&D 经费投入始终高于天津市和河北省，北京市 2020 年 R&D 经费投入达 2326.56 亿元，是天津市的 4.4 倍、河北省的 3.67 倍。从动态角度来看，如图 26 所示，京津冀三地的 R&D 经费投入基本呈上升趋势，但上升速度趋缓，天津市在 2017 年和 2019 年甚至出现负增长的现象。从图 26 中可以看出，河北省对科研投入的重视程度较高，与北京市相比，除 2018 年和 2019 年的增长率较低外，其余年份的增长率均高于北京。观察 2011~2020 年 R&D 经费投入的年均增长率也可以得到类似的结论，如图 27 所示，河北省的年均增长率最高，达 15.25%，而北京市和天津市仅分别为 11.20%、8.47%。

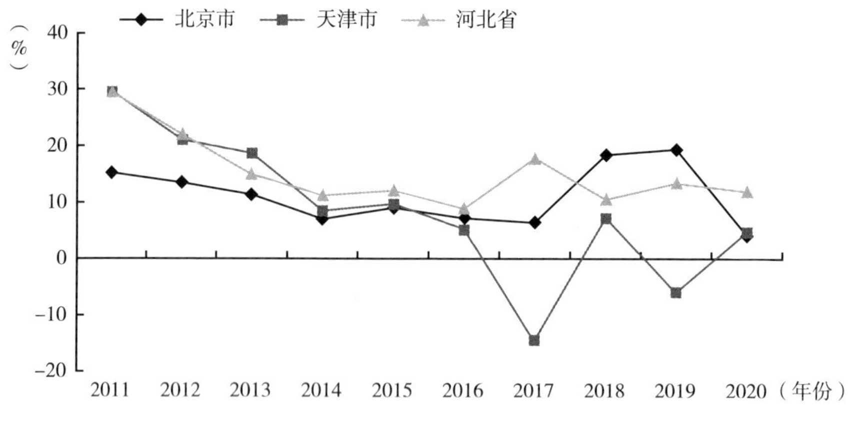

图 26　2011~2020 年京津冀地区 R&D 经费投入增长率变化

资料来源：2011~2020 年北京市、天津市、河北省国民经济和社会发展统计公报。

进一步观察 R&D 经费投入强度，无论是从绝对值还是变化趋势来看，京津冀三地均具有较大的差异性。如图 28 所示，北京市始终起带头作用，2020 年北京市 R&D 经费投入强度为 6.44%，天津市为 3.44%，而河北省仅为 1.75%。从动态角度来看，北京市的 R&D 经费投入强度在 2017 年前保持相对稳定，2017 年后则发生明显的上升；天津市在 2017~2019 年下降，虽在 2020 年有所好转，但与 2017 年相比仍然较低；河北省呈稳定上升趋势。

单独观察河北省的情况，河北省内 R&D 经费投入的差距较大。从总量

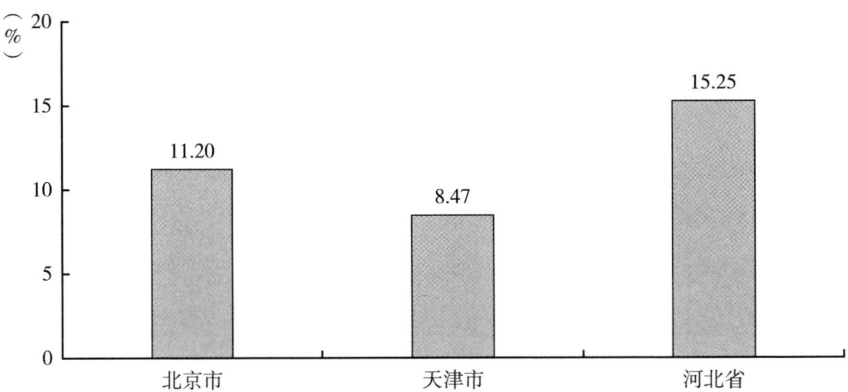

图 27　2011~2020 年京津冀地区 R&D 经费投入的年均增长率

资料来源：2011~2020 年北京市、天津市、河北省国民经济和社会发展统计公报。

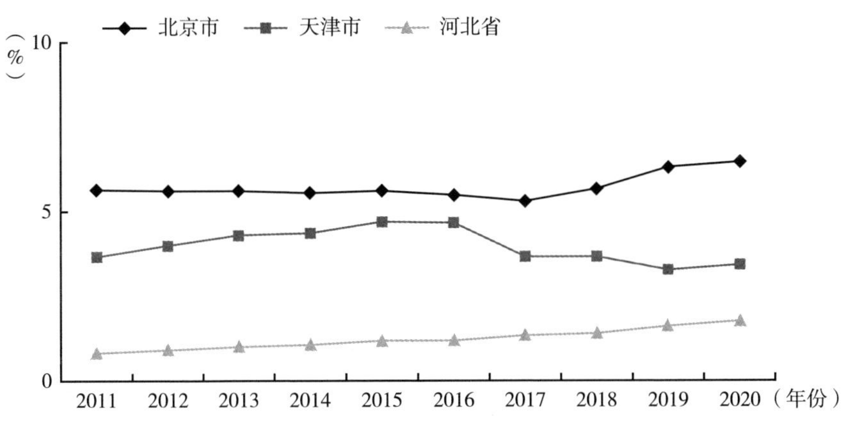

图 28　2011~2020 年京津冀地区 R&D 经费投入强度变化

资料来源：2011~2020 年北京市、天津市、河北省国民经济和社会发展统计公报。

上看，石家庄、唐山的 R&D 经费投入较大，2020 年石家庄的 R&D 经费投入为 117.38 亿元，唐山为 159 亿元，唐山的 R&D 经费投入是投入最低的张家口的 18 倍。从动态角度看，廊坊、沧州的 R&D 经费投入年均增长率处于较高水平，秦皇岛则处于缓慢增长阶段（见图 29）。

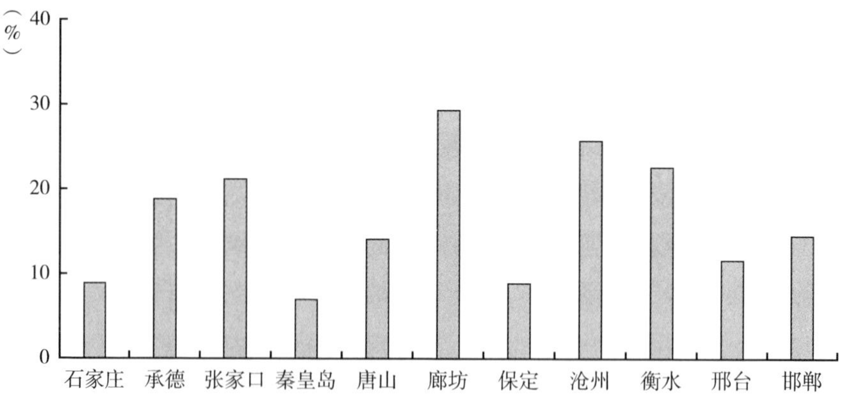

图 29　2011~2020 年河北省 R&D 经费投入的年均增长率

资料来源：2012~2019 年《河北经济年鉴》、2020~2021 年《河北统计年鉴》。

2. 京津冀地区的数字投资环境现状

京津冀地区的数字投资环境逐渐改善，北京市投资力度较大但不稳定，河北省虽初始环境较差，但近年来对数字相关产业的投资逐渐增加。

就信息传输、软件和信息技术服务业的固定资产投资而言，2011~2020 年北京市信息传输、软件和信息技术服务业固定资产投资占京津冀地区总投资的比例始终最大。从绝对值上看，河北省是投资大省，在金额上占据“领头羊”位置。从相对值上看，北京市对该产业的投资比例最大，天津市次之，河北省最低，但在 2019 年河北省和天津市的形势发生了逆转，到 2020 年河北省的投资比例达到 1.45%，与天津市仅差 0.01 个百分点（见图 30）。

3. 京津冀地区的知识创新环境现状

北京市的知识创新能力基础较强，但增长速度较为缓慢，天津市和河北省的知识创新环境改善明显，但现阶段与北京仍存在差距，京津冀地区的知识创新内部环境不稳定。

从京津冀地区 2011~2020 年专利申请授权量的变化来看，河北省、天津市和北京市的专利申请授权量年均增长率依次降低。如图 31 所示，河北省专利申请授权量的年均增长率为 26.17%，比北京市高 8.8 个百分点。

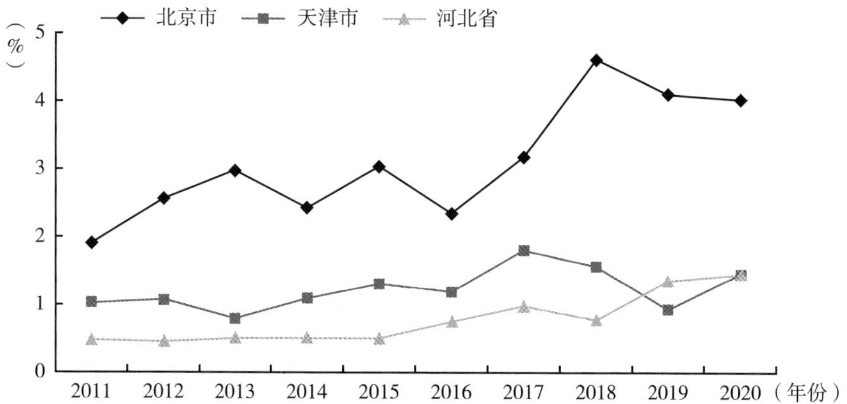

图 30　2011～2020 年京津冀地区信息传输、软件和信息技术服务业固定资产投资占总固定资产投资的比例变化

资料来源：2012～2021 年《北京统计年鉴》和《天津统计年鉴》、2012～2019 年《河北经济年鉴》及 2019～2020 年河北省国民经济和社会发展统计公报。

2020 年河北省专利申请授权量为 92192 件，是 2010 年的 9.13 倍；天津市 2020 年专利申请授权量为 75434 件，是 2010 年的 6.86 倍；北京市 2020 年专利申请授权量为 162824 件，是 2020 年的 4.86 倍。上述数据反映出津冀地区尤其是河北省的总体创新环境在逐渐改善。

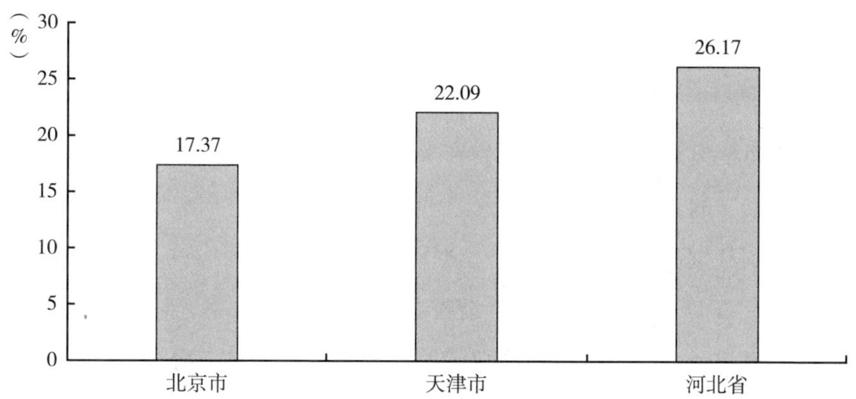

图 31　2011～2020 年京津冀地区专利申请授权量的年均增长率

资料来源：2012～2021 年《北京统计年鉴》和《天津统计年鉴》、2012～2019 年《河北经济年鉴》及 2019～2020 年河北省国民经济和社会发展统计公报。

具体来看发明专利申请授权量，京津冀地区 2010~2020 年发明专利申请授权量的占比不稳定，说明区域内部创新环境尚未达到稳定状态，这可以作为提升数字经济知识创新能力的一个切入点。图 32 描绘了京津冀地区 2010~2020 年发明专利申请授权量占总专利申请授权量的比例变化，可以看出，京津冀地区发明专利申请授权量的占比变化幅度较大，尤其对于北京市来说，发明专利申请授权量的占比没有趋同趋势，占比每年不一且变化较大；天津市和河北省的占比变化趋势相似，2013~2017 年发明专利申请授权量的占比基本稳定，但 2017 年后大幅下降。

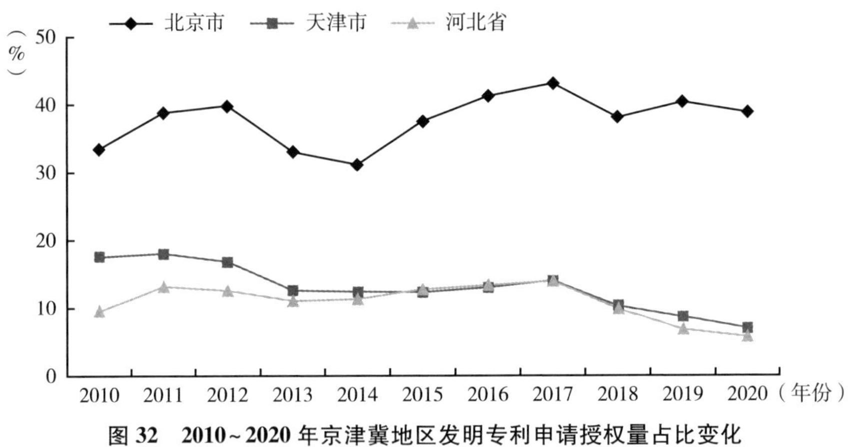

图 32　2010~2020 年京津冀地区发明专利申请授权量占比变化

资料来源：2011~2021 年《北京统计年鉴》和《天津统计年鉴》、2012~2019 年《河北经济年鉴》及 2019~2020 年河北省国民经济和社会发展统计公报。

单独观察河北省内部的知识创新水平可知，各地区的知识创新水平存在差距，石家庄的知识创新能力较强，而邢台的知识创新能力提升最快。图 33（考虑到数据的可得性，部分数据用前后年份均值补齐）描绘了河北省内各地级市 2011~2020 年专利申请授权量的年均增长率。从总量上看，石家庄、沧州和唐山的专利申请授权量始终处于较高水平，而承德、张家口和衡水则处于劣势地位。从动态角度看，省内 11 市的创新环境差距逐渐拉大，邢台市专利申请授权量的年均增长率高达 38.75%，而秦皇岛、衡水、唐山的年均增长率却低于全省平均水平。

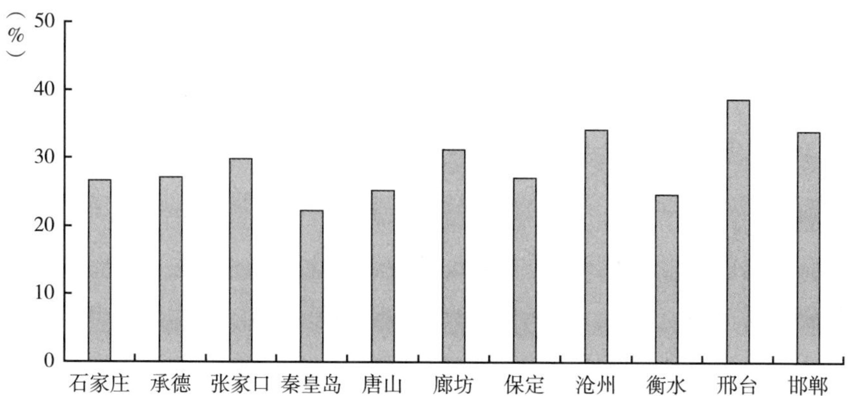

图 33　2011~2020 年河北省专利申请授权量的年均增长率

资料来源：2012~2019 年《河北经济年鉴》、2019~2020 年河北省国民经济和社会发展统计公报。

北京市不论是从科研环境、数字投资环境还是知识创新环境来看，都属于优势地区，基础设施完善、数字产业发展迅速等成为北京市数字经济发展的重要助力，但是北京市近年来由基础设施建设所带来的边际报酬逐渐缩小，亟须新的方法来改善数字经济发展环境。

天津市的数字经济发展环境总体来看在京津冀地区处于中等水平，但是现阶段天津市的数字经济发展环境与数字产业的发展存在严重的不匹配问题，当前环境难以继续支撑数字化转型的完成，尤其是在科技创新和数字投资方面，应当注重高质量科研技术的研发，合理配置投资资金，实现效率最大化。

河北省的科技研发、数字投资和知识创新能力稳步增强，但各地级市的发展不平衡。经济发展水平较高的石家庄和唐山的科技投资力度较大，但是增速缓慢；廊坊、沧州、邢台的数字经济发展环境有较为明显的改善。各地级市的专利申请授权量的年均增长率差距小于 R&D 经费投入的年均增长率差距，R&D 经费投入可作为优化数字环境的重要支点。同时值得注意的是，虽从专利申请授权总量上看河北省增长迅速，但是发明专利申请授权量的占比在 2017 年后逐年降低，河北省还需重点提升发明创新能力以打造更好的发展环境。

三　京津冀地区数字经济格局演变与制约瓶颈

（一）京津冀地区基础设施建设日益完善且存在趋同趋势，但三地新型基础设施建设协同步伐受限，相对差距逐渐缩小，绝对差距比较明显

京津冀地区传统基础设施的建设随着城市化进程的推进日趋成熟，一体化程度不断提高，能源、交通、邮政通信等各领域的建设均表现出不同程度的进步。以交通基础设施为例，截至 2020 年末，京津冀高速公路通车里程达 3.14 万千米，是 2010 年里程数的 5 倍多，环京津地区高等级公路基本实现了全范围覆盖①。

现阶段京津冀地区数字基础设施的建设也趋于成熟，逐渐成为促进数字经济深层次发展的有力支撑，虽近年来完善速度较慢，但相对差距逐渐缩小，地区间存在趋同趋势。本报告采用 σ 趋同法检验数字经济的趋同水平。σ 趋同是指不同时间截面上的经济数据随着时间推移，其绝对差距逐渐缩小，通常可以采用的指标有标准差和变异系数②。本报告将京津冀地区 2012~2019 年的数据汇总计算得到表 1，观察表 1 中京津冀百人中互联网接入用户数和百人中移动电话用户数的 σ 趋同情况。京津冀地区百人中互联网接入用户数的变异系数由 2012 年的 0.46 逐年降低至 2019 年的 0.25，百人中移动电话用户数的变异系数由 2012 年的 0.51 降低至 2019 年的 0.41，说明京津冀三地数字经济规模的相对差距在逐渐缩小。

表 1　2012~2019 年京津冀地区数字经济规模的地区差距及变迁

指　标	差距	2012 年	2013 年	2014 年	2015 年	2016 年	2017 年	2018 年	2019 年
百人中互联网接入用户数	标准差	7.20	6.98	6.67	6.78	5.80	6.49	8.21	8.60
	变异系数	0.46	0.43	0.39	0.37	0.26	0.24	0.26	0.25

① 数据来源于国家统计局官网。

② 宋芳秀、宫颖：《发展差异、格局演变与京津冀城市群银行业实态》，《改革》2017 年第 11 期。

续表

指　标	差距	2012 年	2013 年	2014 年	2015 年	2016 年	2017 年	2018 年	2019 年
百人中移动电话用户数	标准差	48.72	49.84	61.25	57.70	53.27	49.68	52.07	51.09
	变异系数	0.51	0.49	0.58	0.54	0.46	0.41	0.41	0.41

然而，京津冀数字基础设施的绝对差距仍然存在，河北省仍是京津冀新型基础设施建设的薄弱地区。2012 年以来，北京和天津百人中互联网接入用户数遥遥领先，2019 年分别达到 49.26 户、47.26 户，而邯郸、邢台和承德的用户规模不及天津的一半。表 1 的标准差结果也显示，京津冀百人中互联网接入用户数的标准差由 2012 年的 7.20 波动上升至 2019 年的 8.60，2019 年百人中移动电话用户数的标准差为 51.09，较 2012 年也有所上升。

从区域发展来看，北京市凭借自身的首都地位率先试验，开辟基础设施建设的新空间，不断扩大软硬件基础设施网络布局，为地区提供提更加智能、普惠、包容的公共服务。天津市推动数据资源对接、数据企业合作、数据园区共建，不断拓宽数字要素的延展面，以国家超级计算天津中心为依托，为数字经济发展供更全面立体的支撑。相比之下，河北省在空间极化效应下，与京津的经济发展出现断崖式差距，难以为数字基础设施建设提供有力的资金和技术支持，加大了地区数字基础设施高质量建设的难度。因此，河北与京津之间数据要素的自由流通存在屏障，形成“信息孤岛”，河北省无法有效利用共享数字平台承接转移京津的创新研发成果，降低了整个京津冀地区数字基础设施建设的协同性。

（二）京津冀地区数字产业的发展不存在趋同趋势，三地行业差距明显，数字技术应用存在明显的结构性失衡问题

一方面，从数字产业化发展情况可以看出，京津冀地区不存在趋同趋势，反而差距逐渐扩大。北京市人均电信收入的增速最快，且远高于其他地区，邯郸和秦皇岛的人均电信收入较低且增速较慢，天津市整体表现一般。

从信息传输、计算机服务和软件业城镇就业人员占比来看，2012~2019 年，北京市的占比始终较大，平均占比为 8.92%；天津市的平均占比比石家庄低 0.65 个百分点，但高于河北省其他地区；邢台市的平均占比不足 1%（见表 2）。从时间维度看，京津冀地区的数字产业从业人员占比总体呈上升趋势，数字相关产业对劳动力的吸引力变大，未来发展潜力无穷。观察人均电信收入和数字产业从业人员占比两个指标的标准差和变异系数，发现它们总体呈上升趋势，说明京津冀地区数字产业化的绝对差距和相对差距总体在扩大，不存在 σ 趋同（见表 3）。另一方面，从产业数字化水平看，京津冀地区的发展也不存在明显的趋同趋势，北京产业数字化的水平始终较高。以数字金融行业为例，京津冀地区数字金融的发展较为平稳，北京市普惠金融效益最高，天津市次之，河北省内各地级市差距不大。从动态角度看，如图 34 所示，京津冀地区数字普惠金融指数的年均增长率相差不大，虽然北京市的数字金融基础建设更为完善，但是邯郸和衡水的年均增长率处于较高水平，唐山的年均增长率最低。观察表 3 中数字普惠金融指数的标准差和变异系数可以发现，京津冀地区数字金融发展的绝对差距总体在扩大，但相对差距则以微小的速率呈缩小趋势，即产业数字化也不存在明显的 σ 趋同。

表 2　2012~2019 年京津冀地区信息传输、计算机服务和软件业城镇就业人员占比的地区差距

单位：%

地区	2012 年	2013 年	2014 年	2015 年	2016 年	2017 年	2018 年	2019 年	平均值
北　京	7.33	7.84	8.08	8.75	8.74	9.52	10.25	10.86	8.92
天　津	1.14	1.19	1.29	1.49	1.68	2.86	2.46	2.45	1.82
石家庄	1.23	2.13	1.90	2.12	2.20	2.01	3.85	4.33	2.47
承　德	0.42	0.66	1.56	1.49	1.48	1.56	2.26	2.38	1.48
张家口	1.97	1.61	1.53	1.53	1.38	1.67	1.16	1.84	1.59
秦皇岛	0.60	0.68	1.72	1.84	1.65	0.72	1.68	1.77	1.33
唐　山	1.83	1.71	0.77	0.83	0.87	1.15	0.87	0.89	1.12
廊　坊	0.42	1.25	3.12	3.26	2.91	1.00	1.20	1.19	1.79
保　定	2.01	2.15	0.81	0.90	0.82	1.04	0.62	1.22	1.20
沧　州	1.86	1.58	0.92	0.92	0.91	1.58	0.86	0.85	1.19

续表

地区	2012 年	2013 年	2014 年	2015 年	2016 年	2017 年	2018 年	2019 年	平均值
衡　水	0.67	0.84	1.49	1.50	1.40	0.87	1.58	1.41	1.22
邢　台	0.97	1.00	0.98	0.99	0.94	0.80	0.89	0.84	0.93
邯　郸	2.13	2.16	0.78	0.80	0.67	0.80	0.78	0.82	1.12

表 3　2012~2019 年京津冀地区数字产业化和产业数字化的地区差距及变迁

指标	差距	2012 年	2013 年	2014 年	2015 年	2016 年	2017 年	2018 年	2019 年
人均电信收入	标准差	1520.80	1685.14	1735.43	1811.23	2556.60	1982.11	1722.89	1772.79
	变异系数	0.40	0.40	0.44	0.51	0.70	0.60	0.58	0.61
数字产业从业人员占比	标准差	1.73	1.79	1.88	2.04	2.04	2.26	2.48	2.62
	变异系数	0.99	0.94	0.98	1.01	1.04	1.15	1.13	1.11
数字普惠金融指数	标准差	20.38	27.86	32.53	35.43	30.09	35.25	44.66	50.46
	变异系数	0.21	0.20	0.22	0.20	0.15	0.15	0.18	0.19

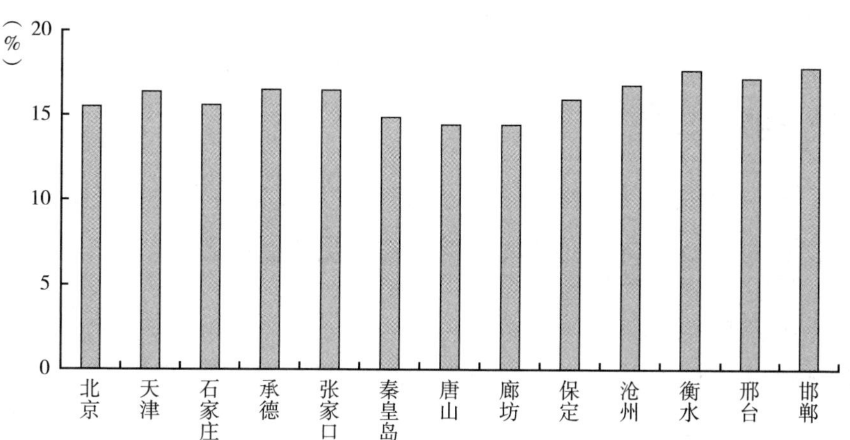

图 34　2012~2020 年京津冀地区数字普惠金融指数的年均增长率

资料来源：北京大学数字金融研究中心。

可以看出，京津冀地区数字产业的发展形式较为严峻，虽有产业集聚保障重点行业的资源共享，但是行业差距依然明显。人均电信收入是数字产业产出的最直接体现，而信息传输、计算机服务和软件业城镇就业人员占城镇总就业人员的比例可以从侧面反映出数字产业的未来发展潜力。京津冀地区数字产业的发展不论是从产业产出还是人员就业来看都存在明显的地区差距，北京市数字产业呈现良好的发展前景，天津市和河北省则相对落后。同时，京津冀地区数字金融的发展还处于磨合期，各地区仍需要在传统金融的基础上打造全方位金融管理体系，巩固普惠金融成果。

由此可以看出，京津冀地区数字技术的应用多数还停留在生活性服务业，制造业和生产性服务业领域的数字化程度低，存在明显的结构性失衡问题。一方面，制造业和生产性服务业相对于生活性服务业而言，生产流程和分工协作更为复杂，数字技术对实物产品数据信息的处理难度大，需要更为长期的信息化积累。另一方面，京津冀地区制造业智能化、数字化的不断推进提高了对一般劳动力技能的要求，智能资本的投入对简单劳动力产生“替代效应”，尤其是以电子信息制造、软件开发为代表的高新技术行业对就业人员受教育程度的要求更加严格，“智能机器+活劳动”的协调生产方式逐渐替代传统人工生产方式，这必然增加对高端劳动力的需求，而京津冀地区高端技术人员多集中在北京市，缺乏流动性，由此造成了三地数字技术应用结构性失衡问题。

（三）京津冀三地的科研投入为数字经济发展提供良好趋同环境，但三地知识创新能力差距较大，制约数字经济分工与合作

京津冀地区的科研投入力度存在明显的趋同趋势，但知识创新能力的绝对差距呈扩大趋势，北京市的创新先行优势明显，天津市和河北省以京津冀地区产业集聚的科技园区为支撑，迭代创新数字技术，逐渐减小与北京市在科技资源上的落差，致力于打造京津冀地区的互通科技平台。

R&D 经费投入强度可以反映出地区的科技创新能力，如表 4 所示，北京市的 R&D 经费投入强度最大，天津市次之，河北省整体最小。张家口 2012~2019 年平均投入强度为 0.44%，仅为北京市的 7.8%。观察标准差和变异系数可以发现，京津冀地区科技创新能力的绝对差距和相对差距总体呈缩小趋势，即存在 σ 趋同。

表 4　2012～2019 年京津冀地区 R&D 经费投入强度的地区差距

单位：%

	2012 年	2013 年	2014 年	2015 年	2016 年	2017 年	2018 年	2019 年	平均值
北　京	5.59	5.61	5.53	5.59	5.49	5.29	5.65	6.31	5.63
天　津	3.99	4.30	4.37	4.69	4.68	3.68	3.68	3.29	4.09
石家庄	1.42	1.52	1.61	1.83	1.95	2.23	2.19	2.78	1.94
承　德	0.54	0.57	0.59	0.52	0.54	0.63	0.61	0.89	0.61
张家口	0.49	0.58	0.66	0.51	0.37	0.44	0.28	0.17	0.44
秦皇岛	1.32	1.22	1.12	1.08	1.14	1.18	1.34	1.29	1.21
唐　山	0.99	1.08	1.16	1.13	1.08	1.26	1.65	1.84	1.27
廊　坊	0.47	0.57	0.66	0.81	1.05	1.41	1.54	1.45	1.00
保　定	1.51	1.62	1.72	1.80	2.10	2.38	2.27	1.90	1.91
沧　州	0.28	0.34	0.40	0.48	0.51	0.64	0.85	1.14	0.58
衡　水	0.40	0.56	0.72	0.79	0.74	0.75	0.67	0.90	0.69
邢　台	0.64	0.70	0.75	0.88	0.99	1.06	0.68	0.91	0.83
邯　郸	0.81	0.85	0.88	1.09	0.97	1.05	1.19	1.65	1.06
标准差	1.52	1.54	1.51	1.56	1.55	1.35	1.43	1.50	—
变异系数	1.07	1.03	0.98	0.96	0.93	0.80	0.82	0.80	—

专利申请授权量可以反映出地区的知识创新能力，人均专利申请授权量越高，说明地区的人才聚集程度越高。从人均专利申请授权量来看，北京市拥有绝对的知识创新优势，2019 年每万人专利申请授权量为 94.28 件，是天津市的 1.8 倍，而河北省的知识创新能力相对较低。从河北省内看，石家庄、廊坊和沧州的人均专利申请授权量较大且增速较快，张家口和沧州的人均专利申请授权量较低但增速较快，衡水的人均专利申请授权量和增速均处于较低水平。结合表 5 的标准差和变异系数可以看出，京津冀地区知识创新水平的相对差距总体呈缓慢下降趋势，但绝对差距大幅扩大。

表 5　2012～2019 年京津冀地区数字经济环境的地区差距及变迁

指　标	差距	2012 年	2013 年	2014 年	2015 年	2016 年	2017 年	2018 年	2019 年
每万人专利申请授权量	标准差	10.61	13.01	15.07	18.98	20.02	21.17	24.28	25.67
	变异系数	1.68	1.70	1.76	1.62	1.63	1.60	1.47	1.52

科技资源和技术能力是释放数字经济红利效应的基础，相比于传统创新模式，数字经济创新活动对知识创造与使用效率的要求更高，需要更多的知识获取以及人才保障。创新能力的差距，使得京津冀数字经济创新的知识耦合受到制约，数字经济的发展受到知识获取与共享活动受阻的影响，进而制约京津冀数字经济空间优化进程。同时，京津冀三地在创新水平上的落差，阻碍了数字技术创新知识的应用与转化过程，引致数字经济发展的“木桶效应”，影响了京津冀数字经济的协同发展质量。因此，亟须利用现有丰富的科技资源提升京津冀整体科技创新水平，逐步形成有效的创新知识学习网络，加强京津冀数字经济区域间合作，共同打造京津冀创新新格局。

（四）京津冀地区信息流通平台搭建完善，但三地产业结构和发展阶段存在梯度差异，导致三地的技术合作存在一定困难，制约了三地数字行业的融合与协同发展

京津冀地区拥有全国 1/3 的国家重点实验室和工程技术研究中心以及超过 2/3 的“两院院士”，科技资源丰富，为数字经济发展提供了优质资源。北京市作为全国技术研发中心，拥有中关村国家自主创新示范区和清华大学、中国科学院等一流研究机构，科教资源密集，在新一代信息技术的迭代创新上拥有绝对优势，同时在大数据、区块链等全新领域拥有众多优质企业，具有良好的数字经济应用环境。天津市是国际港口城市，优先融合国内外信息资源，为新一代信息技术的创新提供了良好的平台基础。河北省在北京和天津的辐射带动作用下形成良好的数字技术创新格局，石家庄作为省会重点建立了科技园、孵化器等多种类型的创新创业平台，布局数字金融、区块链、大数据、生物技术等产业，雄安新区作为国家级新区，优先发展 5G、大数据，全力发挥辐射作用。

2021 年北京市产业构成为 0.3∶18∶81.7，天津市为 1.4∶37.3∶61.3，河北省为 10∶40.5∶49.5，京津冀三地的产业结构和发展阶段存在显著差异，由此带来技术合作创新的隔阂，限制数字经济创新知识的整合与转移扩散，影响数字经济与地区产业有效融合。2021 年北京市流向外省技术合同

达 93563 项，成交额 7005. 65 亿元，其中流向津冀地区的技术成交额仅占 5%。另外，京津冀城市群的功能区仍然处在发展演变中，尚未真正形成较为稳定的功能互补、协同发展的空间格局。京津冀城市能级的差异导致数字技术创新成果在津冀地区的外溢性不足，数字经济的区域辐射引领作用有限。因此，需要强化京津冀区域的创新关联网络，借助数字化信息系统和技术创新，拓展地区获取知识的来源，增加津冀“公共知识池”，促进京津冀三地数字产业协同发展，加快推动京津冀区域协同创新共同体的建设。

（五）京津冀地区市场化程度低，受体制机制约束，协同合作意愿低，地区数字经济协同发展存在壁垒

从京津冀协同的角度看，三地的经济发展水平和发展速度不一致，造成三地政府在实施数字经济发展战略上存在较大的差异，地区数字化协同失衡。

首先，受各自为政的固态思维的惯性影响，京津冀地区的市场经济整体结构还不协调，市场化程度仍需进一步提高，这影响了该地区数据要素的流通，降低了市场的资源配置能力，也降低了数据作为新生产要素的应用水平。其次，京津冀地区国有企业众多，政府官员可能为追求自身利益的最大化忽略地区经济发展的整体目标，降低资源投入效率。科层制度形成心理和行为定式，进而形成路径依赖，交易成本高和信息不对称等影响了数字经济的快速发展。最后，在属地管理的大原则下，本地产业更容易产生技术壁垒和保护主义①，部分职能部门的职责划分不清，可能存在重复管理和政策衔接不畅，致使政府与社会、市场的相互合作存在机制阻碍，同时造成产业之间的恶性竞争，区域之间难以达成统一的目标，这进一步降低了京津冀地区之间协同发展、合作共赢的意愿。

① 王孟嘉：《数字政府建设的价值、困境与出路》，《改革》2021 年第 4 期。

四　京津冀数字经济实现协同发展的思路

（一）加快京津冀地区新型基础设施建设步伐，夯实数字经济发展基础，打通信息“大动脉”

京津冀三地的经济发展定位及地域特征存在明显差异，这为地区之间公共服务的转移和互补提供了可能，三地应加强战略布局，打通经济社会发展的信息“大动脉”。

第一，京津冀地区应该更注重以先动带领后发，充分发挥新型基础设施在信息上的连通作用，构建多方参与的信息沟通平台。继续扩大移动互联网、长途光缆线路等设施的覆盖范围，解决偏远落后地区覆盖率和使用水平低的问题，在捕捉、获取和利用信息上实现低差异、高质量。同时，北京市继续利用自身充分资源和先行条件率先实现新一代信息技术的高质量应用与服务，为天津市和河北省起到良好的示范作用；信息基础较差的沧州、张家口等地区应该在进一步加强传统信息传输技术的基础上综合使用5G、物联网、区块链等新兴技术，逐步适应新一代信息技术的服务方式。

第二，打破京津冀地区数字技术与传统基建的融合障碍。京津冀地区在完成传统基建转型升级的过程中应该注重数字技术与传统基础设施的适配性，例如北京市在转型过程中与多种数字技术都具有高融合性，而张家口、承德等城市由于地域原因难以实现与5G等复杂技术的融合，这时应该采用合适的数字技术，切忌“一揽子”行为。

第三，提高京津冀地区新型基础设施的同步性，避免新型基础设施的短缺，进一步加大对实验室、大科学装置、高水平科技创新研究院的投资力度。同时优化新型基础设施布局，建立北京、天津对河北省新型基础设施的帮扶机制和平台；对新型基础设施项目实行“遴选”制度，做到“一事一议”。

（二）提高数字产业化水平和产业数字化深度，错位完成京津冀传统产业的数字化转型

保证京津冀地区数字产业质与量的均衡，加强行业经营管理能力，强化政府之间的沟通与合作，引导与扶持数字产业高质量发展，提高数字产业化水平。加强三方政府的联动，探索构建跨区管理体系，协商解决数据要素跨区流动问题，充分发挥先进地区对周边地区的溢出效应，促进中心城市功能向外扩散，形成“研发—扩散—转化—服务”的地区数字产业协同发展格局，避免某些地区进入数字化产业“低水平陷阱”[①]，实现量与质的协同提升。

强化地区产业连接器效果，掌握先进地区产业数字化发展方向，同时提高落后地区的创新成果转化率，提升产业数字化深度。数字新兴产业能够对传统产业活动进行分解并与之重新组合，利用数字技术对传统产业进行链条式改造，能够增强数字技术对经济发展的放大、叠加和倍增作用，提高全要素生产率。具体而言，对于数字化水平较高的北京市、天津市和石家庄等地区，应重点把握数字化的发展方向，推动数字技术的创新和应用，打造新的竞争优势。例如，进一步强化数字技术在传统制造业和金融业的应用，提升融合程度，放大数字技术在行业中的全链条改造功能；对于数字发展水平较低的邢台、张家口、邯郸等地区，应将重点放在工业和农业，从基础行业入手，循序渐进，因地制宜，通过数字技术完成工艺过程创新、产品创新和经营创新，推动产业链的高端发展。坚持标杆示范效应，不断丰富数字技术的场景应用，催生“数智生产力”，共生共长，培育健康产业生态。从京津冀区域整体出发，错位完成传统行业的数字化转型，避免资源共享不足带来同质竞争。

① 王军、朱杰、罗茜：《中国数字经济发展水平及演变测度》，《数量经济技术经济研究》2021 年第 7 期。

（三）优化京津冀地区的数字经济发展创新环境，协调科技创新与知识创新，打造开放自由的发展环境

数字经济发展创新环境是促进数字经济和传统产业融合的保障，有助于提高地区的数字产业化水平，进一步提升产业数字化深度。现阶段京津冀地区的科技创新投入力度逐渐增大，但整体创新环境仍需要改善，以保证其在后期发挥的稳定性。

对于经济发展水平较高、新型基础设施建设逐渐完善的地区，例如北京市，新型基础设施建设带来的边际效益逐渐减小，但可以充分利用基础的扎实性，完善创新结构。从短期来看，应适当调整科技经费的投入结构，合理分配资金流向，提高科技研发的总体质量；从长期来看，应依托高校、研究院等机构加大人才密度，为科技创新储备新力量。对于基础较差的地区，例如沧州、邢台等人才稀缺的城市，应该重点进行知识创新培养，加大科研投入，实现人才质与量的提升。同时，加大宣传力度，提升数字行业的吸引力，提高数字行业的从业人员比例。另外，注重加强对数字经济发展环境的治理工作。构建良好的数字流通路径，破除数据和数字技术面临的流通阻碍，打造更加开放自由的发展环境。政府需明确监管主体，制定合适的数据采集标准，确保数据要素在流通、使用过程中的安全性，保护数字产权和数字隐私，同时建立健全奖惩制度，在保证开放自由的基础上提高治理能力。

（四）河北省进一步借力京津冀协同发展战略，形成数字经济承接转移模式，推动数字化转型升级进程

在新经济快速发展阶段，河北省需抓住新一轮经济变革机遇，采取积极有效措施，加快数字化转型升级。进一步从基础投资上支持数字经济的发展，从顶层设计层面强化数字基础设施建设，从政策制度上扶持数字技术的开发与应用，从协同角度推动数字经济与实体经济的融合。

首先，平衡地区产业资金投入。津冀引进北京龙头企业，大力开发自身较为薄弱的工业控制、现代物流等重点应用领域，打造创新技术开发交流平

台，推进行业生产、制造、经营数字化全流程变革。其次，利用数字经济的活跃性和延展性，搭建互联互通平台，促进京津冀内部地区以及京津冀与其他地区的信息共享，加强区域对话沟通，建立长期合作有效机制，将各地区的劳动、土地、资本、技术、管理、知识等各类要素数据化，融合多方信息资源，充分发挥乘数效应，形成新型生产力，并合理应用于医疗、交通、旅游、环保等领域，全方位促进京津冀地区数字经济的协同发展。再次，在人才培养上，积极出台政策吸引高素质人才，增强区域人才流动，同时注重对知识产权的保护，最大限度地发挥高质量人才在技术开发上的创新能力。最后，加强制造业和生产性服务业的分工协作，推动“两化”深度融合。充分发挥中关村的科技示范作用，在周边地区建立新兴战略产业集群，鼓励落后企业与先进企业使用网络化模式进行生产，简化生产流程。打造区域性科创走廊，重新连接与润滑原有市场产业链，推动传统产业数字化、智能化、网络化升级，围绕河北省核心产业形成“京津研发、河北应用”体系，实现京津冀产业经营销售各环节的企业间协同，延伸产业链，促进产业集成协作。

参考文献

[1] 李峰：《“中国制造 2025”与京津冀制造产业协同发展》，《当代经济管理》2016 年第 7 期。

[2] 李腾、孙国强、崔格格：《数字产业化与产业数字化：双向联动关系、产业网络特征与数字经济发展》，《产业经济研究》2021 年第 5 期。

[3] 郭峰、王靖一、王芳、孔涛、张勋、程志云：《测度中国数字普惠金融发展：指数编制与空间特征》，《经济学》（季刊）2020 年第 4 期。

[4] 钱海章、陶云清、曹松威、曹雨阳：《中国数字金融发展与经济增长的理论与实证》，《数量经济技术经济研究》2020 年第 6 期。

[5] 潘教峰、万劲波：《构建现代化强国的十大新型基础设施》，《中国科学院院刊》2020 年第 5 期。

[6] 祝合良、王春娟：《“双循环”新发展格局战略背景下产业数字化转型：理论

与对策》,《财贸经济》2021 年第 3 期。

[7] 惠宁、杨昕:《数字经济驱动与中国制造业高质量发展》,《陕西师范大学学报》(哲学社会科学版)2022 年第 1 期。

[8] 郭凯明、潘珊、颜色:《新型基础设施投资与产业结构转型升级》,《中国工业经济》2020 年第 3 期。

[9] 胡伟、陈晓东、金碚:《信息社会背景下区域协调发展的新思考》,《区域经济评论》2017 年第 6 期。

[10] 韩璐、陈松、梁玲玲:《数字经济、创新环境与城市创新能力》,《管理世界》2021 年第 4 期。

[11] 赵涛、张智、梁上坤:《数字经济、创业活跃度与高质量发展——来自中国城市的经验证据》,《管理世界》2020 年第 10 期。

[12] 周柯、周雪莹:《空间视域下互联网发展、技术创新与产业结构转型升级》,《工业技术经济》2021 年第 11 期。

[13] 曹琳剑、王杰、王欢欢、崔慧慧:《京津冀基础设施建设与人口集聚耦合演进分析——基于推拉理论解析》,《地理科学》2019 年第 8 期。

[14] 王军、朱杰、罗茜:《中国数字经济发展水平及演变测度》,《数量经济技术经济研究》2021 年第 7 期。

[15] 伍先福、钟鹏、黄骁:《“新基建”提升了战略性新兴产业的技术效率吗》,《财经科学》2020 年第 11 期。

[16] 万晓榆、罗焱卿:《数字经济发展水平测度及其对全要素生产率的影响效应》,《改革》2022 年第 1 期。

[17] 蔡跃洲:《中国共产党领导的科技创新治理及其数字化转型——数据驱动的新型举国体制构建完善视角》,《管理世界》2021 年第 8 期。

[18] 马飒、黄建锋:《数字技术冲击下的全球经济治理与中国的战略选择》,《经济学家》2022 年第 5 期。

[19] 俞伯阳:《数字经济、要素市场化配置与区域创新能力》,《经济与管理》2022 年第 2 期。

[20] 李峰、赵学礼、王宏、王苗苗:《京津冀制造业转移的特征与空间效应研究——基于份额偏差模型的分析》,《河北工业大学学报》(社会科学版)2016 年第 4 期。

B.8
数字经济背景下京津冀人力资源韧性评价与治理

梁 林 段世玉 李 妍*

摘 要： 人力资源是数字经济发展的核心要素，建设富有韧性的人力资源系统是应对技术冲击、推动京津冀数字经济转型、实现创新高质量发展的必要举措。本报告构建指标体系评价2019~2021年京津冀人力资源韧性，并根据各省市暴露的发展问题匹配相适应的治理策略。研究发现：从整体韧性现状看，韧性均值排名是北京、河北、天津，京津冀整体及北京呈上升趋势，河北保持相对稳定，天津呈下降趋势，河北和天津的发展呈不均衡状态；从韧性治理看，北京、河北和天津适用的治理策略分别是整体性治理、协同治理、网络化治理。本报告为区域人力资源韧性的动态评价与治理提供了解决思路，同时也可应用于其他省市。

关键词： 数字经济 人力资源韧性 韧性治理

随着数字经济的飞速发展，社会经济活动加速转型，人力资源流动方式也发生变化，京津冀人力资源系统原有的稳定结构遭到一定冲击。在数字经济背景下，5G、大数据、云计算等新技术的不断发展，使京津冀数字经济

---

* 梁林，博士后，河北工业大学副研究员，研究方向为区域规划、人力资源管理；段世玉，河北工业大学经济管理学院硕士研究生，研究方向为区域规划、人力资源管理；李妍，河北工业大学经济管理学院博士研究生，研究方向为区域规划、人力资源管理。

人力资源需求激增，若相应的人力资源储备不足，区域转型受限、发展停滞等问题将层出不穷。大量数字经济人力资源的涌入也会挤占京津冀原有人力资源的生态位，还可能降低其他类型人力资源的流入意愿，造成人力资源丰富度和结构复杂性下降，对京津冀人力资源系统的运行发展造成威胁。而且，京津冀相较于南方城市群不具备创新优势，创新要素储备不足，数字化转型速度较慢，导致人才吸引力不足，人力资源产出效率低下。因此，如何在数字经济背景下提升人力资源韧性，成为缓冲和抵御外部冲击，实现京津冀高质量发展的关键问题。

韧性的概念起源于生态学，在区域经济、城市建设、灾害防治等领域已经得到了广泛应用。随着数字经济的发展，韧性的概念逐渐被应用到区域生态系统、组织管理等多个领域。梁林等构建了评价指标体系，对国家级新区创新生态系统的韧性进行监测[1]。杨伟等构建了区域数字创新生态系统的韧性评价体系[2]。但数字经济背景下区域人力资源韧性评价的研究尚未形成，韧性治理策略研究尚待探索。

综上所述，如何提升京津冀人力资源韧性已经成为实践领域的关键问题，结合数字经济的人力资源韧性治理策略亟待探索，但现有研究有所滞后。因此，本报告借鉴“识别系统的韧性特征—设计韧性评价体系—针对性设置改进策略”的韧性研究路线，将当前京津冀人力资源治理的关键聚焦于建立韧性评价体系，通过评价与治理相结合的路径，设计实现数字经济背景下京津冀人力资源高质量发展的韧性治理策略，从而应对外部不确定性冲击，防控可能出现的不良效应。

一　文献综述

（一）区域人力资源评价相关研究

区域人力资源方面的研究，沿着“人力资源流动—人力资源聚集—人力资源配置”的脉络展开，同时这一研究脉络也是区域人力资源发展演化的内在逻辑，而分析区域人力资源发展现状，需要对其发展水平进行评价。目前，区域人力资源的评价研究以构建指标体系为主。学者们从企业、产业、区域等多个层面评价了人力资源的生态系统、发展水平、配置水平、支撑体系、竞争力等。在企业研究方面，商华、王苏懿从人力资源价值链视角出发，构建了包括人才胜任力、组织能力、区域环境 3 个维度的企业人才生态系统评价指标体系[3]。在产业研究方面，王亚男等提出区域战略性新兴产业人力资源生态系统评价指标包括人力资源生存力、竞争力和发展力 3 个维度[4]。在区域研究方面，林枚、国洪岗从人力资源综合素质水平、教育和培训发展综合水平及社会经济发展水平 3 个维度构建区域人力资源发展水平评价指标体系[5]。有些学者从国家层面评价人力资源，杨胜利、高向东从规模配置水平、潜力发掘水平、结构配置水平、开发服务水平、劳动力资源再生产水平、职业环境水平、配置效益水平 7 个维度对我国劳动力资源的配置水平进行综合评价[6]。还有学者对城市人力资源进行评价，谭建伟等构建了基于人力资源支持体系“硬件”、“软件”以及协同创新实现性 3 个维度的人力资源支撑体系评价指标体系，运用模糊综合评价法和层次分析法对重庆市协同创新人力资源支撑体系进行评价[7]。张兰霞等构建了基于科技人力资源本体、科技人力资源效能和科技人力资源环境 3 个维度的区域中心城市科技人力资源竞争力评价指标体系[8]。

（二）社会科学中韧性相关研究

韧性理论经历了“工程韧性—生态韧性—演进韧性”的发展历程。目前，韧性逐渐被应用于区域治理研究，如城市规划建设[9~10]、社区管理[11]、区域经济[12]等领域。

关于韧性的内涵，Walker 等提出韧性是系统为应对压力而激发的变化、适应和改变能力[13]；Meerow 等指出韧性是在受到外部干扰后，系统通过自适应性修复，最终达到原有或新的平衡状态[14]。关于韧性分析框架，Jabareen 提出“脆弱性分析—政府管理—预防--不确定性导向规划”的分析框架[15]。关于韧性特征，自从韧性研究联盟提出面临干扰保持结构功能的自控力、自组织、自学习和自适应是韧性的本质特征后，Wildavsky 提出了一般系统的韧性特征六要素，即动态平衡、兼容性、高流动、扁平化、缓冲力、冗余度[16]；Ahern 认为城市韧性包括多功能性、冗余度和模块化、生态社会多样性、多尺度的网络连接、有适应能力的规划和设计 5 个特征[17]。总的来说，目前学界对于区域的韧性特征有 3 个共性认知：一是系统内部主体具有多样性，二是系统对外界变化具有适应性，三是具有充足的资源储备。关于韧性评价，Schlör 等提出了包括生产力、基础设施、生活质量、公平和环境可持续性的城市韧性指标[18]。还有少数学者关注了城市群韧性的评价，Du 等基于抵抗能力、恢复能力两个维度，评价了珠三角城市群的经济韧性[19]。

（三）治理理论研究

治理起源于古典拉丁语以及古希腊语中的“掌舵”一词，其基本含义是控制、指导以及操纵的行为方法，主要是为了解决和国家公共事务有关的宪法与法律问题，或者控制管理各种具有不同利益的特定机构或者行业[20]。目前，治理理论相关研究主要集中于以下方面。

1. 治理内涵

国内外学者对治理的内涵进行了诸多研究。格里·斯托克总结了当时的治理概念后得出 5 个要点：治理包括多元主体；治理具有界限与责任的不确定性；治理具有权力依赖；治理形成自治网络；治理公共事务的权力不限于政府权力[21]。王诗宗认为治理必然预示着国家（政府）和社会关系的调整，以处理原有政治和社会结构的不可修复性，提倡政府之外的权力主体[22]。应松年认为治理必须重视对宪法和法律的执行和监督，强调善治；实现治理主体多元化，治理主体具有平等性、协同性和参与性[23]。

2. 相关治理理论

一是科层治理理论。20 世纪初德国社会学家马克斯·韦伯基于“现代理性”最早提出并阐释了“科层组织”的组织形态，最终形成了与工业社会相适应的科层治理理论。曾凡军认为科层治理是指以法理权威为基础，以政府利益至上为原则，运用等级、权威、分工、规则等治理工具对权力进行合理划分并分层负责的治理模式，是一种政府内部功能化、专业化的治理形态[24]。科层治理具有功能分化、结构严密、权力责任过于明确、纪律严明、等级森严、效率为本、非人性化管理等特质，以约束机制和激励机制为两大治理机制[25]。科层治理在治理结构和模式上具有特定优势，以政府为治理主体，对于一定环境下的线性管理具有较强的治理绩效，对提高组织运行效率、稳定社会秩序具有重要作用。

二是协同治理理论。协同治理理论是一个交叉理论，融合了协同论和治理理论的相关知识。目前，该理论已被广泛应用于社会治理、政府、物流、医院、公共文化服务等方面。埃莉诺·奥斯特罗姆认为协同治理强调公共体制与私人体制的多方面结合，倡导政府应逐步放权，提升自治组织、企业、公民等治理主体的地位，进而撬动社会资源，实现多元协同共治[26]。协同治理理论强调以下 4 个基本要点。①序参量的支配性与子系统的自组织性。在社会公共事务整体系统中，治理的出发点和落脚点皆为实现治理目标，据此形成的用以规范各个子系统行为的治理规则即决定整体系统运行秩序的序参量，它能支配子系统的行为，使其发挥自组织作用，有序开展社会治理活动[27]。②治理主体的多元性。随着社会公共事务变得日益复杂，除政府、事业单位外，非营利组织、企业、志愿者开始参与社会治理。由多元主体通过协作的方式对社会公共事务进行治理，避免了以行政主体为主的单中心治理模式所带来的弊端。③治理资源的协同性。由于所属领域不同，各治理主体通过资源整合与互补等方式促进治理资源的协同增效，为整体系统通过自组织运转解决社会问题、实现治理目标保驾护航[28,29]。④治理方式的权变性。协同治理既包括政府机制，也包括非正式、非政府的机制，各类人及组织都可借助这些机制满足各自的需要，实现各自的愿望[30]。协同治理强调多元主体间的整合、协作和分工，有利于实现资源的有效配置和互补互惠的职能。

三是网络化治理理论。网络化治理的概念最早由唐纳德·凯特尔提出[31]。斯蒂芬·戈德史密斯、威廉·D. 埃格斯在《网络化治理：公共部门

的新形态》一书中将其定义为“网络化治理是一种深深依赖伙伴关系，能够平衡各种非政府组织以提高公共价值的哲学理念，以及种类繁多的、创新的商业关系的一种治理模式”[32]。西方学者认为网络化治理概念的核心是多元主体互动的治理过程。在此基础上，国内学者陈振明最早把网络化治理概念界定为由政府部门和非政府部门等众多行动主体彼此合作、共享权利、共同管理事务的过程，目的是实现与增进公共利益[33]。这一观点得到了国内学术界认同。随后，多数学者对网络化治理进行了界定，但核心聚焦于主体多元、互动协同、资源共享、公共价值等方面。网络化治理既不是以行政命令为主的科层制形式，也不是以利益交换为主的市场体制，而是在政治权威的领导下，基于共同目标和价值，建立以信任等社会资本为中介的合作治理结构。它具有能够适应日益复杂多变的风险社会，符合推进国家治理体系和治理能力现代化的要求，以及发挥政府、市场、社会的合力，使各方利益最大化的优势[34]。

四是整体性治理理论。20 世纪 90 年代，西方国家先后兴起了新一轮政府再造改革运动——整体性治理。Pollitt 指出整体性治理是实现横向与纵向协调的一系列思想和行动，旨在避免不同政策之间相互冲突的情形，更好地利用稀缺资源，将不同利益相关者聚集在一起发挥协同效用，以及为公民提供无缝隙而非碎片化的公共服务[35]。整体性治理尤为重视现代信息技术在了解公民或消费者需求、处理政府数据及提供服务信息等方面的关键作用。此外，整体性治理注重协调、整合、信任三大机制的综合运用。协调机制致力于缓解主体之间的冲突，通过塑造彼此认同的共同目标来增强整体性治理中网络结构的凝聚力，从而提升协同治理的效果[36]。整合机制既可以是不同层次或同一层次的治理整合，也可以是在公共部门内部或跨越公私组织边界进行整合，通过多元治理主体间的资源整合提升综合治理效能。信任机制则是强调通过信息分享、沟通对话、建立承诺等构建信任关系。总的来说，整体性治理强调以公民需求为价值理念，注重政府与社会横向的协调和内部纵向间的协同，为公民提供非碎片化的公共服务。

（四）文献述评

借鉴一般系统的演进韧性内涵，本报告将京津冀人力资源韧性界定为：在面对外界不确定冲击和扰动时所具备的抵御能力与恢复能力，并在长期的适应性过程中协调系统内部，实现进化发展的能力。

综上所述，区域人力资源评价研究已经形成了丰富的成果，但在评价方式选择上仍存在完善空间。现有研究侧重人力资源系统内部的功能评估，缺乏综合考虑；受限于数据获取等原因，评价数据大多仍来源于统计年鉴，具有滞后性，有必要采用互联网、大数据等作为补充数据来源，以提高时效性和准确度；区域人力资源治理研究尚不多见，当前数字经济的发展引发人力资源新需求，结合韧性思维与治理理论的韧性治理策略亟待探索。

特别是在数字经济背景下，如何更好地把握内外协同驱动对区域人力资源的影响，有待建立规范的理论体系和开展精准的量化研究。然而，区域人力资源韧性研究仍存在概念不明晰、构成维度模糊和测量模型未定等问题，如何在韧性视阈下建立评价体系尚待探索，急需适当的理论工具来指导实践中的工作。

鉴于此，本报告基于已有研究，构建数字经济背景下京津冀人力资源韧性评价指标体系，综合运用多种数据来源和方法，设计评价模型，基于评价结果匹配治理策略，以期为明晰京津冀三地人力资源发展状况和解决韧性治理问题提供决策参考。

二　数字经济背景下京津冀人力资源韧性评价指标体系设计

（一）京津冀人力资源韧性评价指标选取与数据来源

人力资源系统是区域创新生态系统的重要子系统，其发展过程符合创新生态系统的演化逻辑。因此，本报告借鉴梁林等构建的涵盖多样性、流动性、缓冲性、进化性4个维度的国家级新区创新生态系统韧性监测指标体系[1]，结合数字经济背景下京津冀人力资源的特征，对指标体系进行调整，得到数字经济背景下京津冀人力资源韧性评价指标体系（见表1）。其中，多样性反映系统内创新主体要素种类的多样化程度，是京津冀人力资源应对外部环境冲击，实现进阶发展的基础条件；流动性反映京津冀人才群体与生存环境之间的相互协调程度，是人力资源实现进阶发展的动力来源；缓冲性反映系统内部资源的冗余程度和结构的复杂程度[1]，是京津冀人力资源抵御外部环境冲击的基础保障；进化性反映京津冀人力资源的创新效率，是人力资源面对环境冲击实现进阶发展的创新保障。

1. 多样性维度指标

郑江坤等指出生物多样性为人类日常生活提供了物质基础，其丰富水平对维持系统的稳定性极其重要[37]。人力资源作为数字经济时代京津冀生产创造的主要动力源和主体要素，它的多样性可以带来更多解决问题的思路、信息和技能。另外，高校作为培养数字经济人力资源的主战场，它的多样性可以在一定程度上保证为京津冀培养输送更多样的专业人才。因此，本报告选取人力资源多样性和高校多样性作为多样性维度指标。

2. 流动性维度指标

流动性是人力资源系统生存、正常运行和自组织的重要保障，代表基本服务的可及性，以及物质交换和能量流动的便利性。流动性好的人力资源系统支持知识共享功能的发挥，有利于数字生态的长期维持。此外，流动性还增强了京津冀人力资源结构的完整性，能反映人力资源系统内部人才群体与生存环境之间的相互协调性。本报告根据黄梅、吴国蔚建立的人才生态区熵流模型[38]，选取人力资源流动、人力资源与环境交流互动作为流动性维度指标。

3. 缓冲性维度指标

一般来讲，具备创新性的系统资源可划分为信息、知识、经济、社会等类型[39]。京津冀人力资源是人才群体与生存环境在不断的相互影响下共同组成的有机系统，本身就具有创新性、实践性和层次性的显著特征。在数字经济背景下，互联网等数字基础设施成为信息资源的主要组成部分。因此，本报告选取数字基础设施、知识资源、经济资源和社会资源作为京津冀人力资源缓冲性维度指标。

4. 进化性维度指标

人力资源实现进阶发展需要人才主体通过创新性、实践性的活动进行价值创造，为保证创新活动的效率，就需要提高创新资源配置能力。在数字经济背景下，人力资源的创新活动频繁发生，创新产出效率加速提升。创新资源配置能力往往通过投入产出比来衡量。创新资源的投入包括创新人才、创新资金等，而基础创新产出和应用创新产出是重要的创新产出指标。因此，本报告选取创新人力资源投入、创新财力资源投入、创新产出作为进化性维度指标。

表 1　数字经济背景下京津冀人力资源韧性评价指标体系

维度	一级指标	二级指标	指标属性	数据来源
多样性	人力资源多样性	高校毕业生学历分布	正向指标	各省市高校毕业生就业质量报告
	高校多样性	拥有数字技术相关学科的高校分布	正向指标	学信网
流动性	人力资源流动	净流入高校毕业生人数	正向指标	智慧足迹大数据平台
	人力资源与环境交流互动	认定报备高新技术企业数	正向指标	高新技术企业网
缓冲性	数字基础设施	互联网宽带接入数	正向指标	各省市通信管理局
	知识资源	每万人发表 SCI 论文数	正向指标	知网
		每万人发表 CSSCI 论文数	正向指标	知网
	经济资源	人均 GDP	正向指标	国家统计局
		高技术产业增加值增长率	正向指标	各省市统计局
	社会资源	教育经费占地方财政支出比重	正向指标	各省市财政局
		科技支出占地方财政支出比重	正向指标	各省市财政局

续表

维度	一级指标	二级指标	指标属性	数据来源
进化性	创新人力资源投入	专业技术人员数	正向指标	各省市人力资源和社会保障局
	创新财力资源投入	地方一般公共预算科学技术支出	正向指标	各省市财政局
	创新产出	发明专利申请数	正向指标	国家知识产权局

据此，本报告构建了数字经济背景下京津冀人力资源韧性评价指标体系，在相关文件中提取所需评价数据，并进行整理和测算，数据主要来源于互联网，还借助大数据平台和相关报告提取数据。数据提取的时间范围均为2019~2021年，以2018年为基年。

（二）京津冀人力资源韧性评价模型

1. 多样性维度评价模型

多样性指数能评价系统内部组成结构的复杂程度。Shannon-Wiener指数能够评价群落的异质性，既能反映群落种类的多少，又能反映种类分布的均匀度，被广泛应用于评价高校多样性、人力资源多样性等。因此，本报告选取Shannon-Wiener指数来评价多样性，计算公式如下：

$$H = -\sum_{i=1}^{n} p_i \ln p_i \qquad (1)$$

其中，Shannon-Wiener指数H表示信息量，p_i表示i种类数量占总数量的比重，n表示种类数目，指数H越大，表示多样性越强，即表示京津冀人力资源主体要素种类越多。

2. 流动性与缓冲性维度评价模型

为了克服传统专家打分法的主观性问题，以及对指标相关性要求度高的问题，本报告通过当年数值占所有年份数值的比重来评价流动性和缓冲性，计算公式如下：

$$F = \frac{A_{ij}}{B} \tag{2}$$

其中，F 表示流动性和缓冲性维度值，A_{ij}表示第 i 年第 j 个指标的数值，B 表示所有年份数值总和。

3. 进化性维度评价模型

进化性维度评价反映的是创新资源的投入产出效率情况。衡量资源的投入产出效率，最常见的就是 DEA 模型，DEA 是一种运用线性规划，对多投入-多产出决策单元进行效率评价的方法。考虑到京津冀人力资源在创新效率方面的边际收益具有一定程度的不确定性，需要采用 BCC 模型来对规模收益变动情况下的各决策单元进行效率评价。因此，本报告运用 DEA-Malmquist 指数模型中的 BCC 模型对进化性维度进行评价，计算公式如下：

$$\min[\theta - \varepsilon e^t(s^- + s^+)]$$

$$s.t.\begin{cases} \sum\limits_{j=1}^{n} X_j\lambda_j + s^- = \theta X_k \\ \sum\limits_{j=1}^{n} Y_j\lambda_j - s^+ = Y_k \\ \sum\limits_{j=1}^{n} \lambda_j = 1 \\ \lambda_j \geqslant 0,\ j = 1,2,\cdots,n \end{cases} \tag{3}$$

$$D^t(x^t,y^t) = inf\left(\theta \left| x^t,\frac{y^t}{\theta}\right.\right) \tag{4}$$

$$E = M(x^{t+1},y^{t+1},x^t,y^t) = \left[\frac{D^t(x^{t+1},y^{t+1})}{D^t(x^t,y^t)} \times \frac{D^{t+1}(x^{t+1},y^{t+1})}{D^{t+1}(x^t,y^t)}\right]^{\frac{1}{2}} \tag{5}$$

其中，θ 是京津冀人力资源系统效率系数，$\theta \in [0,\ 1]$。当 $\theta = 1$ 时，表明京津冀人力资源系统决策单元为技术有效；否则，表明决策单元为技术无效。n 是省市数量，假设每个省市的决策单元都有 m 个投入指标、l 个产出指标，对于第 j 个省市的决策单元，分别用向量X_j和Y_j表示。$X_j = (x_{1j},\ x_{2j},\ \cdots,\ x_{mj})^T$，$x_{mj}$表示第 j 个省市的第 m 个投入指标；$Y_j = (y_{1j},\ y_{2j},\ \cdots,\ y_{lj})^T$，$y_{lj}$表示第 j 个省市

的第 l 个产出指标。λ_j 为权重系数，X_k 和 Y_k 分别是省市决策单元的投入指标向量和产出指标向量，$k=1, 2, \cdots, n$。εe^t 为参数，s^+、s^- 为松弛标量。inf ( ) 为下界函数，$D^t(x^t, y^t)$，$D^t(x^{t+1}, y^{t+1})$ 是以 t 期为参考时间点，t 期和 (t+1) 期省市决策单元的距离函数。$E>1$ 表示相邻两个时期京津冀人力资源系统进化性加强，$E<1$ 表示相邻两个时期进化性减弱，$E=1$ 表示进化性不变。E 值越大，表明京津冀人力资源系统进化性越强。

4. 整体韧性值耦合模型

京津冀人力资源的整体韧性，并不是 4 个维度韧性值的简单相加或相乘，它体现在 4 个维度的有机耦合。因此，本报告借鉴于洋等关于耦合协调度的计算方法[40]，评价京津冀人力资源的整体韧性值，计算公式如下：

$$
\begin{aligned}
S &= \left[\frac{A \times B \times C \times D}{\left(\frac{A+B+C+D}{4}\right)^4}\right]^k \\
T &= \alpha A + \beta B + \gamma C + \lambda D \\
R &= S \times T
\end{aligned}
\qquad (6)
$$

其中，A 为京津冀人力资源多样性维度韧性值，B 为流动性维度韧性值，C 为缓冲性维度韧性值，D 为进化性维度韧性值，它们全不为 0。k 为调节系数，本报告中 $k=4$。S 表示 4 个维度的协调水平，取值范围为 (0, 1]。当 $A=B=C=D$ 时，S 为最大值 1，A、B、C、D 差异越大，S 的值越小。S 越大，表示 4 个韧性维度的协调状态越好。T 表示 4 个韧性维度的综合水平。α、β、γ、λ 为待定系数，由于 4 个韧性维度同等重要，所以 $\alpha=\beta=\gamma=\lambda=0.25$。$R$ 为京津冀人力资源整体韧性值，R 越大表示韧性越强。

（三）京津冀人力资源韧性计算过程

1. 京津冀人力资源4个维度韧性评价指标权重设置

权重设置方式：首先，采用每个维度均等权重的形式；其次，选取相关领域的专家对二级指标的权重进行赋值；最后，将调查专家打分和工具软件统计结果相结合，确定二级指标的权重（见表 2）。

表 2　2019~2021 年京津冀人力资源韧性指标权重

维度	一级指标	二级指标	权重		
			2019 年	2020 年	2021 年
多样性	人力资源多样性	高校毕业生学历分布	0. 12	0. 15	0. 13
	高校多样性	拥有数字技术相关学科的高校分布	0. 13	0. 10	0. 12
流动性	人力资源流动	净流入高校毕业生人数	0. 12	0. 14	0. 15
	人力资源与环境交流互动	认定报备高新技术企业数	0. 13	0. 11	0. 10
缓冲性	数字基础设施	互联网宽带接入数	0. 05	0. 06	0. 09
	知识资源	每万人发表 SCI 论文数	0. 04	0. 04	0. 04
		每万人发表 CSSCI 论文数	0. 04	0. 04	0. 02
	经济资源	人均 GDP	0. 02	0. 01	0. 01
		高技术产业增加值增长率	0. 03	0. 03	0. 02
	社会资源	教育经费占地方财政支出比重	0. 03	0. 05	0. 04
		科技支出占地方财政支出比重	0. 04	0. 02	0. 03
进化性	创新人力资源投入	专业技术人员数	0. 08	0. 10	0. 09
	创新财力资源投入	地方一般公共预算科学技术支出	0. 09	0. 08	0. 07
	创新产出	发明专利申请数	0. 08	0. 07	0. 09

2. 京津冀人力资源4个维度韧性值计算

一是多样性维度韧性值计算。首先，将京津冀人力资源多样性指标的原始数据代入式（1），得到 Shannon-Wiener 指数 H；其次，乘以相应的指标权重，再将各个乘以权重后的指标数值加总，即为京津冀人力资源的多样性维度韧性值。二是流动性与缓冲性维度韧性值计算。首先，将各指标的原始数据直接代入式（2），即可得到不同细分维度韧性值；其次，乘以相应的指标权重；最后，将各个乘以权重后的指标数值加总，即为京津冀人力资源流动性与缓冲性维度韧性值。三是进化性维度韧性值计算。将各指标的原始数据直接代入式（3）~（5），即可得到京津冀人力资源的进化性维度韧性值。

3. 京津冀人力资源整体韧性值计算

鉴于京津冀人力资源 4 个维度韧性值的计算结果的取值范围各不相同，故先用式（2）对 4 个维度的计算结果进行归一化处理，使其取值范围均在［0，1］区间内，又因式（6）中 4 个维度的取值不能为 0，故将归一化后的数值全部加 1，使其取值范围均落到［1，2］区间内，最后再代入式（6），最终得到京津冀人力资源整体韧性值。

三　数字经济背景下京津冀人力资源韧性的实证分析

（一）京津冀人力资源4个维度韧性评价结果

1. 多样性维度评价结果

如表 3 所示，从变化趋势来看，相比于 2019 年，2021 年京津冀整体及北京、天津、河北的多样性维度韧性值均呈上升趋势，北京 2021 年的多样性维度韧性值相较于 2019 年上升了 1.37%，上升幅度最大。从静态排名来看，2019~2021 年京津冀人力资源多样性维度韧性均值排名为北京、天津、河北。

2. 流动性维度评价结果

如表 3 所示，从变化趋势来看，相比于 2019 年，2021 年京津冀整体及天津、河北的流动性维度韧性值均呈下降趋势，天津 2021 年的流动性维度韧性值相较于 2019 年下降了 39.52%，下降幅度最大，而北京 2021 年的流动性维度韧性值比 2019 年有所上升。从静态排名来看，2019~2021 年京津冀人力资源流动性维度韧性均值排名为北京、河北、天津。

3. 缓冲性维度评价结果

如表 3 所示，从变化趋势来看，相比于 2019 年，2021 年京津冀整体及北京、天津、河北的缓冲性维度韧性值均呈上升趋势，天津 2021 年的缓冲性维度韧性值相较于 2019 年上升了 21.05%，上升幅度最大。从静态排名来看，2019~2021 年京津冀人力资源缓冲性维度韧性均值排名为北京、河北、天津。

表 3　2019~2021 年京津冀人力资源 4 个维度和整体韧性值

地区	韧性维度	韧性值				
		2019 年	2020 年	2021 年	平均值	排名
京津冀	多样性	0. 357	0. 355	0. 358	—	—
	流动性	0. 092	0. 071	0. 086	—	—
	缓冲性	0. 085	0. 067	0. 094	—	—
	进化性	1. 004	1. 112	1. 107	—	—
	整体	1. 337	1. 303	1. 350	—	—
北京	多样性	0. 364	0. 369	0. 369	0. 367	1
	流动性	0. 086	0. 075	0. 089	0. 083	1
	缓冲性	0. 082	0. 083	0. 087	0. 084	1
	进化性	1. 044	1. 171	1. 172	1. 129	1
	整体	1. 326	1. 326	1. 345	1. 332	1
河北	多样性	0. 282	0. 279	0. 283	0. 281	3
	流动性	0. 106	0. 067	0. 073	0. 082	2
	缓冲性	0. 080	0. 081	0. 087	0. 083	2
	进化性	0. 883	1. 151	1. 067	1. 034	3
	整体	1. 326	1. 318	1. 329	1. 324	2
天津	多样性	0. 331	0. 328	0. 333	0. 331	2
	流动性	0. 124	0. 045	0. 075	0. 081	3
	缓冲性	0. 076	0. 079	0. 092	0. 082	3
	进化性	1. 011	1. 219	0. 978	1. 069	2
	整体	1. 327	1. 272	1. 325	1. 308	3

4. 进化性维度评价结果

如表 3 所示，从变化趋势来看，相比于 2019 年，2021 年京津冀整体及北京、河北的进化性维度韧性值均呈上升趋势，河北 2021 年的进化性维度韧性值相较于 2019 年上升了 20. 84%，上升幅度最大。从静态排名来看，2019~2021 年京津冀人力资源进化性维度韧性均值排名为北京、天津、河北。

（二）京津冀人力资源韧性发展态势比较

运用 K 均值聚类分析法分析 2019~2021 年京津冀三省市人力资源的 4

个维度韧性均值数据，描绘三者的发展态势，如图 1 所示。图 1 中阴影面积越大，表明发展态势越好；阴影形状越接近正方形，表明发展越均衡。由此可以发现，北京人力资源处于良性均衡状态，河北和天津均存在发展不均衡问题，但问题有所不同。

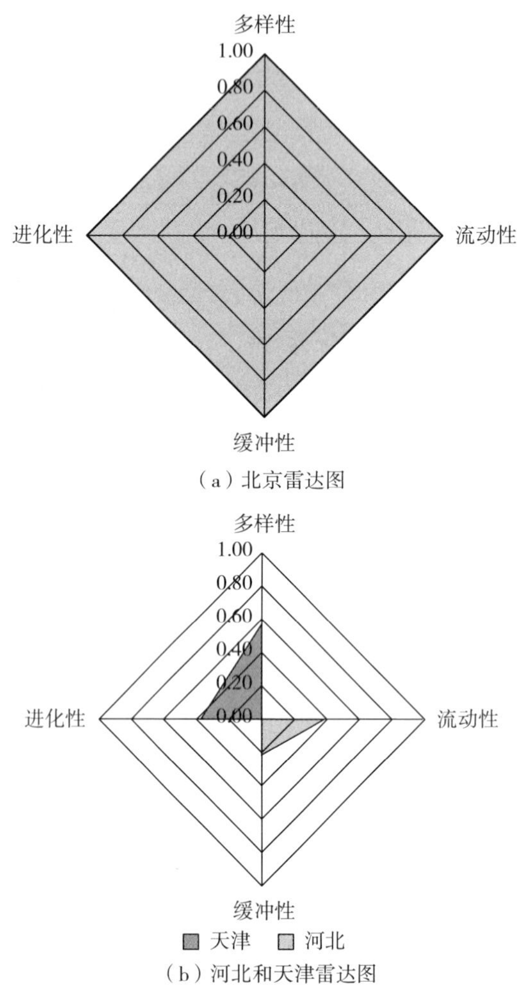

图 1　京津冀三省市 4 个维度韧性聚类分析雷达图

从图 1（a）可知，北京整体发展态势最优，处于良性均衡状态，不仅各维度韧性值大致相当，而且 4 个维度韧性值均较高，阴影面积最大，未来其韧性提升前景可观。从图 1（b）可知，河北和天津整体发展均呈明显不协调状态，阴影形状为三角形。其中，河北的发展态势较天津均衡，两个优势维度大致相当，但阴影面积最小，未来可能会被天津超越。而天津发展态势优于河北，阴影面积比河北大，如何补足劣势以实现各维度均衡发展是关键问题。

（三）京津冀人力资源整体韧性评价结果分析

1. 评价结果的变化趋势

北京整体韧性值在 2019~2021 年呈上升趋势，虽然 2020 年发展有所停滞，但 2021 年迅速上升。2020 年北京出台了《北京市促进数字经济创新发展行动纲要（2020~2022 年）》《北京市关于打造数字贸易试验区的实施方案》等多项促进数字经济的政策，虽然丰富了北京的数字经济资源，但提高了人才进入门槛，对原有平稳状态造成了一定冲击。数字经济政策带来了新的人力资源需求，新冠肺炎疫情抑制了人力资源流动，北京人力资源发生重构，造成了 2020 年整体韧性发展有所停滞。但北京在京津冀城市群中具有绝对的人才吸引力、丰富的数字资源储备、开放的数字人才发展环境，重构过程非常迅速，其韧性值在 2021 年迅速上升，显示了发展数字经济的重要作用。

河北整体韧性值在 2019~2021 年保持相对稳定，其中 2020 年相对 2019 年有所下降，2021 年恢复到略高于 2019 年的水平。2020 年河北发布《河北省数字经济关键核心技术攻关专项行动计划（2020~2022 年）》，聚焦突破数字经济核心技术，引进了大量数字经济人才，虽然增加了创新投入，但普通人才的进入意愿下降，限制了河北人才的多样性。此外，大量资源被用于数字化转型，加上新冠肺炎疫情突袭而至导致河北经济短期发展缓慢，人力资源不足，造成了 2020 年整体韧性值有所下降。2021 年韧性值虽有所提升，但由于河北科技创新能力薄弱、新业态新模式发展缓慢等问题长期存在，创新资源无法在短时间内快速转化，回升幅度小。

天津整体韧性值在 2020 年大幅下降，2021 年仍未恢复到 2019 年的水平。天津在2019年制定促进数字经济发展的行动方案，从引才、引智、育才等多个方面提升人才吸附力，导致人力资源流动基数大幅增加，而在2020年后续政策未及时跟进，相应的人力资源基础保障措施不完善，人力资源流入速度显著下降，人才结构丰富度不足等问题凸显，造成了2020年整体韧性值明显下降。虽然天津于2021年又发布了《天津市加快数字化发展三年行动方案(2021~2023年)》，但受限于创新资源储备不足，人力资源环境吸引力小，加上新冠肺炎疫情进一步限制人力资源流动，韧性值仍未恢复到2019年的水平。

2. 评价结果静态排名

2019~2021年京津冀人力资源整体韧性均值排名为北京、河北、天津，具体原因包括以下方面。

北京是京津冀人力资源发展的核心，是人才吸引力最高的地区。从排名来看，不仅整体及任何单一维度韧性值均排名第一，而且2021年各维度韧性值相比2019年均呈上升趋势，发展前景可观。北京在京津冀人力资源发展中具有绝对优势，拥有全国最大的科学技术研究基地，重点高校林立，创新基础设施完善，开放包容的人才环境、创新要素的频繁流动、人力资源的丰富储备、创新成果的高效转化，快速补足了数字经济人才缺口，顺利实现了人力资源的重构升级，各维度的良性均衡发展使得北京的人力资源韧性值持续领先于京津冀其他省市。

河北经济腹地广阔，雄安新区为河北人力资源发展持续助力。从排名来看，河北的整体韧性均值排名第二，2021年多样性、缓冲性、进化性维度韧性值相比于2019年均呈上升趋势。河北的比较优势在于资源，比较劣势在于潜力。雄安新区的知识溢出和产业带动能力较强，吸引了大批高技术企业入驻，促进了人才的快速集聚，创新资源的频繁流入为数字经济的发展提供了保障，进一步带动人力资源的高质量发展。但河北的创新产出亟待提升，人才异质性弱，需要引起重视。随着雄安新区的不断建设完善，以及燕山大学、河北大学的快速发展，进化性和多样性维度的短板将会得到补足。

天津是北方最大的港口城市，开放程度较高。从排名来看，整体韧性均值排名最后，多样性和进化性维度韧性均值排名第二，2021 年整体韧性值相比于 2019 年呈下降趋势。天津的比较优势在于创新，而比较劣势在于资源。天津拥有开放包容的市场环境，重视创新资源的高效配置，以南开大学、天津大学等为代表的重点院校积极发展数字经济教育，加强数字经济师资力量，促进人力资源创新发展。但天津毗邻北京，人力资源吸引力不足，大量创新要素流向北京，资源丰富度和复杂性均处于严重劣势地位。未来随着“海河英才”计划、京津冀数字经济协同发展战略的推进，流动性和缓冲性维度的短板有望补足。

四　结论与治理策略

（一）结论

本报告构建了京津冀人力资源韧性评价体系，试图通过有效衡量京津冀整体及北京、天津、河北的人力资源现状，解决其在数字经济发展中存在的问题，从而制定有针对性的韧性治理策略。本报告得出了以下主要结论。第一，通过对京津冀人力资源韧性发展态势的比较，发现当前北京的发展状况最好，而河北和天津均存在发展不均衡问题。第二，通过对 2019～2021 年京津冀人力资源整体韧性评价结果的分析，得出京津冀整体及北京、天津、河北的人力资源韧性，相比于 2019 年，2020 年京津冀整体、河北和天津的人力资源韧性均受到一定程度冲击，天津的下降幅度最大，河北次之，而北京保持不变。2021 年，又发生不同程度的回升，其中天津的回升幅度最大，北京次之，河北最小。第三，2021 年京津冀三省市的人力资源韧性均值排名是北京、河北、天津。

（二）数字经济背景下京津冀人力资源韧性治理策略

开展数字经济背景下京津冀人力资源韧性评价，为推动数字人力资源转型，实现区域协同发展，综合、科学、动态地治理京津冀提供了可能。本报告结合京津冀三省市存在的具体问题，动态匹配相适应的治理理论，为京津冀人力资源韧性的提升提供治理策略。

1. 北京人力资源韧性治理策略

北京人力资源韧性在京津冀三地中处于优势地位，北京聚集了丰富的创新资源，具备较大的人才吸引力，但在着力发展数字经济的过程中，大量引进数字经济人力资源会对原有的治理体系产生冲击，所出台的多种数字经济人力资源培养政策之间也可能产生冲突。整体性治理具备解决复杂治理问题的功能，强调整合治理主体，是实现跨部门、跨层级、跨区域等复杂治理的重要方式，适合北京采用。

大数据技术是北京实现人力资源重构、整合多种治理政策的关键手段。相较于南方城市，北京仍存在市场化程度低的问题，将大数据技术作为整体性治理的手段，有助于形成政府为社会主体提供无缝隙服务的模式。大数据具有智能分析的功能，能将跨域、跨级的数据进行智能匹配，通过对匹配后的数据进行分析，可以清晰地看到数据的变化趋势，找到数据之间的关联，避免多种人力资源政策相互冲突。在观测到数据变化趋势及数据之间关联的基础上，建立科学的人力资源预测及预警体系。通过信息化的管理实现跨域、跨级人口信息的整合与共享，加速实现人力资源更新，更好地促进人力资源重构。

2. 河北人力资源韧性治理策略

河北暴露的突出问题是发展潜力不足，应加强对多样性和进化性维度短板的补足，同时防止由于过度重视劣势方面的发展而忽视原有优势。协同治理强调多元主体间的整合、协作和分工，以实现资源的有效配置和发挥互补互惠的职能，适合河北采用。

发挥高校和市场的力量，实现多元协同是河北融入京津冀协同发展战略，加速创新要素流动和共享，提高创新合作成果转化率的重要措施。雄安新区为河北引进了丰富的资源，但受原有体制机制束缚，河北经济以制造业为主，创新活力不足，人力资源丰富度受限，需要以高校和企业为主的多元主体共同引进和培养高质量人才，满足数字经济发展的新要求。首先，利用雄安新区的区位优势和创新资源吸引异质的创新人才，重视发展重点高等院校，提升创新产出平台的多样性。其次，依托高等院校，深化“人力资源+项目+平台”的多主体合作，强化主体间的资源依赖，不断提升资源整合效率。再次，减少政府对市场的行政干预，充分发挥市场在配置创新资源中的决定性作用。打破行业垄断和地方保护，营造有利于创新的公平竞争市场环境，充分激发市场活力。最后，多元主体应联合利用数据平台集聚力量共同治理，实现优势互补，通过数字技术与韧性系统衔接耦合的方式强化人力资源韧性。

3. 天津人力资源韧性治理策略

天津暴露的突出问题是发展失衡，流动性和缓冲性维度的劣势明显，应着力打通要素流通壁垒，深入分析资源丰富度低的原因，着力补足短板。网络化治理强调对资源拥有者的结构和制度设计，发挥治理主体的自组织功能，实现多主体互动，促进创新要素自由流动，适合天津采用。

提高人力资源吸引力、重视资源积累、改善人力资源环境是天津实现均衡发展、加速人力资源流动的重要举措。天津人力资源大量流向北京的问题长期存在，而数字经济的兴起为其人力资源引流提供了机遇，互联网和5G技术的发展促进了多元主体之间的交流互动，带动创新资源加速聚集，为人力资源流动创造自由环境。首先，积极推动京津冀人才一体化发展战略，打破人力资源流通障碍，探索建立科技资源共享及人力资源合作开发流动机制。其次，注重新技术研发，抓住新一代信息技术的契机，积极助推人工智能产业链上基础层和技术层的发展，丰富创新资源种类和结构，提高资源冗余。最后，利用“海河英才”计划引进高质量人力资源，建立并完善技术创新平台，防止人力资源外流、高端人才断档问题的出现，促进人力资源优化发展。

参考文献

［1］梁林、赵玉帛、刘兵：《国家级新区创新生态系统韧性监测与预警研究》，《中

国软科学》2020 年第 7 期。
[2] 杨伟、劳晓云、周青、张璐：《区域数字创新生态系统韧性的治理利基组态》，《科学学研究》2022 年第 3 期。
[3] 商华、王苏懿：《价值链视角下企业人才生态系统评价研究》，《科研管理》2017 年第 1 期。
[4] 王亚男、王宏起、李永华：《区域战略性新兴产业人力资源生态系统评价指标体系设计》，《统计与决策》2016 年第 13 期。
[5] 林枚、国洪岗：《区域人力资源发展水平评价指标体系构建》，《商业时代》2011 年第 3 期。
[6] 杨胜利、高向东：《我国劳动力资源配置水平综合评价与分析——兼论区域差异与经济发展》，《人口学刊》2015 年第 5 期。
[7] 谭建伟、叶丽、冯培云：《区域协同创新人力资源支撑体系评价研究：重庆例证》，《科研管理》2016 年第 S1 期。
[8] 张兰霞、付竞瑶、姜海滔、车琳娜：《我国区域中心城市科技人力资源竞争力评价》，《东北大学学报》（自然科学版）2016 年第 2 期。
[9] 李彤玥：《韧性城市研究新进展》，《国际城市规划》2017 年第 5 期。
[10] 邵亦文、徐江：《城市韧性：基于国际文献综述的概念解析》，《国际城市规划》2015 年第 2 期。
[11] 彭翀、郭祖源、彭仲仁：《国外社区韧性的理论与实践进展》，《国际城市规划》2017 年第 4 期。
[12] 孙阳、张落成、姚士谋：《基于社会生态系统视角的长三角地级城市韧性度评价》，《中国人口·资源与环境》2017 年第 8 期。
[13] Walker, B., Holling, C. S., Carpenter, S. R., Kinzig, A., "Resilience, Adaptability and Transformability in Social-Ecological Systems", *Ecology and Society*, 2004, 9 (2): 5-13.
[14] Meerow, S., Newell, J. P., Stults, M., "Defining Urban Resilience: A Review", *Landscape and Urban Planning*, 2016, 147: 38-49.
[15] Jabareen, Y., "Planning the Resilient City: Concepts and Strategies for Coping with Climate Change and Environmental Risk", *Cities*, 2013, 31: 220-229.
[16] Wildavsky, A. B., *Searching for Safety*, Transaction Publishers, 1988.
[17] Ahern, J., "From Fail-Safe to Safe-to-Fail: Sustainability and Resilience in the New Urban World", *Landscape and Urban Planning*, 2011, 100 (4): 341-343.
[18] Schlör, H., Venghaus, S., Hake, J. F., "The FEW-Nexus City Index—Measuring Urban Resilience", *Applied Energy*, 2018, 210: 382-392.
[19] Du, Z., Zhang, H., Ye, Y., Jin, L., et al., "Urban Shrinkage and Growth: Measurement and Determinants of Economic Resilience in the Pearl River Delta",

Journal of Geographical Sciences, 2019, 29 (8): 1331-1345.
[20] Wilk, A. S., Platt, J. E., "Measuring Physicians' Trust: A Scoping Review with Implications for Public Policy", *Social Science & Medicine*, 2016, 165: 75-81.
[21]〔英〕格里·斯托克:《作为理论的治理:五个论点》,华夏风译,《国际社会科学杂志》(中文版) 1999 年第 1 期。
[22] 王诗宗:《治理理论及其中国适用性》,浙江大学出版社,2009。
[23] 应松年:《加快法治建设促进国家治理体系和治理能力现代化》,《中国法学》2014 年第 6 期。
[24] 曾凡军:《西方政府治理模式的系谱与趋向诠析》,《学术论坛》2010 年第 8 期。
[25] 曾凡军、王宝成:《西方政府治理图式差异较析》,《湖北社会科学》2010 年第 10 期。
[26]〔美〕埃莉诺·奥斯特罗姆:《公共事物的治理之道:集体行动制度的演进》,余逊达、陈旭东译,上海译文出版社,2012。
[27] 张康之:《论社会治理目标对规则的要求》,《行政科学论坛》2015 年第 5 期。
[28] 张立荣、冷向明:《协同治理与我国公共危机管理模式创新——基于协同理论的视角》,《华中师范大学学报》(人文社会科学版) 2008 年第 2 期。
[29] Emerson, K., Nabatchi, T., Balogh, S., "An Integrative Framework for Collaborative Governance", *Journal of Public Administration Research and Theory*, 2012, 22 (1): 1-29.
[30] 臧雪文、司文君:《多元主体协同治理的地方实践案例》,《国家治理》2019 年第 29 期。
[31]〔美〕唐纳德·凯特尔:《权力共享:公共治理与私人市场》,孙迎春译,北京大学出版社,2009。
[32]〔美〕斯蒂芬·戈德史密斯、威廉·D. 埃格斯:《网络化治理:公共部门的新形态》,孙迎春译,北京大学出版社,2008。
[33] 陈振明:《公共管理学》,中国人民大学出版社,2005。
[34] 孙玉栋、丁鹏程:《突发公共卫生事件的网络化治理》,《中国特色社会主义研究》2020 年第 1 期。
[35] Pollitt, C., "Joined-up Government: A Survey", *Political Studies Review*, 2003, 1 (1): 34-49.
[36] 胡象明、唐波勇:《整体性治理:公共管理的新范式》,《华中师范大学学报》(人文社会科学版) 2010 年第 1 期。
[37] 郑江坤、魏天兴、郑路坤、大林直等:《坡面尺度上地貌对 α 生物多样性的影响》,《生态环境学报》2009 年第 6 期。
[38] 黄梅、吴国蔚:《人才生态链的形成机理及对人才结构优化的作用研究》,

《科技管理研究》2008 年第 11 期。

[39] 宋洋：《创新资源、研发投入与产品创新程度——资源的互斥效应和研发的中介效应》，《中国软科学》2017 年第 12 期。

[40] 于洋、张丽梅、陈才：《我国东部地区经济—能源—环境—科技四元系统协调发展格局演变》，《经济地理》2019 年第 7 期。

B.9

数字经济与京津冀区域创新能力提升

齐晓丽　聂天雷　杨　晨　齐晓蕊*

摘　要： 本报告对京津冀地区的数字经济发展现状和数字经济发展对京津冀区域创新能力的影响展开分析，并据此提出提升京津冀区域创新能力的对策建议。关于京津冀地区数字经济发展现状，本报告主要从数字产业化发展、产业数字化发展、数字化治理发展3个方面展开分析，通过与长三角地区、珠三角地区、成渝地区的比较以及京津冀三地的比较分析其发展特点。关于数字经济发展对京津冀区域创新能力的影响，本报告主要分析了数字经济本身对京津冀区域创新能力的带动作用，以及数字经济通过影响人力资本积累和研发资本配置效率对京津冀区域创新能力的带动作用。基于此，本报告提出在京津冀数字经济发展中应重点进行数字基础设施、数字化产业融合和数字化政府治理3个方面的建设，构建降低创新成本的整合式企业创新发展模式、重视融合创新的协同式产业创新发展模式和实现资源共享的开放式创新生态发展模式。

关键词： 数字基础设施　数字化产业融合　数字化政府治理　区域创新能力

* 齐晓丽，博士，河北工业大学经济管理学院副教授、硕士生导师，研究方向为区域经济；聂天雷，河北工业大学经济管理学院硕士研究生；杨晨，河北工业大学经济管理学院硕士研究生；齐晓蕊，河北工业大学经济管理学院硕士研究生。

在“百年未有之大变局”下，我国经济进入增速放缓、新旧动能转化的新常态，传统的生产方式已经无法继续支撑我国经济的可持续发展，迫切需要由投资驱动的经济增长转向创新驱动的经济增长。从 2012 年党的十八大明确提出实施创新驱动发展战略之后，我国的经济增长正处在向创新驱动的转变过程中，与此同时，经济社会面临着以数字经济发展为主导的新一轮技术革命的影响。2017 年政府工作报告首次提及数字经济，党的十九大报告把数字经济上升到国家战略层面，党的十九届五中全会审议通过的《中共中央关于制定国民经济和社会发展第十四个五年规划和二〇三五年远景目标的建议》提出要坚定不移地通过建设数字中国等推进产业基础高级化、产业链现代化，提高经济质量效益和核心竞争力，凡此种种，都明确显示数字经济已成为我国重要的国家战略。在数字和信息技术已经逐渐渗透各个产业，数字经济与实体经济的融合发展成为当今时代鲜明特征的背景下，数字经济也成为我国区域经济创新驱动发展的重要推动力。

京津冀作为我国重要城市群，是以首都为核心的世界级城市群和全国创新驱动经济增长新引擎，承担着集聚高端创新资源、打造自主创新重要源头和原始创新主要策源地、引领高质量发展的功能和任务。在此发展背景下，明确京津冀地区数字经济发展现状以及数字经济与区域创新能力的关联是进一步促进京津冀地区数字经济发展和推动京津冀地区创新能力提升的重要内容。因此，本报告主要对京津冀地区数字产业化发展特点、产业数字化发展特点、数字化治理以及数字经济在京津冀地区创新能力提升中所发挥的作用进行分析，并进一步提出京津冀地区数字经济和区域创新能力融合发展的对策建议。

一　京津冀数字经济发展现状及特点

数字经济是以数字技术为核心驱动力，以现代信息网络为重要载体，推动经济发展质量变革、效率变革、动力变革，以及政府、组织、企业等治理模式深刻变化的一种生产组织方式。为深入贯彻国家《“十四五”数字经济发展规划》部署，集中力量发展数字经济，北京、天津和河北分别制定了数字经济发展的实施方案。从三地的数字经济发展实施方案来看，北京市拟通过建立全球领先的数字经济新体系、组织实施标杆引领工程和培育壮大数字经济标杆企业，打造中国数字经济发展的样板。天津市主要侧重于营建智慧便捷的数字社会，实现居民数字生活新图景和智能高效的数字政府的建设。河北省主要从深化大数据在环保、交通、健康、旅游等领域的创新应用，大力培育数字经济核心产业等方面提出了发展规划。随着各地区对数字经济的发展越来越重视，京津冀地区也在不断加大对数字产业化、产业数字化和数字治理 3 个方面建设的投入力度。

（一）数字产业化

数字产业化代表了新一代信息技术的发展方向和最新成果，为数字经济发展提供技术、产品、服务和解决方案等，是数字经济发展的基础和动力源泉，具体包括电子信息制造业、电信业、软件和信息技术服务业等行业的发展。本报告主要通过数字基础设施和信息化发展两个方面来体现区域数字产业化发展水平。

1. 数字基础设施

数字基础设施建设是发展数字经济的底层支撑，其在实现人与人、人与物以及物与物之间全连接状态的基础上，使得生产制造、商业运营、民生服务等各领域的工作变得更加高效和便捷。本报告选取互联网宽带用户数来反映 2012～2020 年京津冀和长三角等其他 3 个地区数字基础设施建设的情况。从图 1 中可以看出，4 个区域的互联网宽带用户数均呈逐年上升的趋势。从增速来看，2015 年长三角地区、珠三角地区及成渝地区 3 个区域的增长速度分别达到 47%、23%和 49%，是 2012～2020 年增速最快的年份，而京津冀地区互联网宽带用户数增长速度最快的年份为 2016 年，为 21%，近年来各地区的增长速度都有所减缓。从互联网宽带用户数的总量来看，长三角地区的互联网宽带用户数远超其他 3 个地区，京津冀地区在 2014 年及之前互联网宽带用户数虽少于珠三角地区，但相差不大，且高于成渝地区，但

2014 年之后成渝地区互联网宽带用户数增加明显，其数量超过了京津冀地区。综合各个区域的人口总数及增长趋势来看，京津冀地区在互联网宽带的建设方面虽然取得一些成果，但仍存在提升空间。

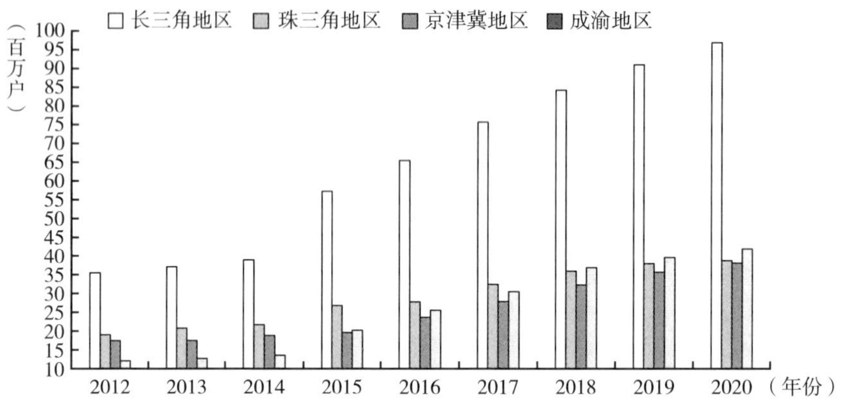

图 1　2012~2020 年中国四大区域互联网宽带用户数

资料来源：2013~2021 年《中国统计年鉴》。

京津冀地区的互联网宽带建设不但在整体上与其他 3 个地区存在一定的差距，从地区内部来看也存在较大的差距。北京、天津和河北三个地区的互联网宽带用户数见图 2。

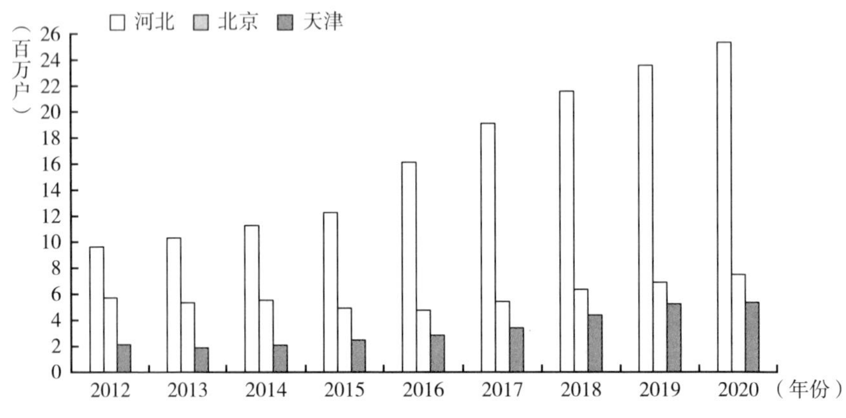

图 2　2012~2020 年京津冀互联网宽带用户数

资料来源：2013~2021 年《中国统计年鉴》。

从图 2 中可以看出，河北省的互联网宽带用户数在 2016 年快速增加，从 2015 年的 1226 万户增加到 2016 年的 1612 万户，增幅为 31%。而天津市的互联网宽带用户数在 2018 年实现大幅增长，从 2017 年的 339 万户增加到 2018 年的 437 万户，增幅为 29%，2019 年继续大幅增加至 523 万户。2020 年，北京、天津和河北三个地区互联网宽带用户数的增幅有所缩小。总体来看，2018 年北京、天津、河北的互联网普及率分别达到了 75%、67% 和 56%。

通过以上分析可以看出，在以互联网宽带用户数反映的数字基础设施建设中，京津冀地区处于中等水平，2020 年京津冀地区互联网宽带用户总数达 3815 万户，占同年四大区域互联网宽带用户总数的 21%，但是发展水平相较于沿海的珠三角和长三角地区来说，还存在较大的差距，而且京津冀地区内部也存在差距。

2. 信息化发展

在当今世界已经进入信息时代的背景下，信息化建设是经济社会发展的客观要求，通过信息化建设，可以充分开发和有效利用信息资源，提升经济社会运行效率。近年来，京津冀地区较为重视信息化建设。2021 年，北京市出台《北京市“十四五”信息通信行业发展规划》，提出在信息通信行业规模不断扩大、发展水平持续提升、行业结构不断优化的基础上，主要从 5G 网络部署、千兆光纤宽带网络、数据与计算基础设施、工业互联网创新发展、京津冀数据中心协同发展和 5G 应用融合拓展等方面进行建设。2021 年，天津市发布《天津市新一代信息技术产业发展“十四五”专项规划》，提出主要从集成电路、智能终端、汽车电子、信创软件、工业互联网、区块链和大数据云计算等方面进行建设。河北省出台《河北省新一代信息技术产业发展“十四五”规划》，指出在光伏、新型显示、现代通信、智能终端、半导体、大数据和云计算、软件和信息技术服务、物联网等优势产业持续向好、产业规模快速扩大的基础上，继续培育壮大大数据和云计算、物联网、信创等产业，并在人工智能、区块链等前沿技术领域抢抓布局，培育新的制高点。本报告选取软件和信息技术服务业的软件业

务收入来反映2012~2020年京津冀地区和长三角等其他3个地区信息化发展的情况，见图3。

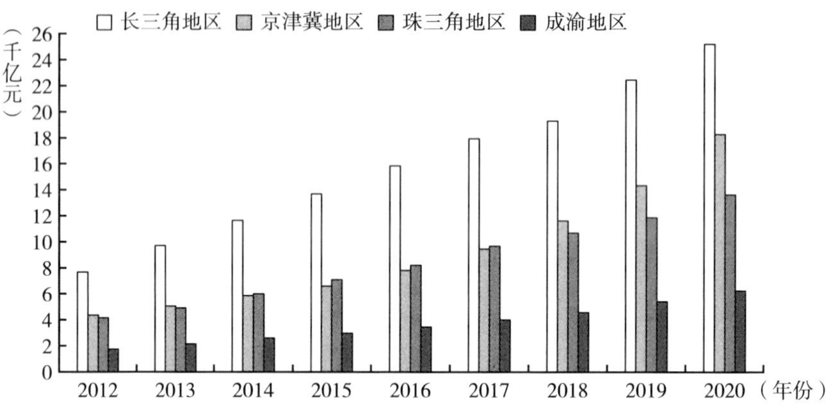

图3 2012~2020年中国四大区域软件和信息技术服务业的软件业务收入

资料来源：2013~2021年《中国统计年鉴》。

由图3可以看出，长三角地区软件和信息技术服务业的软件业务收入一直远远超过其他3个地区，在2017年及之前，京津冀地区和珠三角地区软件和信息技术服务业的软件业务收入大致齐平，相比于成渝地区具有较大的优势。但2017年后，京津冀地区的软件和信息技术服务业发展迅速，两个地区的规模差距逐渐拉大，2020年两个地区软件和信息技术服务业的软件业务收入相差4668亿元。从增长速度来看，长三角地区一直保持着较快的增长速度，其中2019年增速达到16%。2020年京津冀地区的增速为28%，珠三角地区的增速为15%。成渝地区软件和信息技术服务业的软件业务收入较低，增长速度基本维持在16%左右。

从京津冀地区内部来看，北京、天津和河北3个地区软件与信息技术服务业的发展差距巨大。2020年，京津冀地区软件与信息技术服务业贡献的86%来自北京，天津占13%，而河北仅占1%，3个地区软件与信息技术服务业的软件业务收入情况见图4。

由图4可以看出，北京、天津、河北软件和信息技术服务业软件业务收

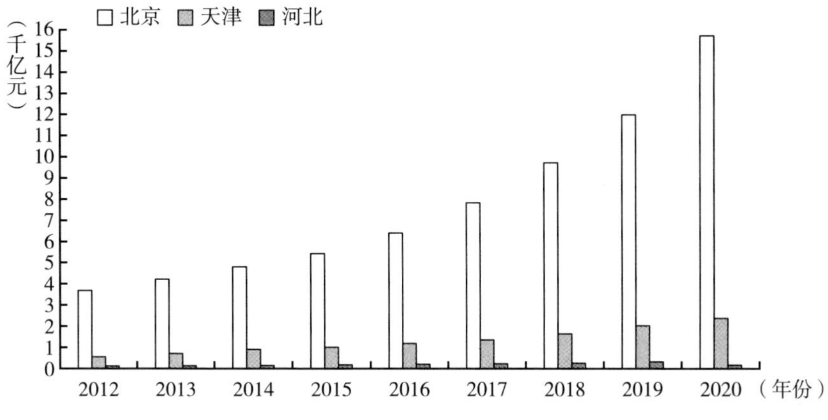

图 4　2012~2020 年京津冀软件和信息技术服务业的软件业务收入

资料来源：2013~2021 年《中国统计年鉴》。

入的总量及年均增长速度存在显著差异。北京具有绝对优势，且 2015 年之后增长趋势越发明显，2018 年的增速高达 24%，之后每年增速维持在 27%左右。天津市软件和信息技术服务业软件业务收入的增速较为平稳。河北软件和信息技术服务业的软件业务收入在 2020 年出现了严重下滑，增长速度为-48%。这说明京津冀地区的软件与信息技术服务业主要集中在北京，天津和河北的软件和信息技术服务业未得到很好发展。

（二）产业数字化

产业数字化是在新一代数字科技的支撑和引领下，将数字技术应用于传统产业，通过对产业链上下游的全要素数字化升级、转型和再造，实现传统产业生产数量和效率的提升。产业数字化是数字经济发展的主阵地，通过互联网、大数据、人工智能等新一代信息技术与实体经济广泛深入的融合，不断推动实体经济的开放式创新，使经济社会发生深刻变革，推动产业发展。产业数字化包括但不限于工业互联网、两化融合、智能制造、车联网、平台经济等融合型新产业、新模式、新业态，具体形式有数字平台、无人经济、虚拟产业集群（园区）、企业数字化转型等，本部分通过产业的数字化交易和产业的数字化应用两方面对产业数字化的发展进行分析。

1. 产业的数字化交易

产业的数字化交易的突出特征是交易方式的数字化和交易对象的数字化。交易方式的数字化是指数字技术与传统交易环节的深度融合，可以带来交易效率的提升及交易成本的降低。交易对象的数字化是指数据和以数据形式存在的产品和服务的交易越来越多的发展趋势。考虑到数据的可得性，本部分选取电子商务交易规模和网上零售额反映 2013～2020 年京津冀地区和长三角等其他 3 个地区产业的数字化交易情况。

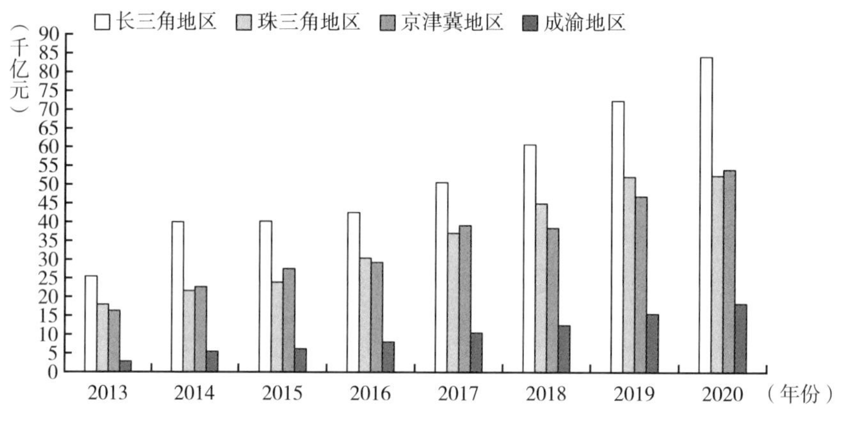

图 5　2013～2020 年中国四大区域电子商务交易规模

资料来源：2014～2021 年《中国统计年鉴》。

从图 5 中可以看出，四大区域的电子商务交易规模在 2013～2020 年总体呈增长趋势，但四大区域的电子商务交易规模和年均增长速度存在较大的差异。长三角地区电子商务交易规模远远超过其他地区，年均增长速度为 18.58%；成渝地区电子商务交易规模最小，但相对于其他地区，其年均增长速度最快，为 30.3%；珠三角地区和京津冀地区的电子商务交易规模与长三角地区还存在较大的差距，但 2 个地区的年均增长速度和长三角地区相差不多，分别为 16.52% 和 18.66%。另外，京津冀地区的电子商务交易规模在 2018 年出现了下降的情况，2018 年的交易规模比 2017 年下降了 696.4

亿元，这从某种程度上显示京津冀地区整体数字经济发展中可能存在电子商务基础设施建设滞后、跨境电子商务综合服务体系不完善的问题，而且结合图 6 可以看出，京津冀地区中的北京、天津、河北 3 个地区的电子商务发展水平非常不均衡，其中北京的电子商务交易规模遥遥领先，且增速相对较快，而天津和河北的电子商务交易规模较小。

图 6 显示，北京、天津和河北 3 个地区的电子商务交易规模在 2013～2020 年总体呈增长趋势，但增长幅度存在显著的差异。北京以年均 20%的速度保持增长；天津的电子商务交易规模在 2016 年出现了负增长的状况，2017 年之后虽缓慢回升，但增幅不大；河北的电子商务交易规模一直处于较低水平，远落后于北京。

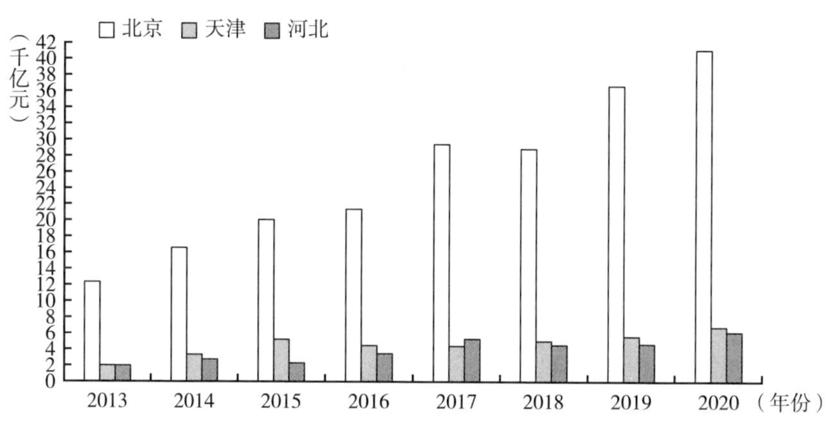

图 6　2013～2020 年京津冀电子商务交易规模

资料来源：2014～2021 年《中国统计年鉴》。

除电子商务交易规模可以反映产业的数字化交易情况外，网上零售额也是重要的考察指标。网上零售是以互联网为依托，运用数字技术让产品、服务直接面向消费者的销售方式，能直接体现传统产业应用数字技术所带来的生产数量和效率的提升。基于数据的可得性，本报告利用网上零售额从数字技术与第三产业融合的视角考察 2015～2020 年长三角、珠三角、京津冀和成渝地区产业的数字化交易情况。

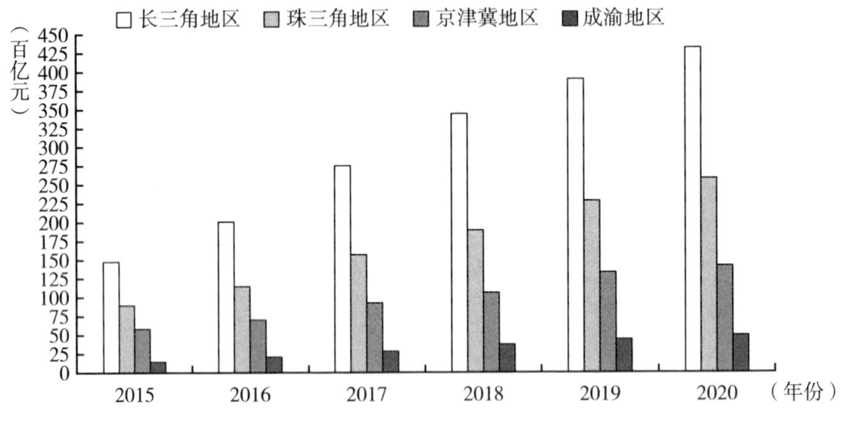

图 7　2015~2020 年中国四大区域网上零售额

资料来源：国泰安数据库。

从图 7 中可以看出，四大区域的网上零售额在 2015~2020 年均呈增长趋势。在四大区域中，长三角地区的网上零售额远远超过其他地区，2017 年增速达到 37.0%。相较之下，京津冀地区的网上零售额较低，虽在 2017 年增速达到 32.8%，但 2020 年增速仅为 6.5%，说明京津冀地区网上零售的服务体系还不完善。

图 8 显示，北京、天津和河北 3 个地区的网上零售额在 2015~2020 年总体呈增长趋势，但增长幅度存在显著差异。北京以年均 17.4%的速度保持增长，网上零售额规模最大；天津的网上零售额一直处于较低水平，年均增速虽达到 26.1%，高于北京，但在 2020 年出现了负增长的状况，同比增速为 -23.6%；河北的网上零售额虽然处于较低水平，但年均增速为 27.4%，远高于北京。

2. 产业的数字化应用

产业的数字化应用可直观反映实体经济应用数字技术的情况。在国家政策的引导下，各级政府都在不断实施产业数字化发展措施，尤其是通过工业互联网加速推进工业数字化转型。当前工业互联网应用几乎涵盖了工业的各个行业、各个价值环节，与实体经济的融合初步显现了其强大的生命力和创造力。从行业领域来看，装备制造业成为工业互联网最主要的应用行业之一，

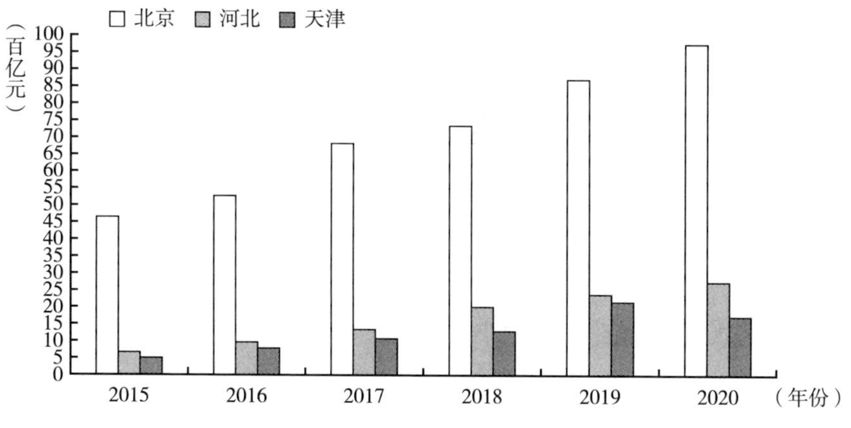

图 8　2015~2020 年京津冀网上零售额

资料来源：国泰安数据库。

工业互联网通过使用数字技术实现制造业关键领域精密化、数字化的生产制造，大幅提升效率，带动资源进一步优化整合，从而推动整个制造体系的升级。同时，工业互联网正逐步向采矿、水务等实体经济其他领域延伸。鉴于工业互联网在当前产业的数字化应用中的重要地位，本报告选取工业互联网带动经济增长指数来衡量全国 31 个省（区、市）产业的数字化应用水平。

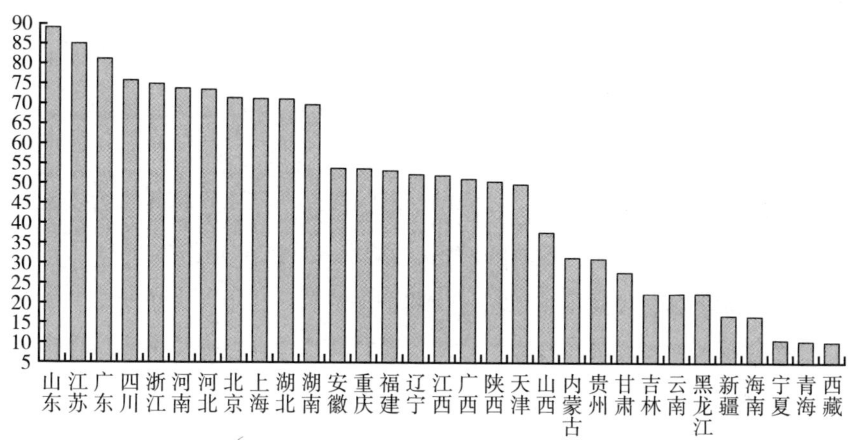

图 9　2020 年全国工业互联网带动经济增长指数

资料来源：中国电子信息产业发展研究院《工业互联网产业大脑平台 1.0 及工业互联网大数据应用白皮书》。

从图 9 可以看出，各地区工业互联网带动经济增长指数差异较大，其中山东、江苏、广东、四川、浙江、河南、河北、北京、上海、湖北、湖南的工业互联网带动经济增长指数较高，河北和北京分别为 73.5 和 71.4。安徽、重庆、福建、辽宁、江西、广西、陕西、天津处于第二梯队，天津的工业互联网带动经济增长指数仅为 49.7，与河北及北京两地的差距较大。

结合产业的数字化交易和产业的数字化应用两方面来看，京津冀地区的产业数字化发展并不协调，北京作为超大城市，无论是以网上零售额还是电子商务交易规模来衡量，其产业数字化发展水平均处于绝对领先地位。近年来天津和河北两地的产业数字化发展较慢，与北京的发展差距较大。

（三）数字化治理

数字化治理是指依托互联网、大数据、人工智能等技术和应用，创新社会治理方法和手段，优化社会治理模式。目前，数字化治理主要是指通过数字技术与城市智能管理、交通智能管理、自然资源和自然灾害动态监测和监管、城市公共安全保障、公共信用信息服务等方面深度融合，推进社会治理的科学化、精细化、高效化，助力社会治理现代化。数字化治理正在不断通过与传统公共服务在多领域、多行业和多区域的融合发展，加速推动公共服务均等化进程，提升国家治理体系和治理能力现代化水平。鉴于数据的可得性，本报告通过网上政务服务能力指数来衡量 2017~2020 年各地区数字化治理水平。

由图 10 可以看出，四大区域的网上政务服务能力指数在 2017~2020 年总体呈增长趋势。2018~2020 年，珠三角地区的网上政务服务能力指数居于首位。除 2019 年外，京津冀地区的网上政务服务能力指数在四大区域中都是最低的，说明京津冀地区的数字化治理转型还不够深入，相对于其他地区来说，尚未形成较为完善的数字化治理体系。图 11 显示，北京、天津和河北 3 个地区的网上政务服务能力指数差距较大，2020 年，北京、天津及河北的网上政务服务能力指数分别为 93.06、81.99 及 86.89。

图 11 显示，北京、天津和河北 3 个地区的网上政务服务能力指数在 2017~2020 年都呈逐年增加趋势，北京的网上政务服务能力指数在 3 个地区

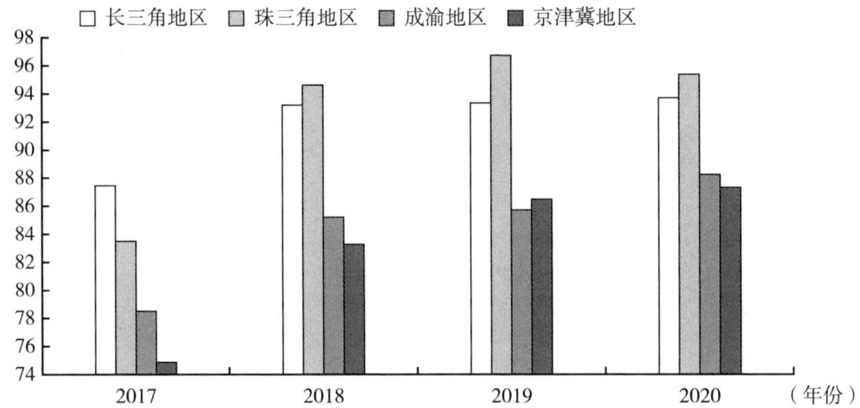

图 10　2017～2020 年四大区域网上政务服务能力指数

资料来源：国家行政学院电子政务研究中心《省级政府网上政务服务能力调查评估报告》。

中始终最高，而天津 2018～2020 年的网上政务服务能力指数分别为 81.48、81.49、81.99，上升缓慢，增幅远落后于北京。河北 2019～2020 年的网上政务服务能力指数高于天津，但 2019～2020 年指数上涨也较为缓慢，数字化治理能力同样落后于北京。

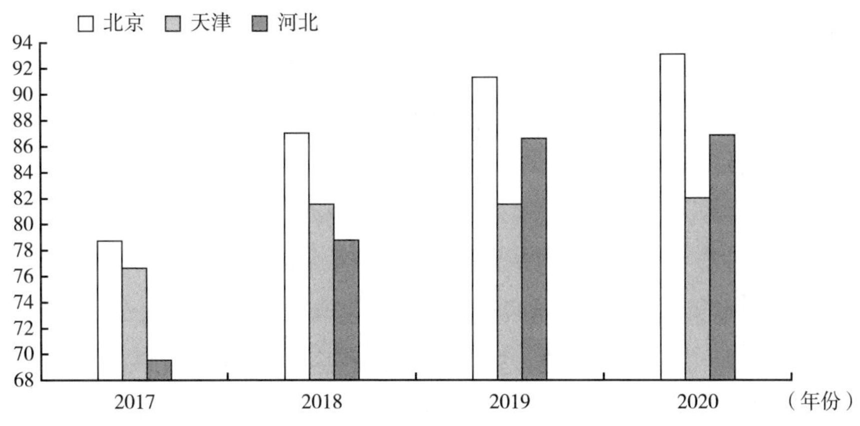

图 11　2017～2020 年京津冀网上政务服务能力指数

资料来源：国家行政学院电子政务研究中心《省级政府网上政务服务能力调查评估报告》。

二　数字经济发展对京津冀区域创新能力的影响

从数字经济发展现状分析中可以发现，我国各地区数字产业化、产业数字化和数字化治理都在快速发展中。从数字经济发展的历程来看，自 1996 年美国学者唐·泰普斯科特（Don Tapscott）在《数字经济：智力互联时代的希望与风险》一书中首次提出“数字经济”一词，数字经济已经发展了近 30 年，越来越成为经济发展的重要推动力量，这可以体现在近 8 年数字经济对国内生产总值的贡献中（见图 12）。

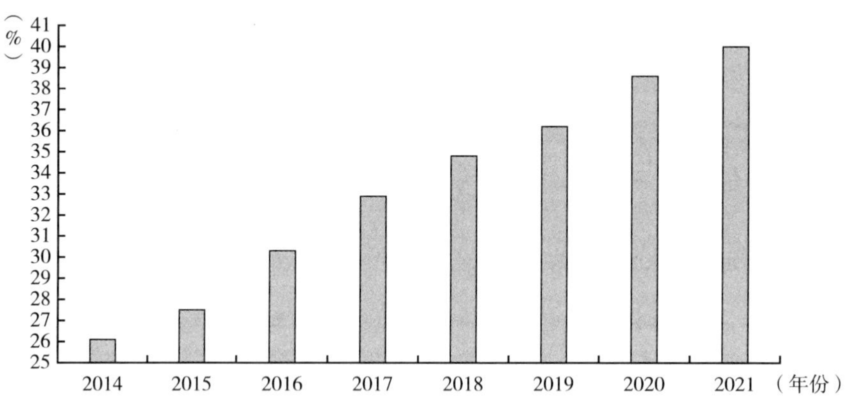

图 12　2014～2021 年数字经济对国内生产总值的贡献

资料来源：中国信息通信研究院。

数字经济具有跨时空信息传播的先天优势，能够降低交易成本，实现规模经济和范围经济，解决区域创新系统与创新活动的供需矛盾，突破创新活动的空间限制[1]，而且数字经济能够通过影响创新要素，对区域创新能力产生间接影响。第一，数字经济的发展加速了以信息网络为基础的新型基础设施建设，为区域内创新主体提供了良好的创新条件，有利于区域创新能力的提升。第二，数字经济的发展消除了各地区之间的交流壁垒，加强了各地区的互联互通，使各地区之间的知识、信息和数据等资源能够共享，技术、资金和人力资本等要素的流动更加便捷，资源配置得到优化。第三，数字经济的发展有效降低了外部投资者和创新主体之间的信息不对称程度，使投资者能够充分掌握创新项目的有关信息。在降低投资风险的同时也有效降低了创新主体的融资约束，从而间接促进区域创新能力提高。综合数字经济的发展特征，其对区域创新能力的影响主要包括直接影响和间接影响两个方面。

（一）数字经济对区域创新能力影响的理论分析

1. 直接影响机制

数字经济凭借其先天优势和特征，对区域创新能力的直接影响机制主要体现在 3 个方面。首先，数字经济的发展通过激活更加高效的创新生态拓宽了创新的广度。一方面，数字经济的发展能够促进新一代信息技术与经济社会各领域的深度融合，进而衍生出越来越多的新产业、新业态和新模式，在此过程中越来越多的企业开始尝试延长自身的产业链，广泛涉足多个领域，创新活动范围不断拓宽，企业不断开发新技术、创造新产品，由此产生的经济效益逐渐凸显，提升了区域的创新能力。另一方面，数字经济在社会经济各个领域的广泛使用，使创新主体和创新活动的参与者都享受到了高效的创新服务，不断推动着传统的创新模式转向具有以消费者为中心、参与主体多元化等特点的开放式创新模式，推动了创新性思维的产生和碰撞，并提升了新技术的商业化能力[2]，从而使得数字经济在区域创新系统中的创新溢出红利得以释放。

其次，数字经济可以通过相应的倒逼机制加深创新的深度。一方面，在审美趋向多元化的背景下，同质化的产品已经越来越不能满足消费者的需求，具有个性的差异化产品才能吸引消费者的眼球[3]。数字经济的发展加快了消费者追求产品多样化的速度，这对创新主体的创新能力提出了更高的要求，倒逼创新主体实现需求导向型创新。而且，为满足创新领先主体的需求，产业链上下游的创新主体也必须进行相应的创新，最终实现供应链中所有创新主体的协同创新[4]，带来区域创新能力的整体提升。同时，在这个环节中，消费者可以直接参与到创新过程中，推动创新主体的多元化，在增加创新成果的同时也大大降低了创新成本，提升了区域创新能力。另一方面，数字经济的发展使市场更加透明，这迫使企业必须持续创新才能在不断升级的市场中生存和发展，不断激励着企业创新能力的提升。

最后，数字经济的应用能够显著降低各类成本，提升创新能力。一方面，在数字经济与传统实体经济融合的过程中，创新主体可以更加高效地利用各类要素资源，节约生产经营成本，进而分摊相应的研发成本，并提升研发的预期回报率[5]，最终提高创新主体的研发效率。另一方面，在创新过程中，创新主体往往承担着巨大的交易成本，数字经济的出现，使得创新主体能够利用数字经济平台更加迅速地与交易对象联系，降低双方的信息不对称程度，从而大幅降低了创新主体的搜寻成本、议价成本以及监督成本，提高了创新主体的赢利能力，激励创新主体释放出更多的资本和资源用于自主研发[6]，提升创新能力。同时，创新主体也可以运用移动通信、物联网、区块链、大数据以及人工智能等数字化技术，整合自身的信息流、资金流、物流和商流等，使组织结构更趋向于扁平化、去核化，降低管理成本，为自身从事创新活动创造新的环境和条件，提高创新活动的效率。基于以上分析，数字经济发展对京津冀区域创新能力会产生显著的正向促进作用。

2. 间接影响机制

数字经济对区域创新能力的间接影响机制主要体现在，当数字经济在区域创新系统中的不同层面进行应用时，会不可避免地影响到人力、资本等创新要素的使用和配置效率，进而对区域创新能力产生积极影响。

首先，数字经济为各创新主体有效获取信息和知识提供了更多便利，在传统的要素流动方式下，各区域创新系统间的知识流动效率相对低下，数字经济的发展使得部分创新知识可以在创新系统间自由流动，形成了创新知识的空间关联。依托数字经济下创新知识的空间关联，一方面，创新主体能够更加快速地掌握新技术、积累新知识；另一方面，创新主体能够筛选出更为有用和准确的信息进行消化吸收，从而加速了地区人力资本的积累和高级化进程，而人力资本水平的提高会进一步对区域创新活动产生积极影响，提升区域创新能力。

其次，研发创新活动需要多种生产要素的投入，且存在投入高、耗时长、沉没成本较大、风险较高的问题，因此，区域创新系统中各创新主体研发创新活动的开展都需要大量的资金支持。一方面，数字经济的发展有利于社会互动的增强，促进了社会资本的积累[7]，从而为区域创新系统中的研发创新活动提供了直接的资金支持，增加了研发资本投入的总量，提升了区域创新能力。同时，数字经济的发展有利于生产要素数字化的实现，有利于降低创新主体的创新成本，提升创新主体的赢利能力，加大对研发活动的资金投入，促进创新活动的展开。另一方面，各创新主体能够基于数字经济及时准确地获取自己的供需信息，可以进一步提高研发资本的配置效率和资本的流转速度，从而间接扩大研发资本的规模，促进区域创新能力的提升。

（二）影响评价模型

1. 直接影响评价模型

对数字经济影响京津冀区域创新能力的直接机制进行检验，构建的基本计量模型如式（1）所示。

$$RIP_{it} = \beta_0 + \beta_1 DIE_{it} + \beta_i X_{it} + \lambda_i + \varepsilon_{it} \tag{1}$$

其中，RIP_{it}为 i 地第 t 年的创新能力；DIE_{it}为 i 地第 t 年的数字经济发展水平；向量 X_{it}代表可能影响区域创新能力的一系列控制变量；λ_i表示 i 地不可观测的个体固定效应；ε_{it}表示随机干扰项；β_0表示模型截距项；β_1为数字经济变量系数。

创新是一个复杂过程，涉及创意产生、创新投入、创新产出以及商业化等多个过程[8]。对于创新能力，学者们主要采用专利申请量、专利授权量、新产品销售收入、注册商标数等指标来衡量[9]。本报告采用各地万人专利申请量来衡量区域创新能力，其优势在于：①专利授权需要经过形式审查、实质审查和专利授权等流程，从申请到最终授权存在一定时滞，此外，一些申报形式不符合要求的创新成果不能通过审查，因此专利申请量比专利授权量更能及时和全面地反映区域当年创新活动情况；②专利申请量是非经济指

标，能够在一定程度上避免申报过程中的“寻租”行为[10]；③专利申请包含了较为完整的信息，国内专利评审制度的标准客观统一，各地专利申请量具有可比性，并且数据容易获取[11]。

本报告主要参考赵涛等[1]、温珺等[4]和刘军等[12]构建的数字经济发展评价指标，从数字产业化、产业数字化和数字经济政务服务能力 3 个维度构建数字经济发展评价指标，用来测度数字经济发展情况。在数字产业化方面，选取的指标为互联网宽带用户数与软件业务收入；在产业数字化方面，选取的指标为电子商务交易规模与网上零售额，电子商务交易规模为电子商务采购规模与电子商务销售规模的总和；在数字经济政务服务能力方面，采用各地网上政务服务能力指数来测度，由于该指数从 2015 年开始测度，故本报告的研究样本为 2015~2020 年的数据。

目前，关于数字经济发展水平测度较为常见的方法是主成分分析法、熵权法和 CRITIC 权重法。CRITIC 权重法考虑了指标的对比强度和冲突性，使用指标的标准差来衡量对比强度，标准差越大，数据波动性越大，则权重越高；使用指标间的相关系数来表示冲突性，指标间相关系数越大，说明冲突性越小，则权重越低。将对比强度与冲突性的代理指标相乘，进行归一化处理后得到最终权重。CRITIC 权重法综合考虑了数据波动情况和指标间的相关性，适合指标带有一定相关性和波动性的情况。考虑数字经济各指标间相互影响，存在一定相关性，并具有一定的波动性，选择 CRITIC 权重法更为合适。在使用 CRITIC 权重法确定指标体系之前，需先对各指标数据进行标准化处理。使用最大最小值标准化方法对数据进行处理，计算方法如式（2）所示。

$$X'_{it} = \frac{X_{it} - \min(X_{it})}{\max(X_{it}) - \min(X_{it})} \tag{2}$$

其中 i 表示第 i 个指标，t 表示第 t 年，则max（X_{it}）和 min（X_{it}）分别表示第 t 年第 i 项指标的最大值和最小值。由此进行处理，标准化的数据范围为［0，1］，标准化的数值越大则表明指标的水平越高。但这种计算方法仅能实现各年份内的横向比较，不同年份之间不具有可比性。因此，本报告参考王小鲁等[13]的做法，采用设定基期年份的方式，基期年份后的年份以基期年份为基准进行标准化处理，以反映某地在某一指标上的进步或退步，从而实现纵向可比。计算方式如式（3）所示。

$$X'_{ij} = \begin{cases} \dfrac{X_{it} - \min(X_{it})}{\max(X_{it}) - \min(X_{it})}, t = 0 \\ \dfrac{X_{it} - \min(X_{i0})}{\max(X_{i0}) - \min(X_{i0})}, t > 0 \end{cases} \tag{3}$$

经过上述处理后，测度指标在保证同年份不同个体之间横向可比的同时，也实现了某一个体不同年份的纵向可比。同时，在非基期年份中某一指标标准化后的值可能大于 1 也可能小于 0，更为客观地描述了某一指标随时间变化的趋势。

基于 CRITIC 权重法生成的各指标权重为：

$$C_i = \sigma_i \sum_{j=1}^{n} (1 - r_{ij}) \tag{4}$$

其中，σ_i 为指标 i 的标准差，r_{ij} 表示第 i 个指标和第 j 个指标之间的相关系数。

$$w_i = \frac{C_i}{\sum_{i=1}^{n} C_i} \tag{5}$$

则数字经济评价结果为：

$$DIE_{it} = w_i \times X'_{it} \tag{6}$$

本报告选取的控制变量为城镇化水平和第三产业发展程度。①城镇化水平（UR）。城镇化水平提升能够促进人口和生产力高度集中，实现资源与人员的集聚，带动产业结构向现代化发展，从而促进区域创新能力提升。本报告采用城镇人口占常住人口的比重来测度城镇化水平。②第三产业发展程度（TI）。第三产业逐渐转变为经济增长的第一拉动力，第三产业发展程度越高，对区域创新能力的促进作用越强。本报告采用第三产业产值占总产值的比重来测度第三产业发展程度。

2. 间接影响评价模型

式（1）反映的是数字经济对京津冀区域创新能力的直接影响机制，为了验证数字经济对京津冀区域创新能力可能存在的间接影响机制，根据前面所述，对人力资本和研发资本是否为二者的中介变量（*INV*）进行检验。具体的检验步骤为：在数字经济对区域创新能力影响的线性回归模型（1）中的回归系数 β_1 通过显著性检验的基础上，分别构建数字经济对中介变量的线性回归方程，以及数字经济和中介变量对区域创新能力的回归方程，通过系数 γ_1、α_1 和 α_2 的显著性来判断中介效应是否存在。具体的中介效应模型可表示为：

$$INV_{it} = \gamma_0 + \gamma_1 DIE_{it} + \gamma_i X_{it} + \lambda_i + \varepsilon_{it} \quad (7)$$

$$RIP_{it} = \alpha_0 + \alpha_1 DIE_{it} + \alpha_2 INV_{it} + \alpha_i X_{it} + \lambda_i + \varepsilon_{it} \quad (8)$$

人力资本对区域创新活动会产生重要影响，人力资本水平的提高可以增强创新主体对相关知识、技术以及各类信息的获取与运用能力，进而提升创新效率。关于区域创新中人力资本的投入，很多文献采用 R&D 人员投入和平均受教育年限等进行衡量，由于平均受教育年限数据仅更新至 2019 年，本报告借鉴李婧等[14]的做法，选取 R&D 人员全时当量来表示地区的人力资本。

通常来说，用于研发的资金越多，区域创新产出的可能性就越大。本报告选用 R&D 经费支出作为区域创新系统研发资金投入的衡量指标。

（三）影响评价结果

1. 数字经济对京津冀区域创新能力的直接影响

在回归分析前，首先对变量进行多重共线性检验。结果显示，平均方差膨胀系数为 4.06，说明不存在严重的共线性问题。其次，在计量方法选择上，经 Hausman 检验，拒绝随机效应更优的原假设，因此本报告采用个体固定效应模型进行回归分析。

表 1 是数字经济对京津冀区域创新能力直接影响的回归结果。模型（1）是对所有控制变量的回归，作为基准对照组，结果显示所有控制变量对区域创新能力均有影响；模型（2）是加入核心解释变量数字经济后的回归结果。结果显示，数字经济对京津冀区域创新能力有显著正向影响。

表 1　数字经济对京津冀区域创新能力的线性回归结果

变量	模型(1)	模型(2)
数字经济		0. 332 * (1. 90)
城镇化水平	3. 766 *** (8. 75)	4. 735 *** (7. 31)
第三产业发展程度	3. 105 *** (7. 14)	2. 031 *** (2. 93)
常数项	-1. 724 *** (-6. 83)	-2. 052 *** (-7. 07)
观测数	18	18
R^2	0. 6520	0. 6878

注：*、*** 分别表示在 10%和 1%的水平下显著，括号内数值为显著性检验 t 值。

2. 数字经济对京津冀区域创新能力的间接影响

本报告选用中介效应模型对间接影响机制进行实证检验，检验结果见表 2。

表 2　数字经济影响京津冀区域创新能力的中介效应估计结果

变量	模型(3)	模型(4)	模型(5)	模型(6)
数字经济	0. 465 *** (4. 56)	0. 321 ** (2. 03)	0. 692 *** (6. 53)	0. 456 ** (2. 55)
人力资本		0. 475 ** (2. 08)		
研发资本				0. 471 * (1. 72)
城镇化水平	0. 095 (0. 12)	4. 001 *** (5. 89)	0. 273 (0. 34)	4. 304 *** (6. 56)

续表

变量	模型(3)	模型(4)	模型(5)	模型(6)
第三产业发展程度	-3.442*** (-4.29)	3.778*** (3.61)	-1.885** (-2.26)	4.004*** (3.04)
常数项	13.629*** (19.38)	3.088 (1.24)	7.063*** (9.66)	0.082 (0.06)
观测数	18	18	18	18
R^2	0.6585	0.7664	0.8674	0.7455

注：*、**、*** 分别表示在10%、5%和1%的水平下显著，括号内数值为显著性检验 t 值。

表2中模型（3）和模型（4）为中介效应模型下以人力资本为中介变量的估计结果，模型（5）和模型（6）为中介效应模型下以研发资本为中介变量的估计结果，即模型（3）和模型（5）的结果分别是以人力资本、研发资本为被解释变量，数字经济为解释变量的分析结果。通过模型（3）可以看出，数字经济对人力资本有显著的影响，且回归系数为正，说明数字经济能够显著促进京津冀区域人力资本水平的提高；模型（4）中加入中介变量人力资本后，人力资本对京津冀区域创新能力的影响系数同样显著为正，说明数字经济可以通过对人力资本水平的积极影响推动京津冀区域创新能力的提升。同理，从模型（5）和模型（6）中可以看出，数字经济能够积极促进研发资本水平的提升，且数字经济通过促进研发资本的正向中介效应提升了京津冀区域创新能力。

三 基于数字经济发展提升京津冀区域创新能力的对策建议

通过数字经济对京津冀区域创新能力影响的分析发现，数字经济不但能够通过其先天优势和特征激活更加高效的创新生态，而且还能够促进人力资本的积累以及研发资本配置效率的提升，其对区域创新能力具有较强的溢出效应。本报告基于京津冀地区在数字产业化、产业数字化和数字化治理方面的发展现状，以及数字经济对区域创新能力的影响，从重点方向和模式构建两个方面提出对策建议。

（一）重点方向

通过京津冀数字经济发展现状的分析可以看出，京津冀地区数字经济的发展虽然已经较为广泛，并且已经渗透服务业消费和流通领域，以及政务服务工作中，但在数字产业化、产业数字化和数字化治理方面与其他数字经济发达地区还存在一定的差距，也存在京津冀三地数字经济发展不平衡、数字经济与产业融合渗透深度不够、数字经济发展制度体系和监管手段不完备等问题，导致无法充分利用数字经济在优化创新环境方面的优势来提升区域创新能力。基于此，本报告提出在京津冀数字经济发展中应重点进行数字基础设施、数字化产业融合和数字化政府治理 3 个方面的建设。

1. 数字基础设施建设

数字基础设施建设是提升京津冀区域创新能力的基石和有力保障。通过数字经济发展与京津冀区域创新能力的关系分析可以看出，数字经济能够加速京津冀地区人力资本的积累以及促进研发资本的流入，从而提升区域创新能力。

结合京津冀三地数字经济的发展现状，从信息技术产业链分工来看，北京要在继续发挥全国科技创新中心优势的基础上，将科研资源集中在信息技术重点领域和重点项目，攻克一批“卡脖子”技术，壮大通信技术产业，强化新一代信息技术的创新驱动作用；聚焦数字孪生体专业化分工中的难点和痛点，开展数字孪生创新计划；推动建立数字经济标准体系，加快数字化共性标准、关键技术标准的制定和推广。天津要进一步发挥全国先进制造研发基地的作用，在新一代信息技术研发、成果转化和产业化上做大做强，注重电子信息产业以及软件和信息技术服务业的发展，将关键领域锁定在研发设计类、生产制造类等工业软件和关键工业控制软件上。河北除积极承接京津电子信息产业转移扩大增量之外，应继续利用政策优势加快发展雄安新区新一代信息技术产业，大力发展通信设备制造业，培育壮大半导体器件产业，做大做强新型显示产业，加快发展软件和信息技术服务业，发展汽车电子类产品，培育发展人工智能及智能装备产业，布局区块链，发展网络安全产业。

2. 数字化产业融合建设

数字化产业融合赋能实体经济，是提升创新能力的关键。在利用数字化促进产业结构优化转型的过程中，需要高素质人才和研发资金的助力，只有两方面的结合才能实现研发效率的提升。京津冀三地的产业结构差异较大，北京以服务业为主，天津以先进制造业和服务业为主，河北以传统工业和传统服务业为主，产业结构的差异决定了京津冀三地数字化产业融合建设的战略重点必然不同。北京要进一步提高金融、科技服务、文化等现代服务业的数字化水平；天津要以装备制造、航空航天等先进制造业和新兴金融、文化创意等现代服务业为重点推进产业数字化；河北则要依托全国产业转型升级试验区加快钢铁、建材、石化、机械等传统制造业的数字化改造升级，依托全国现代商贸物流重要基地提升交通、物流等生产性服务业的数字化水平。此外，雄安新区要进一步围绕现代生命科学与生物技术产业、新材料产业、高端现代服务业、绿色生态农业等高端高新产业积极推进产业数字化创新，为全国产业数字化发挥示范引领作用。

3. 数字化政府治理建设

为了进一步释放数字经济提升区域创新能力的效应，数字政府服务能力的提升也十分重要。京津冀地区应加快构建统一、规范、多级联动的“互联网+政务服务”体系，建设统一的电子政务外网，实现区域范围内网络全覆盖，有效聚集政务数据资源。

数字化政府治理建设主要考虑以下 3 个方面。第一，加快公共服务领域的数据集中和共享，深化数据资源的应用，提升协同治理效率，实现不同层级、不同部门间的数据流通与信息共享。第二，推进政务服务数据的交换共享，健全北京市、天津市和河北省三地政务服务信息资源交换共享平台，推进人口、法人和电子证照等基础信息资源的共享，建立京津冀三地信息资源共享的绩效评价制度，推进投资项目、涉企涉税、市场监管等政务服务数据在跨区域、跨部门、跨层级等方面的交换共享。第三，培育数字文化生态，完善创新创业服务，建立创新与创业结合、孵化与投资结合、线上与线下结合的数字文化双创服务平台，支持各类企业孵化器、众创空间等载体的发展，打造数字文化双创服务体系。发挥资本对文化产业新技术、新业态、新模式的促进作用，用好风险投资和天使投资，加强对创业企业的融资扶持。

（二）模式构建

京津冀在区域创新能力进一步提升的过程中，可以借助数字基础设施、数字化产业融合和数字化政府治理 3 个方面的建设，构建降低创新成本的整合式企业创新发展模式、重视融合创新的协同式产业创新发展模式、实现资源共享的开放式创新生态发展模式。

1. 降低创新成本的整合式企业创新发展模式

企业在进行创新活动的过程中，会受到诸如研发资金、人力资本、创新环境等多方面因素的制约。在诸多因素中，创新成本是影响企业创新活动的一个重要因素。随着数字经济的发展，京津冀地区间研发资源集成共享的基础已经初步形成，但还需进一步利用数字经济的发展降低企业的创新成本。

构建降低创新成本的整合式企业创新发展模式应从以下 3 个方面考虑。第一，进一步发展和完善新型基础设施。对新型基础设施建设给予配套政策支持，如在财政政策方面，可有针对性地给予参与新型基础设施建设的企业低税率，鼓励企业参与新型基础设施建设，尤其是河北省，在人工智能、区块链等新业态、新模式上存在原创少的问题，应重视这些方面的发展。第二，京津冀地区应积极进行信息共享，共同努力整合各地研发资源，打破企业研发人员的信息壁垒，利用数字平台使创新项目透明化，便利风险投资机构充分了解创新项目的信息，降低投资市场上的信息不对称程度，从而增加投资的意愿，降低京津冀地区企业创新投入的边际成本，提高企业创新的积极性。第三，加大对创新活动融资的支持力度，有效降低企业的融资成本。政府应进一步降低对创新主体的贷款利率以促进创新。同时，拓宽数字经济时代创新主体的融资渠道，如大力发展数字普惠金融缓解中小创新主体面临的融资约束，降低企业创新成本，促进京津冀地区的创新活动。

2. 重视融合创新的协同式产业创新发展模式

通过与实体经济的高度融合，数字经济能够为传统产业发展带来更广阔的创新空间，为技术水平的提升提供更多要素支持。在此基础上，京津冀地区要将数字经济的发展更好地与传统产业相融合，利用数字经济的优势带动传统产业实现产业技术升级等根本性变革。

构建重视融合创新的协同式产业创新发展模式应从以下 3 个方面进行考虑。第一，以制造业、服务业为数字化转型重点，发挥数字经济的放大、叠加、倍增作用。在钢铁行业、汽车制造业、生物医药行业、现代农业和文化旅游行业等领域实施大数据应用示范工程及智能化改造工程，提升产业链各环节的智能化、数字化水平，实现生产效率的提升和资源的高效配置。第二，加快发展区块链、人工智能，提升平台经济、共享经济等新业态、新模式的发展水平，通过创新产业组织形式推动产业链和产业集群融合发展，打造京津冀产业生态体系。第三，推动数字技术走入乡村，开展智慧农业示范专项行动，加快数字经济和农业农村经济的深度融合。

3. 实现资源共享的开放式创新生态发展模式

在数字化时代下，合作促进、互联互通是区域发展的必然选择。因此，京津冀地区应当以消除各地区间的信息技术、人力资源和其他创新要素资源的流动壁垒为重点，利用数字经济构建实现资源共享的开放式创新生态发展模式，从而有效地促进区域内以及区域间的创新要素共享流动。

构建实现资源共享的开放式创新生态发展模式主要从以下 3 个方面进行考虑。第一，建立开放式的创新资源共享平台。从全局出发，利用京津冀创新资源共享平台，便利各地政府的沟通，协调区域间的创新合作，不断加强区域之间在创新层面的合作，避免出现“数据孤岛”。畅通创新要素流动渠道，在构建立体创新生态系统的基础上，实现资源要素联动共享，全力推动数字经济环境下的创新发展。第二，京津冀地区应重点培养发展共享经济。实施京津冀协同发展战略，探索建立科学仪器设备共享、科研人才共享、科研信息共享的创新模式。第三，地方政府应充分发挥作用，消除体制机制障碍，优化创新环境，处理好市场调节和政府调控的关系，打破创新资源的流动壁垒，消除创新要素跨区域、跨行业流动的障碍，加强数字资源共享和人才交流，加快技术与信息等方面的交换，充分利用数字经济带来的发展“红利”。在此基础上，促进京津冀区域创新协调发展，打造京津冀创新共同体。

参考文献

[1] 赵涛、张智、梁上坤：《数字经济、创业活跃度与高质量发展——来自中国城市的经验证据》，《管理世界》2020 年第 10 期。

[2] 韩先锋、宋文飞、李勃昕：《互联网能成为中国区域创新效率提升的新动能吗》，《中国工业经济》2019 年第 7 期。

[3] 霍丽、宁楠：《互联网发展对区域创新效率影响的动力机制研究》，《西北大学学报》（哲学社会科学版）2020 年第 3 期。

[4] 温珺、阎志军、程愚：《数字经济驱动创新效应研究——基于省际面板数据的回归》，《经济体制改革》2020 年第 3 期。

[5] 温珺、阎志军、程愚：《数字经济与区域创新能力的提升》，《经济问题探索》2019 年第 11 期。

[6] Thompson, P., Williams, R., Thomas, B. C., “Are UK SMEs with Active Web Sites More Likely to Achieve Both Innovation and Growth”, *Journal of Small Business and Enterprise Development*, 2013, 20: 934-965.

[7] 周广肃、樊纲：《互联网使用与家庭创业选择——来自 CFPS 数据的验证》，《经济评论》2018 年第 5 期。

[8] Dziallas, M., Blind, K., “Innovation Indicators throughout the Innovation Process: An Extensive Literature Analysis”, *Technovation*, 2019, 80: 3-29.

[9] 张可：《经济集聚与区域创新的交互影响及空间溢出》，《金融研究》2019 年第 5 期。

[10] 柳卸林、杨博旭：《多元化还是专业化？产业集聚对区域创新绩效的影响机制研究》，《中国软科学》2020 年第 9 期。

[11] 苏屹、林周周：《区域创新活动的空间效应及影响因素研究》，《数量经济技术经济研究》2017 年第 11 期。

[12] 刘军、杨渊鋆、张三峰：《中国数字经济测度与驱动因素研究》，《上海经济研究》2020 年第 6 期。

[13] 王小鲁、樊纲、余静文：《中国分省份市场化指数报告（2016）》，社会科学文献出版社，2017。

[14] 李婧、谭清美、白俊红：《中国区域创新生产的空间计量分析——基于静态与动态空间面板模型的实证研究》，《管理世界》2010 年第 7 期。

B.10

数字经济背景下京津冀高校大学生创新创业培养模式研究

李艳双　李俊毅　赵美丽*

摘　要： 数字经济作为一种新的经济形态，对提高社会生产力、优化资源配置有着十分重要的作用，正在改变着世界经济的格局。在数字经济快速发展的背景下，高校大学生作为国家经济建设的重要后备力量，要牢牢抓住机遇，增强自身的创新创业能力。京津冀地区是我国重要发展地区之一，培养大学生创新创业，既顺应了教育改革的需要，又有利于带动京津冀协同深入发展，对于缓解社会就业压力、提高社会整体人才质量、营造良好的创新创业社会环境与文化氛围、推动建设创新型国家有着重要作用。课题组通过调查发现，当前京津冀高校大学生创新创业培养中存在如下问题：大学生创新创业真实参与度低、创新创业教育体系不完善、三地创新创业基础不平衡、必要的政策支持和社会支持缺乏等。在以后的创新创业培养中，应做到以下几点：建立统筹协调的京津冀大学生创新创业政策体系，打造和谐的创新创业公共环境，加强创新创业培养的宏观规划；将思政教育与创新创业教育相结合，完善创新创业教育课程设计，打造创新创业教育多样化平台，完善高校创新创业教育体系；加强京津冀高校联动，加强家庭沟通，形成多方合力，带动京津冀高校大学生创新创业教育的发展。

关键词： 数字经济　京津冀　创新创业　大学生

* 李艳双，博士，河北工业大学经济管理学院教授、博士生导师，人文与法律学院院长；李俊毅，河北工业大学经济管理学院硕士研究生；赵美丽，河北工业大学经济管理学院硕士研究生。

一　数字经济的内涵与特征

（一）数字经济的内涵

数字经济又被称为信息经济，以信息与通信技术为基础，实现交易、交流、合作的数字化[1]，并借此推动经济社会的发展与进步，其本质是信息化。数字经济的概念最早由美国学者 Don Tapscott 于 1996 年提出，他认为数字经济是一种新经济形态，信息最终会以数字的形式存在[2]。随后，两篇由美国商务部先后时间发表的关于数字经济的研究报告标志着数字经济时代的到来。随着互联网技术的发展，5G、人工智能、大数据等技术的日益成熟，数字经济开始逐渐融入经济社会发展各领域，在全球要素资源分配、全球经济结构重塑、全球竞争格局改变等方面都发挥着关键作用。

总结数字经济的发展，大致经历了三个阶段：第一阶段以单机应用为主；第二阶段以互联网应用为主；随着互联网、物联网、云计算、区块链、人工智能等技术的突破与融合，信息技术快速发展，全球数字经济进入第三阶段，其重要特征是智能化。

数字经济作为一种新的经济形态，国内外学者对其定义还在不断地更新和完善。张泽平认为数字经济包括电子商务、应用商店、云计算、在线支付等方面，是通过信息化和网络化环境发展的一种经济模式[3]。Valenduc 和 Vendramin 对数字经济的定义是数字的信息化[4]。李长江认为数字经济以数据为基本元素，在组合这些元素的基础上，再进行经济活动[5]。总结这些定义的共同点，学者们均认为数字经济是一种新的经济形态，其本质是信息化。目前公认的定义是在 G20 杭州峰会中一致提议通过的，即数字经济是以数字化的知识和信息为关键生产要素、以现代信息网络为重要载体、以对信息通信技术的有效使用为效率提升和经济结构优化的重要推动力的一系列经济活动[6]。

（二）数字经济的特征

与其他经济形态相比，数字经济具有数据化、信息时效化和革命化等鲜明的特征。

1. 数据化

数字经济具有数据化的显著特征。经济形态的变迁必然会导致新的生产要素出现，在数字经济中，数据继土地、劳动力、资本和企业家才能之后，成为一种新的生产要素，数据信息就是最重要的生产力。随着信息技术的发展，数据开放、共享和应用带来的优势不断凸显，促进了传统要素配置效率的提升。此外，与传统的信息传递方式相比，数字化传递的速度更快，连接的主体也更多，能使社会经济活动的主体广泛地参与到数字经济活动中，使各项经济活动逐渐走向数字化，将数据渗透社会生活的方方面面。数据的其他特征也使其成为可持续发展的关键要素，如易于共享、复制简单等，这些特征都促进了数据化成为经济发展的新方向。

2. 信息时效化

与其他经济形态相比，数字经济具有更明显的信息时效化特征。首先，数字经济具有极高的信息传播速度，互联网技术的发展使得信息共享成为现实。其次，信息传递渠道更加多样化，传播手段更加立体化、多维化，而且信息在传递过程中并不会因为使用者的增加而减少其价值，不会因为使用者的消费而减少或者消失，在使用过程中还会不断叠加，产生新的信息，发生质变，最终作用于信息使用者。最后，数字经济的基础设施例如手机、电脑等工具的普及也大大提高了信息的时效性和传递效率，保证了新闻、知识、数据等的传递。

3. 革命化

产业的发展离不开技术的变革，但在数字经济中，变革往往是颠覆性的，甚至可以称得上是“革命”。在数字经济中，创新频率特别高，新技术不断产生并迅速商业化，形成新的产品或者新的商业模式。而且在数字经济中，变革的覆盖范围广，一项技术的创新不仅会作用于行业内，还会影响到别的行业，引起跨界竞争。总体来说，数字经济领域中技术、商业模式的发展难以预测，而且发展速度十分迅速，企业在数字经济领域拥有大量的机会，即使是后发国家和地区也有机会占有一席之地，甚至取得世界领先地位。

数字经济是继农业经济、工业经济之后目前的主要经济形态，正在渗透各个行业、各个领域[7]。实现全面的数字化升级，不仅有利于带动经济增长，还可以带动社会整体高质量发展。要想实现经济复兴，就必须抓住这一关键机遇，大力发展数字经济。

二　创新创业的内涵与关系

（一）创新的内涵

“创新”一词最早由约瑟夫·熊彼特于1912年提出，新产品、新的生产方法、新市场、新的组织形式等都被他认定为创新。“创新”一词最开始出现在技术、制度领域，后来延伸到营销等更广泛的领域，并且完成创新需要企业、高校、科研院所、政府等多个方面共同作用。20世纪60年代后，德鲁克重新界定了创新的概念，他认为创新是为了增加财富创造而系统地摒弃市场薄弱环节所进行的探索活动，并且这一说法得到了广泛认同。从20世纪90年代开始，“创新”这一概念被引入我国，引起了学者们的广泛关注。目前，创新可以被划分为广义的创新和狭义的创新。广义的创新认为创新可以体现在技术、制度、管理等不同方面，主要是指思维层面有“新东西”出现，并不强调科技含量的高低[8]；狭义的创新将经济发展与技术能力连在一起，特指技术创新。

（二）创业的内涵

创业的相关研究相对来说晚于创新，部分学者认为创业是一种通过拓展、探索和机会捕捉，使某些未知的产品和服务脱颖而出或者被创造出来，同时迅速发展的思维和行为方面的创新活动。创业也有狭义和广义之分，狭义的创业是指开办企业，广义的创业是指发现机会或机遇的过程。本报告认为创业是指所有具有开拓性和创新性特征，能够增进经济价值或社会价值的活动，主要强调行动层面的创造。

（三）创新与创业的关系

创新与创业仅有一字之差，两者之间有着极其密切的联系。创新是创业的支撑、核心和本质，创业则是创新的重要载体和表现形式。创新强调的是思维层面的推陈出新、勇于开拓转化，包含锐意进取、勇于尝试的精神和态度；创业更关注行动层面，偏向于在社会各领域创造出新产品或新业务，开创新事业、新企业，进而缔造财富的全过程。

三　京津冀高校大学生创新创业培养的必要性

创新是一个国家、一个民族进步的根本，是引领发展的第一动力。大学生创新创业不仅是高等教育发展的动力源泉，还是繁荣社会主义市场经济的动力源泉，对我国经济社会的整体发展起着至关重要的作用。总而言之，培养大学生创新创业对带动京津冀发展十分必要。

（一）有利于推动京津冀区域经济发展和协同发展

首先，区域经济发展的长远性、协调性是由区域人才质量、创业者数量与新创办企业数量增长速度决定的。其次，京津冀区域有自己的特色产业和优势产业，该区域的创业者需要结合自身优势投身于区域经济发展，进而创造经济财富，创业者的素质高低对区域经济发展影响甚大。数字经济以高新技术产业为支柱，以智力资源为主要依托，以培养高素质的创新型人才为重要基础，培育人才的创新意识与实践能力对数字经济的发展具有重要作用。随着数字经济的转型发展，对人才的要求也有所改变，因此，高校开展创新创业必须做出相应转变，使受教育者具备从业与创业的双重本领，有较强的自主创新创业能力以参与到激烈的市场竞争中去。京津冀高校可以结合京津冀区域经济的产业结构特点，对创新创业教育内容和方案进行不断调整更新，创新现有的人才培养模式，促进新兴产业的出现，延伸、优化产业链，增加新的经济增长点，促进现有产业结构的完善和提升，确保受教育者的知识结构完全满足于京津冀区域的经济发展需求，进而促进京津冀区域经济的发展。

京津冀协同发展战略是我国的重要战略之一，历来受到众多学者的关注。近几年京津冀区域发展虽然取得了一定成就，但是与长三角、珠三角这两个发展较早的区域仍存在较大差距。培养大学生创新创业能在一定程度上缩小京津冀地区与其他地区的差距，同时促进京津冀三地协同发展。在京津冀协同发展过程中，北京处于首位，是推动整体水平提升的动力源泉；天津作为北方最大的港口，地理位置优越，技术制造业较为发达，国际贸易较多，有较多的创新创业机会；河北整体虽有着丰富的资源，但相比于京津二地仍处于劣势，可以通过培养大学生创新创业，结合现代先进技术，合理利用相关资源，打造出一条属于自己的数字化、绿色化的资源强省之路，缩小与北京、天津的发展差距，实现协同发展。总之，结合北京市一线城市的战略地位、天津市作为直辖市所拥有的政策支持优势，以及河北省重工业地区的资源优势，开展高校大学生创新创业教育，能够提高京津冀的协同创新能力，为京津冀区域的经济发展和协同发展打好基础。

（二）有利于高校大学生成长成才，提高社会整体人才质量

随着数字经济的发展，社会对人才提出了越来越高的要求。大学生是高校创新创业教育主要任务与内容的承担者与承载者，创新与创业又是一个统一的系统，高校教育理论与实践研究需要关注和重视学生创新意识和创业精神的培养与提升。就整体现状而言，对高校学生的创新创业教育仍然是严重不足的，这要求高校在借鉴先进经验的基础上，因地制宜、创造性地开展学科创新，逐步深化创新创业培养模式。此外，大学生的个人成长和职业发展

是一个长期而复杂的过程，在这一过程中，有诸多因素和条件在起作用。培养学生的创新精神和创业能力是实施素质教育的重要组成部分，接受过创新创业教育的大学生，其创新创业素质往往会有所提高，其内在的创造潜能和全面发展能力会得到充分释放和发挥。创新创业教育模式的发展有助于造就一大批高素质且具有创新精神与创业观念的社会接班人，有利于人才质量的整体提升。

对京津冀高校而言，加强大学生创新创业教育，有利于培养学生的创新创业意识，提高学生的创新创业能力，促进学生的全面发展[9]。同时，也可以在很大程度上提高京津冀协同创新能力。学校先进的创新创业教学模式，可以使学生提早了解市场情况，培养创新思维，增强创业意识，使学生在毕业时减少盲目创业，提高创业成功的可能性。即使学生不选择创业，也能培养学生的组织和思维能力，帮助学生更好地挑选适合自己的工作，实现自我价值。同时，创业也是一种启发创新的方式，创新思维也能帮助学生选择合适的创业机会，两者相互补充，使学生在走出校园时尽快适应社会生活，实现自己的价值。

（三）有利于营造创新创业的社会环境与文化氛围，缓解就业难题

良好的创新创业氛围有利于企业的创办、经济的发展，而营造这种氛围与创新创业教育息息相关。创新创业教育可以促使京津冀三地政府进一步弘扬创新创业文化，规范市场行为，从而真正实现开放自主、激励创新、勇于创业、公平竞争、规则完善、有序运转的市场体系，确保所有的市场主体依据市场经济运作规律来运营。

在数字经济背景下，加大创新创业教育的发展力度，以创新创业带动和促进就业已经成为广泛共识。北京作为全国的政治中心、文化中心，每年都会吸引大量的人口，面临巨大的就业压力，而京津冀高校大学生创新创业培养能够提高区域大学生整体的创业热情，提供更多的就业岗位，推进京津冀三地的产业升级转移，加快市场一体化进程，缓解北京的“大城市病”。从整个社会的层面而言，加强创新创业教育，有利于创业者不断开创新企业，

为社会创造更多的就业新岗位，有效缓解社会整体的就业压力，从而使社会更加和谐稳定、健康发展。

（四）有利于发挥人才优势，推动创新型国家建设

全球经济一体化使世界各国的联系更加紧密，国家之间的竞争转向高新技术之间的竞争，众所周知，技术的竞争归根结底表现为人才的竞争。自改革开放以来，我国的经济发展势头十分迅猛，目前已经开始从“管理型经济”向“创业型经济”转变，要想继续保持增长势头，除了坚持改革开放以外，还应大力倡导创新创业。在党的十九大报告中，创新驱动发展战略多次被提到，足以体现我国对建设创新型国家的重视，也彰显了我国大力推动创新发展的决心。创业行为本质上也是一种创新，即利用创新的思维选择合适的产业。

在数字经济背景下，信息的快速传递、互联网技术的快速发展都为大学生创新创业提供了一定的便利，也营造出了一个新的大环境。培养大学生创新创业，可以为我国培养更多的创新创业型人才，真正发挥出我国的人才优势，促进我国创新创业事业的发展，实现人才强国、教育强国。京津冀作为我国北方的第一大经济体，倘若积极响应国家“大众创业，万众创新”的口号，率先大力开展大学生创新创业培养活动，便能够起到模范带头作用，带动我国北方各大高校乃至全国高校一起开展创新创业，从而为实现民族复兴贡献自己的力量。

四　京津冀高校大学生创新创业培养模式现状调查

教育部公布的数据显示，2021 届高校毕业生总规模为 909 万人，同比增加 35 万人，再创历史新高，这也是我国高校毕业生人数首次突破 900 万人大关。此外，新冠肺炎疫情导致留学生回流，总体社会就业竞争日益激烈。在全社会就业形势严峻的情况下，高校毕业生的就业压力更是突出，因

而创新创业成为不少应届毕业大学生可能的选择之一，大学生即将成为创新创业市场大军中一股重要的新生力量。除此之外，在校大学生的创新创业活动也开展得如火如荼。为全面了解京津冀在校大学生创新创业的想法、受教育状况、遇到的问题，以及京津冀地区各大高校对大学生创新创业培养与教育的重视和关注程度，课题组于 2022 年 1 月 5 日至 2 月 20 日，通过线上问卷形式开展了调查活动。

本次调查京津冀在校大学生共 231 人，其中男生占 46%，女生占 54%。此外，被调查学生均来自京津冀三地，来自北京的学生占 29. 57%，来自天津的学生占 31. 18%，来自河北的学生占 39. 25%（见图 1）。本次调查共计收回有效问卷 174 份，有效率为 75. 3%。据调查结果，在目前的环境下，在校大学生对创新创业持积极心态，总体来说，有创新创业意愿的学生所占比例非常高（见图 2），这说明在校大学生的心态开始发生变化，并没有过分追求所谓的“铁饭碗”。此外，在本次调查中，有 38%的学生认为如果选择创业，会选择自己感兴趣的领域，而有 25%的学生表示会选择自身专业领域，这表明大学生在敢于尝试新鲜事物的同时也很注重学以致用。大学生的

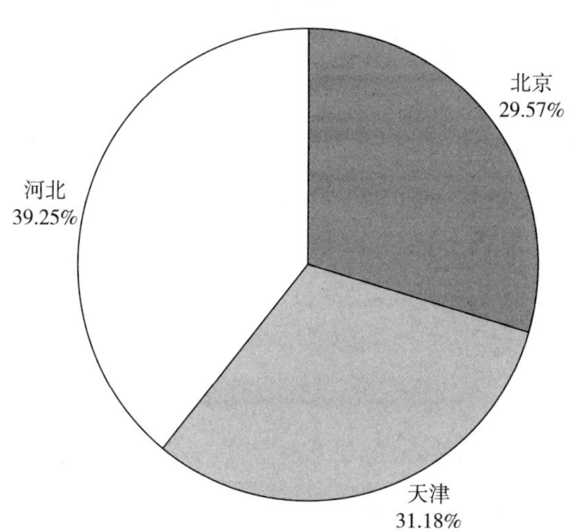

图 1　京津冀三地高校大学生来源占比

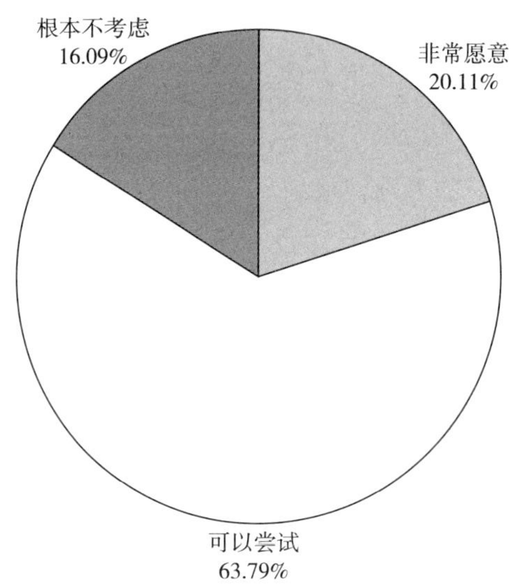

图 2　京津冀高校在校大学生创新创业意愿统计

创业意愿、动机除受到个体因素的影响外，还受到资金、政府政策、社会文化氛围、高校的创业理论教育和实践活动的影响。本次调查发现，59.20%的学生认为资金是大学生创业最需要的支持，21.84%的学生认为政府政策的支持最为重要（见图 3），但在这部分被调查者中，只有 3%左右的学生表示自己非常了解政府政策，近半数的学生表示并不太关注和了解已经出台的一些创新创业政策（见图 4）。这表明创新创业课程不够深入，创业导师对创新创业政策的讲解不够透彻，仍有待加强。值得一提的是，大部分被调查者认为学校对创新创业活动较为重视，并且对学校所营造的创新创业氛围感到满意，这表明大部分高校在努力完善创新创业教育体系，但还有一定的提升空间。

在理论教育方面，大部分被调查对象参加过创业成功者或专家的讲座，在学校也选修或者必修了创业教育课程，但其中 45%的学生认为教育理念和方式落后，这表明高校的创新创业理论需要及时更新。值得注意的是，创新创业实践方面不容乐观，被调查对象中只有 34.48%的大学生参观过创业实践基地，36.78%的学生参加过创新创业大赛，比例还不足一半（见图 5）。

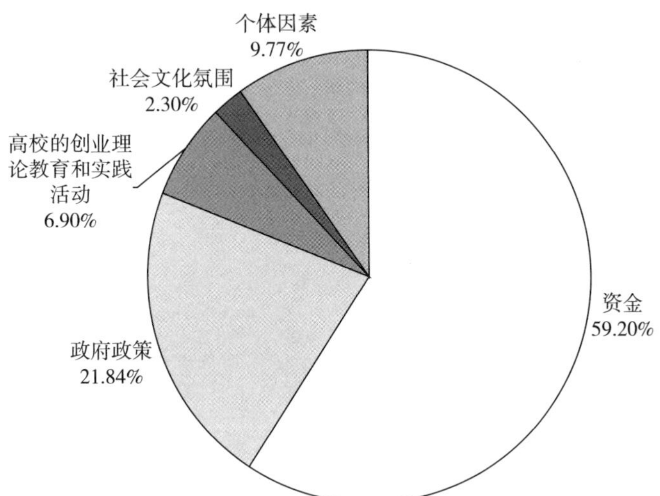

图 3　京津冀高校大学生认为最影响自身创新创业的因素

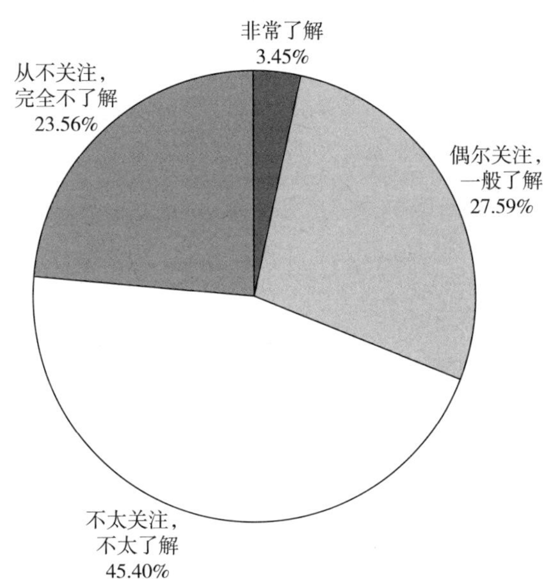

图 4　京津冀高校大学生对创新创业政策的了解程度

在创新创业教育方式方面，57. 47%的被调查对象认为创新创业实训实践对自身创新创业能力影响最大，56. 32%的学生认为创新创业导师对自己能力的提升帮助最大，40. 23%的学生认为创新创业类课程对自己帮助最大，

32.18%的学生认为讲座或论坛对自己的帮助最大（见图6），这说明优秀的创业导师、系统的课程体系、专业的专家讲座是创新创业模式中不可或缺且需要提升的部分。

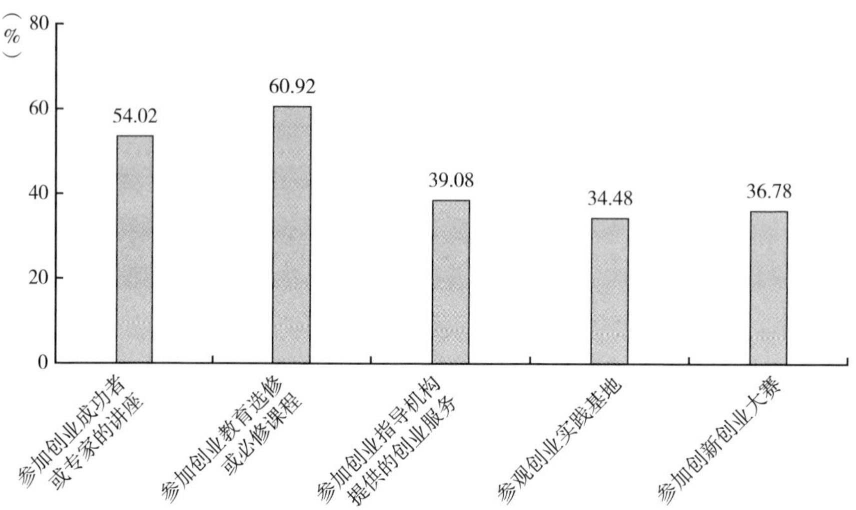

图5　京津冀高校大学生创新创业具体实践方式

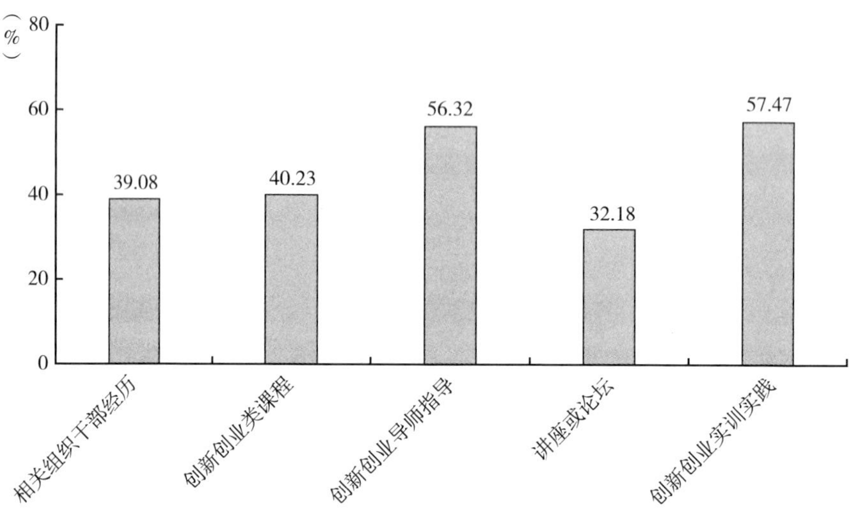

图6　学生认为最实用的创新创业教育方式统计

五　京津冀高校大学生创新创业培养模式现状分析

通过对京津冀在校大学生进行调查，我们发现随着我国对创新创业重视程度的提升，京津冀高校大学生的创新创业工作取得了较大进步，体现在大学生对创新创业有了更加深刻和全面的认识，更想去尝试创新创业工作，对创新创业的接受度日渐提高，但整体来说，参与度和成功率仍然较低。简言之，京津冀大学生创新创业工作已经有了一定的成果，但培养模式中还存在一些问题。

（一）大学生创新创业意愿逐渐提高，但真实参与度低

自从教育改革实施和“大众创业，万众创新”的口号提出，高校里的创新创业氛围逐渐浓厚，创新创业不再是一种特殊现象。几乎每所学校都有创新创业的专业课或选修课，一半多的学校专门邀请过创业成功者或者专家来进行相应的讲座，拓展学生的创新创业知识。学校氛围的改变其实也从侧面反映了社会氛围的改变，整个社会对大学生创新创业变得更加宽容。学生作为建设国家的后备力量，其思想意识的转变会对未来国家发展产生极大影响。在本次调查中还发现，一半多的学生愿意去尝试创新创业，这也说明学生的理念开始发生变化，开始追求自我价值实现，对未来充满信心，不再过分追求所谓的“铁饭碗”。在对创新创业领域选择的调查中发现，38%的学生更倾向于选择自己感兴趣的领域，而不是自己的专业领域。这一结果也表明，对于学生而言，兴趣还是第一位的。高校大学生思想开放，敢于尝试新鲜事物，这也启示着我们从兴趣的角度出发来教育、培养大学生创新创业。

经过近几年的努力，高校创新创业工作已经有了较大进展，创新创业氛围日益浓厚，课程形式也开始变得多样化，但还有一个现状不容忽视，那就是高校学生的创新创业参与度依旧不高且成功率低。在调查中发现，尽管20. 11%的大学生非常愿意尝试创新创业，63. 79%的大学生认为可以尝试，

但实际上毕业后真正去创业的学生并不多。目前，学生出于兴趣或者获得学分等目的参加学校的创新创业课程、活动，一旦毕业离开学校，大部分学生还是倾向于寻找稳定性更高的工作。创新创业率低的原因一方面在于创业需要场地、资金等各种因素，刚毕业的学生难以获得足够的资金；另一方面则在于学生对各地政策不是很了解，有 21.84%的学生认为政府政策的支持最为重要，但被调查者中大部分学生表示对政府发布的创新创业类政策的了解程度一般，平时也不怎么关注。这些原因都会对学生创业产生直接影响，造成学生毕业后不想真正参加创新创业或者导致创新创业失败。此外，学生创新创业率低的另一个原因还在于当前的大环境。当前，世界经济复苏艰难曲折，实体经济的发展遭受巨大阻力，在这样的大环境下，大部分学生不会选择创业。要想提高学生的创新创业参与度，除了增加学生的相关知识外，如何提高学生对创新创业的兴趣并启发其将创业与数字经济结合起来，是当今高校应该重点考虑的问题。

（二）学校创新创业教育体系逐渐完善，但仍有较大提升空间

在数字经济背景下，信息的传递速度被无限放大，要想更好地利用信息，享受数字经济给大学生创新创业带来的福利，就不应该只在学校中简单地开设几门创新创业课程，而应该逐渐完善大学生创新创业教育体系。调查显示，京津冀高校创新创业教育体系已经有了很大的发展。虽然大部分学校仍然实行以专业课为主、创新创业课程为辅的教学模式，但并不是简单地开设创新创业课程，而是不断地丰富创新创业教育体系，并将其加入学分管理系统，提升创新创业课程的地位。调查显示，除了开设必要的创新创业课程以外，京津冀高校还开展创业成功者的讲座、鼓励学生参加创新创业大赛、组织学生参观创新创业基地以及成立创新创业类社团等。复杂多样的活动表明高校正在努力丰富学生的创新创业经历，开始尝试构建并完善创新创业教育体系。另外，调查还发现，将近一半的学校利用互联网平台对学生进行创新创业教育，这种做法在数字经济背景下能发挥出更大的作用，结合数字经济数据化、信息时效化的特点，可以帮助学生更好地掌握相关知识，同时也

能使线上、线下教学相融。学校创新创业教育体系的完善并不是一蹴而就的，目前京津冀高校都在根据自身的实际情况逐步完善创新创业教育体系，推动我国创新创业事业的发展。

总体来看，京津冀高校创新创业教育体系与之前相比已有很大进步，不再只是简单地设置创新创业课程，有了举办讲座、纳入学分系统等众多措施，但本次调查发现，京津冀一些高校的创新创业教育体系仍存在一些不足之处，有较大的提升空间，主要表现在以下几个方面。

各高校的创新创业教育理论多于实践。创新创业教育并不是简单的理论课程，许多知识在课堂上无法论述清楚，只有具体实践或者参观创业过程时才能真正了解。相对封闭的校园生活使得大学生缺少企业实践经验和社会阅历，缺少对创业外部环境的感知和分析，而由于京津冀地区的经济水平存在差异，部分高校经费有限，实践教学条件较差，缺少相应教学设备，且无法搭建创新创业平台，影响了教学质量和双创型人才的培养。对于学校而言，让每个学生都拥有创新创业实践经历显然不太现实。但仍然可以采用校企对接、组织学生参观创新创业基地、举办创新创业大赛、虚拟创业等方式来使学生接触这方面的知识，在完善理论教学的同时，根据实际情况使学生更加了解创业过程。与其他课程教育相比，创新创业教育是一种更加个性化和特殊化的教育，每个学生的特点不同，在教育中更应该以学生为主，考虑到每个学生的差异性，如果只是着眼于理论教学的全面性，就很难满足这一特点，从而降低创新创业教育的效率。

课程体系设置不系统。自从创新创业教育被提出以来，高校就在为完善创新创业培养模式而努力，随着教育改革的提出，学校对于创新创业课程的重视程度进一步提高，但创新创业课程体系仍没有系统化，主要有以下几个特点。首先，课程较为零散。大部分学校的创新创业课程为选修课，但会有专门的创新创业学分督促学生去选择创新创业课程，从而保证即使是选修课，学生仍会去学习创新创业课程。但这种课程设置的课时量较少，只会让学生对创新创业有初步了解，很难对其进行深入思考。此外，学校往往不会采用考试的形式，学习效果难以检验。其次，创新创业课程始终是一个单独的体系，没有融入整个学科大体系中，很难与其他学科尤其是专业课程形成联动。参加课程的学生专业较多，众口难调，高校的创新创业课程往往会从创新创业的内涵、特点等角度出发，不会针对某个专业进行深入拓展，课程内容涉及范围较窄，从而导致整个创新创业课程的科学性和系统性较低。

各高校创新创业师资水平参差不齐。高校创新创业教育质量的高低直接与教师水平挂钩[10]。虽然各地高校都开设了创新创业课程，但负责的教师往往是兼职教师，无法给学生带来专业化的指导，很难最大限度地激发学生的创新创业热情，也很难具体指导学生开展创新创业实践。在调查过程中，有一部分学生表示学校创新创业课程的教育理念比较落后，内容空泛，课程设置流于表面。而教师水平的差异会进一步导致京津冀各地创新创业教育水平的差异。与天津和河北相比，北京本身就有巨大的优势，名校众多，经济发达，最具有培养专门讲解创新创业课程的人才的条件，开设创新创业课程的时间也最早，相关的培训体系也比较完善。而河北某些高校的创新创业课程教育还处在起步阶段，很难产生相关的创新创业成果，更无法进行本土化教育。两者相比，培养出来的学生的创新创业素质就会有较大差异。师资水平的不同间接导致各地创新创业教育发展的不平衡，从而影响京津冀一体化。

（三）京津冀三地创新创业基础不平衡，梯度落差明显

在京津冀协同发展的大背景下，京津冀三地的开放度目前还有一定的提升空间，创新创业的社会资源未进行充分交换和利用。北京一直以来因其丰富的创新资源、强大的研发实力、高额的科技投入、丰富的创新产出承担着创新创业技术输出方的重要角色。在科技实力和创新创业实力方面，津冀两地与北京相去甚远，京津冀三地的创新梯度落差明显[11]。同时，京津冀三地的创新资源价值交换不通畅，大量创新资源、人才流向京津两地，三地需要加强创新合作，使创新链、产业链、资金链、服务链深度融合。北京、天津、河北三地经济发展水平不同，开展创新创业教育的程度不同，能为学生提供的资源各异，这就造成了京津冀三地高校大学生创新创业的基础不平衡、落差较大。

京津冀各地教育资源不平衡。北京作为全国的文化中心和科技创新中心，有着极其丰富的教育资源。天津是北方国际航运的核心区域，是改革开放先行区，有着巨大的经济潜力，教育资源也十分丰富。和众多一线城市一样，北京和天津人口众多，房价、物价高。北京、天津的高校学生虽然接受了较好的创新创业教育，但较高的创业成本还是让众多学生对创业望而却步。河北省作为我国现代商贸物流重要基地，有着丰富的自然资源，生活压力较小，但教育资源相对薄弱，造成河北省在大学生创新创业教育方面存在不足。要想推动京津冀一体化进程，完善创新创业教育，就应该重点考虑如何缩小三地之间的差距。

京津冀各地的研发投入不平衡。教育资源、经济发展的不平衡造成了在科技竞争力方面，河北也明显低于北京、天津，主要表现在企业研发和创新能力两方面。在创新投入上，河北更是低于北京和天津。2020 年研究与试验发展（R&D）投入情况显示，北京的经费投入强度达到 6. 44%，天津和河北则分别是 3. 44% 和 1. 75%[12]，河北的创新投入约为北京的 1/4，天津的 1/2。研发投入的不平衡导致创新创业教育的不平衡，投入低的难以产出创新创业成果，降低创新创业的积极性与信心，成果少则导致重视程度下降，投入再降低，陷入恶性循环，造成京津冀研发投入差距越拉越大。总体而言，北京、天津和河北在自然资源、教育资源、发展水平、科技竞争力和创新投入上的不平衡，造成了京津冀高校大学生创新创业的基础各异，也不利于京津冀的协同发展。

（四）京津冀支持政策有待进一步完善，社会认同度有待提高

对于高校大学生创新创业教育而言，学校的主要任务是设计合理的课程、开展具体的教育，但要想真正做好创新创业教育，还离不开社会的支持。社会环境对事物的产生和发展能起到极大的作用，若没有政策支持，没有良好的社会舆论氛围，即使学校的创新创业教育开展得再好，也不会有学生毕业后真正地去参加创新创业活动。只有具有良好的外部环境，再加上学生的内在素质，才会促进创新创业成果的产生。京津冀地区创新创业外部条

件主要有以下问题。

京津冀高校部分大学生缺乏对创新创业政策的系统化认识。虽然现在国家倡导创新创业，北京、天津、河北也相继出台了许多有关创新创业教育的政策，但仍没有一套完整的政策体系来指导创新创业教育应该如何开展，并且政策宣传也没有到位。很多大学生在毕业后进行创业时没有享受到应有的政策福利，或者因不了解政策而对创业产生影响。而且大学生创业政策呈现零星化特点，各部门都有相应的大学生创业政策，总量较多，但引导性不强，学生很难在短时间内全面了解各种创新创业政策。像创业贷款、住房补贴、创业时的学籍归属等具体问题，对于创业的学生而言可能非常重要，会直接影响其创业是否成功。此外，京津冀在创新创业教育政策上也没有形成合力，优势互补不明显，没有实现政策互联互通。京津冀高校开设创新创业课程时，往往会宣传当地的创新创业政策，而三地政策并不互通，这就导致京津冀三地人才的跨地区流动存在障碍，降低了学生创新创业的积极性。

社会认同度不够高。创新创业教育并不是简单地教导学生毕业后如何去创办一家企业，而是对学生素质和能力的全面培养，重在培养创新意识，创业只是一种创新的表现形式，教会学生如何用创新的思维去思考，用创业的方式实现自己的梦想，并不是简单的头脑一热，更不是去逃避严峻的就业形势。毕业后进行创业需要很大的勇气，我们应该对愿意进行创新创业的大学生进行鼓励和支持，而不是对其存在偏见。大学生创办的企业往往都是些小微企业，较为脆弱，更需要周围人的理解和支持。一般而言，经济越发达的地区，对学生创新创业的认同度越高，北京、天津作为北方发达城市对创新创业教育有一定的认同度，但河北省某些地区认同度不高。如何全面提高京津冀地区对创新创业教育的认同度，增加对创新创业教育的社会支持，营造良好的舆论氛围，这也是一个应该考虑的问题。

六 京津冀高校大学生创新创业培养模式的对策建议

完善京津冀高校大学生创新创业培养模式，提高大学生的创新创业能力，并不是一朝一夕能够完成的，也不能把它简单地归为学校教育问题，而是应以学校为主体，社会各界共同合作，全方位、多角度、多层次地去思考与处理这个问题。先从宏观规划入手，营造良好的创新创业氛围，打造最合适的外部环境，再以学校教育体系改革为重点，从课程、实践、平台等多方面完善创新创业教育体系，打造先进的创新创业培养模式，最后形成多方合力，促进京津冀协同发展（见图 7）。

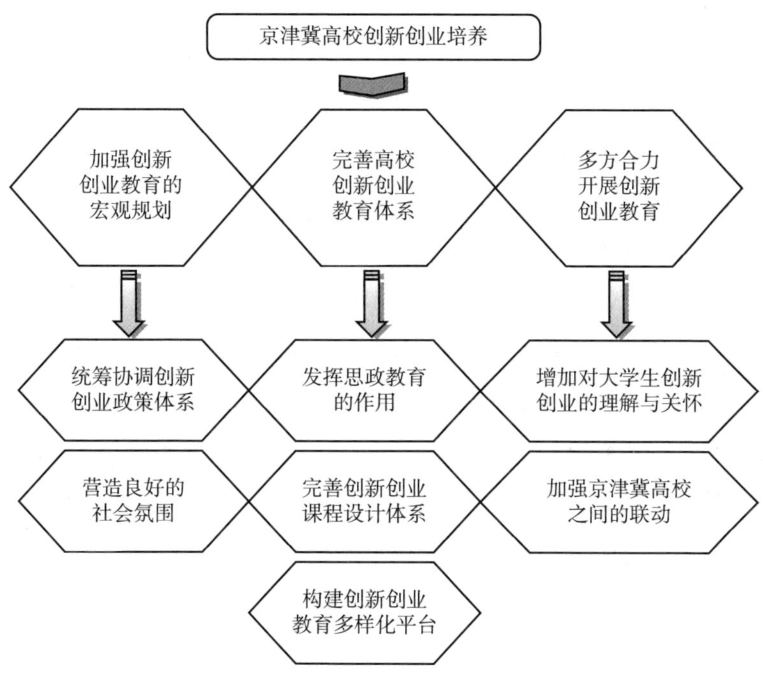

图 7　京津冀高校大学生创新创业培养模式

（一）加强创新创业教育的宏观规划

完善京津冀高校大学生创新创业培养模式，首先需要在宏观层面进行统一规划，从社会、政府等多方面入手，营造良好的社会氛围，以大带小，多方面、多层次、多角度地加强高校的创新创业教育，培养优秀的创新创业人才。

统筹协调创新创业政策体系。不熟悉创新创业政策是大学生创新创业成功率低的一个重要原因，虽然京津冀各地都有相应的创新创业政策，但各地政策数量较多且不同，不同部门政策呈碎片化，很难有效地统筹结合到一起，导致高校大学生在创新创业时产生“不知采用哪项政策，不知去哪儿采用政策”的疑问。为此，建立统筹协调的京津冀大学生创新创业政策体系，带动京津冀一体化就显得尤为重要。一方面，建立京津冀大学生创新创业机构，对京津冀大学生创新创业工作进行统一组织、统一申请、统一管理，将各地、各部门政策统一归纳，对过时、不合理政策进行及时更新，推动科技信息共享，搭建三地互联互通平台，形成“北京原始创新、天津研发转化、河北推广应用”的局面，实现三地优势互补。另一方面，完善创新创业教育的配套政策。大学生创新创业是一个持续的过程，每个创业者在创业过程中都会遇到各种各样的问题，完善各种配套措施，能解许多创业者的燃眉之急。引导性政策能激发学生创新创业的积极性，鼓励更多的学生走向创新创业之路。可以将创新创业课程纳入当地的教育发展规范以及高校考核制度，成为高校教学质量考核的一项指标，并对创新创业工作开展较好的高校进行奖励，树立典型，还可以建立京津冀三地融合平台，实现创新创业教育信息共享，培养学生京津冀一体的概念。通过以上措施，从政府角度统筹协调京津冀大学生创新创业，带动创新创业教育的发展。

营造良好的社会氛围。首先，社会媒体应加大对大学生创新创业政策以及大学生创新创业典型的宣传，开发新型传播方式，拓宽社会传播渠道。一方面，通过电视、报纸等传统媒介，增加对创新创业的专门报道，通过积极正面的报道改变原来人们对创新创业的消极看法，使其认识到大学生毕业后创新创业并不是“不务正业”，让大学生有一个更宽松的创新创业环境。另一方面，将传统媒体与新媒体相融合，打破传播壁垒，利用网站、微信、App、网络论坛等新媒体形式，加深创新创业在大学生心中的印象，增加大学生毕业后创新创业的勇气。其次，调动社会力量，加大校企合作力度。创新创业教育与其他学科教育不同，难以在课堂上全面讲解，学生需要实地参观、亲自实践，才能真正体会、理解所学的知识。校企合作是一种较好的方式，通过实地参观企业、听创业者讲座等方式，学生能够对创新创业有实际的感受，深入思考创新创业的方式和意义。学校也可以与企业开展就业合作，向企业输送人才，实现双赢。在京津冀协同创新的大背景下，通过政府的政策支持和引导，以及社会的舆论宣传和各界的帮助，减少高校学生的创业风险，再通过各高校与当地企业的合作，打造一批优秀的创新创业型人才。

（二）完善高校创新创业教育体系

培养创新创业型人才，根本上还要靠学校的教育，完善高校创新创业教育体系是打造创新创业培养模式的关键举措。完善高校创新创业教育体系可以从思政教育、课程设计、平台建设三方面来进行。

发挥思政教育的作用。思想政治宣传在提高学生的创新创业积极性、培养创新创业意识上有着极其重要的作用。在思想宣传上，仅靠政府政策和社会舆论是不够的，学校自身也应该积极宣传创新创业的重要性，不应该只是简单地开设创新创业课程，还应该将其与思政课程相结合，通过思政教育的方式提高学生对创新创业教育的认识。将两者相结合，不仅增加了创新创业教育的课时量，还能在思想上加深学生对创新创业的认识。我国思政教育经验丰富、形式多样，完全可以将思政教育与创新创业教育相融合，深入挖掘创新创业教育中的思政元素，以思政教育的形式开展理论指导，让学生能经常感受到创新创业氛围，在潜移默化中培养学生的创新创业意识。创新创业成果具有难以批量化的特点，可以通过辅导员、团委等帮助学生创新创业，对创新创业意识强、能力出众的学生重点培养，因材施教，激发学生的个性和潜力，产出创新创业成果。

完善创新创业课程设计体系。创新创业教育应该是多样化、个性化的教育，应该因材施教，其课程设计也不应像其他学科一样，以课堂理论教学为主，而应该理论与实践并重，多层次、多角度地展开，与多门学科展开联动，让学生在日常学习中就能接触到创新创业思想。首先，将创新创业教育融入专业课程教学中。在高校教育中，专业课教育是学生在校期间接受的主要教育，学生80%的课程与专业课有关。将创新创业教育与专业课程相结合，能使学生更明确自己创新创业的方向，找准创新创业定位，同时巩固自身专业知识。可以选取专业的热门方向进行创新创业分析，邀请专业领域的优秀创业者代表举办讲座，将专业教育和创新创业教育结合起来，打破学科之间的割裂状态，让学生善于用创新创业的思维去思考问题。其次，加强创新创业实践课程的设计。创新创业的相关知识不应该只停留在课堂上，实践才能更好地检验创新创业的相关知识[13]。在京津冀高校中，大部分学校还是偏重于理论教学，对实践课程的重视程度并不高。对于创新创业实践课程的设计，可以采用双导师制度，即除了专门的理论课老师外，再选取一名实践老师，负责实践的有关事宜。可以通过校企对接、搭建创业模拟平台、举办创新创业虚拟大赛等方式丰富学生的实践经历。如果条件允许，还可以创办创新创业基金，鼓励学生真正地创新创业。最后，分学期设置创新创业课程。在高校课程体系中，创新创业课程的课时量往往不多且多为选修，在课程安排上多集中于一两个学期，这也会使创新创业课程在一定程度上不被重视。为此，可以将创新创业课程按照学期分别设置，在大一、大二偏向于理论化教学，使学生懂得创新创业的含义以及相关理论知识，在大三、大四乃至读研期间偏向于实践课程教学，使学生能将理论知识用于实践，也能使其更好地考虑自己是否适合创新创业，从而提高创新创业成功率。

构建创新创业教育多样化平台。完善创新创业教育体系，除了完善理论课堂、积极实践以外，还应利用好当前先进的科学技术，构建多样化平台，把握数字化方向，搭上数字化经济的列车。数字经济是当今发展的趋势，也是国际竞争的重点，主要发达国家纷纷将发展数字经济作为振兴实体经济、抢占全球竞争制高点的重要战略。而大学生思维活跃，学习能力强，能较快地接受新鲜事物，作为建设国家的后备力量，大学生应该将创新创业思维与数字经济结合起来，为把我国建设成为创新型国家而努力。学校可以利用互联网技术，搭建互联网平台，开设创新创业论坛[14]，让学生和创业者、教师能够随时在网上交流，传递创新创业信息，分享创业心得，提高学生创新创业的乐趣。同时，还可以根据数字经济数据化的特点，购买或收集相应的数据库，使学生能及时得到各种统计信息，便于学生对数据进行分析，提高对数据的敏感性。可以在网络平台上开展沙盘模拟、创新虚拟比赛等各种活动，学生可以自由报名，在模拟中提高自己的创新创业能力。京津冀各高校应该把握好数字化方向，结合网络技术，将创新创业网络平台打造成一个交流平台、实践平台和竞赛平台，实现平台多功能化，完善创新创业教育体系。

（三）多方合力开展创新创业教育

培养高校大学生创新创业，不能只靠学校努力，政府、社会、家庭多方应共同努力，形成合力，共同打造数字经济下的大学生创新创业培养模式。政府制定相关政策，社会营造良好氛围，学校传授相关知识，家庭给予理解支持，四位一体，合力开展创新创业教育。

增加对大学生创新创业的理解与关怀。有了政府政策的支持和良好的社会环境后，还有一个重要的外在因素影响着学生的创新创业，那就是家庭的理解与支持。家庭对孩子的成长至关重要，家庭的支持能坚定学生创新创业的决心，给予学生创新创业的动力。受传统观念的影响，学生毕业后创新创业会被一部分家长认为是“失业”，没有前途，家人的不理解会在很大程度上影响学生创新创业，甚至会直接导致学生创新创业的失败。为此，家长应该转变观念，不要随意否定学生的劳动，给学生更多自主选择未来职业的机会和较为宽松的家庭环境。学校可以向家长发送信息，讲解创新创业政策，宣传创新创业的意义，家长与学校多沟通、多交流，了解学生创新创业的动态，鼓励学生发现创新创业机遇，家校联动，对创新创业活动给予最大的支持，做学生创新创业的坚强后盾。

加强京津冀高校之间的联动。作为学生创新创业教育的主体，学校的教育影响着学生创新创业质量的好坏。京津冀三地的教育资源、经济发展不平衡已成现实，要想提高京津冀地区的创新创业水平，加速京津冀一体化，就应该实现高校联动，以强带弱，实行“高校一对一”制度。可以由北京高校牵头，对天津、河北高校开展创新创业教育帮扶工作，实现创业信息、创业教师、创业人才共享，加速高校的创新创业进程，促进教育资源共通。高校可以利用网络平台，将优质的创新创业课程、优秀企业家的讲座制作成网课，共同学习。还可以跨地区开展创新创业比赛，不同高校学生既可以组队也可以相互竞争，提升创新创业大赛的乐趣。在高校联动中不必拘泥于形式，可以是专业互帮，也可以是高年级带动低年级，创新创业更看重的是思想上的解放、想法上的碰撞。不同学校有着不同的创新创业教育风格，通过跨校联合，高校之间相互学习，学生之间相互交流，在交流和实践中不断完善高校创新创业教育体系，促进京津冀协同发展。

参考文献

[1] 逄健、朱欣民：《国外数字经济发展趋势与数字经济国家发展战略》，《科技进步与对策》2013 年第 8 期。

[2] Tapscott, D., *Die Digitale Revolution* (Berlin: Gabler Verlag, 1996).

[3] 张泽平：《数字经济背景下的国际税收管辖权划分原则》，《学术月刊》2015 年第 2 期。

[4] Valenduc, G., Vendramin, P., "Work in the Digital Economy: Sorting the Old from the New", *Social Science Electronic Publishing*, 2016, 3: 8.

[5] 李长江：《关于数字经济内涵的初步探讨》，《电子政务》2017 年第 9 期。

[6] 李晓华：《数字经济新特征与数字经济新动能的形成机制》，《改革》2019 年第 11 期。

[7] 王伟玲、王晶：《我国数字经济发展的趋势与推动政策研究》，《经济纵横》2019 年第 1 期。

[8] 王占仁：《创新创业教育的核心要义与周边关系论析》，《国家教育行政学院学报》2018 年第 1 期。

[9] 韩立：《大学生创新创业能力现状及培养路径》，《中国高校科技》2017 年第 1 期。

[10] 吴梅英：《大学生创新能力培养模式研究》，《中国高等教育》2021 年第 5 期。

[11] 李晓琳、李星坛：《高水平推动京津冀协同创新体系建设》，《宏观经济管理》2022 年第 1 期。

[12] 武义青、冷宣荣：《京津冀协同发展八年回顾与展望》，《经济与管理》2022年第2期。
[13] 胡燕生：《大学生创新创业教育模式探析》，《中国高校科技》2017年第1期。
[14] 木志荣：《我国大学生创业教育模式探讨》，《高等教育研究》2006年第11期。

B.11
京津冀城市群数字金融时空演变及其对高质量发展的影响

刘国燕*

摘　要： 在数字金融蓬勃发展和京津冀协同发展深入推进的背景下，探究数字金融时空演变特征并分析其对京津冀城市群高质量发展的影响具有重要的理论和现实意义。本报告采用2011~2019年京津冀13个地级以上城市的面板数据，构建空间杜宾模型实证检验数字金融对经济高质量发展的影响。结果表明：一是京津冀城市群的数字金融及分维度指数增长较快，但从空间格局上来看，京津的发展水平始终处于高值区域，河北省内石家庄发展较快，其余城市的数字金融发展相对滞后；二是在不同空间权重矩阵下，数字金融均可以有效促进城市自身经济绿色发展，但会对邻近城市产生不利影响；三是数字金融对经济高质量发展的效应存在维度异质性，相比于基础回归，数字金融覆盖广度和普惠金融数字化程度的间接效应绝对值更大，而数字金融使用深度的直接效应和间接效应偏小，其对经济高质量发展的影响主要体现在直接效应。

关键词： 数字金融　京津冀　经济高质量发展　空间杜宾模型

一　引言

改革开放以来，我国城市化和工业化加速推进，但这种依靠资本、劳动

---

* 刘国燕，河北工业大学经济管理学院助理研究员，研究方向为金融生态与可持续发展。

力、土地等要素驱动的发展模式存在投入高、效率低的问题[1]。随着我国经济进入高质量发展阶段，特别是在“双碳”背景下，经济发展方式加速由粗放型向集约型转变。在保持经济增长的同时，通过发展方式调整，提高资源和能源利用效率，减少对生态环境的破坏的绿色发展逐渐成为新时代的广泛共识。实现绿色发展，关键在于通过技术创新促进产业结构优化升级，而金融在此过程中扮演了重要角色。金融发展通过金融中介和金融市场的作用渠道改变资金存量和资金流量，其对于资本配置作用的有效性，能够使金融资源在不同产业间流动，通过资本形成、资本调配、信用催化和风险分散等机制，促进企业研发创新，提高生产率，最终改善产业结构和提高产业素质与效率[2]。

随着金融地理学的兴起，学界逐渐意识到，金融发展存在一定的空间地理特征[3]，即金融发展不仅对本地区的技术创新和产业升级具有直接作用，同时还会通过空间溢出效应对邻近城市产生影响。相较于传统金融，数字金融是一种新型金融服务模式，其利用技术手段降低资本供给和需求的信息不对称程度，通过精准匹配提高资源利用效率。一方面，数字金融的出现在很大程度上对以银行为主的传统金融形成一定的挑战，倒逼传统金融机构改革，通过简化审批流程、精准对接服务对象等为产业创新发展提供资金支持；另一方面，数字金融构建起科技与金融和应用场景的全方位图谱，增加了对创新活动的金融资源供给，极大地降低了金融交易成本，更大限度地满足创新主体的资金需求，推动城市创新[4]，最终促进经济高质量发展。据《北京大学数字普惠金融指数（2011~2020）》统计，中国城市层面数字普惠金融指数均值由 2011 年的 51.77 增长至 2020 年的 256.77，10 年增长了近 4 倍。更为重要的是，中国数字金融已经从粗放式“圈地”时代进入深度拓展的新时代，不仅实现了跨越式发展，也为广大中低收入者和弱势群体获得覆盖面更广、使用深度更深的金融服务奠定了基础，有助于缓解中国经济发展中存在的不平衡问题[5]。因此，研究京津冀城市群数字金融时空演变特征及其对经济高质量发展的影响，不仅能为数字金融促进城市群经济高质量发展提供客观依据，也有助于推动京津冀高质量协同发展。

目前，学界关于数字金融与经济高质量发展之间的关系研究主要可以分为机制路径分析和实证检验两方面。在具体的影响路径分析方面，宇超逸等从降低企业成本、促进创业机会均等化和绿色经济发展 3 个方面梳理了数字金融对经济增长质量的积极影响[6]；钱海章等从降低金融交易成本、加快传统金融机构服务升级、提升客户体验和促进创新创业 4 个方面对影响路径展开讨论[7]；杜金岷等从收入增长、优化资源配置、提升消费需求和促进技术创新四条路径分析了数字金融对产业结构优化的积极影响[8]。有学者将数字金融影响技术创新的传导机制分为直接和间接，如杜传忠、张远认为直接传导机制催生了新的商业模式、发现了新的市场需求、提升了企业融资水平和融资效率，间接传导机制包括优化银行信贷结构、提升银行效率等[9]。有学者从微观企业视角展开分析，如孙继国等以中小板上市公司为研究对象，分析普惠金融对中小企业创新的影响，研究发现，发展普惠金融可以显著地促进中小企业的各类创新，且相对于国有企业来说，发展普惠金融更能促进民营企业创新，存在显著的激励作用[10]。王道平、刘琳琳分析发现，数字金融的发展有助于提高企业的全要素生产率，且并非“一锤子买卖”行为，而是具有长期提升作用，尤其是使用深度的激励效应更强且更稳定[11]。数字金融能够有效解决传统金融中存在的“属性错配”和“领域错配”问题，有助于提升企业的实质性技术创新能力，而对企业非实质性专利创新水平的影响并不显著，这有助于中国企业走出在全球技术链条中“低端锁定”的困境[12]。

虽然学界对数字金融与经济高质量发展之间的关系展开了较为丰富的研究，但仍存在以下不足之处。第一，现有研究多集中于全国区域或城市层面，以京津冀城市群为研究对象，分析数字金融时空演变特征及其对经济高质量发展影响的文献缺乏。第二，以往文献对数字金融空间效应的考察存在不足。第三，分析数字金融与经济高质量发展之间影响路径的文献不足，特别是不同维度下的影响路径可能存在较大差异。基于此，本报告以京津冀 13 个城市为研究对象，分析数字金融的时空演变特征，并构建多种空间权重矩阵和空间计量模型，实证检验数字金融与经济高质量发展之间的关系，以期为促进京津冀高质量协同发展提供参考。

二　作用机制分析

作为大数据、云计算等现代数字技术和金融相结合的新业态，数字金融通过精准化服务，不断满足企业的资金需求和消费者的使用需求，正成为影响经济高质量发展的重要因素。

第一，数字金融可以发挥技术优势，为欠发达地区的人群提供金融服务，缩小收入差距。以银行为主的金融机构出于商业利益考虑，往往会将金融服务网点设在较为繁华的地区。这样一来，金融服务尤其是普惠金融服务很难下沉到欠发达地区，欠发达地区的居民很难得到金融服务。同时，金融部门在欠发达地区的金融服务体现得更多的是“吸储”功能，这加剧了金融资本的区域不平衡。数字金融是数字化技术与金融服务深度融合之后的产物，数字金融的发展缓解了传统商业银行在服务偏远地区时因地理空间距离而产生的“最后一公里”问题。数字金融不仅降低了金融服务成本，而且通过服务模式变革提升了金融资本的使用效率，特别是其可通过大数据、云计算等技术，使偏远地区的客户也享受到个性化的金融服务。数字金融的发展使得金融资本的渗透性和服务效率都得到明显提升，可以快速响应不同层次客户的金融需求，尤其是对于欠发达地区而言，数字金融的发展促进了金融产品向弱势群体延伸，提高了金融服务效率。同时，基于大数据分析的数字金融也使服务的对象更具针对性。一方面，数字金融有助于增加欠发达地区的居民储蓄，积累个人资产；另一方面，数字金融也会促进这些地区居民创新创业，增加收入，缓解欠发达地区面临的金融“排斥效应”，最终有利于缩小收入差距[13]。

第二，数字金融可以降低居民消费成本，改善消费体验，增加居民消费支出。数字化技术的不断迭代催生了支付方式的变革，以支付宝、微信、云闪付等为代表的移动支付相继出现且覆盖范围持续扩大，支付方式不断创新降低了居民消费的交易成本，提升了居民消费的便利性[14]。在移动支付普及之前，居民去商场或超市购物需要携带现金或银行卡，这对于消费者和企业而言均存在诸多不便。支付宝、微信等移动支付的快速普及极大地缩短了购物时间，降低了购物成本。同时，移动支付也催生了直播带货行业，企业可借助某种视频直播软件对商品进行销售。直播带货提升了消费者购物的互动体验，通过主播对商品的详细介绍，消费者可以对商品有进一步的了解。同时，直播带货的流量一般较大，因此商品的折扣力度也相应较大，这不仅节省了消费者的购物时间，也为消费者节约了资金成本。居民消费支出的增加和消费结构的改变促进企业不断创新，以满足消费者多样化的商品偏好。另外，数字金融通过大数据分析可以更加精准地了解消费者的信用水平，通过对购物记录、还款记录等的多维度综合分析精准获取消费者的信用和偏好信息，有利于降低消费者获得信贷消费的门槛，进一步释放消费需求。

第三，数字金融可以降低企业的融资成本，提高金融服务效率，增强企业研发投入的积极性，进而加快技术创新。技术创新特别是高科技创新往往具有投资周期长和不确定性大的特征，创新活动的持续进行，离不开外部金融资源的支持。金融市场的发展通过优化资金配置，一方面，为技术创新活动提供资金支持，推动企业技术创新；另一方面，也会通过金融资本流动引导技术创新方向，使得金融资本重点支持市场潜力大的创新项目，提高资金回报率。然而，传统的金融部门因信息不对称问题，在提供金融服务时往往倾向于“大客户”。现实的情况是，这种“大客户”本身发展势头良好，自我融资能力较强，即使没有金融部门的帮助，也能通过自身解决融资问题。相反，中小企业技术创新面临的融资约束较大，但由于有形资产占比较低，可抵押物不足，抵押能力较弱，因此融资可能性较小。这可能会导致好项目因为没有及时融资而被迫“流产”，不利于技术创新活动。数字金融的发展产生了“竞争效应”，可以解决传统金融中存在的资源错配问题，提升金融服务效率，推动金融产品创新，进而加速企业技术进步，不断加强竞争优势[15]。特别是对于现金流缺乏的小微企业和处于经济发展水平较低地区的企业而言，数字金融的发展可以有效缓解其融资约束[16]，通过资源再配置，为这些企业的绿色创新提供资金支持，促进企业创新发展。

第四，数字金融可以促进金融服务改革，促进金融资本“脱虚向实”，也有利于降低企业污染排放，最终加速地区产业转型升级。数字金融的发展不仅促进了金融资源向长尾客户的覆盖，也可以优化资金配置，进而对地区产业转型升级产生积极作用。得益于云计算、大数据等数字化技术的快速发展，数字金融在重塑传统金融体系的同时，也深刻影响着地区产业结构变迁。原因在于，数字金融的发展有利于引导金融资本流向长期价值更高的技术创新项目，这有利于推动地区产业转型升级。同时，数字金融的发展也为传统产业转型升级提供了资金支持，特别是有利于为流动性较差的企业提供必要的资金支持，帮助其由劳动密集型企业向技术密集型和知识密集型企业转变，而微观企业的生产效率提高最终也会促进宏观地区的经济转型升级。数字金融发展加速了传统金融部门的改革，特别是在金融服务和产品创新方面，促进了技术密集型制造业的发展。数字金融由于在技术、数据、信息等方面具有显著优势，也会提升企业的知识水平，进而带动生产率提高，达到降低环境污染的作用[17]。数字金融的发展，不仅可以通过提高金融资本的有效供给促进产业转型，也会通过提升人力资本水平带动地区绿色发展。

第五，数字金融的发展不仅有利于本地区经济高质量发展，也能通过空间效应对邻近地区产生积极影响。数字金融打破了传统金融部门对地域的限制，这意味着本地区的数字金融部门可以通过跨地区金融服务对邻近地区的产业结构升级、科技创新等产生影响，进而产生空间效应。这种空间效应主要体现在以下三个方面。一是溢出效应。数字金融在服务成本、覆盖对象等方面具有绝对优势，在缓解本地区企业和居民融资约束的同时，也会通过扩大服务范围对邻近地区产生积极影响。随着数字金融系统在某个区域逐渐成熟，数字金融服务模式不断创新，不仅有利于为本地企业和居民提供更加便利的金融服务，也有利于向邻近城市或区域提供精准的金融服务，促进邻近地区技术创新和居民消费，产生空间溢出效应。二是学习效应。本地区数字金融体系和金融模式的不断完善，有利于邻近地区的金融机构向本地区学习，通过金融知识和金融创新模式的学习，更好地为当地企业和居民提供优质金融服务。三是优化配置效应。数字金融的发展为地区之间的产业转移创造了良好的金融环境，通过资金引导实现产业资源在地区之间的再配置，这不仅有助于通过产业转移提高邻近地区的发展水平，也有助于释放本地区的产业发展空间，从而为本地区经济向更高层次发展提供更大的空间。

三　数字金融聚类时空演变

（一）总指数特征

由京津冀城市群数字金融指数的时空分布可知，从时间演化上来看，2011~2019 年，京津冀 13 个城市的数字金融发展水平均得到显著提升。2011 年，京津冀 13 个城市中数字金融指数的最高值和最低值分别为 80.780 和 39.480，而到了 2019 年，这两个数值分别变为 301.327 和 224.970，分别增长 2.73 倍和 4.70 倍，数字基础较差的偏远城市的发展明显快于发达城市。从空间格局上来看，数字金融指数的发展整体上与经济发展水平相一致。具体表现为京津的数字金融发展水平整体较高，而河北省内除石家庄发展较快之外，其余城市的数字金融发展较为滞后。

（二）分指数特征

由京津冀城市群数字金融覆盖广度的时空分布可知，与数字金融的整体发展相似，在研究期内，京津冀城市群由“京津”双核逐渐演变为“京津石廊”四城，张家口、承德、邢台、衡水等城市始终处于低值区域。2011 年，京津冀城市群数字金融覆盖广度均值为 52.382，标准差为 21.835；2019 年，均值为 235.312，标准差为 24.330。说明在数字金融覆盖广度不断扩大的同时，各城市支付便利程度的差距并未明显拉大。

由京津冀城市群数字金融使用深度的时空分布可知，从时间演化上来看，在研究期内，数字金融的高值区域主要集中在京津两地，河北省各城市处于较低水平。数字金融使用深度的均值和标准差分别由 2011 年的 58.358 和 8.806 变为 2019 年的 241.263 和 23.291，说明在所有城市的数字金融使用深度明显提升的同时，城市间的差距也迅速增大。这意味着，虽然数字金融的发展使各城市的支付便利化程度得到提升，但支付、货币基金、信贷、保险、投资、信用等业务的发展存在空间分异。受经济发展的影响，虽然数字金融发展使河北省各城市的支付便利程度得到明显提升，但它的数字金融使用深度与京津还有一定差距，且这种差距在逐渐扩大。

由京津冀城市群普惠金融数字化程度的时空分布可知，虽然各城市普惠金融数字化程度显著提升，但空间演变表现出不稳定特征。在研究期内，京津冀城市群的普惠金融数字化程度均值和标准差分别由 2011 年的 51.890 和 16.400 变为 2019 年的 285.917 和 14.994。这说明虽然整体空间演变不稳定，但是城市间的差距呈缩小趋势，支付便利化、利率实惠化等数字金融服务具有普惠性。

四　研究设计

（一）模型设定

如前文分析，数字金融对经济高质量发展的影响可能存在空间效应。因此，本报告构建空间计量模型对两者之间的关系进行检验。学界常用的空间计量模型主要有三种：空间误差模型（Spatial Error Model，SEM）、空间滞后模型（Spatial Lag Model，SLM）和空间杜宾模型（Spatial Durbin Model，SDM）。其中，SDM 是同时考虑了自变量和因变量的空间计量模型。因此，本报告选择 SDM 检验数字金融对经济绿色发展的影响，模型具体表达式如下：

$$HQE_{it} = \alpha_0 + \rho \sum_{j=1}^{n} w_{ij} HQE_{jt} + \alpha_1 DFI_{it} + \alpha_2 X_{it} + \beta_1 \sum_{j=1}^{n} w_{ij} DFI_{jt} + \beta_2 \sum_{j=1}^{n} w_{ij} X_{jt} + \varepsilon_{it} \quad (1)$$

其中，HQE_{it}和 DFI_{it}分别表示 i 城市第 t 年的被解释变量和解释变量，

ε_{it}为随机误差项，ρ 表示空间滞后项系数，w_{it}是空间权重矩阵 w 中的元素，n 表示城市数量。为避免单一空间权重矩阵回归可能存在的偏差，设定三种空间权重矩阵：地理距离权重矩阵 $w_D = 1/d_{ij}$，d_{ij}表示城市间的地理距离；经济距离权重矩阵 $w_E = 1/e_{ij}$，e_{ij}表示城市间实际人均 GDP 差值的绝对值；时间距离权重矩阵 $w_T = 1/t_{ij}$，t_{ij}表示城市间的通勤时间，以城市间最短高铁运行时间表示，无直达高铁的以最短换乘高铁运行时间代替。

然而，空间回归模型设定的点估计可能导致错误的结论[18]。因此，本报告采用偏微分方法，对数字金融影响城市经济绿色发展的效应进行分解，则上述 SDM 可改写为：

$$Y = (1 - \rho w)^{-1}(X\beta + wX\theta) + R \tag{2}$$

式中：R 是包括截距和误差项的剩余项，对于时间上从单位 1 到 N 的第 k 个自变量 X，其对应的 Y 的期望值的偏导数矩阵可以写成：

$$\left[\frac{\partial E(Y)}{\partial X_{1k}} \cdots \frac{\partial (Y)}{\partial X_{Nk}}\right] = \begin{bmatrix} \frac{\partial E(Y_1)}{\partial X_{1k}} \cdots \frac{\partial E(Y_1)}{\partial X_{Nk}} \\ \vdots \quad \vdots \quad \vdots \\ \frac{\partial E(Y_N)}{\partial X_{1k}} \cdots \frac{\partial E(Y_N)}{\partial X_{Nk}} \end{bmatrix} = (I - \rho w)^{-1} \begin{bmatrix} \beta_k & \omega_{12}\theta_k & \cdots & \omega_{1N}\theta_k \\ \omega_{21}\theta_k & \beta_k & \cdots & \omega_{2N}\theta_k \\ \vdots & \vdots & \vdots & \vdots \\ \omega_{N1}\theta_k & \omega_{N2}\theta_k & \cdots & \beta_k \end{bmatrix} \tag{3}$$

其中：右端偏导数矩阵对角线上元素的均值为直接效应，表示解释变量对本地区被解释变量的影响；非对角线上的元素均值为间接效应，表示解释变量对邻近地区被解释变量的影响。

（二）变量选取与数据来源

1. 被解释变量

经济高质量发展是注重经济、社会和生态相互协调的发展方式，在保持经济以一定速度增长的同时，注重对生态环境的保护，提高资源、能源的利用效率。考虑到数据可得性和前人研究，本报告构建绿色全要素生产率指标体系来度量京津冀高质量发展水平，主要包括投入和产出两方面（见表 1）。

表 1　绿色全要素生产率指标体系

指标类型	指标类别	具体指标	单位
投入指标	经济社会方面	全市年末单位从业人数	人
		全社会固定资产投资额	万元
		建设用地面积	平方千米
		全社会用电量	万千瓦时
产出指标	期望产出	实际 GDP	亿元
	非期望产出	工业废水排放量	万吨
		工业二氧化硫排放量	吨
		工业烟(粉)尘排放量	吨

数据包络分析（Data Envelopment Analysis，DEA）是测度多投入和多产出的效率评价常用方法，为避免投入和产出的松弛性问题可能造成的缺陷，本报告借鉴任宇飞等[19]的研究，利用含有非期望产出的 SBM-Undesirable 模型测度城市的绿色全要素生产率，限于篇幅，具体计算公式省略。

2. 核心解释变量

数字金融（*DFI*）。本报告使用北京大学数字金融研究中心编制的数字普惠金融指数来代表城市的数字金融发展水平。结合数字金融服务的新形势、新特征与数据的可得性和可靠性，本报告从数字金融覆盖广度、数字金融使用深度和普惠金融数字化程度 3 个维度来构建数字金融指标体系[20]。其中，数字金融覆盖广度主要通过每万人拥有支付宝账号数量、支付宝绑卡用户比例、平均每个支付宝账号绑定银行卡数来度量；数字金融使用深度通过支付服务、货币基金服务、信贷服务、保险服务、投资服务和信用服务 6 个方面共 20 个指标进行综合评价；普惠金融数字化程度则通过移动化、实惠化、信用化和便利化 4 个维度的 10 个指标来度量。

3. 控制变量

为避免因遗漏变量而产生的估计结果偏误，本报告选取如下控制变量：①财政支出（*GOV*），用各城市财政在科学技术和教育上的支出之和来度量政府对绿色经济效率的影响；②外商直接投资（*FDI*），采用实际利用外商直接投资来度量；③人力资本水平（*NUS*），以每十万人口中在校大学生数量来度量城市人力资本水平；④基础设施（*APR*），采用人均公路里程来度量城市基础设施水平。

本报告关于数字金融发展的资料来源于北京大学数字金融研究中心编制的《北京大学数字普惠金融指数（2011～2019）》，实际 GDP、全市年末单位从业人数、全社会固定资产投资额、工业废水排放量等数据来源于《中国城市统计年鉴》（2012～2020 年）和各城市统计公报（2011～2019 年）。同时，所有名义变量均以 2010 年为基期，进行了价格指数调整。此外，考虑到数据量纲和异方差问题，在实证分析中对所有变量均进行了对数处理。

五 结果分析

（一）模型识别与检验

在运用 SDM 进行实证分析之前，首先需要对空间计量模型的形式进行识别，判断构建 SDM 的合理性。

由表 2 可知，Wald 和 LR 检验统计值均在 0.01 水平下显著，表明 SDM 不能转化为 SEM 或 SLM。结合 Hausman 检验值，本报告构建基于时空双固定的 SDM 对数字金融与城市经济高质量发展之间的关系进行实证分析。

由表 3 可知，虽然不同空间权重矩阵的估计结果有一定差异，但整体上数字金融对经济高质量发展的直接效应和间接效应均通过了一定水平的显著性检验，且主要控制变量的估计系数显著性并未发生根本性变化。以时间距离为例，数字金融及其空间滞后项的系数分别为 0.169 和-0.240。说明数字金融的发展有利于京津冀城市自身经济高质量发展，但会对邻近城市产生显著的负向空间溢出效应，且这种效应大于直接效应。

表 2 模型判别回归结果

变量	系数		t 统计量
DFI	0.067***		3.057
GOV	0.078***		5.106
FDI	0.014*		1.907
NUS	0.017		1.050
APR	−0.018**		−2.780
R^2	0.728	DW 检验	1.421
σ^2	0.004	对数似然函数值	467.602
LM 检验:无空间误差	430.702***	LM 检验:无空间误差	461.045***
稳健性 LM 检验:无空间滞后	294.541***	稳健性 LM 检验:无空间误差	254.122***
Wald 空间滞后检验	32.730***	Wald 空间误差检验	33.553***
LR 空间滞后检验	31.088***	LR 空间误差检验	32.901***
Hausman 检验	42.552***		

注：***、**、*分别表示 0.01、0.05、0.1 的显著性水平。

表 3 基于时空效应的空间杜宾模型回归结果

变量	SDM			变量	SDM		
	地理距离	经济距离	时间距离		地理距离	经济距离	时间距离
DFI	0.089** (2.382)	0.101*** (3.290)	0.169** (1.974)	*W×DFI*	−0.127* (−1.667)	−0.129** (−2.475)	−0.240** (−2.684)
GOV	0.069*** (5.503)	0.116*** (3.225)	0.157*** (4.077)	*W×GOV*	0.081*** (5.469)	0.076* (1.926)	0.086* (1.908)
FDI	0.027** (2.945)	0.017** (2.054)	0.003 (0.037)	*W×FDI*	0.043 (1.171)	0.045 (0.234)	−0.181** (−2.029)
NUS	0.013 (1.079)	−0.024 (−1.475)	0.055 (1.534)	*W×NUS*	−0.011** (−2.136)	−0.050** (−2.504)	−0.026 (−0.488)
APR	−0.097*** (−4.560)	−0.074** (−1.977)	−0.028** (−2.281)	*W×APR*	0.058 (1.483)	−0.084 (1.168)	0.032 (1.401)
调整 R^2	0.805	0.928	0.926	ρ	0.334** (2.663)	0.229** (2.341)	0.311*** (3.103)
log-L	1186.079	1233.354	1235.394				

注：***、**、*分别表示 0.01、0.05、0.1 的显著性水平。

（二）效应分解

表 3 中经济高质量发展的空间滞后项系数 ρ 为 0.311（以时间距离为

例），且通过了0.01水平下的显著性检验，此时的估计结果可能会因点估计而产生偏误。因此，进一步将数字金融对经济高质量发展的效应分解为直接效应和间接效应，估计结果如表4所示。

表4　空间杜宾模型效应分解回归结果

变量	地理距离		经济距离		时间距离	
	直接效应	间接效应	直接效应	间接效应	直接效应	间接效应
DFI	0.084*** (4.420)	-0.068** (-2.431)	0.091*** (4.677)	-0.158* (-1.936)	0.083*** (3.170)	-0.036** (-2.366)
GOV	0.069*** (4.506)	0.056** (2.313)	0.056*** (3.861)	0.097* (1.929)	0.089*** (5.212)	0.648*** (4.740)
FDI	0.019* (1.961)	0.016 (1.568)	0.022** (2.124)	0.037 (1.394)	0.033*** (2.890)	0.080 (1.300)
NUS	-0.010 (-0.797)	-0.008 (-0.731)	-0.011 (-0.940)	-0.019 (-0.813)	-0.013 (-1.113)	-0.012 (0.097)
APR	-0.111*** (-6.556)	-0.091** (-2.503)	-0.019** (-2.701)	-0.156** (-2.033)	-0.062** (-2.374)	-0.581** (-2.669)

注：***、**、*分别表示0.01、0.05、0.1的显著性水平。

表4报告了3种空间权重矩阵下的估计结果，通过对比发现，数字金融直接效应的估计系数均显著为正，间接效应显著为负。在将数字金融影响京津冀高质量发展的总效应进行分解之后，系数大小有明显变化，但是显著性并未发生根本性改变，说明数字金融在提高京津冀城市自身经济发展质量的同时，也会对邻近城市产生不利影响。

从控制变量的估计系数来看，以时间距离为例，财政支出和外商直接投资直接效应的估计系数分别为0.089和0.033，且均通过了显著性水平检验，说明财政支出和外商直接投资会显著促进城市经济高质量发展。然而，基础设施及其空间滞后项的估计系数显著为负，说明基础设施建设不仅不利于本地经济高质量发展，还会对邻近城市产生负向空间溢出效应。原因在于，整体来看，京津冀城市群的基础设施建设存在投资效率不高的问题，通车里程的增加并未促进经济高质量发展；同时，邻近城市在基础设施领域持续扩大投资可能会对本城市产生“虹吸效应”。

（三）异质性讨论

数字金融发展主要是从数字金融覆盖广度、数字金融使用深度和普惠金融数字化程度三方面进行度量，而不同维度下的数字金融对经济高质量发展的效应存在较大差异。因此，本报告从上述三个维度，对数字金融与经济高质量发展之间的关系进行回归分析，具体结果如表 5 所示。

表 5　分维度回归结果

变量	数字金融覆盖广度		数字金融使用深度		普惠金融数字化程度	
	(1) 直接效应	(2) 间接效应	(3) 直接效应	(4) 间接效应	(5) 直接效应	(6) 间接效应
分维度	0.068***	-0.047**	0.073***	-0.017**	0.126***	-0.093***
	(4.584)	(-2.125)	(4.843)	(-2.164)	(4.895)	(-2.607)
GOV	0.092***	-0.064*	0.121***	-0.117*	0.161***	-0.093*
	(5.395)	(-4.703)	(3.342)	(-1.961)	(4.377)	(-1.876)
FDI	0.029**	0.079	0.052**	0.019	0.007*	0.044
	(2.703)	(1.300)	(2.085)	(1.435)	(1.781)	(1.413)
NUS	-0.013	-0.013	0.073*	-0.052	-0.019	-0.018
	(-0.893)	(-0.097)	(1.779)	(-0.194)	(-1.176)	(-0.395)
APR	-0.071***	-0.181**	-0.026***	-0.075**	-0.069*	-0.061**
	(-3.674)	(-2.669)	(-3.429)	(-2.054)	(-1.936)	(-1.743)

注：***、**、*分别表示 0.01、0.05、0.1 的显著性水平。

由表 5 可知，数字金融三个分维度指标的直接效应显著为正，间接效应显著为负。具体来看，数字金融覆盖广度直接效应和间接效应的估计系数分别为 0.068 和-0.047，说明数字金融覆盖广度的扩大有利于本城市经济高质量发展，但会对邻近城市产生负向溢出效应。由前文分析可知，数字金融覆盖广度的高值区域主要集中在京津双城，直接效应大于空间溢出效应。数字金融使用深度直接效应和间接效应的系数分别为 0.073 和-0.017，且均通过了显著性检验。对京津冀城市群而言，数字金融使用深度每提高1%，会促进城市经济发展质量提升0.073%，但会导致邻近城市经济发展质量降低0.017%。数字金融使用深度提升意味着第三方支付的使用量增加，传统机构触及不到的长尾客户的金融服务需求更容易被满足，通过缓解资金约束促进经济高质量发展。与数字金融覆盖广度和数字金融使用深度相似，普惠金融数字化程度直接效应的估计系数显著为正，间接效应的估计系数显著为负。这说明，京津冀城市群普惠金融数字化程度对促进城市自身经济高质量发展起到了积极作用，但也会对邻近城市造成不利影响。普惠金融数字化发展降低了个人和企业贷款的利率，通过降低金融服务成本促进消费增加和产业转型升级，最终促进本城市经济高质量发展。然而，随着城市间的联系日趋紧密，本城市金融服务利率下降和金融模式创新会向邻近城市传导，数字金融差距与城市之间发展差距相叠加，可能会进一步加剧极化效应，不利于邻近城市经济高质量发展。

六　结论与对策建议

（一）结论

本报告基于金融地理视角，结合北京大学数字普惠金融指数，分析京津冀城市群数字金融及分维度指数时空分布特征，进而通过SBM-Undesirable模型测算京津冀地区13个地级以上城市2011~2019年的绿色全要素生产率，并运用空间杜宾模型实证检验数字金融对经济高质量发展的影响。研究发现以下三点。

第一，京津冀数字金融的时空分异特征明显。在研究期内，京津冀城市群数字金融及分维度指数增长较快，但从空间格局上来看，数字金融指数整体与经济发展版图一致，即京津的发展水平始终处于高值区域，河北省内除石家庄外，其余城市的数字金融发展滞后。分指数来看，数字金融覆盖广度不断扩大，同时城市间差距并未明显扩大；各城市的数字金融使用深度均有所提升，同时城市间差距整体呈扩大趋势；普惠金融数字化程度的空间分布的动态性显著，城市间差距有缩小趋势。

第二，数字金融发展对京津冀城市群经济高质量发展有显著影响。虽然不同空间权重矩阵下的间接效应存在差异性，但直接效应的估计系数均显著为正，间接效应的估计系数显著为负。数字金融发展有利于提升京津冀城市自身经济发展质量，但会对邻近城市产生不利影响。财政支出和外商直接投资会促进城市经济高质量发展。基础设施建设可能存在效率不高的问题，导致直接效应和间接效应均显著为负。

第三，数字金融对京津冀城市群经济高质量发展的影响存在维度异质性。虽然数字金融覆盖广度、数字金融使用深度和普惠金融数字化程度均会产生显著正向的直接效应和显著负向的空间溢出效应，但普惠金融数字化程度的效应更大。

（二）对策建议

第一，优化数字金融资源在京津冀区域的整体布局。当前，虽然京津冀城市群数字金融发展整体较快，但城市间的差距不容忽视。除石家庄外，河北省整体的数字金融发展水平较低。因此，京津冀应进一步出台政策措施，鼓励数字金融发展。特别是河北省，应加快推动数字金融与产业融合，优化金融资源配置，降低居民和企业的资金获取成本，释放数字金融带来的普惠效应。通过优化数字金融的区域整体布局，更好地发挥数字金融在推动京津冀城市群高质量协同发展中的积极作用。

第二，扩大数字金融覆盖广度。对京津冀城市群而言，数字金融覆盖广度仍是经济高质量发展的薄弱环节。加强区域数字基础设施建设，综合运用财政、产业等政策扩大数字金融覆盖广度，推动消费、医疗、物流、制造等行业积极开展移动支付。积极拓展农村地区数字金融应用场景升级改造，针对农村地区贫困人口和小微企业提供更加精准、多样的数字金融服务，扩大数字金融覆盖广度，助力京津冀高质量协同发展。

第三，加强京津冀数字金融协同发展。实证研究表明，不管是数字金融总指数还是分维度指数，空间溢出效应均显著为负，说明邻近地区数字金融发展并不利于本地区经济高质量发展。针对这一问题，京津冀城市群应加强区域协作。一方面，作为数字金融发展的高值区域，京津应充分发挥其技术、资源等优势，通过知识溢出、技术溢出和资本溢出带动河北经济高质量发展；另一方面，作为数字金融“洼地”，河北省城市应充分依托自身产业基础，瞄准未来产业发展重点，积极拓展数字金融服务领域，推动数字金融与实体经济深度融合，积极承接京津数字金融资源和产业资源转移，推动数字金融协同发展，加快实现京津冀高质量协同发展。

参考文献

[1] 郭庆旺、贾俊雪：《中国全要素生产率的估算：1979~2004》，《经济研究》2005 年第 6 期。

[2] 汪浩瀚、潘源：《金融发展对产业升级影响的非线性效应——基于京津冀和长三角地区城市群的比较分析》，《经济地理》2018 年第 9 期。

[3] 曹霞、张路蓬：《金融支持对技术创新的直接影响及空间溢出效应——基于中国 2003~2013 年省际空间面板杜宾模型》，《管理评论》2017 年第 7 期。

[4] 潘爽、叶德珠、叶显：《数字金融普惠了吗——来自城市创新的经验证据》，《经济学家》2021 年第 3 期。

[5] 郭峰、王靖一、王芳、孔涛、张勋、程志云：《测度中国数字普惠金融发展：指数编制与空间特征》，《经济学》（季刊）2020 年第 4 期。

[6] 宇超逸、王雪标、孙光林：《数字金融与中国经济增长质量：内在机制与经验证据》，《经济问题探索》2020 年第 7 期。

[7] 钱海章、陶云清、曹松威、曹雨阳：《中国数字金融发展与经济增长的理论与实证》，《数量经济技术经济研究》2020 年第 6 期。

[8] 杜金岷、韦施威、吴文洋：《数字普惠金融促进了产业结构优化吗?》，《经济社会体制比较》2020 年第 6 期。

[9] 杜传忠、张远：《“新基建”背景下数字金融的区域创新效应》，《财经科学》2020 年第 5 期。

[10] 孙继国、胡金焱、杨璐：《发展普惠金融能促进中小企业创新吗？——基于双重差分模型的实证检验》，《财经问题研究》2020 年第 10 期。

[11] 王道平、刘琳琳：《数字金融、金融错配与企业全要素生产率——基于融资约束视角的分析》，《金融论坛》2021 年第 8 期。

[12] 唐松、伍旭川、祝佳：《数字金融与企业技术创新——结构特征、机制识别与金融监管下的效应差异》，《管理世界》2020 年第 5 期。

[13] 周利、冯大威、易行健：《数字普惠金融与城乡收入差距："数字红利"还是"数字鸿沟"》，《经济学家》2020 年第 5 期。

[14] 张勋、杨桐、汪晨、万广华：《数字金融发展与居民消费增长：理论与中国实践》，《管理世界》2020 年第 11 期。

[15] 侯层、李北伟：《金融科技是否提高了全要素生产率——来自北京大学数字普惠金融指数的经验证据》，《财经科学》2020 年第 12 期。

[16] 翟华云、刘易斯：《数字金融发展、融资约束与企业绿色创新关系研究》，《科技进步与对策》2021 年第 17 期。

[17] 许钊、高煜、霍治方：《数字金融的污染减排效应》，《财经科学》2021 年第 4 期。

[18] Lesage, J. P., Pace, R. K., *Introduction to Spatial Econometric* (Boca Raton: CRC Press, 2009).

[19] 任宇飞、方创琳、蔺雪芹：《中国东部沿海地区四大城市群生态效率评价》，《地理学报》2017 年第 11 期。

[20] 郭峰、王靖一、王芳、孔涛、张勋、程志云：《测度中国数字普惠金融发展：指数编制与空间特征》，《经济学》（季刊）2020 年第 4 期。

Abstract

The 14th Five-year Plan and the Outline for the Long-Range Objectives through the Year 2035 regard applying the new development philosophy as a principle must be followed in socioeconomic development during the 14th Five-year period. Establishing in a new stage of development, applying a new development philosophy and promoting high-quality development are theoretical connotation and practical requirements for the journey of building a great modern socialist country in all respects. Entering a new stage of high-quality development, it is an inherent requirement to build the Beijing-Tianjin-Hebei region with high standards and high quality. As a new economy form which will lead future direction, digital economy will inject new momentum into the high-quality development of Beijing-Tianjin-Hebei region, and plays an irreplaceable role in the collaborative development of Beijing-Tianjin-Hebei region and seeks for a new situation of it. This report consists of three parts: general report, sub-report and special report, with a total of 11 research reports.

The general report is based on the connotation of high-quality development, and analyses present development status of Beijing-Tianjin-Hebei region from the prospective of regional development level, innovation ability, the living standards of the residents, energy efficiency and the level of public services. And then constructs a high-quality development indicators that include six dimensions: innovation driving, coordinated development, green circulation, openness and inclusiveness and achievements sharing, which analyses the characteristics of high-quality development in the general, in sub-dimension, in sub-regional and at city level. At the same time, it analyses the present status of the high-quality coordinated development in Beijing-Tianjin-Hebei region through coupling coordination model. To sum up, the level of high-quality development in Beijing-Tianjin-Hebei region is steadily rising and the internal regional heterogeneity is significant, while in dimensional analysis , the rising is mainly benefited from innovation driving and achievements sharing. There is a strong mutually reinforcing relationship between the 13 cities in the Beijing-Tianjin-Hebei region in high-quality development, and among them, achievements sharing and innovation driving perform well while openness and inclusiveness and green circulation show poor performance. Finally, this report confirms that digital economy causes direct promotion effect towards high-quality development in Beijing-Tianjin-Hebei region and mediating effect of promoting high-quality development by realizing production efficiency and advancement of industrial structure. What's more, digital economy has a strong heterogeneous impact on the high-quality development of Beijing-Tianjin-Hebei region, and will promote innovation driving, innovation driving, achievements sharing and improve the resilience of economy. However, digital economy does little to accelerate green circulation and even has a negative effect on openness and inclusiveness.

Then this report evaluates high-quality development of Beijing-Tianjin-Hebei from the points of region, industry, finance and country economy. As for the collaborative innovation development of Beijing-Tianjin-Hebei region, there is obvious difference within the urban agglomeration compares with Yangtze river delta region, Pearl River Delta region, middle reaches of the Yangtze River region and Chengdu-Chongqing region. It is the fault of Beijing-Tianjin-Hebei region in development that leads to its lower level in collaborative innovation and high-quality development. In the manufacturing industry, the level of high-quality development Hebei Province is gradually improving, and the digital transformation has achieved remarkable effects. The discrepancies among the three regions in both coordinated optimization and green development gaps have narrowed. But there is still a big gap in the development of the three places in terms of innovation driving, openness and cooperation and economy sharing. It is necessary to build an industrial coordinated development platform and improve the capacity of industrial linkage. In terms of finance, there is no σ convergence, but there are absolute β convergence in the high-quality financial development of the Beijing-Tianjin-Hebei region, which means financial efficiency and financial structure are the main factors that restrict the high-quality financial development of it. As to industrial transformation and upgrading, the development of the digital economy has a positive impact on industrial transformation and upgrading by promoting the industrial structure upgrading and accelerating industrial transformation. In terms of the high-quality development of country economy, the high quality development level of different countries show large difference. The spatial distribution presents with Beijing and Tianjin as center, and scatters along Beijing and Shijiazhuang belt. And the development level shows the characteristics of the middle region is on the rise, while the northern and southern regions are declining; around Bohai sea region is declining while the central inland region is on the rise, and resources-based counties are declining while the countries along important railway are on the rise.

Finally, this report combined the environment of digital economy development studies some issues like the spatial evolution of digital economy in Beijing-Tianjin-Hebei region, resilience of human resource in the background of digital economy, the innovation and entrepreneurship training model of college students, the effect towards regional innovation ability and spatial evolution of digital finance. And made practical recommendations for Beijing-Tianjin-Hebei region to achieve high-quality development earlier. The main viewpoints are: firstly, although digital technology in Beijing-Tianjin-Hebei region has large room for improvement in application degree and application domains, but it is limited by the differences in the development stages of the three regions and imperfect network of urban functional group, "Wooden barrel effect" exists distinctly in technological innovation ability, and the R&D cooperation and integration applications in digital technology needs to be improved. That is to say, it is of great importance for the high-quality coordinated development in Beijing-Tianjin-Hebei region to deepen the digitization of industries, raise the level of digital industrialization and improve the environment for developing the digital economy. Secondly, human resource is core element of the development of the digital economy. From the perspective of resilience of human resource at a whole, the rank is Beijing, Tianjin, Hebei according to the average of resilience. By region, it shows a upward trend in the whole area and Beijing, while Hebei remains stable and Tianjin is declining. The governance policies applicable to Beijing, Hebei and Tianjin are holistic governance, collaborative governance and network governance respectively. Thirdly, the development of digital economy has a notable positive effect on the regional innovation performance of Beijing-Tianjin-Hebei region by mediated effects of human resource and R&D capital. In the development of digital economy in Beijing-Tianjin-Hebei region, we should focus on the construction of digital infrastructure, digital industrial integration and digital government governance. To construct an integrated enterprise innovation and development model which will reduce innovation cost, a collaborative industrial innovation and development model that attaches great importance to integration and innovation and an open innovation ecological development model which achieved resources sharing. Fourthly, based on the problems of college students' low participation in innovation and entrepreneurship training, education system itself is flawed, the foundation for innovation and entrepreneurship in the three regions is unbalanced and lack of necessary policy support and social support for innovation and entrepreneurship in Beijing-Tianjin-Hebei region under the background of digital economy, this report puts forward guidance and suggestions from three aspects: strengthen macro planning for innovation and entrepreneurship, improve the education system for innovation and entrepreneurship in colleges and universities and multi-Subject cooperative participation in building innovation and entrepreneurship education. Finally, the spatial distribution of digital finance is heterogeneous. The development level of Beijing and Tianjin always keep ahead, however, in Hebei province, besides Shijiazhuang developed rapidly, other cities are lagged behind in the development of digital finance. The development of digital finance could effectively promote green development of economy but will exert adverse effect towards surrounding cities. What's more, there is dimensional heterogeneity in the utility of digital finance for high-quality development of economy. Because the larger the absolute value of the indirect effect of high-quality development of economy which caused by the coverage breadth of digital finance and the degree of digitalization of inclusive finance is, the larger the direct effect of the using depth on high-quality economic development is.

Keywords: Beijing-Tianjin-Hebei Region; High-quality Development; Digital Economy

Contents

Ⅰ General Report

Abstract: High quality development is not only the main keynote of China's economic development in the coming period, but also the way to realize the coordinated development of the Beijing-Tianjin-Hebei (BTH) region. Based on the rich connotation of high-quality development, this report analyzes the high-quality development status of the BTH region from 2011 to 2020 from the aspects of real development and empirical evaluation, and reveals the high-quality development situation, characteristics and synergies of 13 cities in the BTH region. As a new economic paradigm, digital economy is profoundly changing the current economic development model and becoming a new driving force for high-quality regional development. This report analyzes the driving mechanism of digital economy to promote high-quality development from both direct and indirect levels, and validates it with the BTH region as an example. The results confirm the direct driving effect of digital economy on high-quality development in the BTH region and the mediating effect of digital economy on high-quality development through the upgrading of production efficiency and industrial structure. The report proposes that we should fully rely on important platforms and carriers to promote the "integration" of industrial digitalization and digital industrialization as the main focus, vigorously develop digital trade, improve the digital economy development ecosystem, cultivate and strengthen the digital economy, and then promote the high-quality development of BTH region.

Keywords: Digital Economy; High-Quality Development; New Driver

Ⅱ Sub-reports

Abstract: This report constructs collaborative innovation evaluation system of unban agglomeration from the perspective of subject participation degree, innovation safeguard degree, network correlation degree and environmental support degree, and measures the collaborative innovation level of Beijing-Tianjin-Hebei region from 2009 to 2018 through overall entropy method and improved dynamic TOPSIS evaluation method, then it compares the results with other four urban agglomeration such as Yangtze river delta urban agglomeration. The result shows that, on the one hand, there is obvious difference within Beijing-Tianjin-Hebei urban agglomeration, while the difference of Yangtze river delta region is moderate and the difference between Chengdu-Chongqing urban agglomeration and the urban agglomeration in the middle reaches of the Yangtze River is comparatively small. On the other hand, there are discrepancies in the development between urban agglomerations. Beijing-Tianjin-Hebei urban agglomeration face the fault of development, which leads to its lower level in collaborative innovation. Yangtze river delta urban agglomeration is harmonious internally and enjoys better ability of innovation. The development momentum of urban agglomeration in the Pearl River Delta is far surpassed others while Chengdu-Chongqing urban agglomeration experiences obvious fluctuations. As for the urban agglomeration in the middle reaches of the Yangtze River, though its foundation is not good, it has late-development advantage with more powerful growth momentum. Based on above analysis, this report puts some reasonable suggestions about how to accelerate collaborative innovation and promote high quality development of Beijing-Tianjin-Hebei region from the point of forming a multi-agent linkage network of collaborative innovation, guiding the innovation resource flowing in conjunction with local character and resolving the overconcentration of resources fundamentally.

Keywords: Urban Agglomeration; Collaborative Innovation; Overall Entropy Method; Improved Dynamic TOPSIS Evaluation Method

B.3 Research on High-quality Development Evaluation of Beijing-Tianjin-Hebei Manufacturing Industry Under the Background of Digital Economy

Xing Hui, Chen Yuanyuan, Jia Yinjie, Li Mingxing and Gao Huaxing / 087

Abstract: The high-quality development of Beijing-Tianjin-Hebei manufacturing industry under the guidance of regional collaborative development strategy is an important carrier and means for China to cope with the pressure of economic growth in the new era. However, how to scientifically measure and effectively evaluate its high-quality development level remains to be further studied. Under the background of digital economy and new development concept, this report constructs an evaluation system for high-quality development of manufacturing industry from seven dimensions of digital intelligence manufacturing industry, economic benefit, innovation driven, coordination and optimization, green development, open cooperation and sharing economy. Then, using the entropy method and taking the data from 2009 to 2020 as samples, this report makes an empirical measurement and comparative analysis on the high-quality development of manufacturing industry in Beijing-Tianjin-Hebei. The results show that with the increasingly clear functional orientation of Beijing-Tianjin-Hebei, the high-quality development level of manufacturing industry in Hebei province has gradually improved, and the digital transformation has achieved remarkable results. The gap between the three regions in coordinated optimization and green development has been narrowed, but there is a large development gap in innovation driven, open cooperation and sharing economy. It is still necessary to further build an industrial collaborative development platform, improve the industrial linkage and supporting capacity, and help the high-quality development of manufacturing industry and the coordinated development of Beijing-Tianjin-Hebei.

Keywords: Beijing-Tianjin-Hebei Manufacturing Industry; High-quality Development; Digital Economy; Entropy Method

Abstract: Starting from the connotation of high-quality financial development, this report constructs an evaluation index system for high-quality financial development from the perspectives of financial ecology and financial services to the real economy. This report uses the entropy weight method, the kernel density method, the convergence mechanism test model and the obstacle factor diagnosis model to explore the level and space-time differences of high-quality financial development in the Beijing-Tianjin-Hebei region, and analyzes its restrictive factors. The results of this report found the following two points. First, from 2011 to 2020, there is no σ convergence in the high-quality development of finance in the Beijing-Tianjin-Hebei region, but absolute β convergence. Condition β convergence is achieved when conditions such as industrial structure, social welfare and human capital are different. Second, through the obstacle factor diagnosis model, it is found that financial efficiency and financial structure are the main factors restricting the high-quality development of Beijing-Tianjin-Hebei finance. Based on the research results, this report puts forward the following recommendations: give full play to their respective advantages to achieve dislocation development; make up for regional shortcomings and improve the quality of development; strengthen regional cooperation and coordinate development.

Keywords: Beijing-Tianjin-Hebei; High-quality; Financial Development; Connotation; Convergence Analysis; Handicap

B.5 Digital Economy Empowers Industrial Transformation and Upgrading in the Beijing-Tianjin-Hebei Region

Abstract: As a new driving force leading industrial transformation and upgrading, digital economy plays a role in promoting industrial transformation and upgrading. This paper uses the panel data of 13 prefecture-level cities in the Beijing-Tianjin-Hebei from 2015 to 2019, and on the basis of a comprehensive analysis of the digital economy and industrial transformation and upgrading, builds a digital economy evaluation index system from two aspects of infrastructure and innovation and development. The degree of industrial transformation and upgrading is measured in terms of advancedization and industrial transformation speed. This report uses the entropy method to measure the digital economy level of the sample cities, and uses the fixed-effect panel model to measure the specific effects of the digital economy on industrial transformation and upgrading. The study found that the development of digital economy can promote the advanced industrial structure and industrial transformation, and has a positive impact on industrial transformation and upgrading; the development of digital economy in the Beijing-Tianjin-Hebei is unbalanced, and the development of digital economy in Beijing and Tianjin has great advantages. The development of cities in Hebei has a significant lag, and the regional synergy effect of Beijing-Tianjin-Hebei in the development of digital economy is not obvious. Accordingly, this report proposes measures that are conducive to the in-depth integration of digital economy and industries in the Beijing-Tianjin-Hebei, and the coordinated regional development, so as to accelerate the industrial transformation and upgrading of the Beijing-Tianjin-Hebei and promote the high-quality development of the Beijing-Tianjin-Hebei.

Keywords: Digital Economy; Industrial Transformation And Upgrading; Beijing-Tianjin-Hebei

Abstract: This paper constructs the high-quality development indicators of Beijing-Tianjin-Hebei counties from five dimensions of innovation drive, economic vitality, economic structure, people's livelihood development and quality of life, and measures and evaluates the high-quality development level of Beijing-Tianjin-Hebei counties from 2015 to 2019. , the study found that, from the current situation, the spatial distribution of the high-quality development index of Beijing-Tianjin-Hebei counties is centered on the "Beijing-Tianjin Development Axis", "Bohai Rim Development Belt" and the major metropolitan areas. The inland Hebei Province, especially the central and southern Hebei counties as the periphery. "Core-Periphery" structure. From the perspective of changes, the changes in the high-quality development index of Beijing-Tianjin-Hebei counties show spatially that "counties in the central part of Beijing-Tianjin-Hebei are uplifted, and counties in the north and south are sinking", "counties within the metropolitan area of key cities are rising, and counties around the Bohai Sea are declining" and "resource-based counties" The three characteristics of the decline and the rise of traffic node-type counties. Among them, Daxing District, Dachang Hui Autonomous County, Gu'an County, Yongqing County, Huairou District, Pinggu District, Xinji City and other districts and counties located in the key metropolitan circles of Beijing, Tianjin and Hebei have outstanding high-quality development status and growth rates. Counties within the Beijing-Tianjin-Hebei metropolitan area, transportation node counties, and counties with high population density will be better equipped to achieve high-quality development.

Keywords: Beijing-Tianjin-Hebei; High-quality Development in the County; 3D

Ⅲ Special Reports

B.7 Spatial Evolution Characteristics, Constraints and Coordinated Development of Beijing-Tianjin-Hebei Digital Economy

Li Feng, Wang Dandi / 182

Abstract: As a new economic form, the digital economy has high innovation, strong penetration and wide coverage, which is not only a new economic growth point, but also a fulcrum for transforming and upgrading traditional industries, and has gradually become an important engine for building a modern economic system. This report analyzes the current situation of the digital economy in Beijing-Tianjin-Hebei region based on three aspects: digital economy infrastructure construction, digital industrialization and industrial digitalization process, and digital innovation environment, and explores the spatial pattern characteristics and constraints of digital economy in Beijing-Tianjin-Hebei by means of σ convergence test. The study found that the relative gap in the development of new infrastructure areas in Beijing-Tianjin-Hebei region is gradually decreasing, and the absolute gap is obvious; the degree of application and application of digital technology between regions has a large room for improvement. Subject to the differences in the development stages of the three places in Beijing-Tianjin-Hebei and the imperfect network of urban functional groups, the "barrel effect" of technological innovation capabilities between Beijing-Tianjin-Hebei cities is obvious, and the cooperation and integration of digital technology research and development need to be urgently improved. Based on this, Beijing-Tianjin-Hebei region needs to accelerate the strategic layout of digital infrastructure, further broaden the depth of industrial digitalization, improve the level of digital industrialization, and create a more open and free digital development environment, which is of great significance for promoting the high-quality coordinated development of the Beijing-Tianjin-Hebei region.

Keywords: Beijing-Tianjin-Hebei Coordinated Development; Digital Economy; Spatial Evolution

Abstract: Human resource is the core element of digital economy development. Building a resilient human resource system is a necessary measure to deal with technological shocks, promote the digital transformation of Beijing-Tianjin-Hebei, and achieve innovative and high-quality development. This report builds an indicator system to evaluate human resource resilience in Beijing-Tianjin-Hebei from 2019 to 2021, and matches appropriate governance strategies according to the development problems exposed by each province and city. The report finds that: From the perspective of the overall resilience status, the average ranking of resilience is Beijing, Tianjin, Hebei. Beijing-Tianjin-Hebei and Beijing show an upward trend, Hebei remains relatively stable, while Tianjin shows a downward trend. The development of Hebei and Tianjin is uneven. From the perspective of resilience governance, the applicable governance strategies in Beijing, Hebei and Tianjin are holistic governance, collaborative governance and networked governance. This report provides a solution for the dynamic evaluation and governance of regional human resource resilience, and can also be applied to other provinces and cities.

Keywords: Digital Economy; Human Resource Resilience; Resilience Governance

Abstract: The report puts forward countermeasures for improving the innovation capacity of the Beijing-Tianjin-Hebei region base on examining the current situation of the digital economy and its impact to the innovation capacity in the region. Through three aspects: digital industrialization, industrial digital and digital governance to show the current situation of digital economy. Furthermore, compared its characteristics of development with Yangtze River Delta region, Pearl River Delta region and Chengdu-Chongqing region. For the impact of the development of the digital economy on the innovation capacity in Beijing-Tianjin-Hebei region, the report mainly analyzes the direct effect and indirect effect of the digital economy on innovation capacity, Which finds the development of the digital economy has strikingly positive effect to innovation capacity, and also has indirect effect by influencing the accumulation of human capital and the efficiency of R&D capital allocation. Based on this, the report proposes that Beijing-Tianjin-Hebei region should focus on the construction of digital infrastructure, digital industry integration and digital government governance, and build an integrated enterprise innovation structure that reduces the cost of innovation, a collaborative industrial model that achieve the integration of industries, and an open innovation ecological system to implement resource sharing.

Keywords: Digital Infrastructure; Digital Industry Integration; Digital Government Governance; Innovation Capacity

Abstract: As a new economic form, the digital economy has increasingly become an important driving force to social productivity and resource allocation, which is changing the construction of a New Development Pattern. With the rapid development of digital economy, college students, as an important reserve force of national economic construction, should firmly seize the opportunities and enhance their innovation and entrepreneurship ability. Beijing-Tianjin-Hebei region, as one of the important development areas in China, cultivating college students' innovation and entrepreneurship not only conforms to the education reform, but also helps to promote the coordinated development of this areas, which plays an important role in alleviating the pressure of social employment, improving the quality of the whole society, creating a good social environment and cultural atmosphere for innovation and entrepreneurship, and promoting the building of an innovative country. According to the survey of the training mode of innovation and entrepreneurship in colleges of Beijing-Tianjin-Hebei region, there are some problems, such as low real participation, imperfect education system, imbalanced foundation, lack of necessary policy support and social support in the three regions. In the future, we should establish an overall and coordinated policy system, and create a harmonious public environment to strengthen the macro planning. Secondly, we should combine ideological and political education, improve the curriculum design, and create diversified platforms for innovation and entrepreneurship education in colleges and universities. Besides, Strengthen the linkage between colleges and universities, strengthen family communication to form a multi-party joint force, which are also important to driving the development of innovation and entrepreneurship education for college students in Beijing-Tianjin-Hebei region.

Keywords: Digital Economy; Beijing-Tianjin-Hebei Region; Innovation and Entrepreneurship; College Students

B.11 Spatial-temporal Evolution of Digital Finance in Beijing-Tianjin-Hebei Urban Agglomeration and Its Impact on High-quality Development

Liu Guoyan / 302

Abstract: Under the background of the vigorous development of digital finance and the in-depth promotion of Beijing-Tianjin-Hebei synergetic development, it is of great theoretical and practical significance to explore the spatial-temporal evolution characteristics of digital finance and analyze its impact on the high-quality development of Beijing-Tianjin-Hebei urban agglomeration. This report uses the panel data of 13 cities above the prefecture level in Beijing, Tianjin and Hebei from 2011 to 2019 to build a spatial Durbin model to empirically test the impact of digital finance on the high-quality development of economy. The results show that: Firstly, the digital finance and sub-dimension index of Beijing-Tianjin-Hebei urban agglomeration have increased rapidly, but from the perspective of spatial pattern, the development level of Beijing and Tianjin has always been in a high-value region, Shijiazhuang in Hebei Province has developed rapidly, and the development of digital finance in other cities is relatively lagging behind; secondly, under different spatial weight matrices, digital finance can effectively promote the green development of the city's own economy, but it will have adverse impacts on neighboring cities; thirdly, there is dimensional heterogeneity in the effects of digital finance on the high quality development of economy. Compared with the basic regression, the absolute value of the indirect effect of the coverage breadth of digital finance and the degree of digitalization of inclusive finance is larger; the direct and indirect effects of the depth of use are relatively small, and its impact on the high-quality development of economy is mainly reflected in the direct effect.

Keywords: Digital Finance; Beijing-Tianjin-Hebei Region; High Quality Economic Development; Spatial Durbin Model

皮书网

（网址：www.pishu.cn）

发布皮书研创资讯，传播皮书精彩内容
引领皮书出版潮流，打造皮书服务平台

栏目设置

◆ **关于皮书**

何谓皮书、皮书分类、皮书大事记、
皮书荣誉、皮书出版第一人、皮书编辑部

◆ **最新资讯**

通知公告、新闻动态、媒体聚焦、
网站专题、视频直播、下载专区

◆ **皮书研创**

皮书规范、皮书选题、皮书出版、
皮书研究、研创团队

◆ **皮书评奖评价**

指标体系、皮书评价、皮书评奖

◆ **皮书研究院理事会**

理事会章程、理事单位、个人理事、高级
研究员、理事会秘书处、入会指南

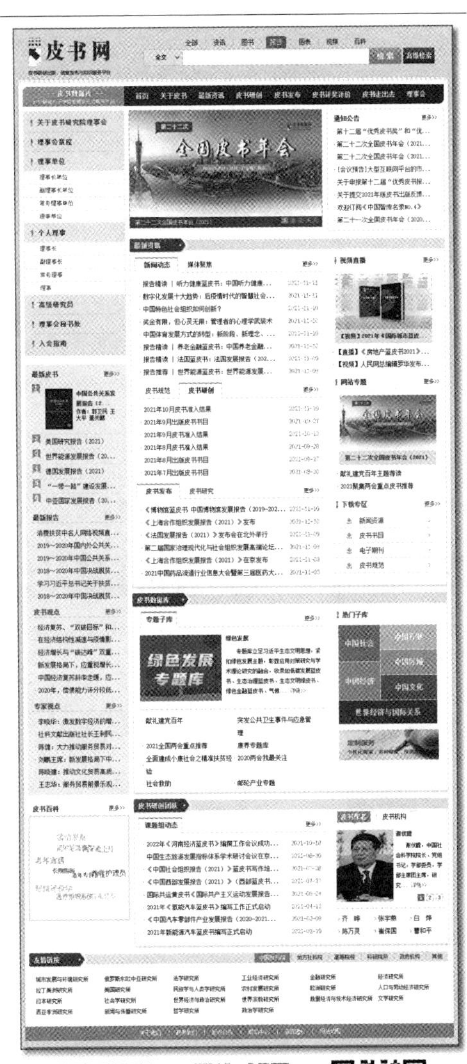

所获荣誉

◆ 2008 年、2011 年、2014 年，皮书网均在全国新闻出版业网站荣誉评选中获得“最具商业价值网站”称号；

◆ 2012 年，获得“出版业网站百强”称号。

网库合一

2014年，皮书网与皮书数据库端口合一，实现资源共享，搭建智库成果融合创新平台。

皮书网

“皮书说”
微信公众号

皮书微博

中国社会发展数据库（下设 12 个专题子库）

紧扣人口、政治、外交、法律、教育、医疗卫生、资源环境等 12 个社会发展领域的前沿和热点，全面整合专业著作、智库报告、学术资讯、调研数据等类型资源，帮助用户追踪中国社会发展动态、研究社会发展战略与政策、了解社会热点问题、分析社会发展趋势。

中国经济发展数据库（下设 12 专题子库）

内容涵盖宏观经济、产业经济、工业经济、农业经济、财政金融、房地产经济、城市经济、商业贸易等 12 个重点经济领域，为把握经济运行态势、洞察经济发展规律、研判经济发展趋势、进行经济调控决策提供参考和依据。

中国行业发展数据库（下设 17 个专题子库）

以中国国民经济行业分类为依据，覆盖金融业、旅游业、交通运输业、能源矿产业、制造业等 100 多个行业，跟踪分析国民经济相关行业市场运行状况和政策导向，汇集行业发展前沿资讯，为投资、从业及各种经济决策提供理论支撑和实践指导。

中国区域发展数据库（下设 4 个专题子库）

对中国特定区域内的经济、社会、文化等领域现状与发展情况进行深度分析和预测，涉及省级行政区、城市群、城市、农村等不同维度，研究层级至县及县以下行政区，为学者研究地方经济社会宏观态势、经验模式、发展案例提供支撑，为地方政府决策提供参考。

中国文化传媒数据库（下设 18 个专题子库）

内容覆盖文化产业、新闻传播、电影娱乐、文学艺术、群众文化、图书情报等 18 个重点研究领域，聚焦文化传媒领域发展前沿、热点话题、行业实践，服务用户的教学科研、文化投资、企业规划等需要。

世界经济与国际关系数据库（下设 6 个专题子库）

整合世界经济、国际政治、世界文化与科技、全球性问题、国际组织与国际法、区域研究 6 大领域研究成果，对世界经济形势、国际形势进行连续性深度分析，对年度热点问题进行专题解读，为研判全球发展趋势提供事实和数据支持。

法律声明